本书第一版荣获
中国机械工业科学技术二等奖

先进电动汽车技术

陈全世 主编 ┃ 朱家琏 田光宇 副主编

③ 第三版
The Third Edition

化学工业出版社
·北京·

本书是作者所在研究团队（清华大学电动车辆研究室）多年来从事纯电动汽车、混合动力汽车和燃料电池汽车的工作体会和经验总结，作者期望通过本书与广大读者交流与分享。

本书第二版自出版以来，电动汽车技术取得更多新发展，本次第三版进行了全面修订，全新补充内容包括：驱动电机系统、纯电动车辆、燃料电池技术与车辆、自动驾驶、高级驾驶员辅助系统和车联网，以及国内外新电动汽车标准与规范等，使本书技术内容更先进、更实用。

本书可供广大从事电动汽车相关领域工程技术人员、管理人员和科研人员参考，也可作为高等院校车辆工程专业本科生和研究生的选修课教材，还可作为其他专业如机械、电机、材料等本科生和研究生教学参考书使用。

图书在版编目（CIP）数据

先进电动汽车技术/陈全世主编. —3版. —北京：化学工业出版社，2017.9
ISBN 978-7-122-30288-5

Ⅰ.①先… Ⅱ.①陈… Ⅲ.①电动汽车 Ⅳ.①U469.72

中国版本图书馆CIP数据核字（2017）第174259号

责任编辑：朱　彤　　　　　　　　　　　文字编辑：陈　喆
责任校对：王　静　　　　　　　　　　　装帧设计：刘丽华

出版发行：化学工业出版社（北京市东城区青年湖南街13号　邮政编码100011）
印　　刷：三河市航远印刷有限公司
装　　订：三河市瞰发装订厂
787mm×1092mm　1/16　印张21¼　字数562千字　2018年1月北京第3版第1次印刷

购书咨询：010-64518888（传真：010-64519686）　　售后服务：010-64518899
网　　址：http://www.cip.com.cn
凡购买本书，如有缺损质量问题，本社销售中心负责调换。

定　价：78.00元　　　　　　　　　　　　　　　　　　　　　版权所有　违者必究

前　言

《先进电动汽车技术》一书初版自2007年出版以后，继2009年被评为化学工业出版社优秀图书一等奖，2010年又被评为机械工业科学技术二等奖。经2012年修订后，于2013年1月又出版了第二版，承蒙关心和厚爱，仍受广大读者关注和欢迎。

我国新能源汽车产业在政府各项政策的推动下，取得了快速发展。中国汽车工业协会的数据显示，2016年我国新能源汽车销量达到50.7万辆，保有量达到了100万辆，稳居全球第一名。全国的公共充电桩运营数字也超过了15万个。发展电动汽车是我国能源和环保战略的一个重要方向，中国电动汽车仍处于持续发展阶段，产业即将进入快速发展的机遇期，并开始步入创新之路，现在我国电动汽车的驱动电机、电池系统、电控等关键技术以及整车技术已经取得了显著进步。

随着汽车技术的飞速发展，电动汽车底盘结构、混合动力及氢燃料电池汽车技术、高级驾驶员辅助系统、车联网和自动驾驶技术等新趋势、新方向领域的课题也已被我国相关部门专门列入重点研发专项，电动汽车产业的商业化创新模式也有了飞速发展。为了满足上述要求，第三版对原第二版中的每一章内容都进行了认真审查和更新，尽可能将新的技术和创新成果补充到第三版之中，全新补充内容包括：驱动电机系统、纯电动车辆、燃料电池技术与车辆、自动驾驶、高级驾驶员辅助系统和车联网，以及国内外全新电动汽车标准与规范等，以备读者参考。

由于本次补充的许多内容是近几年来迅速发展的新技术，许多关键技术仍在研究、发展和解决中，限于编著者的知识和水平，不足之处在所难免，敬请专家和读者及时予以批评指正，我们在不胜感激的同时，将在后续的版本中加以补充、修改和更正。

编著者

2017年8月

第一版前言

汽车在全球保有量的不断增加使人类面临能源短缺、全球变暖、空气质量水平下降等诸多挑战，同时也推动汽车自身技术的发展，为此汽车工程师正在不断努力研究降低油耗的方法，寻求各种代用燃料以及开发不用或少用汽油的新型车辆；越来越多的人士已认识到各种类型电动汽车和燃料电池汽车是实现清洁汽车的解决方案，全世界的汽车业界也正在为此努力并投入巨大的资金和人力。

本书所论述的先进电动汽车绝不是一百多年前的陈旧电动汽车，或电瓶车技术的重复，它是 20 世纪末直到目前研究开发出的集机械、电子、汽车、电机、智能控制、化学电源、计算机、新材料等科学领域和工程技术中最新成果于一身，是多种高新技术凝聚的结果。先进电动汽车包括以车载储能装置（包括各种蓄电池、超级电容等）为动力源的纯电动汽车；以电驱动系统（包括车载储能装置和电机）与传统内燃机（包括微型涡轮发动机、斯特林发动机等热机）混合的混合动力电动汽车（Hybrid Electric Vehicle，HEV）；以氢燃料电池（Fuel Cell）为动力源的燃料电池电动汽车（FCEV）。

电动汽车的最大特点是在行驶过程中很少甚至没有排放污染，热辐射低，噪声低且环境友好。电动汽车可应用多种能源，能节省甚至不消耗汽油或柴油，解决汽车的能源需求问题。毫无疑问，电动汽车是一种节能、环保、可持续发展的新型交通工具，具有广阔的发展前景。

本书主要内容是作者所在的科研团队——清华大学电动车研究室，在国家"八五"～"十五"计划期间的十几年内所承担的国家电动汽车重大项目研究基础上，取得的电动汽车、混合动力汽车和燃料电池汽车研究工作的体会和成果。编者力图通过本书将多年的各种研究实践和心得，与有志于从事和希望深入了解先进电动汽车技术的人士进行交流，并希望无保留地与广大读者分享，以推动我国先进电动汽车的技术进步。

本书主要介绍电动汽车的基本构成；关键部件，包括电机及其控制系统、蓄电池、超级电容、氢燃料电池的最新技术；共性技术，电动汽车的高低压电路、整车控制系统、充电站及制氢加氢系统等方面研究进展和发展趋势；3 种类型的电动汽车，纯电动汽车、混合动力电动汽车、氢燃料电池电动汽车的结构特点和适用范围；最后介绍了有关电动汽车的标准、法规及相关规范。

本书共分 14 章。第 1、7 章由朱家琏编写，第 2 章由仇斌编写，第 3 章由宋建国编写，第 4 章由林成涛、韩晓东编写，第 5 章由陈勇编写，第 6 章由常秋英编写，第 8 章由黄勇编写，第 9、10 章由朱家琏、陈全世编写，第 11 章由陈全世编写，第 12 章由田光宇编写，第 13 章的 13.1～13.5 由钱良国编写，第 14 章由施双蓉编写，其余章节由陈全世编写并担任本书主编。朱家琏、田光宇担任本书副主编。瞿文龙教授对第 3 章进行了认真审阅，并提出宝贵意见；谢起成教授和博士后江发潮、晏伟光、王健、陈树勇对全书的内容进行系统审阅，提供了有价值的资料，并对插图和参考文献进行核对和补充。清华大学电动车研究室的博士研究生朱元、齐占宁，硕士研究生孙鸿航、李宗华、陈昊、赵立安、张涵、彭涛、李海晨、管华、熊建、梁伟铭、刘国权、黄文华、付正阳、王波、傅春江、项晓波、周伟波、李佳、吴临政、曾帆、周强、张宾、裴晟、赵广平等为本书的写作提供了有价值的资料和热情帮助，在此谨表示衷心感谢。本书的诞生也是清华大学电动车研究室集体努力的结果。

由于电动汽车技术是近十多年来迅速发展的新技术，许多关键技术问题正在研究和解决中，同时由于作者知识和水平所限，不足之处在所难免，敬请广大专家和读者批评指正。

编 者

2007 年 3 月

第二版前言

《先进电动汽车技术》第一版自 2007 年 3 月出版以来，恰逢国内外大力研发和推广应用以电动汽车为代表的新能源汽车浪潮，承蒙广大读者关心和厚爱，在社会和读者中产生了积极反响。该书 2009 年被评为第十届中国石油和化学工业优秀科技图书一等奖，2010 年本书荣获中国机械工业科学技术二等奖。

在第一版出版后的 5 年来，电动汽车技术开始从研发逐渐走向产业化，许多新技术、新材料、新结构、新车型不断涌现，电动汽车产业的商业化创新模式也有了飞速发展，因此，对第一版中的内容就有了更新要求。本书对每一章内容都进行认真审查和更新，尽可能将最新技术和创新成果反映在本书中。

动力电池是电动汽车产业化的最大瓶颈之一，也是近期发展最快、成果最多的领域，因此本书中第 4 章动力电池系统增加新内容最多，包括目前应用广泛的正极材料为磷酸铁锂、锰酸锂、三元（锰-钴-镍）锂离子电池的性能对比，以及聚合物锂离子电池、电容型锂离子电池等新型锂离子电池。本书还对全球锂资源储藏和生产情况进行了简要介绍。此外，本书还简要介绍了锂-空气电池的基本原理和研发情况。

纯电动汽车、插电式混合动力汽车是近期发展最快的领域，除了乘用车、商用车以外，纯电动工程车、特种车在节能减排的总目标下，也取得了可喜进展。在本书第 9 章纯电动车辆中，对此进行了补充介绍。

充电系统是关系到电动汽车产业化的关键瓶颈，也是电动汽车推广应用过程中"利益相关方"最多的领域，包括汽车制造商、动力电池生产商、能源（电力）供应商、中间服务商和各级政府。本书第 13 章中不但介绍了充电系统的关键技术，而且对国内外充电系统建设、运营管理模式进行了介绍，以期引起读者和各"利益相关方"的关注。

技术标准和规范是电动汽车产业化的重要支撑条件。国内外在电动汽车标准方面的竞争也非常激烈，第 14 章对国内外电动汽车标准体系进行了比较详细的介绍，并收集了迄今为止比较全面的国内外电动汽车标准目录，以供读者查询。

在本书的编写过程中得到了上海教育基金会、威海东生能源科技有限公司、北京精进电驱动有限公司、朝阳立塬新能源有限公司、山东沂星电动汽车有限公司、威海广泰空港设备股份公司、上海（北京）电巴新能源科技有限公司、Better Place 中国业务部、北京民航协发机场设备有限公司等单位和个人的大力协助，他们提供了宝贵的技术资料，在此一并表示谢意。

电动汽车技术是近几年来迅速发展的新技术，许多关键技术问题正在研究和解决当中。由于编者知识和水平有限，不足之处在所难免，敬请专家和读者批评指正。

编 者
2012 年 10 月

目 录

第1章 概述 ………………………… 1
  1.1 电动汽车 ………………………… 1
    1.1.1 电动汽车的定义 ………………… 1
    1.1.2 电动车辆 ……………………… 1
    1.1.3 新能源汽车 …………………… 1
  1.2 新能源汽车在国外的发展概述 …… 2
    1.2.1 各国的优惠政策概述 ………… 2
    1.2.2 美国对新能源汽车的激励政策 … 2
    1.2.3 美国加州的零排放政策和零排放汽车积分 …………………… 3
    1.2.4 日本"新一代汽车"政策及发展概况 ………………………… 3
  1.3 国内新能源汽车产业的发展情况 … 4
    1.3.1 新能源汽车产业发展的原动力 … 4
    1.3.2 我国政府发展新能源汽车的战略和优惠政策 ………………… 5
    1.3.3 我国新能源汽车产业的快速发展 … 5
  1.4 汽车工业和技术的未来发展方向 … 6
  参考文献 ………………………………… 6

第2章 整车行驶工况与性能匹配 …… 7
  2.1 汽车行驶工况概述 ………………… 7
  2.2 国外汽车行驶工况介绍 …………… 8
    2.2.1 美国行驶工况 ………………… 8
    2.2.2 欧洲行驶工况 ………………… 10
    2.2.3 日本行驶工况 ………………… 10
    2.2.4 检测循环工况的动态化趋势 … 11
  2.3 我国行驶工况的发展状况 ………… 11
  2.4 行驶工况的特征分析 ……………… 12
  2.5 汽车行驶工况开发方法 …………… 14
    2.5.1 开发规划 ……………………… 14
    2.5.2 数据的获取 …………………… 15
    2.5.3 数据的分析与处理 …………… 15
    2.5.4 工况的解析与合成 …………… 16
    2.5.5 工况的验证 …………………… 16
  2.6 行驶工况在整车性能分析和匹配研究中的应用 ………………………… 17
    2.6.1 确定动力性能指标 …………… 17
    2.6.2 整车参数匹配与仿真 ………… 17
    2.6.3 整车能量消耗和排放试验 …… 18
  参考文献 ………………………………… 19

第3章 驱动电机及其控制系统 ……… 20
  3.1 概述 ……………………………… 20
  3.2 直流电机驱动系统 ……………… 23
    3.2.1 直流电机工作原理 …………… 23
    3.2.2 直流电机数学方程 …………… 25
    3.2.3 直流电机机械特性分析 ……… 26
    3.2.4 直流电机控制器原理 ………… 27
    3.2.5 直流电机驱动系统 …………… 28
  3.3 交流感应电机驱动系统 ………… 30
    3.3.1 交流感应电机工作原理 ……… 30
    3.3.2 交流感应电机在额定电压和额定频率下的转矩-转速特性 … 32
    3.3.3 交流驱动系统 ………………… 34
    3.3.4 基于感应电机稳态模型的变压变频下交流电机系统的机械特性 … 34
    3.3.5 交流感应电机矢量控制算法 … 36
    3.3.6 交流感应电机直接转矩控制算法 … 39
    3.3.7 交流感应电机驱动系统的特点 … 40
  3.4 交流永磁电机驱动系统 ………… 40
    3.4.1 交流永磁同步电机驱动系统 … 40
    3.4.2 永磁同步电机工作原理 ……… 41
    3.4.3 永磁同步电机转矩-转速特性 … 44
    3.4.4 无刷直流电机工作原理 ……… 44
    3.4.5 无刷直流电机数学模型及控制系统 …………………………… 44
    3.4.6 交流永磁电机驱动系统特点 … 47
  3.5 开关磁阻电动机 ………………… 47
    3.5.1 开关磁阻电机工作原理 ……… 47
    3.5.2 开关磁阻电动机的数学模型 … 48
    3.5.3 电动汽车开关磁阻电机控制系统 … 49
    3.5.4 开关磁阻电机驱动系统的特点 … 49
  3.6 电动车辆电机驱动系统设计概要 … 50
    3.6.1 概述 …………………………… 50
    3.6.2 电动汽车驱动电机的工作制 … 50
    3.6.3 汽车驱动电机系统的转矩-转速特性确定 …………………… 52
    3.6.4 工程车辆驱动电机系统的转矩-转速特性确定 ………………… 53
  参考文献 ………………………………… 54

第4章 动力电池系统 ………………… 55
  4.1 概述 ……………………………… 55
  4.2 动力电池的基本术语 …………… 56
  4.3 电动车辆对电池性能的要求 …… 57
    4.3.1 纯电动汽车对电池的要求 …… 58
    4.3.2 混合动力汽车对电池的工作要求 … 58

4.3.3 可外接充电式混合动力汽车（PHEV）对电池的工作要求 ………… 59
4.3.4 电动车用电池的具体指标要求举例 …………………………… 59
4.4 电动车用电池的主要种类及特点 …… 61
4.4.1 铅酸电池 ………………………… 61
4.4.2 镍氢电池 ………………………… 62
4.4.3 ZEBRA 电池 …………………… 63
4.4.4 锂离子电池 ……………………… 64
4.4.5 锂空气电池 ……………………… 66
4.4.6 锂资源 …………………………… 68
4.5 电池测试方法 ………………………… 69
4.5.1 单体、模块与电池组 …………… 69
4.5.2 电动汽车动力电池国内标准 …… 69
4.5.3 国外动力电池的试验方法 ……… 69
4.6 电池管理系统 ………………………… 70
4.6.1 电池管理系统概述 ……………… 70
4.6.2 电动汽车电池管理系统举例 …… 72
4.7 电动车用电池管理的关键技术 ……… 72
4.7.1 电池模型应用 …………………… 72
4.7.2 SOC 估计 ………………………… 76
4.7.3 电池组热管理 …………………… 78
4.8 动力电池技术前景展望 ……………… 81
4.8.1 电动汽车动力电池类别 ………… 81
4.8.2 电容型电池 ……………………… 81
4.8.3 聚合物锂离子电池 ……………… 82
4.8.4 石墨烯表面驱动锂离子交换电池 …………………………… 84
4.8.5 动力电池的发展展望 …………… 84
参考文献 ……………………………………… 85

第5章 超级电容与飞轮储能装置 …… 87
5.1 超级电容的研究现状 ………………… 87
5.2 超级电容的储能机理及分类 ………… 88
5.2.1 超级电容的储能机理 …………… 88
5.2.2 超级电容的分类 ………………… 89
5.3 碳镍体系超级电容 …………………… 91
5.3.1 充电过程 ………………………… 91
5.3.2 放电过程 ………………………… 91
5.4 超级电容的模型 ……………………… 92
5.4.1 超级电容的理论模型 …………… 92
5.4.2 超级电容等效电路模型 ………… 93
5.5 超级电容在电动汽车上的应用 ……… 96
5.5.1 超级电容与动力电池的比较 …… 96
5.5.2 超级电容组的电压均衡问题 …… 96
5.5.3 超级电容在车辆上的应用 ……… 97
5.5.4 车用超级电容的发展方向 ……… 98
5.6 飞轮储能装置 ………………………… 99

5.6.1 飞轮储能装置的结构及原理 …… 100
5.6.2 飞轮储能装置与其他储能装置的比较 …………………………… 102
5.6.3 飞轮储能装置发展现状 ………… 102
5.6.4 飞轮储能装置关键技术 ………… 104
参考文献 ……………………………………… 105

第6章 质子交换膜燃料电池 …………… 106
6.1 燃料电池概述 ………………………… 106
6.1.1 燃料电池的分类 ………………… 106
6.1.2 车用燃料电池及其关键技术 …… 107
6.1.3 燃料电池的性能指标 …………… 109
6.2 质子交换膜燃料电池的工作原理 …… 110
6.3 膜电极 ………………………………… 111
6.3.1 聚合物电解质膜 ………………… 112
6.3.2 电催化剂 ………………………… 115
6.4 双极板 ………………………………… 116
6.5 燃料电池的水管理和热管理 ………… 118
6.5.1 燃料电池的水管理 ……………… 118
6.5.2 燃料电池的热管理 ……………… 121
6.6 增压式燃料电池和常压式燃料电池 … 122
6.6.1 增压式燃料电池 ………………… 122
6.6.2 常压式燃料电池 ………………… 124
6.7 燃料电池的相关计算 ………………… 126
6.7.1 燃料电池单体的电压及效率的计算 …………………………… 126
6.7.2 空气流量计算 …………………… 129
6.7.3 氢气流量 ………………………… 129
6.7.4 水的生成量计算 ………………… 130
6.8 燃料电池技术的发展 ………………… 130
6.8.1 面向示范和产品验证的燃料电池系统开发 …………………… 130
6.8.2 下一代燃料电池系统研究与开发 …………………………… 130
6.8.3 车载储氢与高压加注关键技术及装备研发 …………………… 131
6.8.4 高效低成本制氢技术及储氢装置研发 ………………………… 131
参考文献 ……………………………………… 131

第7章 电动助力转向、制动及其他电动化辅助系统 ……………………… 133
7.1 电动助力转向系统 …………………… 133
7.1.1 电动助力转向系统概述 ………… 133
7.1.2 电动助力转向系统的分类 ……… 133
7.2 用于电动车辆的气压制动系统 ……… 139
7.2.1 电动车辆的空气压缩机控制回路 …………………………… 139
7.2.2 电动制动空气压缩机 …………… 140

7.3 电动制动器（EMB） …………… 142
7.4 电动空调制冷压缩机 …………… 143
　7.4.1 制冷方式 ………………… 143
　7.4.2 电动压缩机驱动方式 …… 146
　7.4.3 高效节能压缩机的选用 … 147
参考文献 …………………………… 149

第8章　电动汽车的电气系统 ……… 150
8.1 电气系统概述 …………………… 150
　8.1.1 低压电气的控制逻辑 …… 150
　8.1.2 高压电气系统 …………… 150
8.2 电源变换器 ……………………… 151
　8.2.1 电动汽车中的电源变换器 … 151
　8.2.2 降压变换器 ……………… 152
　8.2.3 升压变换器 ……………… 153
　8.2.4 双向电源变换器 ………… 154
8.3 电气系统的电磁兼容性 ………… 156
　8.3.1 电磁兼容概述 …………… 156
　8.3.2 电磁噪声的分析 ………… 156
　8.3.3 电磁噪声的传播 ………… 158
　8.3.4 减少电磁干扰的主要措施 … 159
8.4 电动汽车的电气安全技术 ……… 163
　8.4.1 电气绝缘检测的一般方法 … 163
　8.4.2 电动汽车电气绝缘性能的描述 … 164
　8.4.3 绝缘电阻检测原理 ……… 164
参考文献 …………………………… 165

第9章　纯电动车辆 ………………… 166
9.1 纯电动车辆概述 ………………… 166
9.2 美国的电动汽车计划 …………… 167
　9.2.1 美国通用汽车公司的EV-1纯电动轿车 …………………… 167
　9.2.2 美国特斯拉汽车公司的纯电动车 ………………………… 169
9.3 法国的电动汽车发展历程和标致-雪铁龙（PSA）集团的纯电动轿车 … 176
9.4 德国的纯电动汽车 ……………… 176
　9.4.1 奔驰公司的纯电动微型车Smart …………………………… 176
　9.4.2 宝马（BMW）公司的纯电动汽车i3 ……………………… 177
9.5 日本的纯电动汽车研发概况 …… 177
9.6 中国的纯电动汽车和电动汽车示范城市 …………………………… 178
9.7 轻型（低速）电动车 …………… 179
　9.7.1 车型和用途简介 ………… 179
　9.7.2 中小型电动牵引车 ……… 182
　9.7.3 轻型电动车的一般结构 … 182
　9.7.4 四轮轻型电动车的安全设计标准 ……………………………… 185
9.8 机场地面支持与服务电动车辆 … 186
　9.8.1 概述 ……………………… 186
　9.8.2 我国近年开发的机场地面支持与服务电动车辆 ……………… 186
参考文献 …………………………… 190

第10章　混合动力电动汽车 ……… 191
10.1 混合动力电动汽车概述 ……… 191
10.2 传统内燃机车辆的能量利用情况 … 192
10.3 混合动力驱动系统的节能潜力 … 194
10.4 混合动力汽车的排放问题 …… 195
10.5 混合动力电动车的分类 ……… 195
　10.5.1 串联混合动力系统 …… 197
　10.5.2 并联混合动力系统 …… 198
　10.5.3 混联式混合动力电动车 … 201
10.6 混合动力电动车的能量管理与控制策略 ………………………… 205
　10.6.1 串联式混合动力系统的工作模式 ……………………………… 205
　10.6.2 并联式混合动力系统的工作模式 ……………………………… 206
　10.6.3 混合动力系统的能量管理策略 ……………………………… 206
10.7 插电式混合动力汽车（PHEV） … 207
　10.7.1 PHEV的发展背景 …… 207
　10.7.2 PHEV的工作模式 …… 208
　10.7.3 PHEV的研发现状 …… 208
　10.7.4 当前PHEV研究的主要问题 … 212
10.8 不同类型混合动力车与传统汽油车总效率的比较 …………………… 214
参考文献 …………………………… 214

第11章　燃料电池汽车 …………… 216
11.1 燃料电池汽车的基本结构 …… 216
11.2 燃料电池汽车动力系统的参数匹配方法 ………………………… 218
　11.2.1 理想的动力驱动系统的参数优化匹配方法 …………………… 218
　11.2.2 实用的动力驱动系统的参数优化匹配方法 …………………… 219
　11.2.3 整车参数、动力性指标与目标工况 ………………………… 221
11.3 燃料电池汽车燃料经济性的计算 … 221
　11.3.1 燃料电池系统氢气消耗量的计量方法 ……………………… 221
　11.3.2 蓄电池等效氢气消耗量的折算 … 223
11.4 燃料电池汽车动力驱动系统的参数匹配举例 …………………… 225

11.4.1 车辆行驶需求功率及功率谱分析 ………… 225
11.4.2 驱动电机参数的选择 ………… 228
11.5 传动系速比的选择 ………… 231
　　11.5.1 传动系最小传动比的选择 ………… 232
　　11.5.2 传动系最大传动比的选择 ………… 232
　　11.5.3 固定速比齿轮传动系的传动比选择 ………… 232
11.6 动力源参数匹配与系统构型分析 ………… 234
　　11.6.1 双动力源之间的基本能量分配策略 ………… 234
　　11.6.2 "FC+B_DC/DC（功率混合型）"构型的能量分配策略 ………… 234
　　11.6.3 "FC_DC/DC+B（能量混合型）"构型的能量分配策略 ………… 236
　　11.6.4 燃料电池系统的特性参数 ………… 237
　　11.6.5 蓄电池系统的参数选择 ………… 237
11.7 国外燃料电池汽车的研究进展 ………… 238
　　11.7.1 总体进展情况 ………… 238
　　11.7.2 日本丰田汽车公司的燃料电池汽车 ………… 240
　　11.7.3 日本本田汽车公司的氢燃料电池车 ………… 242
　　11.7.4 德国大众汽车公司的燃料电池汽车 ………… 244
　　11.7.5 通用汽车公司的最新概念车"自主魔力" ………… 247
11.8 国内燃料电池汽车的研究进展 ………… 248
　　11.8.1 燃料电池轿车动力系统技术平台与整车研发 ………… 249
　　11.8.2 燃料电池客车动力系统技术平台与整车研发 ………… 249
参考文献 ………… 250

第12章 整车控制与系统仿真 ………… 251

12.1 整车控制系统及其功能分析 ………… 251
　　12.1.1 控制对象 ………… 251
　　12.1.2 整车控制系统结构 ………… 252
　　12.1.3 整车控制器功能 ………… 253
12.2 整车控制器开发 ………… 254
　　12.2.1 开发模式 ………… 254
　　12.2.2 硬件在环开发系统 ………… 256
　　12.2.3 仿真模型 ………… 258
　　12.2.4 快速控制器原型 ………… 263
12.3 能量管理策略及其优化 ………… 265
　　12.3.1 混联式混合动力系统 ………… 266
　　12.3.2 燃料电池串联式系统 ………… 268
12.4 整车通信系统 ………… 270

12.4.1 CAN总线及其应用 ………… 271
12.4.2 TTCAN协议及通信实时性分析 ………… 273
12.4.3 FlexRay总线及其应用 ………… 276
12.5 整车容错控制系统 ………… 278
　　12.5.1 容错单元及容错控制系统 ………… 279
　　12.5.2 容错的CAN通信系统 ………… 281
12.6 汽车驾驶新技术——自动驾驶、高级驾驶员辅助系统和车联网 ………… 283
　　12.6.1 自动驾驶 ………… 283
　　12.6.2 先进驾驶员辅助系统 ………… 287
　　12.6.3 车联网 ………… 288
参考文献 ………… 289

第13章 充电装置与氢系统基础设施 ………… 290

13.1 充电装置与电动汽车 ………… 290
13.2 电动汽车充电装置的分类 ………… 291
13.3 电动汽车充电技术和充电装置 ………… 293
13.4 电动汽车充电模式的选择 ………… 294
　　13.4.1 充电站的主要结构和功能 ………… 294
　　13.4.2 电动汽车的充电方式 ………… 294
　　13.4.3 几种电动汽车充换电模式简介 ………… 295
13.5 电动汽车充电装置的展望 ………… 297
13.6 燃料电池汽车和氢能 ………… 298
　　13.6.1 燃料电池和氢能 ………… 298
　　13.6.2 氢的基本性质 ………… 298
13.7 氢的制取 ………… 299
　　13.7.1 电解水制氢 ………… 300
　　13.7.2 天然气蒸汽重整制氢 ………… 300
　　13.7.3 来自焦化厂、氯碱工厂或石油精炼厂的副产品氢 ………… 301
　　13.7.4 集中与分布制氢的氢成本比较 ………… 302
13.8 加氢站构成与系统方案 ………… 302
　　13.8.1 加氢站组成 ………… 302
　　13.8.2 加氢站系统类型 ………… 303
　　13.8.3 加氢机 ………… 304
　　13.8.4 加氢站建设成本 ………… 305
　　13.8.5 全球主要燃料电池大客车示范项目的加氢站 ………… 306
13.9 氢安全 ………… 311
参考文献 ………… 312

第14章 电动汽车标准与规范 ………… 314

14.1 我国电动汽车标准的制定 ………… 314
14.2 国外电动车辆标准化组织及所制定的标准简介 ………… 315
　　14.2.1 国际标准化组织 ………… 315
　　14.2.2 国际电工委员会（IEC） ………… 316

14.2.3 欧洲标准化技术委员会/电驱动
　　　 道路车辆技术委员会 …………… 317
14.2.4 联合国世界车辆法规协调论坛
　　　 （UN/WP29） …………………… 317
14.2.5 美国汽车工程师学会 …………… 318
14.2.6 美国电动运输协会标准 ………… 319
14.2.7 日本工业标准调查会（JISC） … 319

14.2.8 日本电动车辆协会 ……………… 319

附录 …………………………………………… 320
　附录1　我国已经发布的电动汽车和
　　　　 电动摩托车相关标准 …………… 320
　附录2　国外电动汽车相关标准 ………… 321

参考文献 …………………………………… 327

第 1 章　概　　述

1.1　电动汽车

1.1.1　电动汽车的定义

根据国家标准 GB/T 19596—2004《电动汽车术语》(3.1.1) 的规定，下述汽车总称为电动汽车 [Electric Vehicle (EV)]。

纯电动汽车 [Battery Electric Vehicle (BEV)] 是由电动机驱动的汽车。电动机的驱动电能来源于车载可充电蓄电池或其他能量储存装置。

混合动力（电动）汽车 [Hybrid Electric Vehicle (HEV)] 是指能够至少从下述两类车载储存的能量中获得动力的汽车：

① 可消耗的燃料；
② 可再充电能/能量储存装置。

燃料电池（电动）汽车 [Fuel Cell Electric Vehicle (FCEV)] 是指以燃料电池作为动力源的汽车。

本书中所论述的电动汽车包括以上三种类型的电动汽车。

1.1.2　电动车辆

电动车辆迄今还没有一个公认的统一的定义，一般是指以电动机驱动行驶的车辆。它包括从公共和专用电网中获得电力的车辆，如电动火车、地铁、轻轨电车、有轨和无轨电车，即我们常说的"电车"。另外一种是指从车载储存电源（包括蓄电池、超级电容、燃料电池、飞轮电池和车载发电机组等）获得电能，以电机驱动的车辆，如低速的工业用电动车（即我们常说的电瓶车）、机场、码头、车站、仓库用的电动车、电动叉车、残疾人用车、高尔夫球场用车、观光游览用车、电动自行车以及一些专用车。这些"电动车辆"一般不必满足道路交通安全法规（GB 7258—2012《机动车运行安全技术条件》）对汽车的各项要求且不能获许在正规道路上行驶。

1.1.3　新能源汽车

新能源汽车的定义和范围：

关于新能源汽车的定义和范围，业界一直存在争议。由国家工业和信息化部制定，2009年7月1日起施行的《新能源汽车生产企业及产品准入管理规则》第三条中规定："本规则所称新能源汽车，是指采用非常规的车用燃料作为动力来源（或使用常规的车用燃料、采用新型车载动力装置），综合车辆的动力控制和驱动方面的先进技术，形成的技术原理先进、具有新技术、新结构的汽车。

新能源汽车包括混合动力汽车、纯电动汽车（BEV，包括太阳能汽车）、燃料电池电动汽车（FCEV）、氢发动机汽车、其他新能源（如高效储能器、二甲醚）汽车等各类别产品。"

国务院在2012年6月28日公布的《节能与新能源汽车产业发展规划（2012～2020年）》中提出："新能源汽车是指采用新型动力系统，完全或主要依靠新型能源驱动的汽车，本规划所指新能源汽车主要包括纯电动汽车、插电式混合动力汽车及燃料电池汽车。"

本书中叙述的新能源汽车是指后者,即纯电动汽车、插电式(包括增程式)混合动力汽车和燃料电池汽车,而非插电的混合动力汽车(HEV)则属于节能汽车范畴。

1.2 新能源汽车在国外的发展概述

世界各国政府都在实施新能源汽车计划,从而减少燃油消耗,减少对气候产生影响的排放物和减少区域空气污染,同时在这一新兴技术领域取得行业领先地位。采用了许多既结合本国实际又切实可行的优惠政策,促进了新能源汽车技术的发展和市场推广应用。

1.2.1 各国的优惠政策概述

新能源汽车产业作为新生事物,前期发展需要政府的扶持。世界主要国家都相继出台了各种类型的支持政策,从不同方面推动新能源汽车产业的发展。纵观国内外各国政府的支持政策,可以大体分为4大类、41种。

4大类包括生产、购置、使用和基础设施,其中有直接资金拨付的货币类和非货币类优惠政策。

生产类激励政策:主要指对新能源汽车生产环节发生作用的激励政策,例如,地方政策为鼓励本地新能源汽车企业开发和生产高质量的、更适合消费者需求的车型,对企业的生产/销售方面予以奖励。美国加州的零排放政策以及欧美广泛采用的碳排放限额与积分交易计划,这两种政策对于汽车生产商的影响较大。

购置类激励政策:主要指对车辆的购置环节和购置行为发生作用的激励政策,主要包括:购置价格补贴、购置费减免、销售网点建设补贴等。这类政策对消费者选购燃油车或者新能源汽车的决策产生一定影响。

使用类激励政策:指政府针对车辆使用过程推出的、旨在提高车辆使用便利性的激励政策,主要有:电价优惠/补贴、车辆使用费税减免、公共充电设施免费、有权使用专用车道、不限号出行、减免道路桥梁通行费、车辆检测费用、减免/车检专用通道、保险费用优惠、出租车运营补贴、电池回收利用补贴等。

基础设施类激励政策:政府为加快基础设施建设和运营,实现城市充电基础设施适度超前建设目标所采用的激励政策,主要有:基础设施建设直通窗口、经费补贴、用地优先满足、专用停车位补贴、公共充电桩在线服务管理系统等。

1.2.2 美国对新能源汽车的激励政策

美国对新能源汽车的激励政策尤为多种多样。不仅是联邦政府,许多州州府、地方城市、电力公司和汽车制造商也都在促进民众认识和购买先进的新能源汽车并辅以必要的管理、充电设施和财政支持。各种各样的激励政策能够使新能源汽车更加受到消费者的青睐,无论是直接补贴,还是间接补贴,所有这些措施都通过节约货币成本和时间来降低车主的总体成本。

美国联邦政府的电动汽车推进措施如下:根据美国联邦政府管理方案,电池容量≥5kW·h的插电式混合动力车可获得每辆车2500美元的免税额,免费额度按417美元/kW·h的标准递增;对于电池容量在16kW·h或以上车辆,单车最高可免税7500美元。这些联邦政府的激励政策在各州和各城市都是统一实施的。此外,各州和各个城市还有自己的激励政策。

美国有些州对纯电动汽车(BEV)和插电式混合动力汽车(PHEV)都大力实施激励政策,如科罗拉多州、加利福尼亚(以下全书简称加州)州、马里兰州、伊利诺伊州、德克萨斯州、马萨诸塞州和宾夕法尼亚州。各州的激励政策有很大差异。对于大部分州而言,最主要的货币化收益就是补贴。另外两项能够带来明显货币化收益的就是使用公用充电装置和拼车专用道。

1.2.3 美国加州的零排放政策和零排放汽车积分

美国加州曾经有过最堵塞的交通和最严重的空气污染。20世纪30年代，加州的人口少于600万，但汽车保有量突破200万辆，深受交通问题和环境问题的困扰。在美国联邦政府出台国家空气质量管理政策前，加州率先出台该州的空气质量管理法案。其最引人注目的一项举措是20世纪90年代推出的零排放政策，建立了通过政策干预的手段促进低排放和零排放汽车的技术革新与推广应用机制。该机制通过强制规定大型汽车生产商零排放汽车销售比例，用政策手段赋予车企生产销售零排放汽车的责任，迫使车企推广零排放汽车；同时引入零排放汽车积分，并允许该积分交易，构建市场机制，一方面使完不成积分目标的车企通过购买积分而达标；另一方面使零排放车企可以通过积分交易获取部分资金，从而达到优化资源配置的目的。此外，该机制还制定了有力的惩罚办法，来保证计划能够顺利推行。该政策经过20多年来的不断革新，现行的政策与法规取得了非常明显的效果。随着现在技术快速发展和成熟，电动汽车零部件供应链已经基本形成，全球几乎所有的汽车制造商至少拥有一款零排放车型。加州空气资源局认识到零排放汽车的快速增长已经可以实现。因此，制定了从2018~2025年零排放汽车的比例规定（见表1-1）。

表1-1 零排放汽车的比例规定 （%）

年份	2018	2019	2020	2021	2022	2023	2024	2025
ZEV	2.0	4.0	6.0	8.0	10.0	12.0	14.0	16.0
PHEV	2.5	3.0	3.5	4.0	4.5	5.0	5.5	6.0
合计	4.5	7.0	9.5	12.0	14.5	17.0	19.5	22.0

比例要求分为两大类：一类是零排放汽车（ZEV），即纯电动汽车和燃料电池汽车；另一类是插电式混合动力汽车（PHEV）。零排放汽车规定部分是对汽车厂商必须实现的最低要求，插电式混合动力汽车的比例要求，既可以通过插电式混合动力汽车满足，也可以通过零排放汽车积分来满足；反过来则不允许，插电式混合动力汽车积分不能用来抵扣对汽车厂商的零排放汽车积分要求。

1.2.4 日本"新一代汽车"政策及发展概况

近年来，日本对于新一代汽车的投入力度逐渐加大，并制定了面向未来的《新一代汽车战略2010》。以此战略为前提，日本政府经济产业省和国土交通省的相关部门制定了一系列的财税和非财税政策，大力推动新一代汽车的普及、基础设施的建设以及新一代汽车社会的构建。在日本，新一代汽车包括：混合动力汽车（HEV）、纯电动汽车（EV）、插电式混合动力汽车（PHEV）、燃料电池汽车（FCV）、清洁柴油汽车（CDV），以及天然气汽车（CNG）等低排量、低能耗车型。日本没有节能汽车和新能源汽车的政策区分。

在财税政策上，日本政府针对新能源汽车的购置和使用、充电站和加氢站等基础设施的普及，先后出台了一系列财税政策。经济产业省先后实施了"环保车补贴""清洁能源汽车导入补贴""充电设施补贴""加氢设备补贴"以及"绿色税制"和"环保车减税"等新财税政策。此外，还在18个地区设立了"EV/PHEV城市"示范区，以示范城市的方式推广新能源汽车。日本各地方政府也分别对新一代汽车给予适当的政策补贴。

然而，由于EV/PHEV在充电时间、续驶里程等方面依然存在技术瓶颈，销售一直徘徊不前。2014年12月丰田的首款燃料电池汽车Mirai（未来号）率先上市，领跑全球FCV，其全球市场表现出强劲态势。2014年6月日本政府公布了"氢燃料电池战略规划"，提出打造"氢社会"的新能源战略，政府的政策重点也开始从 EV/PHEV 等电动汽车类型向燃料电池汽车转移。FCV 将是日本新能源汽车发展的战略重点，其市场潜力或将大于 EV/PHEV 等电动汽车。

除了整车外，日本在动力锂离子电池的研发和产业化方面也处于世界前列。为了促进电动汽车的核心技术——动力锂离子电池的研发，日本经济产业省所属的新能源汽车产业技术综合开发机构——NEDO 建立了 "All Japan" 的官民一体化协作体制。除了丰田、日产等多家汽车厂商外，三洋等电池企业以及大学等研究机构共同参与，对新一代锂离子电池技术进行合作攻关。上述战略还引用了 2006 年 8 月 "新一代电池技术研究会"提出的《面向新一代汽车用电池未来的建议》中的目标，即将电池性能在 2015 年提高到 2006 年的 1.5 倍，到 2020 年提高到 3 倍，2030 年提高到 7 倍；同时将电池成本在 2015 年降低到 2006 年的 1/7，2020 年降低到 1/10，2030 年降低到 1/40。除此之外，还将加强新一代汽车关键零部件的研发，如电机、半导体、空气自动调节系统等。此外，还将构筑日美、日中、日欧政府间和研发机构的共同研发体系，并制定相应的国际标准。

1.3 国内新能源汽车产业的发展情况

1.3.1 新能源汽车产业发展的原动力

能源、环境和经济转型是发展新能源汽车的主要动力。目前全球汽车的保有量为 7 亿辆左右，主要集中在经济发达国家。据统计，美国每千人拥有汽车 800 辆左右；日本、德国、法国、英国、意大利、加拿大等国家平均每千人拥有汽车 600 辆左右。每年汽车所消耗的燃油（折合成原油）约为 10 亿吨，占全球石油总消耗率的 40% 左右。汽车排放的温室气体（CO_2）和有害物质〔其中主要成分是氮氧化物（NO_x）、微粒等〕对环境的影响至关重要。

（1）环境保护的压力

我国改革开放 30 多年来，基本实现了工业化和信息化，国民收入大幅提高，汽车作为重要消费品，已经走入了千家万户。但工业化和汽车社会的发展，给我国温室气体和氮氧化物排放控制带来了巨大压力。我国在中美温室气体减排协议中承诺，到 2030 年不再增加温室气体排放。根据估算，我国汽车平均年成品油消耗总量为 1.5 亿吨，按每升汽油燃烧后将产生 2.4kg CO_2 计算，每年将产生 CO_2 4.76 亿吨。要实现减排承诺，就必须以新能源代替化石燃料。

汽车社会所带来的大气污染问题比较严重。据国家环保部的统计数字和我国大城市的污染物排放量分析显示：北京、杭州、广州、深圳等大型或者超大型城市的主要污染物（$PM_{2.5}$）的排放源以汽车尾气排放为主，约占总排放量的 1/3 以上。其他城市和地区的总排放量中汽车尾气排放量所占总污染物的比例也在 1/4 左右。

其实，中国政府 2012 年发布的《节能与新能源汽车产业发展规划（2012—2020）》所规定的燃油消耗限值目标，已经给了传统汽车企业很大的压力。该项规划规定：到 2015 年，当年生产的乘用车平均燃料消耗量降至 6.9L/100km，节能型乘用车燃料消耗量降至 5.9L/100km 以下。到 2020 年，当年生产的乘用车平均燃料消耗量降至 5.0L/100km，节能型乘用车燃料消耗量降至 4.5L/100km 以下；商用车新车燃料消耗量接近国际先进水平。

如果说 2015 年还相对温和的话，2020 年的目标将对于目前的传统燃油汽车企业是一个非常艰巨的挑战。未来的汽车世界，将是传统燃油汽车逐渐衰落的时代，新能源汽车将成为汽车世界的主宰，尽管未来主宰新能源汽车的不知道是哪一类纯电动车。

（2）能源安全的需要

人类社会的生存和发展必须消耗能源。目前全球能源消耗量不断增加,但化石能源却不可再生,如果不尽快寻找新的能源,研发新的耗能工具,那么人类将必然面临能源枯竭的境地。谁率先掌握了新能源技术,谁就掌握了未来世界能源领域的领导权。

根据海关总署和国土资源部统计,2014年我国石油进口量达3.1亿吨,对外石油依存度达59.6%,其中机动车消耗量约占30%。而我国主要的石油进口通道必须穿过印度洋和马六甲海峡,极易受到战略竞争对手的制约。为了保障能源安全,必须发展并普及新能源汽车,降低国民经济对石油资源的依存度。

(3) 产业发展和经济转型、增长的需要

自2014年以来,我国经济发展进入增速放缓的新常态,经济增长率下降至7%,传统制造业面临转型升级的巨大压力。从全国来看,汽车工业产值约占国民经济的5.6%;汽车工业是国民的支柱性产业之一,汽车工业的健康发展是国民经济实现"调结构、稳增长"目标的重要基础。根据中汽协数据,2015年1~12月,全国汽车总产销分别达到2450.33万辆和2459.76万辆,同比增长3.25%和4.68%。

由于外企与合资品牌纷纷推出更廉价的车型,市场竞争愈演愈烈,自主品牌的盈利空间已大幅下降。部分整车企业已开始酝酿减产裁员,零部件配套企业则更面临着更加艰难的局面。同时,我国仍未掌握内燃机核心技术,不具备发动机和自动变速器的设计、生产能力,继续发展传统能源汽车,技术层面只能是跟在美日欧发达国家的身后,经济层面则只能坐视巨额利润流入他国。

1.3.2 我国政府发展新能源汽车的战略和优惠政策

我国政府从环保、能源安全和经济及社会发展转型的高度出发,非常重视新能源汽车产业的发展,希望未来将其打造成又一个在全球有特色的高科技绿色产业名片。国家从购置补贴、税费减免、研发支持、消费优惠、基础设施以及标准规范等各方面出台了一系列的重大政策措施。根据各应用领域电动汽车对充电基础设施的配置要求,经分类测算,2015~2020年需要新建公交车充/换电站3848座,出租车充/换电站2462座,环卫、物流等专用车充电站2438座,公务车与私家车用户专用充电桩430万个,城市公共充电站2397座,分散式公共充电桩50万个,城际快充站842座。

在北京、天津、河北、辽宁、山东、上海、江苏、浙江、安徽、福建、广东、海南等电动汽车发展基础较好、雾霾治理任务较重、应用条件较优越的加快发展地区,预计到2020年推广电动汽车规模将达到266万辆,需要新建充/换电站7400座,充电桩250万个。

在山西、内蒙古、吉林、黑龙江、江西、河南、湖北、湖南、重庆、四川、贵州、云南、陕西、甘肃等示范推广地区,预计到2020年推广电动汽车规模将达到223万辆,需要新建充/换电站4300座,充电桩220万个。在广西、西藏、青海、宁夏、新疆等尚未被纳入国家新能源汽车推广应用范围的积极促进地区,预计到2020年推广电动汽车规模将达到11万辆,需要新建充/换电站400座,充电桩10万个。

综上所述,新能源汽车产业的发展,是全球主要工业国的共识,是关系到我国人民居住环境、国家能源安全、经济增长和社会可持续发展的重大举措,是国家战略的需要。

1.3.3 我国新能源汽车产业的快速发展

我国在新能源汽车产业飞速发展的同时,在核心技术领域也取得了明显进步:动力电池、关键材料的国产化进程快速提升,能量密度提升、成本显著降低、安全性和工艺技术持续得到了改进。通过将2014年动力蓄电池的几个技术数据与2010年相比,能量密度提高了将近一倍,成本价格降低了50%。

我国电动汽车标准体系在逐渐完善过程中,现行的有效标准达到了87项;同时,正在审查待批的标准还有 5 项，在整个标准体系下，还有 44 项细分的标准正在研发的过程当中。专家们形成了一套标准的研发体系，近两到三年中能够完成第一轮的所有标准设计，人们希望标准能够不断更新，不断提升整个新能源汽车标准体系。

1.4 汽车工业和技术的未来发展方向

交通运输是社会发展和人类生存活动的基本需要，进入 21 世纪后，汽车工业和技术将朝着可持续发展的道路前进，追求的目标是保存自然资源，促进使用可再生资源，以保证经济与环境的发展相协调。

目前世界已经进入了知识网络时代，互联网、物联网、全球定位系统、云计算、大数据、智能制造、纳米技术等为制造文化进化提供了新的技术驱动力和全新的信息空间，包括美国先进制造发展战略、德国的工业 4.0、日本的发展智能机器人和中国的《中国制造 2025》等，制造大国纷纷推出创新引领制造业转型升级的战略，推动制造技术与产业加快向绿色低碳、网络智能制造服务业转型，这必将促进汽车设计制造服务，加快向绿色智能方向发展与转型。

汽车制造将转向绿色智能、网络制造与服务，汽车产品将转变为绿色智慧的网联汽车。将从工厂化、规模化、自动化的生产方式转向数字化、网络化、智能化为支撑的个性化、定制式的全球网络智能制造服务方式。设计制造、营销服务网络的协同创新将成为主流，汽车产品的形态也将集智慧硬件和软件为一体，以聚合和融合智慧终端与云技术的优势。汽车将成为人们在家庭和办公室之外的生存发展"第三空间"，成为重要的智慧网联终端和新的交互平台。车联网将成为汽车智能交通体系和新型智慧城市的重要组成部分，为人们提供安全绿色、智慧互联的完美驾乘和信息交互体验。

汽车的整体设计制造服务是典型的系统集成创新，而设计是系统集成创新的起点与关键。面对资源短缺、生命安全、保护生态环境、交通拥堵和全球气候变化等重大挑战，需要创新设计理念；通过创意创造，不仅要使得单车全生命周期的资源能源消耗和排放最低，而且要实现交通物流整体系统的绿色智慧高效。在新能源动力和智能网联技术的大背景下，智能的主动避让技术创新已经出现，这将变革汽车碰撞安全的设计规范。从乘用工具转变为移动生存发展的"第三空间"，汽车创新设计更具有全新的广阔的创意空间。

参 考 文 献

[1] GB/T 19596—2004. 电动汽车术语.
[2] 全球新能源汽车市场政策跟踪与评估，课题报告，中国电动汽车百人会，2016.
[3] 加州零排放汽车政策及对中国的启示，课题报告，中国电动汽车百人会，2016.
[4] 2016 中国电动汽车百人会发言，万钢，2016.01.23.
[5] 2016 中国电动汽车百人会发言，路甬祥，2016.01.23.
[6] 四川省新能源汽车产业发展战略性研究报告，四川省新能源汽车技术研究院，2016.

第 2 章 整车行驶工况与性能匹配

电动汽车与传统内燃机汽车相比，行驶时车轮与地面之间相互接触与相互作用的力学过程无本质区别，而且这两种汽车的转向装置、悬架装置及制动系统也基本相同。它们的主要差别是采用了不同的动力源。传统汽车的动力是内燃机，电动汽车则是全部或部分由蓄电池、燃料电池等提供电能，通过电动机和传动系统驱动汽车行驶。因此，电动汽车的制动性能、操纵稳定性、平顺性及通过性与内燃机汽车基本一致。但是受许多因素的制约，当前的电动汽车在动力性、续驶里程、成本和可靠性等方面还与传统内燃机汽车有一定距离。为了设计制造出性能优越、价格便宜的电动汽车，首先需要对电动汽车的具体使用工况进行详尽调查，然后进行有针对性的设计，提出各个部件的参数要求，使各个动力源可以工作在较优的工作范围内，从而优化和提高电动汽车的各种性能，并降低成本。例如，在燃料电池混合动力汽车上，根据对应行驶工况下的均衡功率和功率范围，便可以大致确定出燃料电池和蓄电池组的容量，通过控制策略的优化，使燃料电池的输出功率变化范围较小，从而有利于提高燃料电池的总体效率、可靠性和寿命等。另外，行驶工况对于电动汽车的性能参数，例如续驶里程有决定性意义。没有具体的行驶工况，电动汽车在实际行驶中的续驶里程就很难评价。因此，行驶工况对设计各种电动汽车十分重要。本章将重点讨论汽车行驶工况及其在电动汽车设计过程中的应用。

2.1 汽车行驶工况概述

普通内燃机汽车的动力来源于化石燃料的化学能，经内燃机转化为机械能，其效率较低并会产生有害的排放物，危害人体健康。20 世纪 70 年代，美国加州率先通过建立排放法规，推进汽车工业开发更高燃烧效率和更低排放的发动机。该法规需要一种能够比较不同发动机之间性能差异的测试程序，这种测试程序被称为行驶工况（Driving Cycle，DC，简称工况）。为了在试验台架上再现车辆的实际行驶状况，针对不同的情形（如城市、车型等）开发了各种车辆行驶工况。美国开创并推动了世界各国的工况研究和开发，如今，由于评价目标和研究对象的不同，形成了种类繁多、用途各不相同的工况。这些工况满足了从轻型车到重型车、从汽油车到柴油车等各种系列车辆的性能测试。其用途主要有以下几个方面：确定污染物排放量和燃油消耗量、对新车型进行验证和校准、评估各种技术和测定交通控制方面的风险等。

行驶工况是汽车实际道路行驶状况的反映。随着工况研究的深入和完善，行驶工况具有典型的道路实际驾驶特征，能够反映车辆真实的运行工况，可用于车辆的研究、认证和检查/维护（Inspection/Maintenance，I/M）。

按照工况调查所包含的内容来分，行驶工况可分为完全工况和非完全工况。完全工况的调查内容主要包括车速、油耗、加速度、制动力、制动次数、挡位、换挡次数、进气管真空度和发动机转速等，以及汽车行驶过程的交通状况，如试验路段上的行驶坡度、立交桥的坡度和长度、红绿灯数量、间隔距离、交通信号灯变换时间、交通流量、主要机动车类型及所占的比例等，还包含当时的风向、风力、气温、气压等气象参数。当行驶工况的用途较少，如只需要进行油耗和排放评估，其调查内容要比完全工况少，通常称为非完全工况。

按照用途来分，行驶工况可分为标准工况和非标准工况。标准工况是由一个国家或地区通过法规形式确立的用于认证和检测等用途的行驶工况。非标准工况则属于一些研究机构和汽车厂商用于特定研究用途的非法规类行驶工况。

按照表现形式来分，行驶工况又可分为瞬态（Transient）和模态（Modal）工况。瞬态工况的速度-时间曲线与车辆实际运行过程非常相似，更符合车辆实际行驶特征。模态工况的车速-时间曲线主要由一些折线段组成，分别代表匀速、匀加速和匀减速等运行工况。模态工况的优点是试验操作比较容易，但不太符合车辆的实际行驶特征。

2.2 国外汽车行驶工况介绍

如今世界上很多国家都以标准、指令和法规等形式提出了不同车型在各种应用条件下的标准行驶工况。世界范围内车辆排放测试用行驶工况主要分成三类：美国行驶工况（USDC）、欧洲行驶工况（EDC）和日本行驶工况（JDC）；其中又以美国FTP72为代表的瞬态工况和以欧洲NEDC为代表的模态工况为世界各国所采用。

2.2.1 美国行驶工况

美国行驶工况种类繁多，用途各异，大致包括认证用（FTP系）、研究用（WVU系）和短工况（I/M系）三大体系。广为熟知的有联邦测试程序（FTP75）、洛杉矶（LA92）和负荷模拟工况（IM240）等行驶工况。

（1）适用于乘用车和轻型载货汽车的行驶工况

20世纪60年代，人们上下班所用汽车排放的废气，导致了非常严重的大气污染，美国加州洛杉矶地区空气甚至出现了光化学烟雾。为改善这种状况就需要降低汽车废气排放量，经过调查和研究，从一条具有代表性的汽车上下班路线上解析出车辆的速度-时间曲线，在1972年被美国环保局（简称EPA）用作认证车辆排放的测试程序（简称FTP72，又称UDDS）。按照这种程序来控制车辆排放，被认为考虑了最严格的情形。FTP72由冷态过渡工况（0~505s）、稳态工况（506~1370s）构成。1975年在FTP72的基础上加上600s热浸车和热态过渡工况（即重复冷态过渡工况），构成了包含四个阶段的FTP75工况，持续时间2475s；同时可用于车辆热启动排放的检查。图2-1为美国FTP75行驶工况。

由于交通网络的发展，出现了许多主干线和高速道路，车辆高速运行时间占总出行时间的比例越来越大，发动机的三种主要污染物（CO、C_xH_y和NO_x）的排放特征发生了改变，于是EPA发布了FTP修订版。研究者们开发了许多更加反映真实交通状况的工况，如考虑了道路变化的US06、车辆开空调满负荷运行的SC03等，作为FTP的补充工况，形成SFTP（Supplement FTP），并应用于2001年后生产的车型的排放测试。HWFET行驶工况是用于乘用车高速公路燃油经济性测试的运行工况，如图2-2所示。另外，考虑道路坡度对车辆油耗的影响，还开发了可变坡度的HWFET-MTN工况。

除了上述工况外，还有以下几种典型的研究型工况。

LA92：具有更高的最大速度和平均速度、较少的怠速运行时间和单位里程停车次数以及更高的最大加速度。

ARB02：由CARB（加州大气资源委员会）基于车辆跟踪开发的研究工况，目的是测试车辆处在FTP72边缘之外区域的运行情况，包括了冷启动和行程结束部分。

HL07：EPA协同汽车制造商开发的发动机工况，目的是测试车辆在超出一定速度范围情况下的一系列加速能力，在这些加速情形下大多数车辆必须全开油门。它主要用于在各个速度层级开发和修正美国现有的行驶工况。

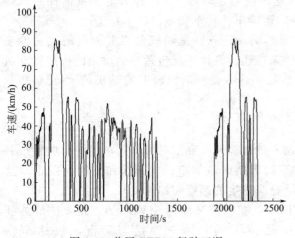

图 2-1 美国 FTP75 行驶工况　　　　　图 2-2 美国 HWFET 行驶工况

针对未被 FTP 工况描述和覆盖的车辆运行工况范围，又开发了一些行驶工况，如代表驾驶工况的 REP05，用于启动状况研究的 REM01（Remainder）工况等。它们都以速度和加速度为目标，注重研究更加细致的瞬态变化过程。

（2）重型车用行驶工况

重型车辆的行驶工况研究近年来有侧重于向瞬态工况方向靠拢的趋势。其中 BAC 被推荐作为测试重型车燃油经济性的操作规程（SAE J1376）。CBD14 是商业中心区域车辆测试工况，它也是 BAC 复合测试工况的一部分，运用 14 个相同的工况模拟公交车停车-运行的驾驶模式。CBD14 近似于 CBDBUS 工况，但是时间步长可变。

比较著名的还有市内测功机测试工况（UDDSHDV），它主要模拟重型汽油机市内区域的操作，运行长度为 1060s，33% 为怠速，平均速度 30.4km/h，并用于燃油蒸发排放测试。纽约城市工况（NYCC）则更是代表了市内区域道路大型车辆的运行工况。它们作为 FTP 标准工况被广泛应用。图 2-3、图 2-4 分别给出了 UDDSHDV 和 NYCC 两种行驶工况。

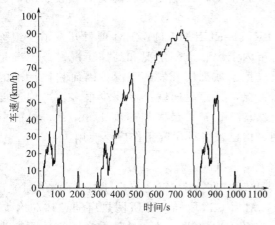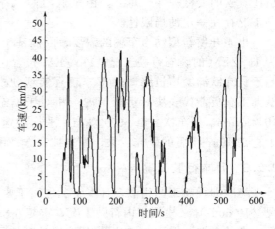

图 2-3 美国 UDDSHDV 行驶工况　　　　　图 2-4 美国 NYCC 行驶工况

为了评价公交车的排放效果，通过覆盖几条不同的、公认的繁忙运行路线，美国西弗吉尼亚大学（WVU）对纽约城市曼哈顿地区混合动力和常规动力公交车的操作和状态进行调查，开发了一组含 10 个短行程的工况，短行程之间怠速时段 19s；为满足能量消耗测试要求，将短行程数目增加至 20 个，作为常规在用运输车（货车和城市客车）工况。

除了用于底盘测功机的工况外，对于重型车辆，还有在发动机台架上使用的代表性工况，它们用发动机转速和转矩计算的车辆特性来描述。测试工况包括一套稳定的按照发动机转速和转矩（欧洲和日本规则）定义的操作事项，或者是同时以瞬时发动机速度-转矩指示（美国规则）的瞬态工况。

2.2.2 欧洲行驶工况

为了研究适合欧洲交通状况的工况，研究人员系统地研究了各种不同车辆的行驶特征并依据道路拥挤程度或流量大小，分类定义成不同道路区域如市区、郊区和高速以及平均速度、加速度的多种层级归类，人为地开发和层叠成稳定的速度和加速度段。

用于在底盘测功机上认证轻型车排放的 EDC，在欧洲又称为 MVEG-A，现发展成为新 EDC（NEDC）。在该工况里局部行驶速度是恒定的，是一种稳态工况，包括市内（ECE15）、市郊（EUDC）或市郊低功率工况（EUDCL）。ECE15 是一个包括 4 种代表市区驾驶状况的行驶工况（Urban DC），具有低速、低负荷和低排气温度的特性。由于车辆城郊运行比例增加，1992 年开发了代表高速行驶工况的 EUDC 或 EUDC_LOW 片段，在 ECE15 基础上增加 1 个 EUDC 或 EUDC_LOW，构成现在大家熟悉的 ECE+EUDC。在 2000 年之前（即欧洲 II 排放法规）实际应用时工况不计量 0～40s 的运转数据。而欧洲 III/IV 排放法规则由于更加严格控制车辆排放（考核发动机冷启动排放），排放采样和运转工况同步，采用完整的运转工况，并称为新欧洲运转工况（简称 NEDC），其持续时间为 1180s，平均速度为 32.1km/h，最大加速度为 $1.06m/s^2$。

由于变速策略的不同，模态工况用于能源消耗（或排放）方面可能造成测试结果有一些细微差异。欧洲 ECER15.04 所采用的行驶工况，针对手动和自动挡车辆就考虑了这种差异，工况的行驶距离和平均速度分别为 4.06km 和 18.7 km/h 以及 3.98km 和 18.4km/h。图 2-5 为欧洲 NEDC 行驶工况。

从速度-时间曲线中分析发现，欧洲工况稳定速度的比例太高；各种驾驶状况的分布不均，如平均驾驶工况的持续时间短而中心市区驾驶工况的持续时间长等，而且平均加速度值也比真实的要低一些。总之，由于 NEDC 属于模态工况，并不能代表真实的驾驶状况，这种工况存在一定的局限性。

出于开发新型动力车辆的需要，欧洲基于 BRITE-EURAM HYZEM 项目开发了一组称为 HYZEM 的瞬态行驶工况。HYZEM 包含了市内工况、市郊工况和高速工况。该工况是基于贯穿欧洲城市道路、89 部车辆真实驾驶模式记录数据库开发的工况，因而它比标准的欧洲工况更能代表实际运行情况。相对于模态工况，其稳定速度部分要少很多，平均速度 40.4km/h，停车次数 0.69 次/km，平均加速度 $0.71m/s^2$，最大加速度 $1.3m/s^2$。可能由于它是 1997 年后的研究成果，尚未被官方采用，但已被各种研究工作广泛使用。

2.2.3 日本行驶工况

与欧洲行驶工况相似，日本工况也属于模态工况。在 1976 年之前，日本一直采用 10 工况（10mode）来模拟市内行驶工况，重复 6 次，对后 5 次取样，即所谓热启动。1976 年以后生产的车型，采用 11 工况，从冷启动开始，重复 4 次工况，对全过程采样，行驶距离为 4.08km，平均速度为 30.6km/h。1991 年 11 月，采用 10-15 工况（图 2-6），由三个 10 工况和一个 15 工况构成。虽然 10-15 工况并未被国际公认，但行驶工况的研究在日本仍得到持续和深入开展。

第 2 章 整车行驶工况与性能匹配

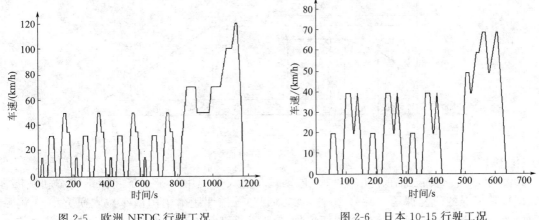

图 2-5 欧洲 NEDC 行驶工况　　　　图 2-6 日本 10-15 行驶工况

2.2.4 检测循环工况的动态化趋势

目前对于汽车检测的循环工况，还有一个趋势，即从过去的准静态化向高度的动态化发展。国内目前一直采用的是美国原来采用过的动态化标准，欧洲的排放标准也是从静态化、准静态化向高速动态化发展。日本从过去 10-15 工况模式向新的发展模式转变，在测试循环中，从 12 个加速、12 个减速提高到 26 个加速、26 个减速，包括停车、急速熄火。动态化的趋势更加符合了道路的实际运行，新的整车测试的循环工况瞬态化，加减速梯度频率高、振幅大、工况时间长。对于新能源汽车使用电机驱动、急速停机，制动能量回收，具有节能减排和减碳方面的先天优势，在瞬态工况下的优势更加明显。

2.3 我国行驶工况的发展状况

我国的汽车行驶工况研究起步较晚，在道路工况研究上比较有代表性的就是长春汽车研究所在 20 世纪 80 年代对天津和北京道路所进行的调查研究。但是当时使用的主要是直方图统计方法，最基本的统计是 v-a（车速-加速度）直方统计，即找出汽车车速和加速度相对于时间、里程及油耗的概率密度和分布的数字特征。目前我国乘用车的燃料消耗和排放测试工况等效采用欧洲 ECE15 工况。载货汽车的燃料消耗测试采用 6 工况法，如图 2-7 所示。城市客车燃料消耗采用 4 工况法，如图 2-8 所示。

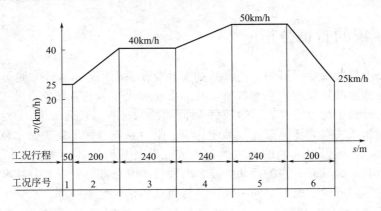

图 2-7 我国载货汽车燃料消耗试验 6 工况

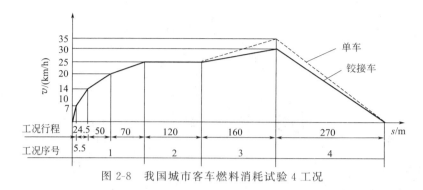

图 2-8 我国城市客车燃料消耗试验 4 工况

2002 年，国家科技部在十五"863"电动汽车重大专项中，设立了我国乘用车和城市客车典型行驶工况的研究课题（编号 2003AA501993）。该课题由中国汽车技术研究中心牵头，与国内的一些大学和科研院所合作共同承担了课题的研究工作。截至 2005 年年初，项目取得了阶段成果，公布了典型乘用车和城市客车的运行工况（分成瞬态和稳态两类）。图 2-9、图 2-10 分别给出了乘用车和城市客车的典型瞬态运行工况。2015 年国家工业和信息化部工再次立项，系统研究适合于我国道路的行驶工况调查，开展工作以便获得更适合我国道路实际行驶工况的、用于检测和研究的中国道路行驶工况。

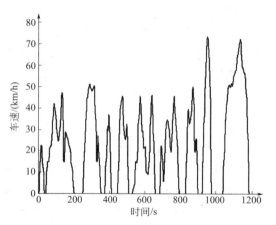

图 2-9 我国典型乘用车城市瞬态运行工况

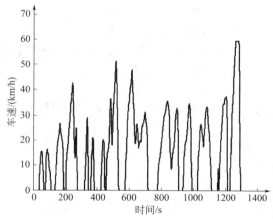

图 2-10 我国典型城市客车瞬态运行工况

2.4 行驶工况的特征分析

车辆在道路上的行驶状况可用一些参数如车速、加/减速度、运行时间等来反映其运动特征。通过对这些运动特征的调查和解析，开发出能够代表运动特征的行驶工况。无论以模态或瞬态表达，行驶工况最终都表达为速度-时间曲线，时间步长通常为 1s。

在相同的控制条件（如环境温度、风速、滚动阻力系数等）下使测试车辆在底盘测功机上复现行驶工况，就可以对车辆的动力性、经济性以及车辆排放性能等指标进行测试和比较。由于各种行驶工况具有不同的运动特征，四种模式（怠速、匀速、加速和减速）所占比例不同，因此在不同行驶工况下对同一辆车进行测试的结果也不一样。

对行驶工况的统计分析需要引入一组统计特征值。这些特征值主要有：时间（s）、距离（km）、平均车速（km/h）、平均行驶速度（km/h）、最高车速（km/h）、最大加速度（m/s^2）、平均加速度（m/s²）、最大减速度（m/s²）、平均减速度（m/s²）、怠速时间比例（%）、匀速时间比例（%）、加速时间比例（%）、减速时间比例（%）和最大特定功率 K_{max}(m²/s³) 等。其中特定功率 K(m²/s³) 的定义为 $2va$ (v——车速，m/s; a——加速度，m/s²)，并取最大特定功率 (K_{max}) 作为特征值。表 2-1 给出了国内外一些典型行驶工况部分特征值的对比分析，主要包括时间、距离、平均车速、最大加速度和最大特定功率等参数。

表 2-1　世界各种典型行驶工况部分特征值

工况	时间/s	距离/km	平均车速 v_a/(km/h)	最大加速度 a/(m/s²)	最大特定功率 K_{max}/(m²/s³)
FTP75	2475	17.69	25.82	1.48	40.15
LA92	1436	15.71	39.62	3.08	57.08
UDDS	1370	11.99	31.53	1.48	40.15
SC03	601	5.73	34.56	2.28	47.06
HWFET	766	16.41	77.66	1.43	31.29
ARB02	1640	31.78	70.07	3.53	96.06
US06	601	12.81	77.31	3.75	97.69
WVUCITY	1408	5.29	13.60	1.14	20.65
WVUSUB	1665	24.81	25.88	1.30	25.24
WVUINTER	1665	11.9	54.77	1.42	23.33
J10.15	673	4.3	22.71	0.79	8.81
COMMUTER	330	6.4	70.48	1.03	14.34
NEDC	1180	10.87	32.12	1.06	18.51
ECE	196	0.99	18.35	1.06	14.65
NewYorkBus	600	0.98	5.94	2.77	39.70
NYCC	599	1.89	11.43	2.68	38.76
CBDTRUCK	850	3.51	14.88	0.36	4.77
CSHVR	1760	12.77	21.87	1.16	21.02
CBDBUS	575	3.21	20.24	1.03	14.02
UDDSHDV	1061	8.88	30.34	1.96	45.08
中国乘用车瞬态[①]	1195	7.68	23.14	2.29	51.74
中国乘用车模态[①]	1195	7.66	23.08	1.39	38.58
中国公交车瞬态	1304	5.83	16.10	1.25	19.23
中国公交车模态	1304	5.84	16.12	0.83	17.46

① 城市行驶工况。

通过表 2-1 的对比分析，可以看到：当 K_{max} 值较低而平均车速较高时，也就是以较低的功率维持较高的速度运行时，车辆运行处于一种比较理想的状态，工况比较理想。一般来说，在畅通的道路如高速或市郊等道路上车辆的运行状况就是如此，如通勤（COMMUTER）、高速公路（HWFET）和州际高速（WVUINTER）等工况。当 v_a、a 和 K_{max} 值均较低时，工况是最适度的，如 FTP72、NEDC 等。当 a 和 K_{max} 值都较高时，车辆就需要较大功率才能维持在该种工况下运行，相比来说是一个更有力度的工况，如 LA-92 和 SC03 等。当平均速度处于 20km/h 以下时，最能代表市内驾驶，如 NYCC、WVUCITY 等工况。从表中还可以看出，US06 是最有力度的工况，其各项参数几乎都是 FTP 值的 2.5 倍。从单纯的特定功率来看，由于美国的行驶工况基本都是瞬态工况，包括了加速度和负荷的多种瞬态变化，其特定功率要比欧洲和日本工况（属于模态工况）大很多，因此对车辆动力性能的要求比较苛刻。在选择和使用各种行驶工况时，可以通过研究这些特征值来选择适合各种不同需要的工况。

在表 2-1 基本特征参数的基础上，进一步研究各个工况速度区间（如以 10km/h 为间距划分）的概率分布特征，从统计学上分析各种工况之间的差异。一般来说，认证工况的速度区间概率分布范围比较宽；而研究工况则侧重于表现车辆两个极端的运行状况即低速区间（中心城区）和高速区间（市郊或高速公路）概率分布权重均较大的运行情况。

2.5 汽车行驶工况开发方法

国内外各研究机构和政府部门对汽车行驶工况进行了大量的相关研究工作，尽管在数据采集方式、数据分析方法、工况解析与合成手段等方面形式多样，但其总的技术流程可以归纳为如图 2-11 所示的流程。

开发规划 → 数据采集 → 数据分析 → 工况合成 → 工况验证

图 2-11 汽车行驶工况开发技术流程

2.5.1 开发规划

（1）数据采集方法

按数据采集车辆来分，目前主要有两大类获取数据的方法。

第 1 类是采用专门的数据采集试验车，安装好所有的测试仪器后，在确定的时间内、确定的目标道路上行驶，需要规划试验路线和时间。

第 2 类是直接在目标车辆上实车采集，即选取有代表性的在用车辆，安装好测试仪器后，按各自正常目的驾驶车辆，同时采集所需要的路况数据。这类方法在时间和道路方面没有规定，随意性强。其主要优点是车辆在正常使用状态下行驶，可以利用较低的投入获取大量车型的数据。但是，它不能针对确定的道路类型，也不能提供关于位置、交通流等信息。

（2）试验路线和试验时间的确定

如果采用上述第 2 类方法采集数据，则不需考虑怎样确定路线的问题。如果采用上述第 1 类数据采集方法，那么路线的确定方法将至关重要。路线调查是开发行驶工况最基础的阶段，其目的是从许多条道路中筛选出代表性的试验路线。这种路线集中反映了目标车辆在道路上的空间和时间分布规律，从而能够以少量试验数据获得能够代表全局特征的统计结果。研究表明，城市内不同道路等级对应着不同的交通流量和平均车速；在不同的道路等级上，车辆的行驶工况有不同特点。在每一道路等级中，不同的交通强度必然对应不同的行驶工况。当然可以设计同时有 10 辆车（甚至更多）在某区域内不重复的道路上同时运行，采集足够的样本，统计出车辆运动学水平以及各自的份额，但是实施过程需要大量的人力和物力。基于交通流理论（$v=KQ$，其中 v——车速，Q——车辆流量，K——车辆间距），通过交通流调查获得对应路线的交通流水平和所占份额。在忽略时间差异的前提下，可以用少量车辆在这些路线上运行调查来获取车辆运行数据，这是一种既科学合理又易于操作的方法。车辆行驶工况主要受道路等级（快速道、主干道、次干道、支路以及车道数、机非混合等）、交通强度（车辆流量、周转量或饱和度等）、交叉口密度（路段内交叉形式和数量）以及时间四大因素的影响。通过调查、收集城市区域一个周期内交通流的相关数据，进行统计分析，根据数据的统计结果，将路线分成不同类别，再按照一定条件进行样本的概率抽样，最后确定试验路线和试验时间。

（3）试验车辆和驾驶员的确定

试验车辆需要确定三个方面：车辆类型、数量以及驾驶员。采用第 1 类数据采集方法，车辆既可由经常关注研究目标的专业驾驶员驾驶，也可由一个普通驾驶员来驾驶。但由于常常受先入之见的"驾驶指示"影响，实际上不能称为标准的驾驶行为。当车辆在道路上自由驾驶时（不刻意超车和慢行），车辆运行将主要受到变速策略的影响，无论是何种技术水平的驾驶员，其固有的驾驶行为影响必须被排除。随着自动挡车型的增多，应该考虑首选该种车辆。采用第 2 类方法，可供选择使用的车辆较多，车辆类型的确定可以基于该地区的普及车型（用市场占有率来衡量）。

2.5.2 数据的获取

(1) 数据的设置

国外许多工况研究工作在规划采集数据的类别时，为了同时满足多种用途，通常设置大量的采集参数：车速、发动机转速、发动机油温和水温、行驶时间、行驶里程、道路坡度、节气门位置、燃油消耗量、环境温度、电气系统的能耗以及制动装置的使用情况等，甚至包括对照明灯、雨刮器、后窗加热器和发动机风扇等的使用或操作。但对开发一个具体的车辆行驶工况而言，以上这些参数并非每个都是必需的。过分追求细节，在以统计特征为原则的行驶工况开发过程中并无具体意义。从工况的开发过程和表现结果来看，必须记录车速、发动机转速、燃油消耗量以及与燃油消耗有关的参数等。随着城市交通的立体化，行驶工况还应该附加一个坡度，使得行驶工况能够反映城市道路交通的实际特征。此外，坡度还直接影响燃油消耗量。

(2) 脉冲数选择和采样间隔的设定

为获得更加接近实际的数据，研究者希望利用车辆自身的传感器（现代车辆提供了这种可能）；而常用的外部高精度速度传感器如微波型和光电型，受雨、雪天气影响可能不能正常使用。速度信号脉冲数一般分别有：车轮每转一周 6 个、24 个和 48 个，甚至更高（如用于 ABS、TCS 等）。从工况构成参数比例分布一致性出发，建议采用尽可能多的脉冲数（如 48 个/周以上）来获取实际行驶工况数据。车载数据记录设备的采样频率（一般有 5Hz、2Hz 和 1Hz）也是很重要的因素。时间间隔越长，数据波动越小；但是，使用过大的采样间隔将会平滑掉较大的加速度值，也将低估低速所占比例。由于较大的加速度值对车辆设计和评价有较大影响，因此需要避免出现这种误差。根据当前车辆传感器配置（即车轮每转脉冲数的多少）情况，建议采用 2Hz（0.5s）的采样频率。

(3) 数据量的确定

国内工况调查的相关研究不少，但结果之间差异较大，究其原因，一方面交通流调查不够科学，规划的试验路线不具备代表性；另一方面，采集的原始数据量有差异。采集的数据量与最终导出的结果的准确性有如图 2-12 所示的关系。从理论上讲，采集的数据越多，结果会越准确。但是当采集的数据量达到一定值 n 后，即使增加数据量，准确性也不会有很大的提高。同时，由于客观条件的限制，采集的数据量也是一定的。在条件许可的情况下，应尽量多采集数据。当获得海量数据时，又需要采用高级的统计方法和手段。

2.5.3 数据的分析与处理

数据分析与处理主要有两种方法：一种是把整个行驶过程作为连续事实和现象用统计的方法来解析，在构建行驶工况之前根据试验区域人为地划分工况等级，并人为地合成；另外一种则是从道路交通状况入手，通过对构成整个行驶过程的各个运动学片段的研究和归类，然后构建工况。后者也是目前国外使用的最新研究方法。车辆从起步出发至目的地停车，受道路交通状况影响，其间会经过多次起步、停车操作。将车辆从一个怠速开始到下一个怠速开始的运动定义为运动学片段（以下简称片段），如图 2-13 所示，整个行程就可以视为各种各样的片段组合。其中某些片段反映的交通状况可能是一致的。不同的时间、地点和道路类型可能会出现相同的片段，有时候繁忙的高速公路上的片段特征可能和拥挤的城市道路上的片段相似。将这些片段类型和交通状况联系起来，针对性地分析符合低速、中速和高速运动形态，并在此基础上构建工况。

把车速曲线作为时间的函数来分析，这一曲线的特征参数即可作为交通状况的函数。从原始数据中连续地分割运动学片段，并对这些片段的特征参数如持续时间、片段长度、速度、加速度等进行主成分得分分析。在此基础上，采用聚类分析手段再对片段进行分类，获得与交通状况相对应的类集合；最后利用概率构造出合适的、时间长度适中的代表工况。对短行程特征的分析主要从以下几方面考虑：短行程长度、怠速时间、短行程持续时间、平均速度、运行速度（不包括怠速时间的平均速度）、最大速度以及速度和加速度的标准偏差等。

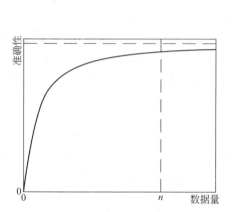

图 2-12 结果的准确性与数据量之间的关系

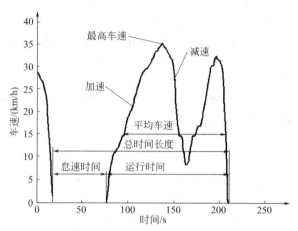

图 2-13 运动学片段定义

2.5.4 工况的解析与合成

由于采集的数据量庞大，统计分析非常复杂，比如主成分分析和聚类分析方法都涉及多维矩阵计算，因此数据的分析处理以及工况的构建都需要利用计算机来完成。开发的工具包括：用于统计、比较运动学特征的工具；随机再现速度和加速度联合分布、工况连续性等观测分析工具；主成分分析工具；聚类分析工具；概率分布评估工具，它用于比较最终的工况数据和原始数据之间的特征参数的分布规律；工况剪裁工具，用于修正和加权工况数据并能够实现可视化处理；车辆运行工况趋势评估工具，能够结合大量不同时期的数据对车辆运行工况进行预测。

2.5.5 工况的验证

工况验证的主要任务是检验解析出的行驶工况与采集的原始数据的收敛约束程度，以及是否能够以小量的工况段集合代表采集的道路行驶数据特征。验证过程分为三个方面：工况的有效性、识别性和可操作性。这些验证主要基于以下原因。

① 有效性的验证 在确定了工况之后，需要通过重新计算速度-加速度的联合分布变化情况，并需要通过在台架上的试验进行验证。

② 识别性的验证 与工况的目的有关，用于车辆污染物排放测试时，需要检验该类工况对主要污染物的识别能力。

③ 可操作性验证 由于在原始数据采样过程中噪声的影响，速度-时间曲线不够平滑；一些曲线也可能不易于被跟踪复现，必须对原始数据进行光滑平顺处理。这些数据如何处理以及处理结果如何，需要实践验证。经过计算和实践验证之后，研究者要在工况的两种表现形式之间做出选择——瞬态工况和模态工况。从研究的结果看，模态和瞬态并没有太大影

响；但从特定功率看，因为瞬态工况的加速度变化更接近于实际情况，通常包含了多种力度的驾驶行为。因此，瞬态工况可能更好。尤其在研究整车控制策略时，瞬态工况肯定更合适。

2.6 行驶工况在整车性能分析和匹配研究中的应用

行驶工况统计和分析在电动汽车的设计中起着重要的作用。匹配一辆电动汽车的动力系统，首先要确定电动汽车的运行工况，在工况分析的基础上，提出整车的动力性能指标，然后根据动力性能指标对动力系统进行参数匹配，最后采用计算机仿真的手段对系统的参数匹配结果进行验证并提出优化方案。

2.6.1 确定动力性能指标

由于受到成本和性能的制约，电动汽车在设计时必须按照目标行驶工况进行有针对性的设计，提出合理而恰当的整车动力性能指标。以北京市区使用的电动公共汽车为例，通过十五"863"重大专项课题的研究，已经制定出了我国的典型城市公交车行驶工况，如图 2-10 所示，通过对该工况进行统计分析，其主要特征参数如表 2-2 所示。

表 2-2 中国典型城市公交车行驶工况

参数名称	参数指标	参数名称	参数指标
平均速度/(km/h)	16.1	最大减速度/(m/s^2)	−2.47
最高车速/(km/h)	60.00	平均减速度/(m/s^2)	−0.53
平均行驶车速/(km/h)	22.5	怠速所占时间百分比/%	28.37
总行驶里程/km	5.83	匀速所占时间百分比/%	17.41
总行驶时间/s	1304	加速所占时间百分比/%	32.13
最大加速度/(m/s^2)	1.25	减速所占时间百分比/%	22.09
平均加速度/(m/s^2)	0.36		

根据上述统计分析结果，以北京为例，结合市区道路的特点可以提出北京市区电动公交车的动力性能指标如下：最高车速≥70km/h；0～50km/h 加速时间≤25s；最大爬坡度≥15%。

2.6.2 整车参数匹配与仿真

在进行电动汽车的整车参数匹配时，首先要以运行工况为基础，根据动力性能指标和部件自身的技术发展水平初步确定电驱动系统的部件性能要求，再根据部件的性能对汽车的动力性能进行校核，从理论上初步评价该方案是否符合设计要求和目标，然后对前面的部件性能进行修正，重复以上过程，直至达到设计目标。在上述工作的基础上再开展动力源匹配优化设计和仿真，从而完成整车系统参数匹配过程。

参数匹配过程大致可以分为初步设计、性能校核和动力源匹配三个阶段，如图 2-14 所示。初步设计首先确定电动机类型，然后根据电动机的特点确定变速器（或减速器）的传动比范围，进而确定变速器的挡位数和传动比，最后得到驱动电动机和变速器（或减速器）的基本参数。

性能校核主要是根据动力性能指标要求对初步设计方案进行性能校核，常用的校核项目包括最高车速、最大爬坡度和最大加速度等。如果校核不合格，则需要返回初步设计，重新改进电动机和变速器的参数。如果校核合格，则根据动力源的动力分配策略进行动力源的参数匹配和优化。在这个阶段，往往需要建立整车和各部件的仿真模

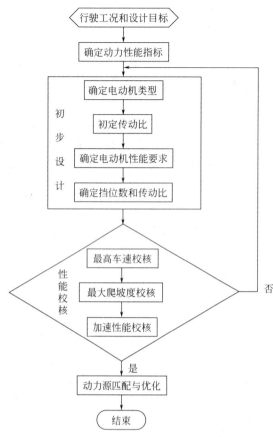

图 2-14 电动汽车参数匹配设计流程

型，应用系统仿真的方法来细致、精确地评价动力系统的参数匹配效果。

系统性能仿真以行驶工况作为输入，可以得到动力系统的基本性能和各个部件的基本运行状态，从而对电动汽车的各种指标参数进行预估和评价，把握和洞察整车及部件的各类"动态行为"。

下面以一辆 12m 燃料电池城市客车为例来说明，该车采用"燃料电池+动力电池"（FC+B）混合驱动的动力系统。燃料电池为 90kW 质子交换膜燃料电池，动力电池为 336V/80A·h 镍氢电池。驱动电动机采用矢量控制交流感应电机，额定功率为 100kW，最大功率为 180kW，最高转速 6000r/min。图 2-15 为燃料电池城市客车整车仿真模型框图，从图中可以看到，仿真模型是以汽车行驶工况作为输入，车辆控制器根据工况的要求和车辆实际车速来实现对整车各系统的协调控制。图 2-16 给出了以我国典型公交车行驶工况作为输入工况时的仿真结果，图中结果表明，仿真车速和工况车速基本重合，可见该系统匹配方案能够满足整车动力性能的要求。

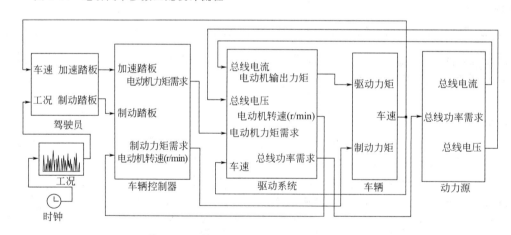

图 2-15 燃料电池城市客车整车仿真模型框图

图 2-17 给出了燃料电池客车整车动力系统中部分关键部件参数的仿真结果。

2.6.3 整车能量消耗和排放试验

行驶工况的另一个主要用途是进行电动汽车或混合动力电动汽车的能量消耗和排放试验，只有各种同类车型按照统一的行驶工况获得的能耗和排放试验结果才具有可比性。试验通常在试验场道路或转鼓试验台上进行，试验过程中需要用行驶工况监测仪进行监测，使汽车按选定的行驶工况往返行驶多次，从而测得整车能量消耗的平均值。

第 2 章　整车行驶工况与性能匹配

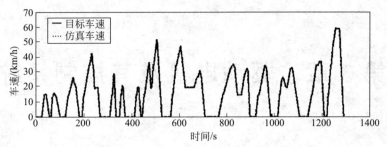

图 2-16　仿真车速与工况车速对比

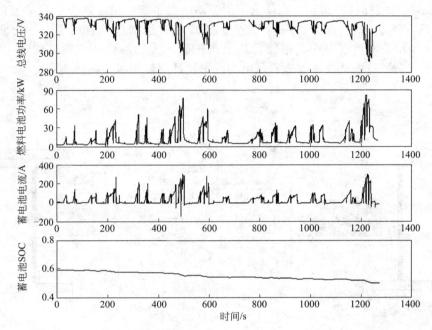

图 2-17　燃料电池客车各主要部件参数的仿真结果

参 考 文 献

[1]　陈清泉, 孙逢春, 祝嘉光. 现代电动汽车技术. 北京: 北京理工大学出版社, 2002.
[2]　孙逢春, 张承宁, 祝嘉光. 电动汽车. 北京: 北京理工大学出版社, 1997.
[3]　余志生. 汽车理论. 北京: 机械工业出版社, 2004.
[4]　万沛霖. 电动汽车的关键技术. 北京: 北京理工大学出版社, 1998.
[5]　张建伟, 李孟良等. 车辆行驶工况与特征的研究. 汽车工程, 2005, (2).
[6]　李孟良, 张富兴等. 不同采样间隔对车辆行驶工况测定影响的研究. 汽车工程, 2005, (3).
[7]　刘明辉, 赵子亮等. 北京城市公交客车循环工况开发. 汽车工程, 2005, (6).
[8]　仇斌, 陈全世, 张开斌. 北京市区电动轻型客车制动能量回收潜力 [J]. 机械工程学报, 2005, 41(12): 87-91.
[9]　陈昊. 采用聚合物锂离子电池的燃料电池城市客车动力系统设计 [D]. 北京: 清华大学出版社, 2006.
[10]　熊建. 燃料电池城市客车动力系统总体设计 [D]. 北京: 清华大学出版社, 2003.

第 3 章　驱动电机及其控制系统

3.1　概述

按照 GB/T 18488.1—2015《电动汽车用驱动电机系统　第 1 部分：技术条件》中的定义："电动汽车驱动电机、电机控制器及它们工作必需的辅助装置的组合称为驱动电机系统"，图 3-1 所示是电动汽车中把电能转换成机械能的关键部件。该系统的输入输出特性，如工作电压、转速-转矩及效率等通常是电动汽车设计与使用者关注的焦点。

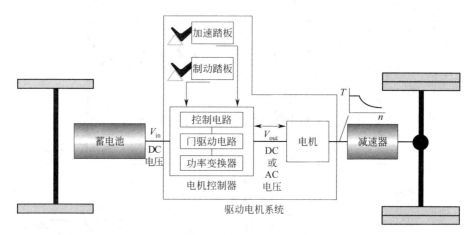

图 3-1　驱动电机系统框图

图 3-1 中电机控制器由功率变换器和相应的门驱动器和控制电路构成。功率变换器主要作用是：将储存于电池中的能量，按所采用的电机要求，将蓄电池直流电转换成相应电压等级的直流、交流或脉冲电源，并传递给驱动电机输入端，然后由驱动电机把电能转换成机械能，再通过减速器、传动轴、差速器、半轴等机械传动装置，推动车辆运动。

电机控制器中的控制电路通常由微控制器或数字信号处理器和相关电子电路组成，用于接收来自加速踏板（相当于燃油汽车的油门）、制动踏板和停车、前进、倒车、空挡控制手柄等的输出信号信息，并对其进行处理，产生功率变换器半导体开关器件所需的切换信号，控制驱动电机的转动。目前常用的驱动系统有以下几种。

① 直流电机（DC Motor）驱动系统。电机控制器一般采用脉宽调制（PWM）控制方式。

② 交流感应电机（AC IM）驱动系统。电机控制器采用矢量控制或直接转矩控制的变频调速方式。

③ 交流永磁电机驱动系统。主要包含两类电机：永磁同步电机（PMSM）和无刷直流电机（BDCM）驱动系统。

④ 开关磁阻（SR）电机驱动系统。

表 3-1 是几种车型所采用的驱动系统类型。根据电机的功率密度、效率可控制性、可靠性、技术成熟度以及成本等对上述四种电机的评分见表 3-2。

第 3 章 驱动电机及其控制系统

表 3-1 驱动电机系统类型

型号	驱动电机系统	型号	驱动电机系统
 PSA Peugeot-Cincen/Berlingo(法国)	直流电机	 Renault/Kangoo(法国)	感应电机
 Holden/ECOmmodore(澳大利亚)	开关磁阻电机	 Chevrolet/Silverado(德国)	感应电机
 Nissan/Tino(日本)	永磁同步电机	 Daimler Chrysler Durango(德国/美国)	感应电机
 Honda/Insight(日本)	永磁同步电机	 BMW/X5(德国)	感应电机
 Toyota/Prius(日本)	永磁同步电机	 Honda Clarity FCV	永磁同步电机

表 3-2 驱动电机系统评分

特性	 直流电机	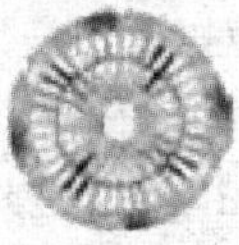 感应电机	 永磁电机	 开关磁阻
功率密度	2.5	3.5	5	3.5
效率	2.5	3.5	5	3.5
可控性	5	5	4	3
可靠性	3	5	4	5
技术成熟度	5	5	4	4
成本	4	5	3	4
∑总分	 22	 27	 25	 23

电动汽车对驱动电机系统的特性要求如下。

① 很宽的速度范围，包括低转速时的高恒转矩区以满足车辆起步加速、爬坡；中高转速的较大峰值的恒功率区，以满足高巡航车速要求。

② 驱动电机整个运行范围内有较高效率。

③ 有较强的过载能力、快速的转矩动态响应速度。

④ 高可靠性。各种车辆工作条件下的可靠性和鲁棒性（牢靠性、抗糟蹋性、耐用性）。

⑤ 较高的防护等级和环境温度适应性。

⑥ 噪声低、振动小以及系统控制稳定性好。

⑦ 合理的成本。

在上述驱动电机系统要求中，低转速、高转矩、较大的峰值功率、较宽的恒功率范围和能量效率是影响车辆动力性（加速性、最大爬坡度、最高车速等）和经济性的基本特性要求。对于纯电动和串联混合动力车辆，驱动电机是唯一且不必采用变速箱驱动车辆运动的动力部件，此时，由驱动电机所产生的、相对应驱动电机转矩-转速特性的理想车辆驱动力-车速特性曲线如图3-2所示。

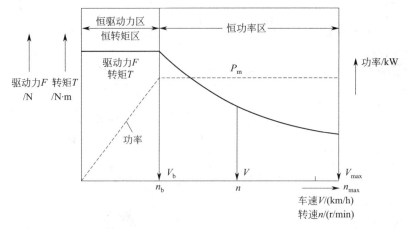

图 3-2　车辆驱动力-车速特性曲线

该特性曲线分为恒驱动力（对应电机电机为恒转矩）和恒功率两个部分。恒驱动力区车辆提供最大驱动力 F_{max}（对应电机提供最大转矩 T_{max}），以满足车辆起步加速和最大爬坡要求，恒转矩一直延续到电机基速 n_b（对应车速为 V_b），在恒转矩区，电机的功率随转速增加而增加，直到基速 n_b 电机功率达到最大 P_m。转速超过基速则进入恒功率区，电机保持该功率直到最大车速（最大电机转速），由于这是通过减少电机磁场磁通来实现，因此又称为弱磁区。图3-2中恒功率区一直延伸到最高车速 V_{max}，对于此例，它是恒转矩区结束车速 V_{rm} 的 3.3 倍，即 $V_{max}/V_{rm}=3.3$，故可将此电机表示为 3.3X 型电机，或表示为 1∶3.3 型电机。

作为例子，图3-3(a)是通用二代 Voltec 的双电机驱动系统，用于美国环保署定义的 C 级车，车辆整备质量为 1607kg。该系统将驱动电机、功率逆变器、最终传动、差速器等集成在一起，尺寸紧凑小、体积小，方便车上安装和简化线束连接，系统总质量为 119kg。

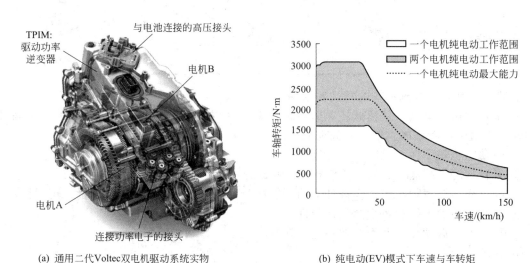

(a) 通用二代Voltec双电机驱动系统实物　　　　(b) 纯电动(EV)模式下车速与车转矩

图 3-3　通用二代 Voltec 双电机驱动系统实物及车速-转矩图

Voltec 是一款多模式串联混合动力驱动系统，采用两台永磁电机。电机 A 的峰值转矩为118N·m，功率为48kW；电机B的峰值转矩为280N·m，功率为87kW。EV模式的减速比：电机A为2.87；电机B为3.08，最终传动比为2.64。图3-3(b)为纯电动（EV）模式下车速与车轴转矩。图3-4为电机效率。

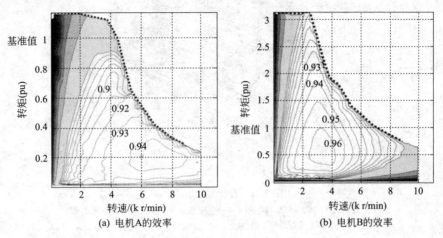

图3-4 电机效率

用于电动汽车的电机应重量轻、体积小，这就要求电机的功率密度和转矩密度较高，提高功率密度和转矩密度的途径一般有：合理并优化电磁设计；采用高性能的电磁材料，提高电机的最高转速以及散热能力。高功率密度电机具有较高电磁负荷并导致电机单位体积的损耗增大的特点，这就要求更有效的散热系统。下面给出不同电机类型、冷却系统与转矩密度，即单位体积转矩（Torque per unit Rotor Volume，TRV）关系的大致数据。表3-3为不同电机类型的转矩密度数、转矩质量密度值，表3-4为不同冷却系统的转矩密度数值。

表3-3 不同电机的转矩密度

电机类型	$T/V/(N·m/m^3)$	$T/$铜质量$/(N·m/kgCu)$
感应电机(IM)	4170	6.6
永磁电机(PM)	28860	28.7~48
开关磁阻(SR)电机	6780	6.1

表3-4 不同冷却系统的TRV值

冷却系统	TRV$/(kN·m/m^3)$
自然冷却	7~30
强制风冷	30~75
液冷	100~250

3.2 直流电机驱动系统

早期的电动汽车中通常采用直流电机驱动系统（DC Motor）。我国城市中广泛使用的无轨电车和电动叉车等工业、低速电动车辆中，至今不少仍然在使用直流驱动系统。

3.2.1 直流电机工作原理

直流电机由定子（固定不动）与转子（旋转）两大部分组成。定子与转子之间有空隙，称为气隙。其中定子部分包括机座、主磁极、换向极、端盖、电刷等装置，转子部分包括电枢铁芯、电枢绕组、换向器、转轴、风扇等部件，整体结构如图3-5所示。

图3-6(a)所示为直流电机的简化模型。若把电刷A、B接到一直流电源上，电刷A接

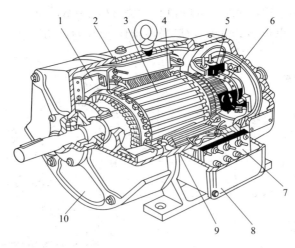

图 3-5 直流电机结构

1—风扇；2—机座；3—电枢；4—主磁极；5—刷架；6—换向器；
7—接线板；8—出线盒；9—换向极；10—端盖

电源的正极，电刷 B 接电源的负极，此时在电枢线圈中将有电流流过。位于 N 极下线圈 ab 边和位于 S 极下线圈的 cd 边通以直流电流 i，根据安培电磁力定律——电动机原理可知，导体中产生电磁力 F 的大小应为：

$$F = Bli\sin\theta \tag{3-1}$$

式中　l——线圈导体 ab 的长度，m；

　　　B——磁感应强度，T；

　　　θ——B、i 在空间的夹角。

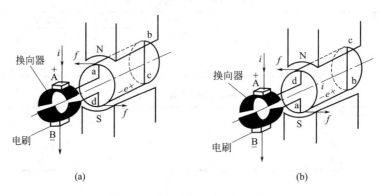

图 3-6 直流电机工作原理框图

直流电机由于有换向器和电刷的物理结构，保证了 B 与 i 空间上相互垂直，$\theta=90°$。在图 3-6(a) 的情况下，位于 N 极下的导体 ab 受力方向为从右向左，而位于 S 极下的导体 cd 受力方向为从左向右。该电磁力与转子半径之积即为电磁转矩，该转矩的方向为逆时针。当电磁转矩大于阻转矩时，线圈按逆时针方向旋转。当电枢旋转到图 3-6(b) 所示位置时，原位于 S 极下的导体 cd 转到 N 极下，其受力方向变为从右向左；而原位于 N 极下的导体 ab 转到 S 极下，导体 ab 受力方向变为从左向右，该转矩的方向仍为逆时针方向，线圈在此转矩作用下继续按逆时针方向旋转。这样虽然导体中流通的电流为交变的，但 N 极下的导体受力方向和 S 极下导体所受力的方向并未发生变化，电动机在此方向不变的转矩作用下转动。电刷的作用是把直流电变成线圈中的交变的电流。直流电机按励磁方式又可分为两类：永磁式和电励磁式。永磁式是由磁性材料提供磁场。电励磁式是由磁极上绕线圈，然后在线圈中通上直流电，来产生电磁场。

根据励磁线圈和转子绕组的连接关系，励磁式的直流电机又可细分为以下几种。

① 他励电动机。励磁线圈与转子电枢的电源分开。

② 并励电动机。励磁线圈与转子电枢并联到同一电源上。

③ 串励电动机。励磁线圈与转子电枢串联接到同一电源上，也称串励电机。

④ 复励电动机。励磁线圈与转子电枢的连接有串有并，接在同一电源上，如图 3-7 所示。

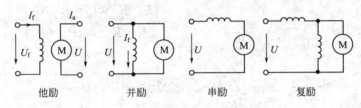

图 3-7　直流电机四种励磁方式

3.2.2　直流电机数学方程

（1）电枢中感应电动势

电枢通入电流后，产生电磁转矩，使电机在磁场中转动起来。通电线圈在磁场中转动，又会在线圈中产生感应电动势（用 E 表示）。

感应电动势为：

$$E = K_E \Phi n \tag{3-2}$$

式中　K_E——与电机结构相关的常数；
　　　Φ——电机每极磁通量，Wb；
　　　n——电机转速，r/min。

从式(3-2)可知，E 与 n 成正比。

（2）电枢电压方程

直流电机电枢电压电路见图 3-8。

$$U = E + I_a R_a \tag{3-3}$$

式中　U——外接电源电压，V；
　　　I_a——电枢电流，A；
　　　R_a——电枢电阻，Ω。

由式(3-2)和式(3-3)可得出如下结论。

① 电枢反电动势的大小和磁通、转速成正比，若想改变 E，只能改变 Φ 或 n。

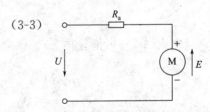

图 3-8　直流电机电枢电路图

② 若忽略绕组中的电阻 R_a，当外加电压一定时，电机转速和磁通成反比，通过改变 Φ 可调速。

③ 电磁转矩方程：

$$T = K_T \Phi I_a \tag{3-4}$$

式中　T——电磁转矩，N·m；

K_T——与电机结构相关的常数。

由转矩公式可知以下几点。

① 产生转矩的条件。必须有励磁磁通和电枢电流,而且与两者的乘积成正比。

② 磁通不变时,转矩与电流成正比,只要控制了电枢电流,就可以控制转矩的大小。

③ 改变电机旋转的方向可以通过改变电枢电流的方向或者改变磁通的方向来实现。

3.2.3 直流电机机械特性分析

（1）串励直流电机机械特性

串励电机数学模型如下：

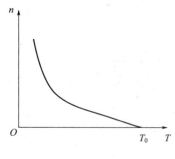

图 3-9 对应的串励机械特性

$$\begin{cases} E = K_E \Phi n \\ T = K_T \Phi I_a = K_T K_\Phi I_a^2 \\ U = E + I_a(R_a + R_f) \\ \Phi = K_\Phi I_a \end{cases} \quad (3-5)$$

式中　R_f——串励绕组电阻，Ω；

　　　K_Φ——励磁系数。

由式(3-5)可推导得：

$$n = \frac{\sqrt{K_T} U}{K_E \sqrt{K_\Phi T}} - \frac{R_a + R_f}{K_E K_\Phi} \quad (3-6)$$

对应的串励机械特性如图 3-9 所示。

这种励磁方式的特点是：当电压 U 一定时,随负载转矩的增大,n 下降得很快,电动机不至于因负载增大而过载。这种特性非常适合低速牵引型电动车辆场合,但是负载转矩趋于 0 时,转速 n 趋于无穷,故串励电动机不能空载运行。

（2）他励电机机械特性

当励磁电流一定时,磁通 Φ 为常数,电机模型为：

$$\begin{cases} U = E + I_a R_a \\ E = K_E \Phi n \\ T = K_T \Phi I_a \end{cases} \quad (3-7)$$

由式(3-7)可推导得：

$$n = \frac{U}{K_E \Phi} - \frac{R_a}{K_T K_E \Phi^2} T \quad (3-8)$$

对应的机械特性如图 3-10 所示。

这种励磁方式的特点是：在电枢电压一定下,由于他励电动机的电枢电阻 R_a 很小,所以在负载转矩变化时,转速 n 的变化不大,机械特性也较硬。永磁直流电机和并励电机也有类似的机械特性。

（3）复励直流电机

他励直流电机的机械特性很硬,串励直流电机的机械特性很软,复励直流电机则可结合两者的特性。如果串励绕组的磁势与并励绕组的磁势方向相同,称为积复励直流电机；方向相反的,称为差复励直流电机,如图 3-11 所示。

第3章 驱动电机及其控制系统

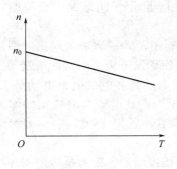

图 3-10 他励机械特性

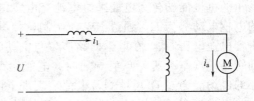

图 3-11 复励电机电枢电路图

对于积复励直流电机机械特性，可借鉴他励式机械特性方程，曲线形状取决于串励磁势的强弱。

$$n = \frac{U}{K_E \Phi} - \frac{R_a}{K_T K_E \Phi^2} T \tag{3-9}$$

设电机的总励磁磁通为 Φ，则：

$$\Phi = \Phi_B + \Phi_C$$

式中　Φ_B——并励磁通，其大小与电枢电流 i_a 无关；

　　　Φ_C——串励磁通，其大小与 i_1 有关。

积复励电机的启动转矩大，适用于负荷转矩不变的场合，一般用于电梯和起重机械等领域。

3.2.4 直流电机控制器原理

直流电机控制器主电路如图 3-12 所示，主要由两只 IGBT 功率管 T_1 和 T_2、两只反并联的功率二极管在 D_1 和 D_2、滤波电容 C、直流电动机 M 和蓄电池 U_d 组成，可以实现电动机二象限内运行。控制电路通过控制 T_1、T_2 的栅极开关信号，即脉宽调制（Pulse Width Modulation，PWM 斩波器）的方法实现对电机的控制。

图 3-13(a) 为 IGBT 的栅极开关信号，图 3-13(b) 为 IGBT 的集射电压波形。控制调制信号的占空比（$\tau = T_p/T$）可从 0～100% 调节，所以直流电动机的平均电压可以在 0～U_d 之间任意调节。

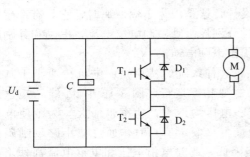

图 3-12 可以实现回馈制动的直流电机主电路图

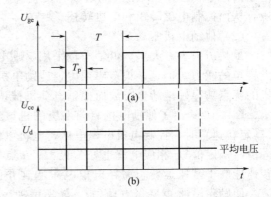

图 3-13 电机脉宽调制信号及电枢电压波形

当电机处于电动时，通过关断 T_1 管，在 T_2 管栅极上施加 PWM 脉冲信号来实现。当 T_2 管导通，电源电压 U_d 通过 T_2 加到直流电机上，电枢绕组中的电流经 T_2 和电源形成回路，这时电机的端电压为电源电压 U_d；当 T_2 管关断时，电枢电流经 D_1 续流。续流时，电枢两端的电压为零，电源不再向电机输送能量。

当电机需要回馈制动时，通过关断 T_2，对 T_1 管进行 PWM 控制来实现。回馈制动是把汽车的机械能转化为电能来给电池充电，这时电动机相当于发电机。假设回馈制动之前电机的电枢电动势为 E，通过 PWM 调制，使漏感中的感应电动势和电机电枢电动势 E 之和大于蓄电池电压 U_d，在电枢回路产生与电动时反方向的电流，此电流与电机磁场作用产生制动转矩使汽车减速，T_1 管导通时，电能储存在电枢漏感中，当 T_1 管关断后，电枢漏感中储存的磁场能通过 D_2 反馈到蓄电池，实现了回馈制动。

电动汽车的油门和制动踏板给定的是转矩信号，电机控制器实现的是转矩闭环控制。通过调节占空比 τ 来控制电枢电压，从而控制电磁转矩，控制器采用 PI 调节器，系统框图如图 3-14 所示。

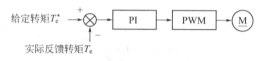

图 3-14 转矩闭环控制框图

3.2.5 直流电机驱动系统

直流电机驱动系统具有成本最低、易于平滑调速、控制器简单、技术成熟等优点，但由于直流电机在运行过程中需要电刷和换向器换向，因而电机本身的效率低于交流感应电机；同时，电刷需要定期维护，造成了使用的不便。直流电机还有一个缺点就是电机本身的体积大、重量大，换向器和电刷制约了直流电机的转速，这些因素都限制了其在电动车中的应用。

（1）串励直流电机驱动系统

电动机用于驱动车辆时，驾驶员需通过电机控制器来使电机按其指令对电动车辆进行启动、停车、前进、倒退、车速无级变速等行走控制，实现其他各种安全保护要求。图 3-15 给出了典型的由直流串励电机及其控制器组成的驱动系统。

通常直流串励电机控制器都采用 PWM 脉冲调制技术，对驱动电机进行无级调速，为此控制器连接有由驾驶员操纵的可变电阻（加速踏板—电子油门），通过它给出调节 PWM 占空比的信号，控制 MOS 管的通断，使直流电机电枢电压占空比 δ 发生变化，以控制电枢电压，从而控制电磁转矩和电机转速。

（2）他励电机驱动系统

虽然历史上，大多数电动车辆采用串励电机设计，这是因为车辆低速时，它具有产生很大转矩的能力。但是，很多应用中，他励电机通过分别控制励磁和电枢电流，串励和并励电机的优点被很好地结合，故而他励电动机被认为优于串励电动机。

图 3-16 给出了他励电机驱动系统的机械特性。这种系统的特点是：电机转速小于基速（额定转速）时，控制电机电枢电压，电机以恒转矩变功率运行，图 3-16 中 ab 线转速达最大值（额定值），相应电流也处于最大；b 点电流、电压均最大，功率也最大。为了使电机转速能高于基速运转，需在电枢电压达到并保持最大（额定值）时，通过减小磁场励磁电流，使励磁磁通 Φ 降低（弱磁），转速增加，转矩降低，此时电枢电压和电枢电流都处于额定值，故电机以恒功率运行，直到最大转速。

目前有多种成熟的他励电机控制器产品可供选用，以组成他励电驱动系统。图 3-17 为科蒂斯 1243 控制器与他励电机组成的电驱动系统，通常他励电驱动系统具有如下主要特性：

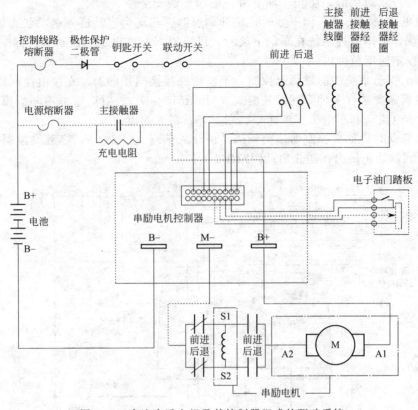

图 3-15 直流串励电机及其控制器组成的驱动系统

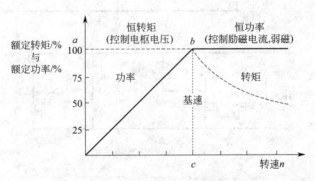

图 3-16 他励电机机械特性

① 他励电驱动系统可独立地控制励磁电流和电枢电压,其调速方式根据实际工况可进行恒功率或恒转矩调速。恒功率调速是通过调节他励电动机的励磁电流,进而改变每极磁通(一般为弱磁)而平滑地进行调速;恒转矩调速是通过调节他励电动机的电枢电压而平滑地进行调速,此时他励电机保持励磁电流恒定不变。最大励磁电流提供最大电机扭矩,而最小励磁电流允许最大电机速度,扩展了转矩-转速曲线范围,从而改善了车辆性能。此外,可通过对最小励磁电流进行编程,以限制最高转速,防止过高的空载转速。

② 具有再生制动功能,在下坡或者惯性作用下可以对电池进行反充电,从而提高车辆续航里程。再生制动功能是指车辆在运行中,当控制器监测到加速踏板输入减小时(松开加速踏板),立即产生再生制动,自动控制车辆减速,确保车辆运行安全且减速率可调。

③ 具有上坡防倒滑功能,如车辆空挡停在斜坡上启动时,控制器检测到车辆有倒滑速

度情况，自动进入防倒滑，防止车辆下滑，增加车辆安全性。

④ 他励电驱动系统在车辆下坡时，松开加速器，车辆会自动进入制动状态，自动减速，且减速率可调；他励电控系统在车辆下坡时，可以根据速度设定由控制器自行控制，使车辆一直运行在设定速度范围内。

⑤ 他励电驱动系统的前进后退控制，不需用外接换向接触器，直接由控制器内部输出。

⑥ 可根据需要选择多种车辆行驶模式（MultiMode™）。对应每种不同的模式，预先设定不同的驱动电流、刹车电流、加速率、刹车率及最大速度。

⑦ 车辆启动时，如果控制器检测到脚踏板输入信号大于20%，将触发控制器保护功能（HPD），控制器禁止输出，防止启动时窜车。

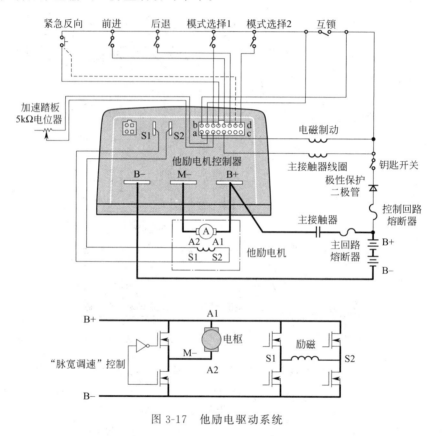

图 3-17 他励电驱动系统

3.3 交流感应电机驱动系统

交流感应电机（AC Induction Motor）又称异步电机，与直流电机相比，其结构简单，从技术水平来看，感应电机驱动系统是电动汽车用电机驱动系统的理想选择，尤其是驱动系统功率需求较大的大型电动客车。目前，国内外高性能的感应电机驱动系统主要采用矢量控制和直接转矩控制这两种控制方法。

3.3.1 交流感应电机工作原理

交流感应电机定子是用来产生旋转磁场的，它由定子铁芯、定子绕组、铁芯外侧的外壳、支撑转子轴的轴承等组成。交流感应电机的转子绕组有两种类型：鼠笼型和绕线型，其中鼠笼型转子绕组结构比较简单，仅由导条和端环构成。感应电机按照转子绕组结构可分为两类：鼠笼式感应电机和绕线式感应电机，如图 3-18 所示。

 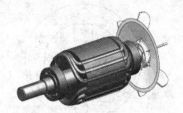

(a) 鼠笼绕组　　　　　　　　　　　(b) 绕线型转子

图 3-18　感应电机转子绕组类型

交流感应电机是根据电磁感应原理制成。当 U 形磁铁以转速 n_1 逆时针旋转时，线圈中的导线将切割磁力线，从而产生感应电动势 e，则有：

$$e = BlV$$

式中　B——磁感应强度；
　　　l——导体长度；
　　　V——线圈的切割速度。

感应电动势方向满足右手定则，如图 3-19 箭头所示，因为线圈是闭合的导体，所以产生感生电流，电流方向如箭头所示。带电的导体在磁场中将受电磁场的 F 作用，且有 $F = Bil$，方向满足左手定则，方向如图 3-19 所示，在电磁力 F 的作用下，线圈也将逆时针方向旋转，与磁场旋转方向相同，转速为 n，且 $n < n_1$。

交流感应电机的旋转磁场是由通入定子绕组三相对称交流电产生的，设流入三相定子绕组的电流方程为：

$$i_A = I_m \sin(\omega t)$$
$$i_B = I_m \sin(\omega t - 120°)$$
$$i_C = I_m \sin(\omega t + 120°)$$

三相对称交流电波形如图 3-20 所示。

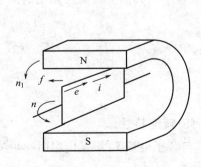 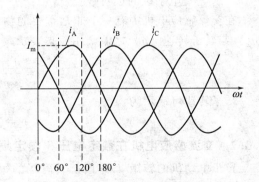

图 3-19　交流感应电机工作原理　　　　图 3-20　三相对称交流电波形

当 $\omega t = 0$，AX 线圈中没有电流通入，BY 线圈中的电流是从 B 端流出，Y 端流入；CZ 线圈中的电流是从 Z 端流出，C 端流入，根据右手螺旋法则，合成磁场的位置是 N 极和 S 极的位置，如图 3-21(a) 所示。同理 $\omega t = 60°$、$120°$、$180°$ 合成磁场的位置分别如图 3-21(b)~(d) 所示。

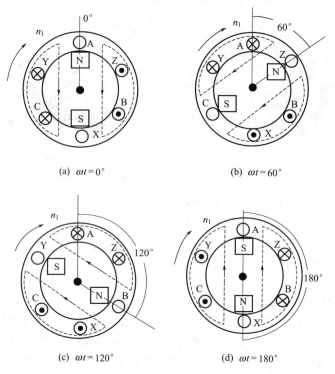

图 3-21 不同时刻三相合成旋转磁场的位置

在定子绕组上加上三相交流电源后产生顺时针方向旋转的磁场,这个磁场使定子铁芯中产生磁通,转子绕组由于切割这个磁场而感应出电动势,在闭合的转子绕组中将有感应电流流动。当改变相序时,电机转向将相反,这个旋转磁场的转速也叫做同步转速,其值为:

$$n_s = \frac{60 f_s}{p_n} \tag{3-10}$$

式中　f_s——通入定子电流频率,Hz;
　　　p_n——电动机的极对数。

在交流感应电机中有一个非常重要的物理量叫做转差率,其定义为旋转磁场的同步转速(n_s)与转子转速(n)之差,用 s 来表示,其值为:

$$s = \frac{n - n_s}{n_s} \times 100\%$$

转子转速可表示为:

$$n = (1 - s) n_s$$

3.3.2 交流感应电机在额定电压和额定频率下的转矩-转速特性

异步电动机的转矩 T 是由旋转磁场的每极磁通 Φ 与转子电流 I_2 相互作用而产生的。电磁转矩的大小与转子绕组中的电流 I 及旋转磁场的强弱有关。

经理论证明,它们的关系是:

$$T = K_T \Phi I_2 \cos\varphi_2 \tag{3-11}$$

式中　T——电磁转矩;
　　　K_T——与电机结构有关的常数;
　　　Φ——旋转磁场每个极的磁通量;

I_2——转子绕组电流的有效值；

φ_2——转子电流滞后于转子电势的相位角。

若考虑电源电压及电机的一些参数与电磁转矩的关系，式(3-11)修正为：

$$T = K'_T \frac{sR_2 U_1^2}{R_2^2 + (sX_{20})^2} \tag{3-12}$$

式中 K'_T——常数；

U_1——定子绕组的相电压；

s——转差率；

R_2——转子每相绕组的电阻；

X_{20}——转子静止时每相绕组的感抗。

由式(3-12)可知，转矩 T 与定子每相电压 U_1 的平方成比例，所以，当电源电压有所变动时，对转矩的影响很大。此外，转矩 T 还受转子电阻 R_2 的影响。

图 3-22 所示为额定电压和额定频率下异步电动机的转矩特性曲线，其上有三个特殊点决定了特性曲线的基本形状和异步电动机的运行性能。

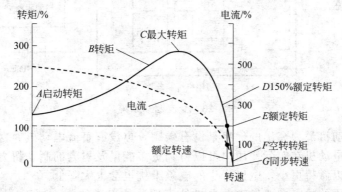

图 3-22 额定电压和额定频率下异步电动机的转矩特性曲线

① 理想空载点 F。在图 3-22 中的 F 点上，电动机以接近同步转速 n_0 运行（$s=0$），其电磁转矩 $T \approx 0$。

② 启动点 A。在图 3-22 中的 A 点上，电动机接通电源，但尚未启动。对应这一点的转速 $n=0$（$s=1$），电磁转矩称为启动转矩 T_{st}，启动是指带负载的能力，一般用启动倍数来表示，即：

$$K = \frac{T_{st}}{T_N}$$

式中 T_N——额定转矩。

③ 临界点 C。临界点 C 是一个非常重要的点，它是机械特性稳定运行区和非稳定区的分界点。电动机运行在 C 点时，电磁转矩为临界转矩 T_{max}，它表示电动机所有能产生的最大转矩，此时的转差率叫做临界转差率，用 s_K 表示。

电动机正常运行时，需要有一定的过载能力，一般用 β_m 表示，即：

$$\beta_m = \frac{T_{max}}{T_N} \tag{3-13}$$

普通电动机的 $\beta_m = 2.0 \sim 2.2$，而对某些特殊用电动机，其过负载能力可以更高一些。

上述分析说明：T_K 的大小影响着电动机的过载能力，T_K 越小，为了保证过载能力不变，电动机所带的负载就越小。由 $n_K = n_0(1-s_K)$ 可知：s_K 越小，n_K 越大，机械特性就越硬。因此在调速过程中，T_{max}、s_K 的变化规律常常是关注的重点。特别是研究变频后的电动机机械特性，T_{max}、s_K 就显得尤其重要。变频后的机械特性将会在下一小节中进行介绍。

3.3.3 交流驱动系统

交流驱动系统由交流感应电机及其控制器组成，见图 3-23，这种驱动方式有两个明显优点。

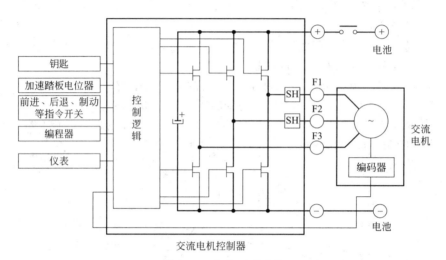

图 3-23 交流驱动系统

第一，交流电动机最为突出的优势是没有碳刷，也没有直流电动机通常对最大电流方面的限制，这意味着电动机在实际使用中可以得到更多能量及更大的制动扭力，可以更快的速度运转，体积也可以做得更小，电机产生的电磁干扰也会大大降低。

第二，交流电机的热量主要发生在电机外壳部分的定子线圈，便于冷却与散热。另外，交流电机的效率比直流电机高很多。

感应电机交流驱动系统与直流电机驱动系统相比，具有效率高、体积小、质量小、结构简单、免维护、易于冷却和寿命长等优点。随着交流电机的控制能力大大增强，以及交流电机控制器硬件部分成本的降低，为交流驱动系统的应用创造了条件。

虽然交流电机比较简单，制造工艺和材料都没有直流电机复杂，但是目前常用的交流驱动系统中，交流电机上安装有编码器，是必备器件，用来向控制器提供转速及方向信号。同时控制交流电机控制器，由于交流变频调速控制技术很复杂，控制器需要选用较大的微处理器；同时，控制器的三相交流输出也需要使用比直流控制器多得多的功率器件（如 MOSFET），直接导致成本的增加，所以交流控制器价格比直流控制器价格高。

3.3.4 基于感应电机稳态模型的变压变频下交流电机系统的机械特性

图 3-23 所示的交流驱动系统，交流感应电机由其控制器（逆变器）供电，控制器的控制方法主要有恒 U/f 控制法、转差频率控制法、矢量控制法和直接转矩控制法（DTC）等。其中，控制器通过调整输出电压 U 和输出频率之 f 比 U/f，来改变驱动电机系统机械特性，这是控制交流电机的最基本方式。

感应电动机只有定子绕组接电源，转子绕组是短路的，转子绕组通过电磁感应定理接收定子绕组的能量，感应电机可视为一种旋转变压器，把转子绕组等效到定子侧以后可以得到感应电机稳态 T 形等效电路图，如图 3-24 所示。

图中 R_s 和 $X_{s\sigma}$ 分别是定子相绕组和漏抗值，X_m 是三相等效励磁电抗，R_r 为转子电阻，$X_{r\sigma}$ 为转子漏抗。

由于 R_s 和 $X_{s\sigma}$ 都非常小，则有

$$\dot{U}_s \approx \dot{E}_s = 4.44 f_s N k_s \Phi_m \qquad (3-14)$$

式中　N——每相串联匝数；
　　　k_s——基波绕组系数；
　　　Φ_m——气隙磁通。

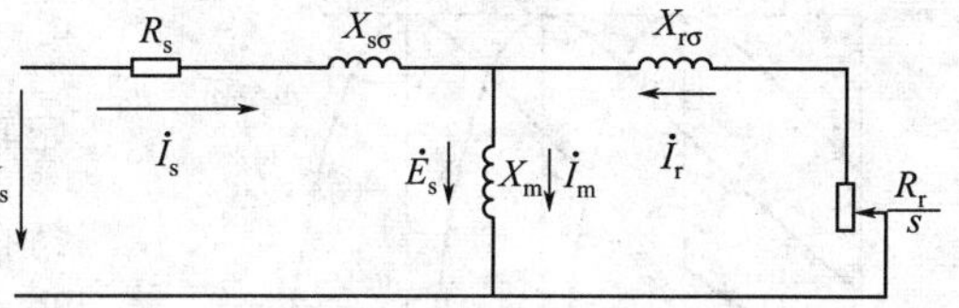

图 3-24　三相感应电机 T 形等效电路

在电机设计中，Φ_m 是在额定电压和额定转速下确定的，均把电机的磁路设计在靠近饱和点上，使电机材料得到充分利用。在调速过程中，如果频率降低时，而保持 $\dot{E}_s$ 不变，则气隙磁通就会增大，这将引起励磁电流增加，功率因数下降，定子铁损增加，效率降低，故在实际应用中调频的同时按比例的调压，也就是变压变频调速（VVVF），在额定转速以下时，要保持 $\dfrac{E_s}{f_s} = \text{const}$（常数）。

此时，相应的电磁转矩为：

$$T_e = \dfrac{3 p_n}{2\pi f_s} \times E_s^2 \times \dfrac{s R_r}{R_r^2 + (s X_{r\sigma})^2} \qquad (3-15)$$

令

$$\omega_f = \omega_s - \omega_r$$

则转差率为：

$$s = \dfrac{\omega_s - \omega_r}{\omega_s} \qquad (3-16)$$

式(3-16) 两端同乘以 $X_{r\sigma}$ 可得：

$$s X_{r\sigma} = \omega_f L_{r\sigma}$$

转差率两端同乘以 E_s 可得：

$$s E_s = \omega_f L_m I_m \qquad (3-17)$$

式中　ω_s——同步角速度；
　　　ω_r——转子角速度；
　　　ω_f——转差角速度；
　　　I_m——励磁电流；
　　　$L_{r\sigma}$——转子漏感；
　　　L_m——定转子互感。

则电磁转矩又可写成：

$$T_e = 3 p_n I_m^2 L_m^2 \dfrac{R_r \omega_f}{R_r^2 + (\omega_f L_{r\sigma})^2} \qquad (3-18)$$

保持 E_s/f_s 恒定，实质上就是保持励磁电流 I_m 不变，也就是气隙磁通 Φ_m 不变，此时，电磁转矩仅与转差角频率 ω_f 有关，而与定子电流频率无关。在不同供电频率下的转矩-转速外特性曲线的形状不变，只是沿速度轴发生平移，如图 3-25 所示。

令 $\dfrac{dT_e}{df_s} = 0$，可得电磁转矩最大时的转差角频率 $\omega_{f\max} = \dfrac{R_r}{L_{s\sigma}}$，此时最大电磁转矩为 $T_{e\max} = \dfrac{3}{2} p_n I_m^2 \dfrac{L_m^2}{L_{r\sigma}}$，在实际控制中，若保持转差角频率为恒定，可以得到恒定的电磁转矩，如图 3-25 虚线所示。在额定转速以下，电机可以工作在恒转矩模式，在调速过程中，

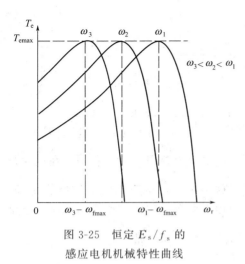

图3-25 恒定E_s/f_s的感应电机机械特性曲线

要对转差频率加以限制,以防电机转矩超过最大转矩,否则系统将不稳定。

由于电机供电电压幅值有限,当电机转速超过额定转速时,电压不可能再随频率成比例增加,只能保持在最大电压附近,由$\dot{U}_s \approx \dot{E}_s = 4.44 f_s N k_s \Phi_m$可知,当$E_s$一定时,$f_s \Phi_m = \text{const}$(常数),电机的气隙磁通随频率的上升而降低,又由电磁转矩公式(3-11)可知,电磁转矩与气隙磁通的平方成正比,所以电磁转矩也随频率的上升而减小,由转矩公式(3-12)可推得:

$$T_e f_s = \frac{3 p_n}{2\pi} \times E_s^2 \times \frac{sR_r}{R_r^2 + (sX_{r\sigma})^2} \approx \text{const} \quad (3-19)$$

转矩与频率的乘积近似为一常数,这时感应电机在近似恒功率方式下运行。综上所述,基于变压变频调速(VVVF)的电机外特性曲线如图3-26(a)所示。由图3-26(b)可以看出,当电动机的运行频率低于基频f_b,变频器的输出电压(逆变器对电机的供电电压)随频率上升而上升,保持$E_1/f_1 = \text{cosnt}$(常数),以保持恒定转矩输出;当电动机的运行频率高于基频f_b时,变频器的输出电压保持额定电压值,不再随频率的上升而上升,通过弱磁保持电机恒功率运行,为了满足电动车驱动要求,该恒功区的调速范围应尽可能宽。

由式(3-15)可知,当转差率较小时,电机电磁转矩与转差率成正比,这样就可通过控制转差率来控制转矩。这种控制方法称为转差频率控制,这种算法在异步电机控制中也经常用到。

需要说明的是:在动态过程中Φ_m不恒定,从而影响系统的动态性能。因此,恒U/f控制系统,不能满足对电动机的瞬时输出转矩进行精确控制的电动汽车和混合动力电动汽车高性能驱动系统要求。

通常的变频调速控制系统,是调节交流电动机的定子电流幅值和频率或电压幅值和频率,它们都是标量,故称为标量控制系统。在标量控制系统中,只能按电动机稳态运行规律进行控制,不能控制任意两个磁场的大小和相对位置,故转矩控制性能差。

为此需采用利用电机的动态方程对电机进行控制的、动态性能比较好的矢量控制系统。

3.3.5 交流感应电机矢量控制算法

基于电机的稳态模型变压变频调速计算,没有考虑到电机内复杂的电磁动态变化规律,所以动态控制性能不够理想。直到1971年,西门子公司的F. Blaschke等提出了"感应电机磁场定向的控制原理",即矢量控制才是基于电机动态模型的控制算法,才彻底解决了交流感应电机控制上的动态性能差的缺点,目前高水平矢量控制变频器的性能已与直流电机的相媲美。

矢量控制亦称磁场定向控制,其基本思路是:模拟直流电机的控制方法进行控制,根据磁势和功率不变的原则通过正交变换,将三相坐标下的数学模型(A、B、C)变成二相静止坐标系(Clarke变换)的模型(α-β),然后通过旋转变换将二相静止坐标系模型变成二相旋转坐标(Park变换)下的模型(d-q)。在α-β/d-q变换下,将定子电流矢量分解成按转子磁场定向的2个直流分量i_d、i_q(其中i_d为励磁电流分量,i_q为转矩电流分量),并对其分

第 3 章 驱动电机及其控制系统

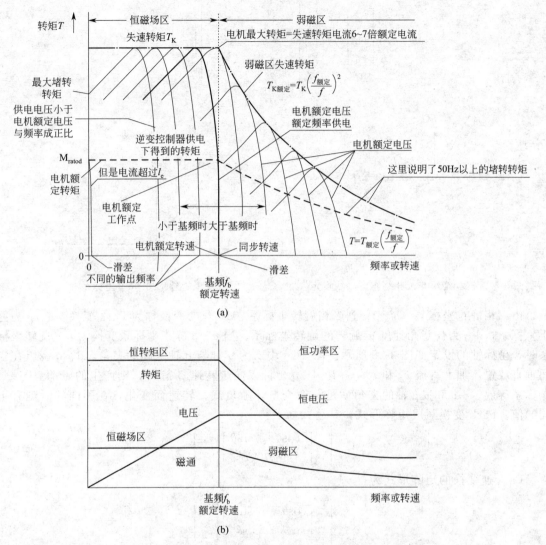

图 3-26 基于变压变频控制算法的交流电机系统转矩-转速曲线

别加以控制,控制 i_d 就相当于控制磁通,而控制 i_q 就相当于控制转矩,这样就类似于直流电机的控制。

设感应电机三相绕组（A、B、C）与二相绕组（α、β）的轴线设定如图 3-27 所示,A 相绕组轴线与 α 相绕组轴线重合,各轴分别对应的交流电流 i_A、i_B、i_C 和 $i_α$、$i_β$ 的空间矢量,且它们都是静止坐标系。采用磁势分布和功率不变的绝对变换,三相交流电流在空间产生的磁势 F 与二相交流电流产生的磁势相等,也称 Clarke 变换,其变换矩阵为:

$$\begin{bmatrix} i_\alpha \\ i_\beta \end{bmatrix} = \sqrt{\frac{2}{3}} \begin{bmatrix} 1 & -\frac{1}{2} & -\frac{1}{2} \\ 0 & \frac{\sqrt{3}}{2} & -\frac{\sqrt{3}}{2} \end{bmatrix} \begin{bmatrix} i_A \\ i_B \\ i_C \end{bmatrix}$$

其逆变换公式为:

$$\begin{bmatrix} i_A \\ i_B \\ i_C \end{bmatrix} = \sqrt{\frac{2}{3}} \begin{bmatrix} 1 & 0 \\ -\frac{1}{2} & \frac{\sqrt{3}}{2} \\ -\frac{1}{2} & -\frac{\sqrt{3}}{2} \end{bmatrix} \begin{bmatrix} i_\alpha \\ i_\beta \end{bmatrix}$$

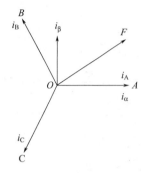

图 3-27　三相绕组与二相绕组的轴线设定

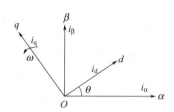

图 3-28　α-β 坐标系

由二相静止坐标系（α，β）到二相旋转坐标系（d-q）的变换称为 Park 变换。α、β 为静止坐标系，d-q 为任意角速度 ω 旋转的旋转坐标系。当 α、β 静止坐标系变换为 d-q 旋转坐标系时，坐标轴的设定如图 3-28 所示。图 3-28 中 θ 为 α 轴与 d 轴之间的夹角，d、q 绕组在空间垂直放置，加上直流 i_d 和 i_q，并让 d、q 坐标以同步转速 ω 旋转，则产生的磁动势与 α-β 坐标系等效。d-q 和 α-β 轴的夹角 θ 是一个变量，随负载、转速而变化，在不同的时刻有不同的值。Park 变换写成矩阵形式，其公式如下：

$$\begin{bmatrix} i_d \\ i_q \end{bmatrix} = \begin{bmatrix} \cos\theta & \sin\theta \\ -\sin\theta & \cos\theta \end{bmatrix} \begin{bmatrix} i_\alpha \\ i_\beta \end{bmatrix}$$

Park 逆变换的矩阵形式为：

$$\begin{bmatrix} i_\alpha \\ i_\beta \end{bmatrix} = \begin{bmatrix} \cos\theta & -\sin\theta \\ \sin\theta & \cos\theta \end{bmatrix} \begin{bmatrix} i_d \\ i_q \end{bmatrix}$$

在磁场定向的矢量控制算法中，若同步旋转坐标系的 d 轴放在转子磁场，称作转子磁场定向；放在定子磁场上，称作定子磁场定向；放在气隙磁场上，称作气隙磁场定向。在实际使用中主要采用的是基于转子磁场定向坐标系统，因为此时电磁转矩有最简单的形式：

$$T_e = p_n \frac{L_m^2}{L_r} i_q i_d \tag{3-20}$$

由式(3-20)可知，电磁转矩与励磁电流 i_d 和转矩电流 i_q 的乘积成正比。在额定转速以下时，保持励磁电流 i_d 为额定值，只需调节 i_q 即可改变转矩，实现恒转矩控制；在额定转速以上时，调整励磁电流 i_d 给定随转速 ω_r 自动调节，保持 $i_d\omega_r \approx \mathrm{const}$，同时调节转矩电流 i_q 给定，保证 $T_e\omega_r \approx \mathrm{const}$，实现恒功弱磁控制。

图 3-29 是基于转子磁链定向的车载感应电机驱动系统控制框图，油门踏板的开度是系统转矩目标值，控制系统中要同时实现转矩闭环和磁链闭环控制。在额定转速以下时，保持转子磁链恒定，在额定转速以上实现恒功率控制，逆变器的调制信号用空间矢量 PWM（Space Vector PWM，SVPWM）来实现。

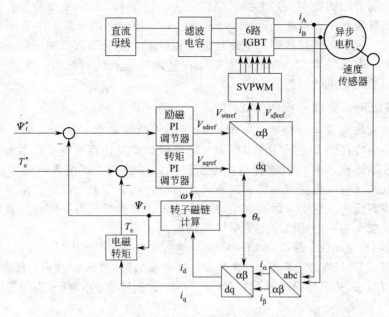

图 3-29 基于转子磁链定向的车载感应电机驱动系统控制框图

磁场定向的矢量控制算法具有优良的动态和静态特性，但是控制算法的实现十分依赖于电机的参数 R_r、R_s、L_m、$L_{s\sigma}$ 和 $L_{r\sigma}$ 等，在电机运行过程中，这些参数都是在变化的：电阻 R_r 和 R_s 随着温度的变化而变化，L_m、$L_{s\sigma}$ 和 $L_{r\sigma}$ 随磁场饱和程度的不同而不同。这些因素都会造成转子磁链定向的失败，因此，为达到高性能的控制效果，需要通过参数辨识或自适应控制算法来实现。

3.3.6 交流感应电机直接转矩控制算法

1985 年，德国学者 M. Depenbrock 教授首次提出了基于感应电机动态模型的直接转矩控制的理论，随后日本学者也提出了类似的控制方案，不同于矢量技术，直接转矩控制不需复杂的坐标变换，改估计转子磁通为估计定子磁通，由于定子磁通的估计只牵涉到定子电阻，因而对电机参数的依赖性减弱了。采用直接转矩控制方法，通过检测电机定子电压、电流，借助瞬时空间矢量理论来计算电机的磁链和转矩，给定的磁链和转矩分别与计算值比较，对差值进行调节；再根据定子磁链的空间位置、磁链与转矩的调节结果，来确定逆变器的功率开关信号。控制原理如图 3-30 所示。

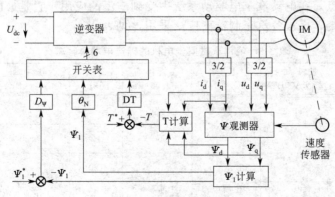

图 3-30 直接转矩控制原理

直接转矩控制算法的特点是：电机模型在定子坐标系下，只需 3/2 变换，观测的是定子磁链，受电机参数影响小。由于是砰-砰（bang-bang）控制，由于没有电流闭环，容易产生过流，在低速时，定子磁链是圆形，电流近似于正弦波，但是进入高速区后，电流波形很不规则，谐波很大，电磁噪声大，因此，如何保证转矩快速响应的同时，又能平滑电流的波形，是一个迫切需要解决的课题。

3.3.7 交流感应电机驱动系统的特点

交流感应电机与直流电动机相比，具有效率高、结构简单、坚实可靠、免维护、体积小、重量轻、易于冷却、寿命长等许多优点。感应电机本身比直流电机成本低，只是其逆变器比直流电机控制器成本高，但随着功率电子技术的不断进步，两者的成本差距越来越接近。从目前来看，感应电机交流系统总成本要比直流电机驱动系统高，但由于其重量轻、效率高、能有效地实现再生制动，因而在电动汽车上使用的运营成本要比使用直流电动机驱动系统时低，尤其在大功率电动汽车中更有广泛的应用。

目前矢量控制理论比较完善，而且日趋成熟，在线能准确辨识出电机的参数，控制性能是非常优越的，而且由于微处理器运算能力越来越强，处理复杂算法的实时性也有保障，国内外许多公司已向市场推出了多种型号的基于矢量控制的控制器，控制性能基本满足电动汽车的动力性要求。

3.4 交流永磁电机驱动系统

交流永磁电机主要包含两大类：永磁同步电动机（Permanent Magnet Synchronous Motor，PMSM）和无刷直流电机（Brush-less DC Motor，BDCM）。两者的最主要区别在于永磁体励磁磁场在定子相绕组中感应出的电动势波形：PMSM 每相感应出的电动势波形为正弦波，而 BDCM 的为梯形波，如图 3-31 所示。

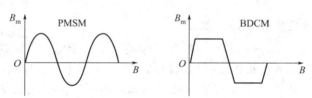

图 3-31　BDCM 和 PMSM 每相励磁磁场强度波形

3.4.1 交流永磁同步电机驱动系统

永磁同步电动机驱动系统以其高效、高控制精度、高转矩密度、良好的转矩平稳性、低振动及低噪声等特点，在电动汽车电驱动系统中受到广泛的应用，它是最能与感应电机驱动系统竞争的驱动系统，已被各汽车制造商广泛采用，见表 3-5。

表 3-5　使用永磁同步电机的国产电动小客车

型号	北汽 EU260	长城 CC7002BMA00BEV	长安 SC7001E	吉利 HQ7001EE	奇瑞 eQ	比亚迪 QCJ7006BEV-6	力帆 620	荣威 E50
额定功率 /kW	50	32	21	30	21	75	20	28
最大功率 /kW	100	60	50	60	42	120	47	52
最大转矩 /N·m	260				150			155
电机生产商		上海电驱动有限公司	上海电驱动有限公司	江苏泰州微特利电机公司		比亚迪自产	上海中科申江电动车辆有限公司	

根据"盖世汽车·新能源"的统计，2015年11月份，国内排名前六位的纯电动客车生产企业生产的纯电动客车所采用的电机类型，主要是永磁同步电机和交流异步电机。其中永磁同步电机的总装机量为10928辆，约占95.68%的份额；交流异步电机的装机量为493辆，所占份额为4.32%。永磁同步电机是当前纯电动客车所采用电机的主流类型，见表3-6。

表3-6 国产纯电动客车所采用电机的主流类型

客车厂	产量/辆	电机类型	电机生产商	电机控制器生产商
宇通客车	2736	永磁同步	宇通客车	宇通客车
东风汽车	2303	永磁同步2086辆	深圳大地和电气、精进电动、上海大郡控制、江苏微特利电机、襄阳宇清传动、武汉英康汇通电气、江苏微特利电机、南车时代电动	深圳大地和电气、精进电动、上海大郡控制、江苏微特利电机、襄阳宇清传动、武汉英康汇通电气、江苏微特利电机、南车时代电动
		交流异步217辆	武汉英康汇通电气、天津清源电动车辆、大连电机集团、南车时代电动、北京连创驱动技术	武汉英康汇通电气、天津清源电动车辆、南车时代电动、北京连创驱动技术
南京金龙	2192	永磁同步2151辆	上海力信电气、南京金龙客车、深圳市大地和电气、精进电动、山东泰丰制动系统	上海力信电气、南京金龙客车、深圳市大地和电气、精进电动、山东泰丰制动系统
		交流异步41辆	武汉理工通宇	武汉理工通宇
北汽福田	1691	永磁同步	北汽福田、精进电动、大洋电机	北汽福田、精进电动、大洋电机
中通客车	1381	永磁同步1338辆	中通客车、武汉理工通宇、大洋电机	中通客车、武汉理工通宇、大洋电机
		交流异步43辆	北京中瑞蓝科、中通客车、南车时代电动	北京中瑞蓝科、中通客车、南车时代电动
苏州金龙	1118	永磁同步926辆	苏州海格新能源汽车电控系统科技有限公司	苏州海格新能源汽车电控系统科技有限公司
		交流异步192辆	苏州海格新能源汽车电控系统科技有限公司、西门子电气传动有限公司	苏州海格新能源汽车电控系统科技有限公司、西门子电气传动有限公司

图3-32所示为通用汽车、丰田"普锐斯"和本田"Clarity FCV"等车辆采用的驱动电机，它们是内嵌式永磁同步（IPM）电机。IPM电机由于既可利用磁铁扭矩，又可利用磁阻（Reluctance）扭矩，因此，其效率及性能较高。

3.4.2 永磁同步电机工作原理

永磁同步电机是用永磁体取代绕线式同步电动机转子中的励磁绕组，从而省去了励磁线圈、滑环和电刷，定子中通入三相对称交流电。永磁同步电机的物理模型如图3-33所示。由于电动机定子三相绕组接入三相对称交流电而产生旋转磁场，用旋转磁极S、N来模拟，根据磁极异性相吸、同性相斥的原理，不论定子旋转磁极与永磁转子起始时相对位置如何，定子的旋转磁极由于磁拉力拖着转子同步旋转，也就是根据磁阻最小原理，磁通总是沿磁阻最小的路径闭合，利用磁引力拉动转子旋转，于是永磁转子就会跟随定子产生的旋转磁场同步旋转。同步电动机转速可表示为：

$$n = n_s = \frac{60 f_s}{p_n} \tag{3-21}$$

式中 f_s——电源频率；

p_n——电动机极对数；

n_s——同步转速。

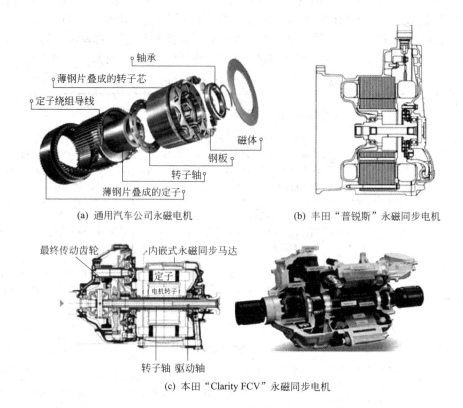

图 3-32 几种永磁同步电机

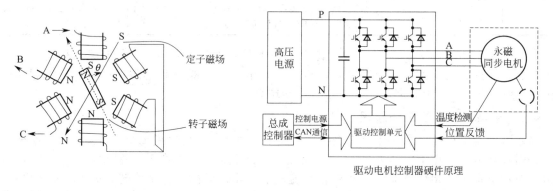

图 3-33 永磁同步电机模型

从式（3-21）可以看出，电机转速与同步转速之间没有相对运动。

永磁电机转子分为有凸极式、嵌入式和内埋式三种基本结构。前两种形式又称外装结构。永磁无刷电机有多种配置。根据永磁体 PM 的安排，基本上它们可以被归类为表面磁铁 SPM 安装或内埋磁铁 IPM 安装，见图 3-34，后者更坚固。表面磁铁设计可以使用更少的磁铁，而内埋磁体设计，可以实现更高的空气隙磁通密度。

凸装式转子永磁体几何形状如图 3-35 所示。图 3-35（a）具有圆套筒型整体磁钢，每极磁钢的宽度与极距相等，可提供接近梯形的磁场分布，在小直径转子的电动机中，可以采用

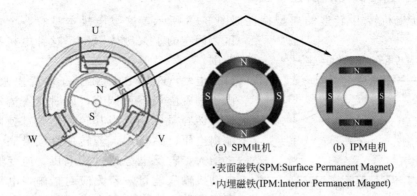

(a) SPM电机　　　　(b) IPM电机

· 表面磁铁(SPM:Surface Permanent Magnet)
· 内埋磁铁(IPM:Interior Permanent Magnet)

图 3-34　表面磁铁 SPM 及内埋磁铁

这种径向异极的永磁环，但在大容量电动机中，必须利用若干个分离的永磁体，如果永磁体厚度一致，宽度又小于一个极距，整个磁场分布接近梯形。

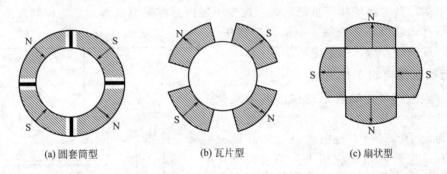

(a) 圆套筒型　　　　(b) 瓦片型　　　　(c) 扇状型

图 3-35　凸装式永磁转子

在图 3-36 中，不将永磁体凸装在转子表面上，而是嵌于转子表面下，永磁体的宽度小于一个极距，这种结构称为嵌入式。对于凸装式和嵌入式转子，一般是用环氧树脂将永磁体直接粘接在转轴上，这两种结构可使转子做得直径小、惯量小，电感也较小，有利于改善电机的动态性能。

另外一种转子结构（图 3-37）是将永磁体埋装在转子铁芯内部，每个永磁体都被铁芯包着，称为内埋式永磁同步电机（IPM 电机）。这种结构机械强度高，磁路气隙小，与外装式转子相比，更适用于弱磁。

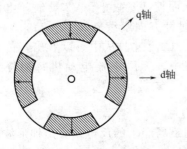　　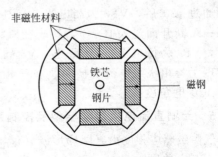

图 3-36　嵌入式永磁转子结构　　　图 3-37　内埋式永磁转子 IPM

3.4.3 永磁同步电机转矩-转速特性

永磁同步电机转矩-转速的典型特性如图 3-38 所示，这类电机本身有一个短的恒功率区，固定的永久磁体限制了这种电机扩展其速度范围。

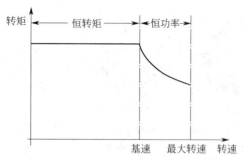

图 3-38 永磁同步电机转矩-转速的典型特性

电动汽车用 PMSM 转子由稀土永磁体励磁，由于励磁磁场不可调节，同时受直流母线电压及逆变器容量限制，当其转速达到基速时，逆变器输出电压已达极限，若转速继续升高，反电势随之增大。若反电势超过端电压，逆变器将无法向电动机输入能量，若无应对措施，电动机在进入高速区后，输出功率将迅速下降，无法保持恒功率运行。如何进行弱磁控制，使 PMSM 能运行到较高的转速而又不降低低速区输出转矩和高速区输出功率，尽可能扩大汽车用永磁电动机的调速范围，成为问题的关键。人们为实现永磁同步电动机的弱磁控制，不断地在永磁同步电机结构和控制策略两方面寻找方法，结构方面有：改变转子结构使磁通可控、改变磁通路径弱磁、采用多段转子磁场相互抵消弱磁、改变励磁回路磁阻弱磁等；采用控制算法进行弱磁控制方面则有超前角弱磁控制、电流调节器法、前馈弱磁、过调制方法、六步电压法等。

3.4.4 无刷直流电机工作原理

无刷直流电机是用装有永磁体的转子取代有刷直流电动机的定子磁极，将原直流电动机的电枢变为定子。有刷直流电动机是依靠机械换向器将直流电通入转子绕组上，颠倒原直流电动机定、转子和采用永磁体的好处是省去了机械换向器和电刷。

直流无刷电动机的位置传感器、控制电路以及功率开关器件组成的换向装置，使得直流无刷电动机在运行过程中由定子绕组所产生的

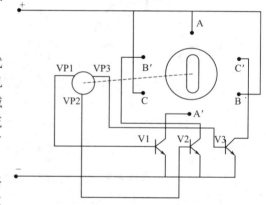

图 3-39 三相绕组半控桥直流无刷电动机

磁场和转动中的转子磁钢所产生的永磁磁场，在空间中始终保持 90°的电角度。下面以三相星形绕组半控桥电路加以说明。在图 3-39 中，3 个光电位置传感器 VP1、VP2、VP3 的安装位置各相差 120°，V1、V2 和 V3 是三个功率管。当 VP1 为高电平时，V1 导通，电流流入 A—A′，在定转子相互磁场的作用下，使转子的磁极按照顺时针方向转动，当转子通过 120°后，VP2 为高电平，VP1 为低电平，从而使 V1 截止、V2 导通，电流从绕组 A—A′断开而流入 B—B′，转子在磁场的作用下顺时针方向继续旋转 120°后，VP3 为高电平，VP2 为低电平，V2 截止、V3 导通，电流从 C—C′流过。从中可以看出，位置传感器实现了各相绕组电流的换向。在三相半控桥式电路中，无刷电流电动机每相绕组持续工作 120°电角度。

3.4.5 无刷直流电机数学模型及控制系统

气隙磁感应强度沿气隙梯形波分布，三相定子切割磁场产生的反电动势是梯形波，相位互差 120°电角度。

定子三相绕阻电压方程可以表示为：

第 3 章 驱动电机及其控制系统

$$\begin{bmatrix} u_a \\ u_b \\ u_c \end{bmatrix} = \begin{bmatrix} R_s & 0 & 0 \\ 0 & R_s & 0 \\ 0 & 0 & R_s \end{bmatrix} \begin{bmatrix} i_a \\ i_b \\ i_c \end{bmatrix} + \begin{bmatrix} L-M & 0 & 0 \\ 0 & L-M & 0 \\ 0 & 0 & L-M \end{bmatrix} p \begin{bmatrix} i_a \\ i_b \\ i_c \end{bmatrix} + \begin{bmatrix} e_a \\ e_b \\ e_c \end{bmatrix} \quad (3-22)$$

式中 u_a, u_b, u_c ——定子三相电压；

i_a, i_b, i_c ——定子三相电流；

e_a, e_b, e_c ——定子三相反电势；

R_s ——定子三相电阻；

L ——定子相电感；

M ——定子互感。

电机系统的电磁转矩为：

$$T_e = \frac{e_a i_a + e_b i_b + e_c i_c}{\omega_n}$$

在每相绕组感应电动势和电流同相位的情况下，电磁转矩又可表示为：

$$T_e = K_T \Phi I_m \quad (3-23)$$

式中 K_T ——转矩常数；

Φ ——电机每极气隙磁通量；

I_m ——一相电流的最大值。

其转矩公式与直流电机转矩公式是相同的。

无刷直流电机由于磁场是非正弦的，不能再用类似于感应电机模型变换的矢量控制算法，而是采用与直流电机相同的调节占空比的 PWM 算法。

图 3-40 所示为无刷直流电机主回路示意图。

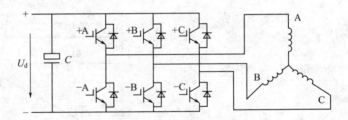

图 3-40 无刷直流电机主回路示意图

无刷直流电机控制系统通常采用两两通电的方式，每一瞬间只有 2 个上下桥臂的功率管导通，每隔 60°电角度换向一次，每一个功率管导通 120°电角度，各功率管的导通顺序依次为 +A-B、+A-C、+B-C、+B-A、+C-A、+C-B，依次记为状态 S1、S2、S3、S4、S5、S6。在每个状态中类似于直流电机的斩波器，对上桥臂的功率管作用 PWM，而相应的下桥臂管子处于常导通状态，如表 3-7 所示。

表 3-7 无刷直流电机控制的 6 个换向状态

状态	+A	-A	+B	-B	+C	-C
S1	PWM	OFF	OFF	ON	OFF	OFF
S2	PWM	OFF	OFF	OFF	OFF	ON
S3	OFF	OFF	PWM	OFF	OFF	ON
S4	OFF	ON	PWM	OFF	OFF	OFF
S5	OFF	ON	OFF	OFF	PWM	OFF
S6	OFF	OFF	OFF	ON	PWM	OFF

永磁无刷直流电机控制框图如图3-41所示,三相绕组电流 i_a、i_b、i_c 经绝对值处理后相加,再除以2便得到反馈电流 I_F,这一反馈电流代表了等效电流电机的电枢电流。给定电流 I_{REF} 与反馈电流进行比较,对其误差值进行PI调节,由PI调节器的输出来调节PWM的脉冲宽度。调节过程是这样的:当 $I_F < I_{REF}$ 时,调节器使PWM的脉冲变宽;当 $I_F > I_{REF}$ 时,调节器使脉冲变窄。由于调节器的时间响应很快,所以 I_F 始终跟随电流给定值 I_{REF}。PWM的输出信号对转子位置传感器的输出信号进行调制就可得到六路PWM驱动信号。

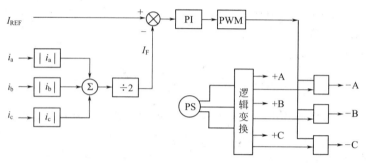

图3-41 永磁无刷直流电机控制

无刷直流电机外特性曲线类似于永磁直流电机,特性较硬,在小功率电动汽车中有应用。无刷直流电机驱动系统的优点:由于没有电刷和换向器,所以可在高速下运行,这样电机的体积可缩小,重量轻,提高可靠性,而且无刷直流电机的控制相对简单,这些对电动汽车驱动来讲都是很有意义的。

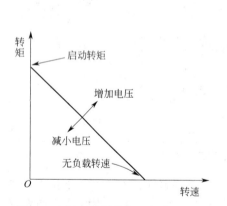

图3-42 恒电压源供电下的永磁无刷
直流电动机的转矩-转速特性

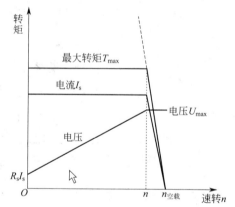

图3-43 变电压源供电下的永磁无刷
直流电动机的转矩-转速特性

恒电压源供电下的永磁无刷直流电动机的转矩-转速特性如图3-42所示。在不同的恒电压源 U_d 供电下,其转矩-转速特性随供电电压的增加和减小而平移,由图可见,在低速,特别是在启动时,电机产生很大的转矩。这是因为低转速时,反电动势也低,导致电流很大,这种非常大的电流可能会损坏定子绕组。

图3-43给出了采用可变电压源时,通过主动控制电源电压,限制绕组电流的最大值。因此,可产生一最大恒转矩区。

典型的BLDC电机转矩/转速特性示于图3-44。在连续工作区,转矩在转速达到额定值之前都保持不变。电机转速超过额定转速后,转矩开始下降。负载转矩在峰值转矩(T_P)和额定转矩(T_R)之间时,电机处于短时工作区。

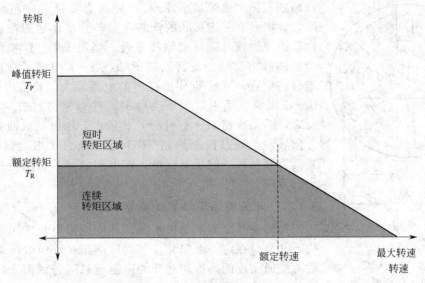

图 3-44 典型的 BLDC 电机转矩/转速特性

3.4.6 交流永磁电机驱动系统特点

无刷直流电机与永磁同步电机相比，前者优点是控制器简单，输出转矩大；缺点是转矩脉动大一些。后者的优点是，转矩脉动较小；但是控制器较复杂。对于同功率的电动机，其转矩比无刷直流电动机略小。永磁同步电机利用矢量控制算法可以实现宽范围的恒功弱磁调速，而无刷直流电机弱磁调速方面还没有成熟的技术。

交流永磁电动机采用稀土永磁铁励磁，具有效率高、功率密度大等特点，在中、小功率的系统中有优势。目前使用最多的钕铁硼稀土永磁电机运行时的温升不能太高，否则会导致退磁，所以交流永磁电机在散热方面也是一项非常重要的技术。总的来说，相对于励磁电机来讲，交流永磁电机驱动系统效率高、体积小、重量轻，在电动汽车中也得到了一定的应用。但该类驱动系统目前还存在成本高的缺点，在可靠性和使用寿命指标上也明显比感应电机差。另外，对于功率较大的 PMSM 和 BDCM 要做到体积小、重量轻，尚存在一定的技术难度。

3.5 开关磁阻电动机

开关磁阻电机（Switched Reluctance Motor，SR 电机），随着现代大功率半导体开关器件和现代控制技术的发展，才使 SR 电机驱动技术以高效率、高可靠性和一种新型的机电一体化、具有软启动特性的调速传动技术面貌出现，目前在电动汽车驱动领域也有较多的应用。

3.5.1 开关磁阻电机工作原理

开关磁阻电机结构简单，其定、转子均是由普通硅钢片叠压而成的双凸极结构，转子中没有绕组，定子装有简单的集中绕组，一般径向相对的两个绕组串联成一相。开关磁阻电机可以设计成多种不同相数结构，且定转子的极数有多种不同的搭配，如三相 6/4 结构、四相 8/6 结构等。开关磁阻电机气隙磁场有三类形式：径向磁场、轴向磁场和混合磁场。

开关磁阻电机是根据磁场力原理工作的，图 3-45 所示的四相（8/6）SR 电机是由有绕组的 8 极定子和无绕组的 6 极转子构成，当沿径向相对的 2 个定子极通以直流电，形成一个磁场，该磁场使对应的一对转子磁极受力旋转与定子磁极中心线重合，开关磁阻电动机的运

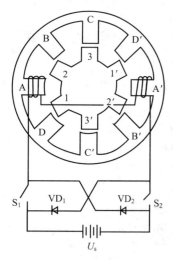

图 3-45 开关磁阻电机工作原理

行原理遵循"磁阻最小原理",磁通总要沿着磁阻最小的路径闭合,而具有一定形状的铁芯在移动到最小磁阻位置时,必使自己的主轴线与磁场的轴线重合。当定子 D—D' 极励磁时,所产生的磁力使转子旋转到转子轴线 1—1' 与定子极轴线 D—D' 重合的位置,并使 D 相励磁组的电感最大,若依次给 D→A→B→C 相绕组通电,转子会励磁顺序以逆时针方向连续旋转;反之,若依次给 B→A→D→C 相通电,则电动机即会沿顺时针方向转动。通过控制加到 SRD 电机绕组中电流脉冲的幅值、宽度及其与转子的相对位置,即可控制开关磁阻电机转矩的大小与方向。

3.5.2 开关磁阻电动机的数学模型

与传统的交流电动机不同,开关磁阻电机采用凸极铁心结构,并且只在定子上安装各相励磁绕组。绕组电流的非正弦与磁心磁通密度的高饱和是开关磁阻电机运行的两个特点。由电路基本定律列写包括各相回路在内电气主回路的电压平衡方程式,电动机的每一相需要一个方程式,电动机第 k 相电压平衡方程式为:

$$U_k = R_k i_k + \frac{d\psi_k}{dt} \qquad (3-24)$$

式中 U_k——加于 k 相绕组的电压;
R_k——k 相绕组的电阻;
i_k——k 相绕组的电流;
ψ_k——k 相绕组的磁链。

ψ_k 为绕组电流 i_k 和转子位移角 θ 的函数,即:

$$\psi_k = \psi_k(i_k, \theta)$$

电机的磁链可用电感和电流的乘积来表示,即:

$$\psi_k = L_k(\theta_k, i_k) i_k \qquad (3-25)$$

则动态电感:

$$l_k(\theta, i_k) = \frac{\partial \psi_k}{\partial i_k}$$

图 3-46 是开关磁阻电机一相简化模型,开关磁阻电机的转矩是由磁路选择最小磁阻结构的趋势而产生的,适当的饱和有利于提高开关磁阻的总体性能,因此,电动机磁路的饱和是开关磁阻电动机的又一个重要特征。由于电动机磁路的非线性,通常开关磁阻电机的转矩应根据磁共能来计算,即:

$$T(\theta, i) = \frac{1}{2} i^2 \frac{\partial L}{\partial \theta} = \frac{1}{2} i^2 \frac{dL}{d\theta} \qquad (3-26)$$

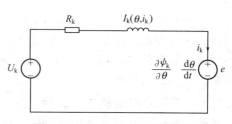

图 3-46 SR 电机一相等效电路

电机的转矩方向不受电流方向的影响,仅取决于电感随转角的变化。若 $dL/d\theta > 0$,则相绕组有电流流过,产生电动转矩;若 $dL/d\theta < 0$,则流过电流方向不变,则产生制动转矩。因此,通过控制加到电机绕组中电流脉冲的幅值、宽度及其与转子的相对位置,即可控制电机转矩的大小与方向。在转矩方向不变的情况下,平均转矩的调节可通过对电流的调节来实现,电流调节通常有两种方法:①在绕组导电期间,进行 PWM 斩波控制;②改变绕组的导

电角大小。

3.5.3 电动汽车开关磁阻电机控制系统

图 3-47 是四相开关磁阻电机一种常见的功率变换器主电路，其中：A、B、C、D 为电动机相绕组，$S_a \sim S_d$ 为各对应相的主开关器件，$VD_a \sim VD_d$ 为对应的续流二极管。

开关磁阻电机调速系统主要由开关磁阻电机、功率变换器、控制器、位置传感器四大部分组成，如图 3-48 所示。

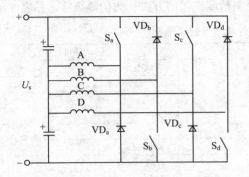

图 3-47　四相 SR 电机驱动系统主电路图

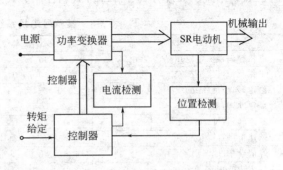

图 3-48　开关磁阻电机调速系统基本构成

功率变换器是向开关磁阻电机提供运转所需的能量，由蓄电池或交流电整流后得到的直流电供电，开关磁阻电机绕组电流是单向的。控制器是综合处理指令、速度、电流和位置传感器的反馈信号，控制功率器件的工作状态，实现对开关磁阻的状态控制。

开关磁阻电机运行特性可分为三个区域：恒转矩区、恒功率区、自然特性区。在恒转矩区，由于电机转速较低，电机反电动势小，因此需对电流进行斩波限幅，称为电流斩波控制方式；在恒功率区，通过调节主开关管的开通角和关断角取得恒功率特性，称为角度位置控制方式；在自然特性区，电源电压、开通角和关断角均固定，由于自然特性与串励直流电机的特性相似，故也称为串励特性区，如图 3-49 所示。

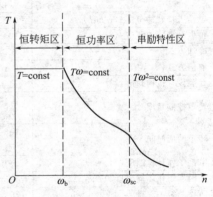

图 3-49　开关磁阻电机外特性曲线

3.5.4 开关磁阻电机驱动系统的特点

开关磁阻电机的优点如下。

① 电机转子无绕组，成本低，无明显的热量产生，延长了轴承寿命，凸极转子转动惯量低，易于调速控制。

② 定子整体线圈嵌装容易、牢固，热耗大部分集中于定子，易于冷却，转子无永磁体，可有较高的最大允许温升。

③ 启动电流小，启动转矩大的优点在于低速运行段同样明显，十分适合需要频繁启动和较长时间低速重载运行的机械。

开关磁阻电机缺点如下。

① 采用磁阻式电动机，其能量转换密度低于电磁式电动机。

② 转矩脉动大，由转矩脉动所导致的噪声及特定频率下的谐振问题也较为突出。

③ 相数越多，主接线数也较多，主电路复杂。

3.6 电动车辆电机驱动系统设计概要

3.6.1 概述

电动车辆电机驱动系统的主要设计参数包括：额定电压及其变化范围、额定功率、峰值（最大）功率、额定转矩、峰值（最大）转矩、额定转速、最高转速、系统效率、重量、外形尺寸、接口形式、安装方式、冷却方式、控制方式及控制精度、通信方式、防护等级等，见表 3-8。

表 3-8 某型号电机系统设计技术参数表示例

技术参数项	技术参数指标	测试结果
电机控制器额定电压/V	直流 530	测试电压：直流 530
工作直流电压范围/V	直流 450～590	450～590
额定转速/(r/min)	2000	2000
额定功率/kW	63	63
额定转矩/N·m	300	300
转速范围/(r/min)	0～5500	0～5500
峰值功率/kW	126(1min)	126(1min)
峰值转矩(1min,0～2000r/min)/N·m	600	600
系统最高效率/区域	峰值效率：≥93%；高效区≥85%占50%以上	峰值效率：≥93%；高效区≥85%占50%以上
电动工作转速范围/(r/min)	0～5500	0～5500
再生制动转速范围/(r/min)	100～5500	100～5500
冷却方式	水冷	水冷，水流量不小于16L/min
通信方式	CAN2.0(J1939)总线	CAN2.0(J1939)总线
封装设计机构封装设计	适于车用环境	满足设计要求
转矩控制精度	①额定转矩以下：±5N·m ②额定转矩以上：±2%	满足条件
转矩响应时间	额定转速下，从 0 上升到峰值转矩，小于 100ms	满足条件
电机工作环境温度/℃	-40～120	-40～120
控制器工作环境温度/℃	-30～85	-30～85
防护等级	IP55	IP55
重量	满足整车需要	满足条件
电机尺寸	满足整车需要	满足条件
电机绝缘等级	H 级	H 级

依据车辆要求的性能参数如整车重量、最高车速、爬坡能力、车辆牵引力、传动系统传动比、轮胎尺寸等，整车设计人员提出电动车辆电机驱动系统的要求后，需经过与电机驱动系统设计制造产厂商的互动过程，双方反复磋商，研究各个细节，权衡利弊后，才能最终确定详细的技术设计实施方案，以及电机驱动系统的技术协议，共同完成电动汽车电机驱动系统设计。图 3-50 所示为电动汽车电机驱动系统设计过程。

电机驱动系统设计厂家根据技术要求完成设计与制造后，应提供相应的测试报告或交由第三方检测部门的检验报告；测试报告中主要包括常规测试和性能测试，常规测试主要是重量、外形、机械接口、电机及控制器安全与电气性能等，性能测试主要包括效率测试（提供电机效率 MAP）、控制精度测试、长时间温升测试、可靠性测试等。整车生产厂家进一步将电机驱动系统装车后，进行整车运行测试，考核、验证是否达到整车技术要求。

3.6.2 电动汽车驱动电机的工作制

众所周知，同一排量的内燃发动机，根据用途不同而人为确定其有效功率的最大使用限

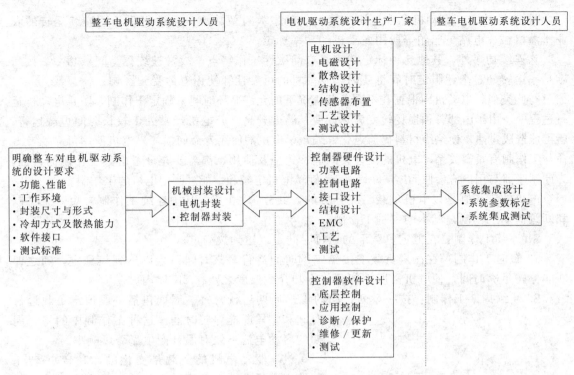

图 3-50 电动汽车电机驱动系统设计过程

度,即根据用途和负载工况使用条件不同,标定功率也不同。例如,当某一排量发动机,用于驱动汽车,因汽车的连续巡航行驶,经常是在较小功率下工作,而汽车短时的加速和上坡等情况下,才需要最大功率,对应于汽车的这种使用工况,标定功率都较高。但当这同一种内燃发动机用于工程机械车辆时,由于经常在接近最大功率情况下工作,标定功率就定得较低。

内燃机发动机的功率标定,是指生产者根据内燃机的用途规定该机在标准大气条件下输出的有效功率及对应的转速,即标定功率与标定转速。如某电喷发动机同一排量可有 A、B、C、D、E 五种功率标定,以适应不同的应用,分别定义如下。

① "A" 功率。100%满负载、持续时间、连续功率。

② "B" 功率。满负载时间不超过 80%、负载周期性变化。

③ "C" 功率。满负载时间不超过 50%、负载周期性变化(1h 满载运行后在 "A" 功率或以下负载下运行 1h)。

④ "D" 功率。满负载用作满足周期性过载,时间不超过 10% (0.5h 满载后在 "C" 或以下功率负载下运行 1h)。

⑤ "E" 功率。满负载用作满足瞬间过载,时间不超过 5% (15min 满载后在 "C" 或以下功率负载下运行 1h)。

通常习惯上将发动机的标定功率分为下列四种。

① 15min 功率。发动机允许连续运转 15min 的最大有效功率,它适用于需要有短时间良好超负荷和加速性能的汽车、摩托车等所用发动机的功率标定。

② 1h 功率。发动机允许连续运转 1h 的最大有效功率,它适用于需要有一定功率储备以克服突增负荷的工程机械、拖拉机、船舶等所用发动机的功率标定。

③ 12h 功率。发动机允许连续运转 12h 的最大有效功率,它适用于农拖拉机、内燃机车、农业排灌机械等所用发动机的功率标定。

④ 连续功率。发动机允许长期连续运转的最大有效功率，它适用于长期连续运转的农业排灌机械、电站、船舶等所用发动机的功率标定。

除连续功率外，其他几种标定功率具有间歇性工作特点，故常被统称为间歇功率。按间歇功率运转超过上述限定时间将使内燃发动机的可靠性和使用寿命受到影响。

与此类似，电动机则根据在不同负载工况下的允许循环时间来确定工作制，防止电动机运行过程中，由于内部各种损耗转变为热，使其温度升高。若电机经常处于较长时间过载运行，就可能造成过热，使绝缘材料提前老化，缩短了电机的使用寿命而损坏。电机使用可靠性及寿命与工作制有紧密关系，电机的设计、制造、选型及使用，都需要充分考虑其工作制的特征，为此制造商与用户应参照 GB 755—2008《旋转电机定额和性能》制定电机的工作制。

电机的工作制是以电机负载工况分类的，共分为 10 类，其中连续工作制、短时工作制和断续周期工作制是基本的三种工作制。

S1 连续工作制：在恒定负载下的运行时间足以达到热稳定。

S2 短时工作制：在恒定负载下按给定的时间运行，该时间不足以达到热稳定，随之即断能停转足够时间，使电机再度冷却到与冷却介质温度之差在 2K 以内。

S3 断续周期工作制：按一系列相同的工作周期运行，每一周期包括一段恒定负载运行时间和一段断能停转时间。这种工作制中的每一周期的启动电流不致对温升产生显著影响。

汽车驱动电机的负载是变化的，其转矩-转速特性应满足电动汽车加速、爬坡、最高车速巡航行驶各种工作要求。通常设计时，电机的额定功率确定为电动汽车在平坦路面上以最高设计车速匀速行驶所对应驱动电机的输出功率。也就是以整车的巡航行驶性能，来确定电机驱动系统连续输出特性为电机额定工作特性，另外根据车辆短时对加速、爬坡，不致使电机发热过大的过载能力，确定其为峰值工作特性，与内燃车辆相似，峰值功率与额定定功率的差值，表征了电动汽车行驶的储备功率（后备功率），见图 3-51。

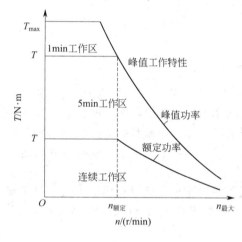

图 3-51 电动汽车转矩-转速工作特性

电机驱动系统的额定与峰值工作特性的设定与电机工作制密切相关。额定工作特性采用连续工作制；峰值工作特性采用短时工作制。由于混合动力电动汽车与纯电动汽车中电机驱动系统的工作模式有很大差别，因此对电机驱动系统峰值工作特性（短时工作特性）的定义很难采用统一的指标，通常，对纯电动汽车电机驱动系统，采用 5min 工作制最大工作动力特性，对混合动力电动汽车电机驱动系统，采用 1min 工作制最大工作动力特性。

工作制类型用 S1-S10 相应的代号作标志，此外还应符合下列规定：对 S2 工作制，应在代号 S2 后加工作时限；S3 和 S6 工作制，应在代号后加负载持续率。例如：S2-60min、S3-25%、S6-40%。

3.6.3 汽车驱动电机系统的转矩-转速特性确定

汽车驱动电机系统的转矩-转速特性是制造商和用户之间的技术协议或产品技术文件与产品规格书中的一个重要部分，其他如电动汽车用驱动电机系统的工作制、电压等级、型号命名、要求、检验规则以及标志与标识等，则应遵循 GB/T 18488.1—2015《电动汽车用驱动电机系统 第 1 部分：技术条件》中的规定。

图3-52所示为汽车驱动电机系统的转矩-速特性的确定。

① 当转速 n 低于额定转速 n_N，电机具有恒转矩输出能力。

② 当转速 n_1 处于额定转速 n_N 和最高转速之间 n_{max} 时，电机具有恒功率输出特性。

当驱动电机经传动比 i_g 的减速器及传动比 i_0 的中央传动驱动滚动半径为 r_{lt} 轮胎时，可根据下列各项，确定图3-52所示汽车驱动电机系统的转矩-速特性。

① 由最大巡航设计车速 V_{max} 确定电机最高转速 n_{max}。

$$V_{max} = \frac{0.377 n_{max} r_{lt}}{i_g i_0}$$

$$n_{max} = \frac{V_{max} i_g i_0}{0.377 r_{lt}}$$

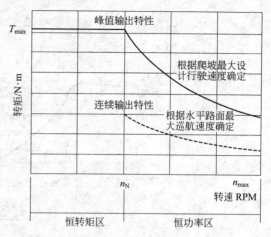

图3-52 汽车驱动电机系统的转矩-速特性的确定

② 由最大巡航设计车速 V_{max} 对应要求的功率确定电机额定功率 P_N。

$$P_N = \frac{\left[mgf + \left(\frac{C_d A}{21.15} V_{max}^2\right)\right] V_{max}}{3600 \eta} \tag{3-27}$$

式中 A——汽车迎面面积在行驶方向的投影，m^2；
η——传动效率。

③ 由最大爬坡度 α_{max} 设计指标要求确定对应电机最大转矩 T_{max}。

a. 考虑坡道上坡等速 V_i 行驶时：

$$T_{max} = \frac{\left[mg(f\cos\alpha + \sin\alpha_{max}) + \frac{C_d A}{21.15} V_i^2\right] r_{lt}}{i_g i_0 \eta}$$

b. 考虑车辆在坡道上静态启动时：

$$T_{maxj} = \frac{\{mg[(f\cos\alpha + \sin\alpha_{max}) + f_B]\} r_{lt}}{i_g i_0 \eta} \tag{3-28}$$

式中 f_B——车辆起步加速阻力系数，车辆静止状态下（$V=0$）启动时，需克服惯性阻力 $F_B = mgf_B$。

④ 由最大爬坡设计车速 V_{maxi} 对应要求的功率确定电机短时最大功率 P_{max}

$$P_{max} = \frac{[mg(f\cos\alpha + \sin\alpha_{max}) + \frac{C_d A}{21.15} V_{maxi}^2] V_{maxi}}{3600 \eta}$$

⑤ 校核电机最大转矩特性曲线是否满足百公里加速时间要求，否则增加最大值转矩数值直至满足要求。

$$t = \frac{1}{3.6} \int_0^{v_a} \frac{\delta m}{F_t - \left(mgf + \frac{C_d A v^2}{21.15}\right)} dv$$

3.6.4 工程车辆驱动电机系统的转矩-速特性确定

对于最大车速较低，要求恒转矩区转矩要有足够过载能量，但又不需要考虑车辆储备功率的这类电动工程车辆，如飞机牵引车等，可按图3-53确定驱动电机系统转矩-转速特性。

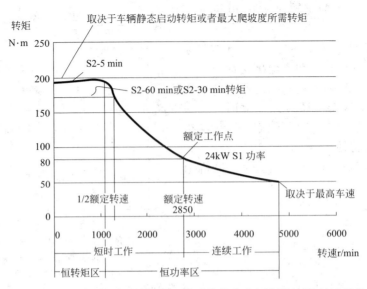

图3-53　只要求恒转矩区转矩有足够过载能力车辆电机转矩-转速特性

参 考 文 献

[1] Abbondanti and Brennen M B. Variable Speed Induction Motor drives Use Electronic Slip Calculator Based on Motor Voltages and Currents. IEEE Transactions on Industry Applications，1975 IA-11（5）：483-488.
[2] Lorenz R D. Lipo T A. Novotny D W. Motion Control with Induction Motor. Proc. IEEE，1994，82（8）：1215-1239.
[3] 李永东. 交流电机数学控制系统. 北京：清华大学出版社，2001.
[4] 陈伯时，陈敏逊. 交流调速系统. 北京：机械工业出版社，1985.
[5] 王成元，周美文，郭庆鼎. 矢量控制交流伺服驱动电动机. 北京：机械工业出版社，1995.
[6] 郭庆鼎，孙宜标，王丽梅. 现代永磁电动机交流伺服系统. 北京：中国电力出版社，2006.
[7] ［日］饭高成男，泽间照一. 电机电器. 北京：科学出版社，2000.
[8] 高钟毓. 机电控制工程. 北京：清华大学出版社，2002.
[9] 中国电工技术学会. 电工高新技术丛书第6分册. 北京：机械工业出版社，2000.
[10] 韩安太，刘峙飞，黄海. DSP控制器原理及其在运动控制系统中的应用，北京清华大学出版社，2003.
[11] 符曦. 高磁场永磁式电动机及其驱动系统. 北京：机械工业出版社，1997.
[12] 陈清泉，孙逢春，祝嘉光. 现代电动汽车技术. 北京：北京理工大学出版社，2002.
[13] 吴建华. 开关磁阻电机设计与应用. 北京：机械工业出版社，2000.
[14] 蔡蔚. 汽车电动化中电机系统的现状与发展趋向. 研究报告，2012-6-30.
[15] 徐性怡. 电动汽车用电机控制器的设计方法. 汽车与配件，2010（2）：20-24.
[16] 朱永彬，林珍. 电动汽车用永磁同步电动机弱磁研究综述. 电气技术，2015（10）：1-8.
[17] Padmaraja Yedamale, Brushless DC (BLDC) Motor Fundamentals, Microchip Technology Inc. 2003.
[18] M. Zeraoulia, M. E. H. Benbouzid, and D. Diallo, "Electric motor drive selection issues for HEV propulsion systems: a comparative study," IEEE Transactions on Vehicular Technology, vol. 55, no. 6, pp. 1756-1764, November 2006.
[19] 王双红. 混合动力电动车用开关磁阻电机控制系统研究. 华中科技大学，2005-09-25.

第4章 动力电池系统

4.1 概述

电池的历史可以追溯到一个半世纪前。1859年法国科学家普兰特（Plante）发明的铅酸电池是世界上第一只可充电的电池。1889～1901年瑞典的扬格纳（Jungner）和美国的爱迪生（Edison）先后研制成功了镍铁电池和镍镉电池。这些电池在实际应用中都经历了数次结构、工艺、材料方面的改进，性能得到大幅度提高。随着20世纪80年代镍氢电池（全称为金属氢化物镍电池）问世以及20世纪90年代锂离子电池出现，电池的性能和寿命有了长足进步。同时，电池从研制成功到规模化生产的周期也大大缩短。至今，在电动汽车上普遍使用的电池有铅酸电池、镍氢电池和锂离子电池等。

铅酸电池由于安全耐用、价格低廉，在被发明后的近一个世纪里曾是电动车辆动力电源的首选方案。镍铁电池结构坚固，使用寿命长，也曾经成功应用到叉车、送奶车等电动车辆上。但是，由于两种电池的能量密度和功率密度较小，造成电池组重量和体积过大，在电动汽车上的使用日益减少。镍镉电池的性能显著优于铅酸电池，曾经在电动汽车上较大批量应用，但由于存在重金属镉污染，目前已经停止生产。

钠镍氯化物（ZEBRA）电池具有较高的能量密度，从20世纪70年代开始研究ZEBRA电池在电动汽车上的应用，但是ZEBRA电池的最大缺点是工作温度在270℃以上，从而限制了它在电动汽车上的应用。

镍氢电池的能量密度和功率密度优于铅酸电池和镍镉电池，正日益被纯电动汽车和混合动力汽车普遍使用。

锂离子电池性能优于镍氢电池与ZEBRA电池，近年来越来越引人关注，在电动汽车上的应用也越来越多。

所有这些电池作为汽车动力源，虽然新品种不断出现，性能不断提高，技术不断进步，但仍不能完全满足电动汽车的使用要求，其存在问题可归纳如下。

(1) 能量密度低

电池质量能量密度和体积能量密度都很低，其中铅酸电池质量能量密度为35～40 W·h/kg，锂离子电池质量能量密度可达150W·h/kg，而汽油则为10000～12000W·h/kg。一辆小汽车携带50kg的汽油可以行驶600km以上，而同类型的电动汽车携带400kg的铅酸电池一次充电只能行驶100km左右。

由于电池的能量密度低，汽车不得不携带大量的电池。如美国通用汽车公司研制的纯电动轿车EV-1，整车自重为998kg，铅酸电池组重量为395kg，整车自重与电池重量的比例约为5:2。由于汽车自重过大，一方面使电池所储存电能的一部分消耗在电池自重上，降低了汽车运行效率；同时也降低了汽车的使用性能，如加速能力、最高车速、最大爬坡度、制动性能等。另外，这也给整车设计增加了很大难度。

(2) 快速充电接受能力差，充电时间长

从目前电池的充电接受能力以及智能充电设备来看，还很难做到像内燃机汽车加油那样快速地为电动汽车电池组充电。目前锂离子电池为了安全及保障电池使用寿命，推荐使用C/3的电流充电，这样为全放电的电池充满电至少需要3h。按照目前锂离子电池的充电接受能力，一般是要3~5h，即使采用比较快速的1C恒流充电，也需要1h以上。充电时间长是电动汽车推广应用的另一个难题。

（3）电池价格昂贵

如果采用相对便宜的铅酸电池，一辆轻型电动客车所需电池组的价格近2万元，但一次充电却只能行驶不到100km。使用锂离子电池的电动汽车上，虽然一次充电续驶里程比铅酸电池大大提高，但目前价格比铅酸电池高出几倍甚至十几倍。

（4）汽车附件的使用受到限制

由于电动车中电池所能携带的电能有限，所以不得不对电能的使用斤斤计较。车用电动辅助系统（如空调、动力转向、制动系统等）的选用必须充分考虑到对电动车电能消耗的影响。

随着技术的发展，电池性能已经取得长足进步，上述问题对电动汽车发展的制约程度在不断降低。图4-1所示为目前电动汽车常用动力电池的性能比较。在能源与环保压力的推动下，电池技术还将继续进步和发展，有关问题也有望得到根本解决。

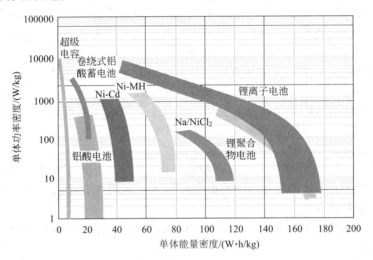

图4-1　电动汽车常用动力电池的性能

4.2　动力电池的基本术语

（1）电池的放电制度

电池的放电制度是指放电率、放电形式（恒流、变流或脉冲）、终止电压和温度。终止电压指充放电结束时的电池电压，分为充电终止电压和放电终止电压。在研究电池容量时要规定统一的放电电流，常用 n 小时率表示。如果以电流 I 放电，电池在 n 小时内放出的电量为额定容量的话，这个放电率称为 n 小时放电率。

（2）电池的容量

电池的容量是指充满电的电池在指定的条件下放电到终止电压时输出的电量，单位为 A·h。关于电池的容量，有理论容量、i 小时率放电容量、额定容量、实际容量和剩余容量等概念，下面分别予以说明。

① 理论容量　是假定电池中的活性物质全部参加成流反应，根据法拉第定律计算所能给出的电量。理论容量是电池容量的最大极限值。电池实际放出的容量只是理论容量的一部分。

② i 小时率放电容量　在恒流放电条件下，正好用 i 小时把充满电的电池放电到终止电压时能够放出的电量，通常用 C_i 表示。通常启动电池用 C_{20}、牵引电池用 C_5、电动汽车用

电池用 C_3 表示。

③ 额定容量　是在规定条件下电池应放出的电量。额定容量是制造厂标明的安时容量，作为验收电池质量的重要技术指标。我国的国家标准中，使用3小时率放电容量来定义电动道路车辆用动力蓄电池的额定容量。

④ 实际容量　是指充满电的电池在一定条件下所能输出的电量，它等于放电电流和放电时间的乘积。

⑤ 剩余容量　电池经过使用后，在指定的放电率和温度状态下可以从电池中放出的电量。

(3) 电池的能量

电池的能量是指在按一定标准所规定的放电制度下，电池所输出的电能，单位为瓦时（W·h）或千瓦时（kW·h）。

(4) 能量密度

电池的能量密度有质量能量密度和体积能量密度之分。质量能量密度是指电池单位质量所能输出的电能，单位为瓦时/千克（W·h/kg）。体积能量密度是指电池单位体积所能输出的电能，单位为瓦时/升（W·h/L）。

(5) 电池的功率与功率密度

电池的功率是指在一定的放电制度下，单位时间内电池输出的能量，单位为瓦（W）或千瓦（kW）。单位质量的电池输出的功率称为质量功率密度，单位为 W/kg。单位体积的电池输出的功率称为体积功率密度，单位为 W/L。

(6) 电池的荷电状态

电池的荷电状态（State of Charge，SOC）描述电池剩余容量占额定容量的百分比。工作过程中电池的荷电状态由式(4-1)计算。

$$\text{SOC} = \text{SOC}_0 + \frac{\int_0^t I_{bat} dt}{C} \times 100\% \qquad (4\text{-}1)$$

式中，SOC_0 为电池的初始 SOC；I_{bat} 为 t 时刻电池的工作电流，充电时为正，放电时为负，A；t 为充放电时间，h；C 为电池的额定容量，A·h。

(7) 放电深度（Depth of Discharge，DOD）

DOD 是电池已经放出的电量与电池额定容量的比值，其数学表达式为

$$\text{DOD} = 100\% - \text{SOC} = 100\% - \text{SOC}_0 - \frac{\int_0^t I_{bat} dt}{C} \times 100\% \qquad (4\text{-}2)$$

式中，I_{bat}、t 和 C 与式(4-1)中相同。

(8) 电池的循环使用寿命（Cycle Life）

电池的循环使用寿命是指以电池充电和放电一次为一个循环，按一定测试标准，当电池容量降到某一规定值（我国标准规定为额定值的80%）以前，电池经历的充放电循环总次数。

(9) 抗滥用能力（Abuse Tolerance）

指电池对短路、过充、过放、机械振动、撞击、挤压以及遭受高温和着火等非正常使用情况的容忍程度。

4.3　电动车辆对电池性能的要求

在不同结构形式的电动车辆中，电池有下列工作模式，如图4-2所示。

- 电量消耗模式（Charge Depleting mode，CD）　此模式下动力电池处于放电状态，单

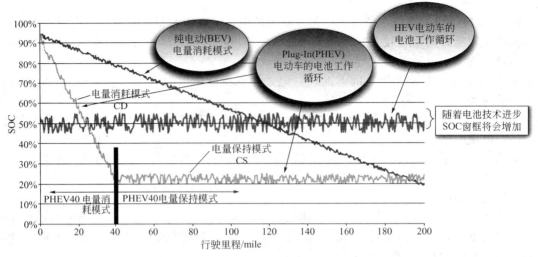

图 4-2 电动车辆中电池的工作模式

独或者参与驱动车辆，直到电池的 SOC 逐渐减小到规定的最低水平。这种模式可以有两种实际运作方式：纯电动模式，此时由电动机单独驱动，内燃机处于关闭状态；混合驱动模式，此时电动机和内燃机共同驱动车辆。

● 电量保持模式（Charge Sustaining mode，CS） 此工作模式期间，电池的 SOC 可以增加或减少，但平均值仍维持在一个变动的工作范围内，通过制动能量回收或由内燃机驱动发电机对其充电。

4.3.1 纯电动汽车对电池的要求

纯电动汽车行驶完全依赖电池存储的能量，电池容量越大，可以实现的续驶里程越长，但其体积、重量也越大。纯电动汽车要根据设计目标、道路情况和行驶工况的不同来选配电池。具体要求归纳如下。

① 电池组要有足够的能量和容量，以保证典型的连续放电不超过 1C，典型峰值放电一般不超过 3C；如果电动汽车上安装了回馈制动，电池组必须能够接受高达 5C 的脉冲电流充电。

② 电池要能够实现深度放电（例如 80%）而不影响其寿命，在必要时能实现满负荷功率和全放电。

③ 需要安装电池管理系统和热管理系统，显示电池组的剩余电量和实现温度控制。

④ 由于动力电池组体积和质量大，电池箱的设计、电池的空间布置和安装问题都需要认真研究。

4.3.2 混合动力汽车对电池的工作要求

与纯电动汽车相比，混合动力汽车对电池的容量要求有所降低，但要能够根据整车要求实时提供更大的瞬时功率，即要实现"小电池提供大电流"。

由于混合动力汽车构型的不同，串联式和并联式混合动力汽车对电池的要求又有差别。

① 串联式混合动力汽车完全由电机驱动，内燃机-发电机总成与电池组一起提供电机需要的电能，电池 SOC 处于较高的水平，对电池的要求与纯电动汽车相似，但容量要小一些。

② 并联式混合动力汽车内燃机和电机都可直接对车轮提供驱动力，整车的驾驶需求可以由不同的动力组合结构来满足。动力电池的容量可以更小，但是电池组瞬时提供的功率要满足汽车加速或爬坡要求，电池的最大放电电流有时可能高达 20C 以上。

在不同构型的混合动力汽车上，由于工作环境、汽车构型、工作模式的复杂性，对混合动力汽车用动力电池提出统一的要求是比较困难的,但一些典型、共性的要求可以归纳如下。

① 电池的峰值功率要大,能短时大功率充放电。
② 循环寿命要长,达到 1000 次以上的深度放电循环和 40 万次以上的浅度放电循环。
③ 电池的 SOC 应尽可能保持在 50%~85% 的范围内。
④ 需要配备电池管理系统和热管理系统。

4.3.3 可外接充电式混合动力汽车（PHEV）对电池的工作要求

PHEV 对动力电池的要求要兼顾纯电动和混合动力两种模式。如图 4-3 所示,PHEV 在设计上既要实现在城市里以纯电动汽车模式的行驶,又要实现在高速公路上以混合动力汽车模式的行驶（电池电量也在消耗）。PHEV 期望纯电动工作模式的行驶里程达到几十公里,而且期望电池在低 SOC 时也能提供很高的功率水平。

图 4-4 给出了 PHEV、EV 和 HEV 对电池的要求在功率密度和能量密度上的差别。而从成本角度来讲,由于电池成本高,PHEV 的售价会比传统汽车和无纯电动里程的混合动力汽车高,用户也会期望 PHEV 电池性能好,寿命长。可见,PHEV 对电池的要求是非常高的。

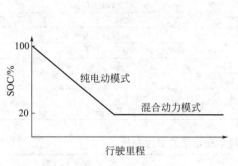
图 4-3 PHEV 的工作模式

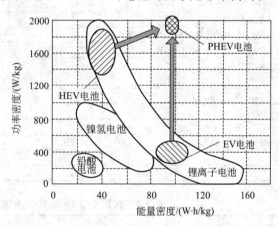
图 4-4 PHEV、EV 和 HEV 对电池要求的差别

4.3.4 电动车用电池的具体指标要求举例

世界各主要工业国家都对电动汽车用动力电池的研究给予高度重视,通过设立专门计划,制定具体的技术指标推动动力电池的研究工作。表 4-1 和表 4-2 所列为典型的动力电池技术指标。表 4-1 是美国能源部 Freedom CAR 项目在 2002 年 9 月制定的功率辅助型混合动力汽车用动力电池的指标要求。表 4-2 是美国先进电池联合会（USABC）制定的面向纯电动汽车用动力电池的性能指标要求。表 4-3 是我国 863 计划现代交通技术领域"节能与新能源汽车"重大项目 2006 年度课题申请指南中的电池性能参考指标,这是要求电池研制单位达到的最低指标。

表 4-1 功率辅助型混合动力汽车（HEV）储能电源目标

特　　性	最　小　值	最　大　值
脉冲放电功率(10s)/kW	25	40
最大回馈脉冲功率(10s)/kW	20(50W·h 脉冲)	35(97W·h 脉冲)
总可用能量(1C 放电)/kW·h	0.3	0.5
循环能量效率/%	90(25W·h 循环)	90(50W·h 循环)
−30℃冷启动功率(3 个 2s 脉冲,脉冲间隔为 10s 搁置)/kW	5	7
寿命(在确定的 SOC 变化范围)/循环次数(放电总功率)	300000 (7.5MW·h)	300000 (15MW·h)

续表

特　性	最　小　值	最　大　值
寿命/年	15	15
重量/kg	40	60
体积/L	32	45
允许的自放电率/(W·h/天)	50	50
正常工作温度范围/℃	−30～+52	−30～+52
安全工作温度范围/℃	−46～+66	−46～+66
年产10万套时的价格/$	500	800

表 4-2　USABC 电动汽车（EV）用电池的目标

主要指标	长期目标(2005～2008年)
体积功率密度/(W/L)	460
质量功率密度(80% DOD/30s)/(W/kg)	300
体积能量密度(C/3 放电)/(W·h/L)	230
质量能量密度(C/3 放电)/(W·h/kg)	150
寿命/年	10
循环寿命/循环次数	1000(80% DOD)/1600(50% DOD)
功率能力和容量衰减(额定值的比例)/%	20%
最终价格(量产1万套的40kW·h电池组)/[$/(kW·h)]	<150(期望达到75)
工作温度范围/℃	−30～65
充电时间/h	≤6
1h 连续放电(无故障)	75%(长额定容量比例)
次要指标	长期目标(2005～2008年)
效率(C/3 放电,C/6 充电)	80%
自放电(包含热损失)	12天内<20%
维护	免维护
抗滥用能力	由车上控制实现最优化

表 4-3　我国 863 计划 2006 年度课题申报指南的参考指标

	镍 氢 电 池				锂 离 子 电 池		
容量规格/A·h	6、8	30、40	80	100	8、20	50	100
功率密度/(W/kg)	≥1000	≥700	≥500	200～300	≥1300	≥650	≥400
能量密度/(W·h/kg)	40～45	45～50	≥50	65～80	≥65	≥120	≥120
最大放电倍率	20C(20s)	8C(30s)	5C(30s)	3C(30s)	20C(20s)	6C(30s)	4C(30s)
最大充电倍率	6C(10s)	4C(60s)	3C(60s)	2C(60s)	6C(10s)	4C(10s)	4C(60s)
单体电池内阻/mΩ	≤2.5	≤1.5	≤1.0	≤3.0	≤2.5	≤3.0	≤3.0
单体电压偏差/V	≤0.05						
单体容量偏差/%	≤5						
使用温度范围/℃	−25～60						
搁置温度范围/℃	−40～80						
荷电保持能力(常温下搁置28天)	≥80%						
SOC 估算误差/%	≤6						
安全性	通过行标或规范要求						
成本(2008年)/[元/(W·h)]	≤5	≤5	≤5	≤3	≤5	≤3	≤3
成本(2010年)/[元/(W·h)]	≤3	≤3	≤3	≤2	≤3	≤2	≤2

国家"十二五"863 计划"电动汽车关键技术与系统集成（一期）"重大项目指南中"动力电池规模产业化技术攻关"课题的相关内容介绍如下。

研究目标：

以能量型动力电池模块和能量功率兼顾型动力电池系统开发为核心，带动关键原材料国产化；解决动力电池单体、模块及系统规模化生产及成本控制技术，形成万套级年生产能力。

主要研究内容：

研究基于国产化材料的高性能动力电池设计技术，研究单体电池一致性和安全性设计技术；研究电池模块化（电压24V/36V，容量20A·h/50A·h）设计及组装技术、轻量化设计技术；研究电池系统热、电、结构设计一体化集成与高效管理技术；研究大规模制造工艺与核心装备技术；研究系统试验验证评价与电池回收利用技术。

主要考核指标：

① 能量型锂离子电池模块：功率密度≥600W/kg，能量密度≥120W·h/kg，循环寿命≥1600次，安全性满足国家标准或规范。

② 能量功率兼顾型锂离子电池系统：功率密度≥800W/kg，能量密度≥85W·h/kg，循环寿命≥1500次，可靠性满足整车集成要求，安全性、电磁兼容性满足国家标准或规范。

同时提出"下一代电池技术研究与开发"课题，其主要内容如下。

研究目标：

研发新型电极材料及新型锂离子动力电池，大幅度提高锂离子电池综合性能；开展新体系动力电池电化学机理和电极结构研究，为确立我国下一代车用动力电池技术发展路线提供技术支撑。

主要研究内容：

新型锂离子动力电池：研发高性能正极材料；研发高容量负极材料；研发具有宽电化学窗口、高电导和高安全性的新型电解质体系和新型隔膜；研究应用新型电极材料的高性能电池设计与制造工艺，研究新型锂离子电池安全设计和评价技术。

新体系动力电池：研发能量型新体系二次电池，研究其电化学反应机制，探索新型结构的电极技术和提高循环寿命的技术途径，重点解决电极的循环稳定性和可逆性。

主要考核指标：

重点考核能量密度、功率密度、安全性及循环寿命等关键技术指标的先进性和可行性。提供下一代电池样品，并完成相应测试与评价，完成相关技术标准提案。

4.4 电动车用电池的主要种类及特点

本节除介绍铅酸电池、镍氢电池和Zebra电池外，重点介绍锂离子电池。

4.4.1 铅酸电池

自1859年Plante发明铅酸电池至今已有140多年的历史。期间铅酸电池的有关理论与技术，都取得了许多突破性进展。铅蓄电池由于其成本低、适应性宽、可逆性好、大电流放电性能良好、可制成密封免维护结构等优点，被广泛地应用于车辆启动、邮电、电力、铁路、矿山、采掘、计算机UPS等国民经济许多部门。但是，以往的铅酸电池均为开口式或防酸隔爆式，充放电时析出的酸雾污染及腐蚀严重，又需经常维护即补加酸和水。

1957年，联邦德国Sonnenschein公司首次将凝胶电解质技术用于铅酸电池，制成接触变性凝胶工业电池并投入市场。英国Chloride公司发明了"Tovguestarter"再化合免维护汽车电池，标志着实用密封铅酸电池的诞生。

到了20世纪70年代，密封铅酸电池的生产，给古老的铅酸电池带来了勃勃生机，它以优良的性能价格比、安全可靠的使用性能迅速占领了市场。

1971年，美国Gates公司首次将超细玻璃纤维用于密封铅酸电池中，生产出吸液式卷绕极板圆筒形电池，获得专利并批量生产，第一次把氧气复合原理在商品电池中实施，实现了铅酸电池技术上的重大突破。这种吸液式密封铅酸电池在美、日、欧等地得到了飞速发展。

铅酸电池的正极活性物质是二氧化铅（PbO_2），负极活性物质是海绵状的金属铅（Pb），电解液是稀硫酸（H_2SO_4）。1859 年，G. Plante 发明铅酸电池之后 20 年，J. H. Gladstone 和 A. Tribe 于 1882 年提出了解释电池成流反应的"双硫酸盐化理论"，至今仍广为应用。

按照这一理论，铅酸电池的电极反应和电池反应的工作原理如下：

负极反应　　$Pb + HSO_4^- \longrightarrow PbSO_4 + H^+ + 2e^-$

正极反应　　$PbO_2 + 3H^+ + HSO_4^- + 2e^- \longrightarrow PbSO_4 + 2H_2O$

电池反应　　$Pb + PbO_2 + 2H^+ + 2HSO_4^- \longrightarrow 2PbSO_4 + 2H_2O$

因为放电时，在正负极上都生成了硫酸盐，所以叫"双硫酸盐化理论"。分析反应过程，随着放电的进行，硫酸不断减少，与此同时，电池中又有水生成，这样就使电池中电解液浓度不断降低；在充电时，硫酸不断生成，电解液浓度不断增加。这就是可以用密度计测量硫酸浓度，从而估计铅酸电池荷电状态的原因。充电末期，$PbSO_4$ 已基本还原为 PbO_2 和 Pb，这时部分充电电流将电解水，使正极冒出氧气，负极冒出氢气。

铅酸电池可分为两大类：注水式铅酸电池 FLAB（Flooded Lead-Acid Battery）和阀控式铅酸电池 VRLAB（Valve Regulated Lead-Acid Battery）。后者通过安全控制阀自动调节密封电池体内充电和工作异常产生的多余气体，免维护，更符合电动汽车的要求。

作为电动汽车动力电池使用，铅酸电池必须解决三大问题：提高比能量和比功率，延长循环使用寿命，能够实现快速充电。目前电动汽车使用的铅酸电池循环使用寿命在 400 次左右，比能量为 $35W \cdot h/kg$ 左右。

4.4.2　镍氢电池

镍氢（Ni-MH）电池属于碱性电池，它的许多基本特性和镍镉（Ni-Cd）电池相似，但镍氢电池不存在重金属污染问题，被称为"绿色电池"。20 世纪 70 年代，荷兰 Philips 公司成功运用 $LaNi_5$ 储氢合金开发了镍氢电池，但是由于容量衰减太快，进展很慢。20 世纪 80 年代，Philips 公司制成了 $LaNi_{2.5}Co_{2.5}$ 储氢合金材料，成功研制了镍氢电池。20 世纪 90 年代，随着电动汽车，尤其是混合动力汽车研究开发的需要，镍氢电池向高能量动力电池的方向迅速发展。

镍氢电池充放电反应机理可以由图 4-5 来说明。

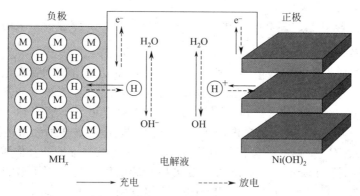

图 4-5　镍氢电池工作原理示意图

镍氢电池正极的活性物质为 NiOOH（放电时）和 $Ni(OH)_2$（充电时），负极的活性物质为 H_2（放电时）和 H_2O（充电时），电解质一般采用 KOH 碱性水溶液。充放电时镍氢电池负极化学反应、正极化学反应和总反应方程如下所示。

负极反应　　$M + H_2O + e^- \longrightarrow MH_x + OH^-$

正极反应　　$Ni(OH)_2 + OH^- \longrightarrow NiOOH + H_2O + e^-$

总反应　　　　　$M+Ni(OH)_2 \longrightarrow MH_x+NiOOH$

目前镍氢电池所能达到的性能指标为：单体电池的标称电压为1.2V；能量密度（3h）为55～70W·h/kg；功率密度为160～500W/kg；快速充电从满容量的40%充到80%为15min；工作温度为−30～+50℃；循环使用寿命超过1000次（DOD=100%）。

镍氢电池的优点是：能量密度、功率密度均高于铅酸电池和Ni-Cd电池，循环使用寿命在实际电动汽车用电池中是最高的；快速充电和深度放电性能好，充放电效率高；无重金属污染，全密封免维护。

镍氢电池的缺点为：成本高，价格为相同容量铅酸电池的5～8倍；单体电池电压低（1.2V）；自放电损耗大；对环境温度敏感，电池组热管理任务重。

近几年来，随着混合动力汽车的产业化和燃料电池汽车的研制开发，镍氢电池受到了非常普遍的关注，随着镍氢电池技术的不断发展，其能量密度、功率密度、循环寿命和快速充电能力还会提高，价格将会降低。

目前许多公司的混合动力汽车和燃料电池电动汽车使用的是镍氢电池。例如，世界上最早的两款商业化混合动力汽车丰田Prius和本田Insight配备的都是镍氢动力电池。20世纪日本丰田公司开发的纯电动汽车RAV4 EV和本田公司的EV Plus配备的也是镍氢动力电池。

国内镍氢电池的主要研制单位可查阅国家"863"电动汽车重大专项的相关资料。国外主要电池公司镍氢电池性能指标如表4-4～表4-6所示。

表4-4　日本Panasonic公司镍氢电池性能

项　目	EV95	EV28	EV6.5
容量/A·h	95	28	6.5
额定电压/V	12	12	7.2
质量/kg	18.7	6.5	1.1
能量密度/(W·h/kg)	63	53	44
功率密度/(W/kg)	200(80%DOD)	300(80%DOD)	500(50%DOD)

表4-5　法国Saft公司镍氢电池性能

电池型号	NH12.2	NH12.4
额定容量/A·h	96	109
能量密度/(W·h/kg)	66	70
功率密度/(W/kg)	150	162

表4-6　美国COBASYS公司1000系列镍氢电池模块性能

指标	数值	指标	数值
额定电压	12V	模块体积	1.28L
额定容量	9A·h	体积能量密度	52W·h/L
额定功率	2.7kW	质量功率密度	1125W/kg
额定能量（1C放电）	125W·h	体积功率密度	2100W/L
模块重量	2.4kg		

4.4.3　ZEBRA电池

钠镍氯化物充电电池是从20世纪80年代中期以来研究开发的一种新型高能电池，这种电池在欧美被称为"ZEBRA battery"。ZEBRA这个名称是Zero Emission Battery Research Activity的缩写。与镍氢电池和锂离子电池不同，它的最大特点是电池反应需要熔融状态（温度范围260～360℃）的Na，工作时需要使用加热器（平均需要100W左右的电能）保持300℃左右的高温状态。因此适合用于电网系统的储能电源，而不适合在电动汽车上使用。近年来，这种电池在电动汽车上的应用已经很少，故本书不详细介绍，对此感兴趣的读者可以参考其他电池类的文献资料。

4.4.4 锂离子电池

(1) 锂离子电池工作原理

锂离子电池（Lithium ion battery）是在二次锂电池的基础上发展起来的。它从原理上解决了二次锂电池安全性差和充放电寿命短两个技术难题。典型的电池体系构成如下：电池的正负极均由可以嵌入和脱出 Li^+ 的化合物或材料组成，其中，正极：锂化跃迁金属氧化物（$LiMO_2$、M-Co、Mn 或 Ni 等跃迁金属），负极：可嵌入 Li^+ 的碳（形成 Li_xC-碳化锂），电解质：有机溶液或固体聚合物。

在充放电过程中锂离子电池的反应方程式如下。

正极：$LiMO_2 \longrightarrow Li_{(1-x)}MO_2 + xLi^+ + xe^-$

负极：$C + xLi^+ + xe^- \longrightarrow Li_xC$

Li-ion 电池的表达通式为：

$$Li_xC + Li(1-x)MO_2^+ \longrightarrow C + LiMO_2$$

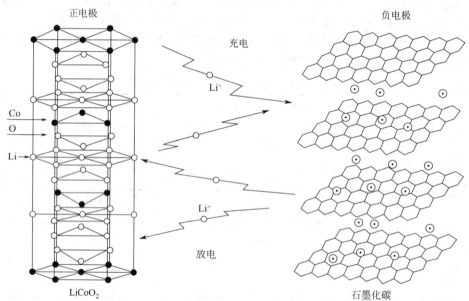

图 4-6 锂离子电池工作原理示意图

锂离子电池的工作原理如图 4-6 所示（以 Co 金属为例进行说明）。在电池充电时，Li^+ 从正极脱出，经过电解质嵌入负极；电池放电时，Li^+ 则从负极脱出，经过电解质再嵌回正极。电池的操作过程实际上是 Li^+ 在两电极之间来回嵌入和脱出的过程，故 Li^+ 电池也称为"摇椅式电池"。由于锂离子在正负极中有相对固定的空间和位置，因此锂离子电池充放电反应的可逆性很好。

(2) 锂离子电池的基本结构

以 $LiFePO_4$ 电池的内部结构为例（如图 4-7 所示），左边是橄榄石结构的 $LiFePO_4$ 和铝箔组成的电池正极，右边是由碳（石墨）和铜箔组成的电池负极，中间是聚合物的隔膜，把正极与负极隔开，锂离子 Li^+ 可以通过，而电子 e^- 不能通过。电池的上下端之间是电池的电解质，电池外壳由金属或铝塑膜封装。

锂离子电池外形有圆柱形和方形两种（图 4-7）。圆柱形的型号用 5 位数表示，前两位数表示直径，后三位数表示高度，例如 18650 型，表示直径 18mm，高度 65mm，用 $\phi 18 \times 65$ 表示。方形电池的型号通常用 6 位数表示，前两位表示电池厚度，中间两位数表示宽度，最后两位表示长

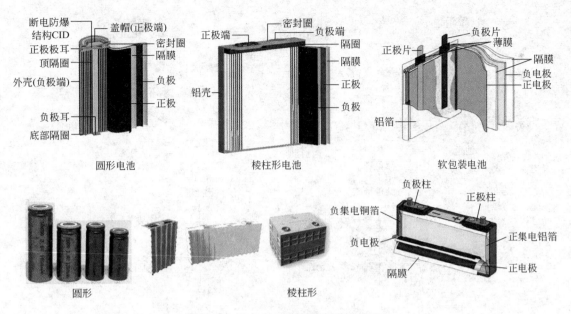

图 4-7 锂离子电池内部结构和外形

度,例如 083448 型,表示厚度为 8mm,宽度为 34mm,长度为 48mm,用 08×34×48 表示。

(3) 锂离子电池的类别

适用于电动汽车的锂离子电池,根据正极材料的不同,具有技术竞争性的锂离子电池有锂镍钴铝(NCA)、锂镍锰钴(NMC)、锂锰尖晶石(LMO)、磷酸铁锂(LFP)四种,从安全性、寿命、性能、比能量、比功率和成本等对它们进行比较(见图 4-8),没有哪一种技术能在这几个方面都具有优势。因此,目前多种类型的电池有可能会共存一段时间。随着技术的发展和市场的表现,最终将会有一些技术方案获得市场认同。

锂电池的性能主要取决于所用电池内部材料的结构和性能,包括正极、负极和电解质等,其中正极材料和电解质主要是锂的化合物。表 4-7 为三种不同正极材料的锂离子电池性能对比。

表 4-7 三种不同正极材料的锂离子电池性能对比

项目	磷酸铁锂	钴酸锂	锰酸锂
克容量/(mA·h/g)	135	147	115
放电平台/V	3.2~3.3	3.6~3.7	3.6~3.7
循环寿命/次	>2000	>500	>300
工作温度/℃	0~70	0~45	0~45
安全性能	优越	较差	较优越
倍率放电	较好	较好	较好

目前锂离子电池是所有二次电池中,综合性能最优的一种新型电池。与其他动力电池相比,锂离子电池应用于电动汽车,在容量、功率方面均具有较大优势。锂离子电池的能量密度、功率密度、循环寿命及安全性等,均可以满足美国 USABC 制订的电动汽车用动力电池的中期目标。当前,锂离子电池仍然存在的主要问题是:电池单体一致性差、成组后性能衰减大、循环寿命和安全性很难保障、快速充放电性能差、成本高、还不能满足电动汽车的需求。此外,锂离子电池的安全性也是重要问题,在过充或滥用的条件下,锂电池可能发生火灾或爆炸。为确保锂离子电池的安全使用,必须重视电池的成组技术,研发更可靠的电池管理系统和热管理系统等技术。

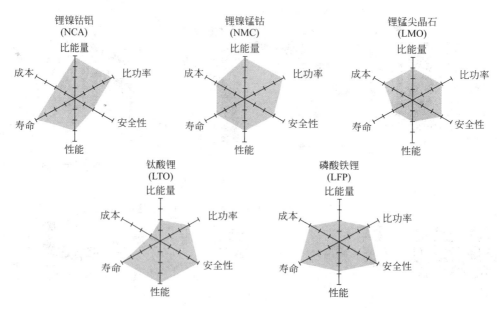

图 4-8 几种主要锂离子电池性能比较

4.4.5 锂空气电池

锂空气电池是一种用金属锂作负极，以空气中的氧气作为正极反应物的电池。放电过程：负极的锂释放电子后成为锂离子（Li^+），Li^+ 穿过电解质材料，在正极与氧气以及从外电路流过来的电子结合生成氧化锂（Li_2O）或者过氧化锂（Li_2O_2），并留在正极。锂空气电池的开路电压为 2.91V，如图 4-9 所示。

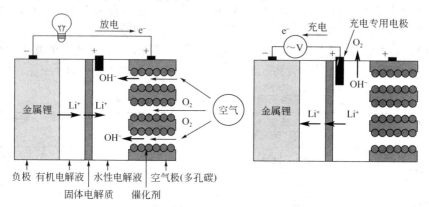

图 4-9 锂空气电池反应原理示意图

放电时的电极反应：

负极：$Li \longrightarrow Li^+ + e^-$

金属锂以锂离子（Li^+）的形式溶于有机电解液，电子供应给外电路。溶解的锂离子（Li^+）穿过固体电解质移到正极的水性电解液中。

正极：$O_2 + 2H_2O + 4e^- \longrightarrow 4OH^-$

通过导线供应电子，空气中的氧气和水在微细化碳表面发生反应后生成氢氧根离子（OH^-）。在正极的水性电解液中与锂离子（Li^+）结合生成水溶性的氢氧化锂（LiOH）。

充电时电极反应：

负极：$Li^+ + e^- \longrightarrow Li$

通过导线供应电子，锂离子（Li^+）由正极的水性电解液穿过固体电解质到达负极表面，在负极表面发生反应生成金属锂。

正极：$4OH^- \longrightarrow O_2 + 2H_2O + 4e^-$

反应生成氧气，产生的电子供应给外电路。

锂空气电池比锂离子电池具有更高的能量密度，因为其阴极（以多孔碳为主）很轻，且氧气从环境中获取而不用保存在电池里。理论上，由于氧气作为阴极反应物不受限，该电池的容量仅取决于锂电极，其比能量为 5.21kW·h/kg（包括氧气质量）或 11.14kW·h/kg（不包括氧气）。

目前有许多针对锂空气电池的研究计划正在进行当中，这中间有日本产业技术综合研究所、IBM 阿尔马登实验室和代顿大学等。2010 年 5 月 3～4 日美国阿贡国家实验室召开讨论会专门讨论用于运输领域的锂空气电池，认为锂离子电池只是过渡技术，但还有许多技术难题需要解决。要实现电动汽车的普及，能源密度需达到目前锂离子电池的 6～7 倍。理论上能量密度远远大于锂离子电池的锂空气电池备受关注。

锂空气电池也存在致命缺陷，即固体反应生成物氧化锂（Li_2O）会在正极堆积，使电解液与空气的接触被阻断，从而导致放电停止。2009 年 2 月，日本产业技术综合研究所能源技术研究部门能源界面技术研究小组组长周豪慎和日本学术振兴会（JSPS）外籍研究员王永刚共同开发出了新结构的锂空气电池。他们通过将电解液分成两种来解决上述问题。在负极（金属锂）一侧使用有机电解液，在正极（空气）一侧使用水性电解液。在两种电解液之间设置只有锂离子穿过的固体电解质膜，将两者隔开。这样便可防止电解液混合，并促进电池发生反应。由于放电反应生成的并非是固体的 Li_2O，而是容易溶解在水性电解液中的 LiOH（氢氧化锂）。氧化锂在空气电极堆积后，不会导致工作停止。水及氮等也不会穿过固体电解质的隔壁，因此不存在与负极的锂金属发生反应的危险。此外，研究人员还在考虑采用与单纯的充电电池不同的使用方法，即不对电池进行充电，而是通过更换电池正极的水性电解液，以卡盒等方式补给负极的金属锂，便可实现快速充电功能。再通过回收用过的水性电解液，以重新生成金属锂，可继续作为电池负极燃料循环使用。那么，锂空气电池可以说是以金属锂为燃料的新型燃料电池，其原理如图 4-10 所示。

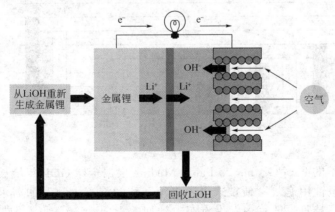

图 4-10 锂空气燃料电池原理示意图

全球不少实验室都在研究和开发锂空气电池技术，由于存在许多重大技术难关尚未突破，要想实现商用，可能还需要 10 年以上的时间。

IBM 公司于 2009 年启动一项可持续发展的交通项目，来开发一种适合于家用电动汽车的锂空气电池。在这一项目中，IBM 和其他合作方，例如美国国家实验室等，将充分利用目前在化学、物理、纳米技术和超级计算机建模等领域的领先科技。

据 IBM 公司 2012 年 5 月宣布，日本旭化成（Asahi Kasei）和中央玻璃（Central Glass）公司

将加入IBM"锂空气电池"项目团队,并开展长期合作研究。旭化成公司是日本领先的化学品制造商和领先的锂离子电池膜分离器全球供应商之一,将利用其在创新膜技术方面的经验,研制一种锂空气电池关键组件。中央玻璃公司是全球领先的锂离子电池电解液生产商之一,将利用其在化学方面的经验,来研究新型电解液和高性能添加剂改进锂空气电池。

IBM预计在5年后生产出第一个样品,而其他研究者则谨慎地预计,这种研究方案可能需要耗时几十年。

4.4.6 锂资源

锂是化学元素周期表中最轻的金属,银白色,熔点为180.54℃,沸点为1342℃,硬度为0.6,密度约0.534g/cm³,因此会浮在水上。与其他碱金属一样,锂有一个价电子,很容易放弃而形成阳离子(Li^+)。因此,它有很高的活性,并是热和电的良导体。锂很软,可以用小刀切割,切割时呈银白色,但由于氧化作用,迅速变为灰色。

锂也是自然界最轻、最活泼的金属元素,碳酸锂作为锂产品中最重要的一种,广泛应用于能源、军工、航空航天、核工业等领域,被许多国家视为重要的战略资源。国际社会一直在寻找可替代清洁能源来取代石油、煤炭等传统化石能源。使用碳酸锂制成的锂电池,被认为是目前最适合作汽车动力电池的储能装置,随着电动汽车市场的发展,碳酸锂市场需求将会出现很大增长。

此外,金属锂在受控核聚变反应堆中既作核燃料,又作传热介质,在核聚变的反应体之内保持一定比例的锂原子核浓度,那么核聚变产生的高能中子就会轰击锂核,促使锂核裂变,产生氢的同位素氚,这个氚则继续与海水中提取的氘发生氘-氚反应,继而产生新的中子,形成核聚变反应,产生巨大的能量。因此,对锂资源是一个有关国家能源安全及长远发展的重大战略问题。

锂有广泛的用途,在电池制造、玻璃、润滑材料、空调等行业均有应用,其他包括特种合金、连续铸造、化学品生产、药品等。图4-11为锂在全球各个行业中的使用比例,从图中可以看出:锂应用增长最快的部门是电池行业。

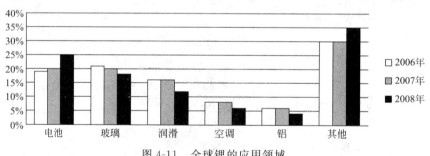

图4-11 全球锂的应用领域

美国密西根大学的Paul Gruber与Pablo Medina根据全球GDP年增长2%及3%两种情况,为了满足"非电池用途"、"便携式电子电池"和"汽车电池"的需求,对2010~2100年锂需求的上限作了计算,计算中考虑汽车电池回收上限为90%。人们期待锂总需求为不少于24万吨,见表4-8。

表4-8 2010~2100年锂的累计需求　　　　　　　　　　百万吨

项目	2%GDP	3%GDP	项目	2%GDP	3%GDP
非电池应用	3.2	3.2	车辆电池应用	8.8	17.0
便携式电子电池	1.8	3.6	总计	13.8	23.8

根据美国地质调查局U.S. Geological Survey(USGS)2008年公布的全球碳酸锂当量

储备量,全球锂储量为 410 万吨,储量基础为 1100 万吨,主要集中在智利、玻利维亚、中国、巴西、加拿大和澳大利亚等国家。中国锂矿资源按基础储量计,约占全世界的 10%。但是,2010 年 4 月,密西根大学自然资源与环境系的 Paul Gruber 和 Pablo Medina 认为在世界上锂盐生产大国主要是南美的智利、阿根廷以及加拿大、澳大利亚等国。盐湖卤水储锂最丰富的是智利北部阿塔卡马荒漠的盐湖、玻利维亚的乌尤尼盐湖、中国的青海柴达木盆地盐湖及西藏扎布耶盐湖。

4.5 电池测试方法

4.5.1 单体、模块与电池组

试验是掌握电池性能的基本手段,既是指导如何使用的依据,也是进行应用研究的基础。进行电池试验,首先要明确试验的对象。电池试验对象可以是电池单体、电池模块或电池组。电池单体是最基本的电池单元,为了方便安装、运输、使用,一般将 10 个左右的电池单体串联构成电池模块。电池组大多由模块构成,几乎没有直接用电池单体构建的电池组。电动汽车上使用的动力电池都是电池组。测试电动汽车动力电池的性能,既要测试电池模块,也要测试电池组。

电池模块构成电池组的方式有串联、并联和同时采用串联和并联的混联方式。电池组的总功率等于电池组输出的总电压和总电流的乘积,也等于构成电池组的每个电池模块输出功率的总和。

电池单体、模块和电池组的性能有显著差异,这一点要特别提及。图 4-12 所示为日本松下公司 2006 年设计的 7A·h 锂离子电池单体、模块和电池组在质量能量密度和质量功率密度方面的差别,可以看到,从电池单体到模块再到电池组,性能有明显衰减。衰减的原因主要来源于电池单体之间的不一致性。

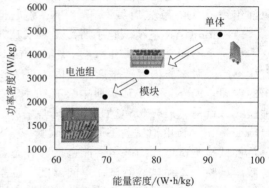

图 4-12 电池单体、模块和电池组性能的差别

4.5.2 电动汽车动力电池国内标准

由于电动车辆研究和车用动力电池研究的需要,国家质量技术监督局在 2001 年颁布了 GB/T 18332.1—2001(电动道路车辆用铅酸蓄电池国家标准)、GB/Z 18333.1—2001(电动道路车辆用锂离子蓄电池国家标准)和 GB/T 18332.2—2001(电动道路车辆用金属氢化物镍蓄电池国家标准)三项标准。国家发展与改革委员会在 2006 年颁布了 QC/T 742—2006(电动汽车用铅酸蓄电池行业标准)、QC/T 743—2006(电动汽车用锂离子蓄电池行业标准)和 QC/T 744—2006(电动汽车用金属氢化物镍蓄电池行业标准)三项行业标准。后三项行业标准是对前三项国家标准的继承与完善,在三项行业标准中规定了电动汽车用动力电池的要求、试验方法、检验规则、标志、运输和储存等。在三项行业标准中对单体蓄电池和蓄电池模块的试验分别进行了规定,并区分能量型蓄电池和功率型蓄电池的差别,尤其强调了对电池安全性的测试要求。安全性测试的内容包括过放电试验、过充电试验、短路试验、跌落试验、加热试验、挤压试验和针刺试验等。

4.5.3 国外动力电池的试验方法

关于动力电池试验方法,有参考价值的试验手册是《FreedomCAR 电池试验手册》和

《USABC电动汽车电池试验手册》，作者主要是来自美国国家实验室、三大汽车公司的著名电池专家，手册中有关电池试验内容的设计思路、具体方法、工作流程都值得借鉴。

4.5.3.1 USABC电池试验手册

USABC（United States Advanced Battery Consortium）试验手册主要是针对测试纯电动汽车用电池而制定的。该手册由美国先进电池联合会和美国能源部有关专家在1996年共同编写。

USABC试验过程由下述几个通用步骤组成：

① 电池或试验设备的验收，详细试验计划的制定；
② 按照制造商的建议试运行试验；
③ 电气性能试验，包括一组强制性的主要试验和可选的通用或特定的试验；
④ 或者进行寿命循环试验，或者进行典型的安全/破坏试验；
⑤ 试验后分析。

USABC电池试验手册中一些重要试验内容包括恒流放电试验、峰值功率试验、恒功率放电试验、变功率放电试验、特殊性能试验（包括部分放电、自放电、持续爬坡、温度特性、振动、充电优化试验等）。

4.5.3.2 FreedomCAR电池试验手册

为了推动美国新能源汽车的发展，美国政府和汽车公司合作，先后提出PNGV（Partnership for a New Generation of Vehicles）计划和FreedomCAR（Freedom Cooperative Automotive Research）计划。PNGV计划和FreedomCAR计划都提出了对动力电池性能的目标要求。为了测试电池性能是否达到了PNGV计划和FreedomCAR计划提出的指标，美国能源部组织有关专家先后编写了《PNGV电池试验手册》和《FreedomCAR电池试验手册》。《FreedomCAR电池试验手册》是对《PNGV电池试验手册》的继承与发展，主体内容基本相同。不同之处主要有两点：FreedomCAR计划和PNGV计划对动力电池的指标要求有所不同，对试验内容产生影响；因为FreedomCAR计划和PNGV计划对电动汽车目标要求的差异，FreedomCAR手册中只有功率辅助模式，PNGV手册中有功率辅助和双动力两种模式。目前《FreedomCAR电池试验手册》的最新版本是在2003年发布的。

FreedomCAR电池试验手册中的试验分为三大类：特性试验、寿命试验和性能鉴定试验。特性试验测试电池的基本性能包括：静态容量、脉冲功率特性、自放电、冷启动、热性能和效率试验；寿命试验测试在不同温度、容量和其他载荷条件下电池性能随时间的变化，包括循环寿命试验和时间寿命试验；性能鉴定试验测试在寿命试验的开始、结束和不同阶段电池基本性能的变化。

该手册既给出了对电池的性能指标要求与试验方法，还给出了详细的数据分析办法和电池试验大纲，这对于拟定适合于国内电动汽车动力电池组的测试方法有重要的参考价值。

4.6 电池管理系统

4.6.1 电池管理系统概述

在使用电动汽车动力电池时，须使电池工作在合理的电压、电流、温度范围内，所以电动汽车上动力电池的使用都需要有效管理。对于镍氢电池和锂离子电池，有效的管理尤其需要。如果管理不善，不仅可能会显著缩短电池的使用寿命，还可能引起着火等严重安全事故。

电动汽车上对电池实施管理的具体设备就是电池管理系统（Battery Management System，BMS）。电池管理系统是电池组热管理和SOC估计等技术的应用平台。BMS对于电池组的安全、优化使用和整车能量管理策略的执行都是必要的。所有的现代电动汽车都安装有BMS。

如图 4-13 所示，电池管理系统的功能主要包括数据采集、数据显示、状态估计、热管理、数据通信、安全管理、能量管理和故障诊断。其中前六项为电池管理系统的基本功能。能量管理功能中包括了电池电量均衡的功能。

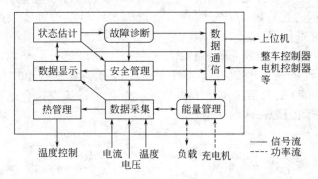

图 4-13 电池管理系统的功能框图

数据采集是电池管理系统所有功能的基础，需要采集的信息有电池组总电压、电流、电池模块电压和温度。电池状态估计包括 SOC 估计和 SOH（State of Health）估计。SOC 提供电池剩余电量的信息。SOH 提供电池健康状态的信息。目前的电池管理系统都实现了 SOC 估计功能，SOH 估计技术尚不成熟。热管理指 BMS 根据热管理控制策略控制电池组热管理系统的工作，以使电池组处于最优工作温度范围。数据通信是指电池管理系统与整车控制器、电机控制器等车载设备及上位机等非车载设备进行数据交换的功能。安全管理指电池管理系统在电池组的电压、电流、温度、SOC 等出现不安全状态时给予及时报警并进行断路等紧急处理。能量管理是指对电池组充放电过程的控制，其中包括对电池组内单体或模块进行电量均衡。故障诊断是使用相关技术及时发现电池组内出现故障的单体或模块。电池管理系统的核心数据处理和计算功能一般是由单片机来完成，其构成原理如图 4-14 所示。

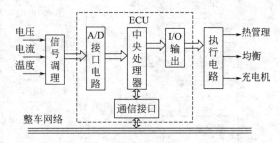

图 4-14 电池管理系统的构成原理

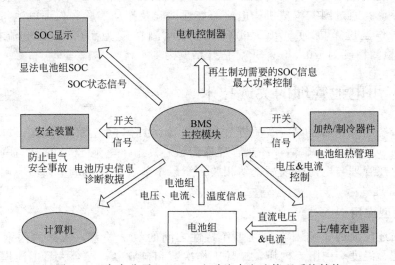

图 4-15 大宇公司 DEV5-5 电动汽车电池管理系统结构

4.6.2 电动汽车电池管理系统举例

韩国大宇公司（现已被通用汽车公司收购）和韩国先进工业研究所研制的用于 DEV5-5 电动汽车的电池管理系统是一种比较典型的电池管理系统，其主要功能有：数据采集、优化充电、SOC 估计与显示、热管理、安全管理、能量管理、电池管理和故障诊断功能，该电池管理系统的结构如图 4-15 所示。

电池管理系统由一个电池控制单元（BCU）、一个主充电器、一个辅助充电器、一个热管理系统、一个 SOC 计、一个电池警报装置、模块传感装置和一个安全模块构成，其中 BCU 发挥核心功能。BCU 实时监测电池工作状态，向各子系统发送合适的指令以使动力电池正常工作。图 4-16 给出了 BCU 的功能模块。

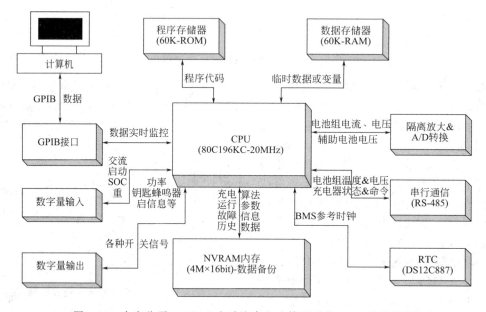

图 4-16 大宇公司 DEV5-5 电动汽车电池管理系统 BCU 功能模块

国家"十一五"863 燃料电池客车项目在性能上对电池管理系统提出了如下的具体要求：电池管理系统工作稳定；传输的数据真实可靠；CAN 通信功能稳定；有效的充放电保护措施和散热环境；通过国家权威机构电磁兼容性试验及振动实验；保证电池与电池箱之间的绝缘电阻；工作温度范围为 $-20 \sim 60$℃；电压检测精度为 $\pm 0.6\%$；电流检测精度为 $\pm 0.5\%$；温度检测精度为 ± 0.5℃；SOC 估计精度为 6%。

4.7 电动车用电池管理的关键技术

电池管理系统的工作需要以一些关键技术为支撑，具体包括 SOC 估计、热管理、电量均衡和故障诊断，其中以 SOC 估计和热管理最为核心。由于电池 SOC 估计与电池性能模型密切相关，电池热管理与电池热模型密切相关，所以本节首先介绍电池模型应用，然后介绍 SOC 估计和热管理。

4.7.1 电池模型应用

电池模型描述电池的影响因素与其工作特性之间的数学关系，考虑的因素有电压、电流、功率、SOC、温度、内阻、内压、循环工作次数和自放电，综合大量电池模型的研究文献，本书将电池模型划分为电化学模型、热模型、耦合模型和性能模型四种类型。电化学模型基于电化学理论采用数学方法描述电池内部的反应过程。这些模型主要描述电池的电压特性、电池电极、隔膜的电流分布、超电势变化等。电池热模型用于研究电池的生热、传热过程。由于电池的电化学反应和电池的生热是相互影响的,建立电化学过程与生热过程的耦合模型成为研究电池工作过程的新方法。电池性能模型描述电池工作时的外特性。电池性能模型与数学方法结合可以估计电池的 SOC。电池热模型可用于指导电池热管理系统的设计。

4.7.1.1 电池性能模型

电动汽车电池性能模型又可分为简化的电化学模型、等效电路模型、神经网络模型和特定因素模型,下面是一些典型的电池性能模型。

(1) 简化的电化学模型

电化学模型过于复杂,在电动汽车上难以应用。电动汽车使用简化的电化学模型,可估计电池的 SOC 和电压变化。

① Peukert 方程 公式(4-3)所示的 Peukert 方程是 1898 年提出的经典电池性能模型。Peukert 方程指出,电池的可用容量随着放电电流的增大而变少。

$$I^n T_i = K \tag{4-3}$$

式中,I 为放电电流;n 称为 Peukert 常数,该常数与电池结构有关,铅酸电池一般取 1.35 左右;T_i 为电流 I 的放电时间;K 为常数,表示电池的理论容量。

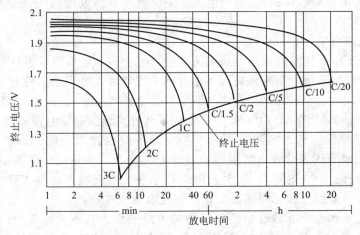

图 4-17 典型铅酸电池的恒流放电曲线

以图 4-17 所示的典型铅酸电池的放电曲线来说明 Peukert 方程及其应用。图中放电电流分别为 3C、2C、1C、C/1.5、C/2、C/5、C/10 和 C/20。可以看出,放电电流越大,电池终止电压越低,电池到达终止电压经历的时间越短。这表明放电电流越大,电池可用容量相应减小。

Peukert 常数 n 在某种意义上反映了电池性能的优劣。n 越接近 1,表明电池在大电流下供电的性能越好。n 值越大,则电池在大电流下放电,其容量损失越大。由图 4-18 可以看到 $n=1.1$ 和 $n=1.3$ 的两块电池,即使理论容量相同,当放电电流为 25A 时,$n=1.3$ 的电池容量却只有 $n=1.1$ 的电池的一半。

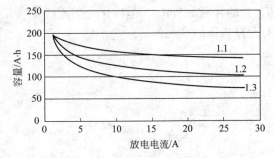

图 4-18 电池容量和放电电流的关系

由于同一个电池的理论容量只有一个,分别测得不同的放电电流 I_1、I_2 下的放电持续时间

T_1、T_2，则可由下式算出 Peukert 常数 n。

$$T_1 I_1^n = T_2 I_2^n = K$$
$$\lg T_1 + n \lg I_1 = \lg T_2 + n \lg I_2$$
$$n = (\lg T_2 - \lg T_1)/(\lg I_2 - \lg I_1)$$

使用 Peukert 方程可以进行简单的电池参数选择和校核。例如，一辆电动汽车装有 10 只 12V 电池，电池生产商提供该电池的 Peukert 常数 n 为 1.1，这些电池串联工作。假设驱动电机在某行驶工况需从电池组吸取 155A 的电流，若在此行驶工况下的车速为 60km/h 并要求能保证行驶 14km，同时电池只能放电 80%，应选取多大理论容量的电池呢？

以 60km/h 行驶 14km 所需时间为 $t = 14/60 = 0.233$h，此时电池只放电 80%，对应放电 100% 的时间为 $T = 0.233/0.8 = 0.292$h；以 155A 放电 0.292h 所对应的蓄电池理论容量为 $K = I^n T = 155^{1.1} \times 0.291667 = 75$A·h。所选的蓄电池理论容量 K 应大于 75A·h。

② Shepherd 模型　公式 (4-4) 所示的 Shepherd 模型常用于混合动力汽车分析。该模型在 1965 年提出，根据电池电压电流描述电池的电化学行为，常和 Peukert 方程一起来计算在不同需求功率时电池的电压和 SOC。

$$E_t = E_o - R_i I - \frac{K_i}{1-f} \tag{4-4}$$

式中，E_t 为电池端电压；E_o 为电池完全充满时的开路电压；R_i 为欧姆内阻；K_i 为极化内阻；I 为瞬时电流；f 为由安时积分法算得的电池净放电量。

(2) 等效电路模型

由于电动汽车仿真技术的需要，研究人员设计了大量等效电路电池性能模型。等效电路模型基于电池工作原理用电路网络来描述电池的工作特性，适用于多种电池。根据电路元件的特点，可分为线性等效电路模型和非线性等效电路模型。在美国国家再生能源实验室 (NREL) 开发的仿真软件 ADVISOR 中，集成了几种典型的等效电路模型。

① 基本电路模型　基本电路模型是其他复杂等效电路模型的基础。Thevenin 模型如图 4-19 所示，是最有代表性的电路模型。电容 C 与电阻 R_2 并联（描述超电势）后与电压源 U_{oc}（描述开路电压）、电阻 R_1（电池内阻）串联。由于随着电池工作条件和 SOC 的变化，Thevenin 电池模型参数无法随之变化，因此准确性较差。

② 非线性电路模型　非线性电路模型中的电路元件大都不是常数，而是电压、温度或 SOC 的函数。如图 4-20 所示的 PNGV 模型是 2001 年《PNGV 电池试验手册》中的标准电池模型，也沿用作为 2003 年《FreedomCAR 电池试验手册》中的标准电池模型。模型中 U_{oc} 为理想电压源，表示电池的开路电压；R_o 为电池欧姆电阻；R_p 为电池极化电阻；C_p 为 R_p 旁的并联电容；I_p 为极化电阻上的电流；电容 C_b 描述随着负载电流的时间累计而产生的开路电压的变化。

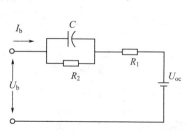

图 4-19　Thevenin 电池性能模型

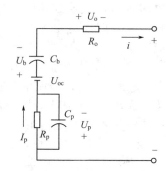

图 4-20　PNGV 等效电路模型

(3) 神经网络模型

电池是一种高度非线性的系统，到目前为止还没有在所有工作范围内都能描述电池特性的解析数学模型。神经网络具有非线性的基本特性，具有并行结构和学习能力，对于外部激励能给出相对应的输出响应，适合进行电池建模。

ADVISOR 软件从 1999 年开始采用神经网络模型，模型由美国科罗拉多大学 R.Mahajan 教授设计，为一双层神经网络，输入为需求功率和 SOC，输出为电流和电压。模型参数是基于 25℃时的铅酸电池试验数据而得到，精度可达到 5%。

神经网络输入变量的选择和数量，影响模型的准确性和计算量。神经网络方法的误差受训练数据和训练方法影响较大，所有电池试验数据都可用来训练模型并优化模型性能，而经此数据训练的神经网络模型只能在原训练数据的范围内使用，因此神经网络更适用于批量生产的成熟产品。

(4) 特定因素模型

研究人员设计了以影响因素为研究对象的电池模型，影响因素有温度、循环寿命等。

① 温度容量模型　电池在其最佳工作温度范围外工作，容量会发生衰减。公式(4-5)是描述温度对电池容量影响的最常用模型。

$$C_T = C_{25}[1-\alpha(25-T)] \tag{4-5}$$

式中，C_T 为电池在温度 T 时的容量；C_{25} 为电池在 25℃时的容量；α 为温度系数，$A \cdot h/℃$；T 为电池工作温度。不同种类或型号电池的温度系数不同，需要通过试验得到。

② 循环寿命模型　研究人员建立了公式(4-6)所示的电池循环寿命模型，该模型描述电池寿命与放电深度 DOD 的关系，电池循环寿命用循环工作次数表征。

$$\text{Life} = \text{Life}_0 \cdot e^{(M \cdot \text{DOD})} \tag{4-6}$$

式中，Life 为在某 DOD 下的电池循环寿命；Life_0 为根据实验数据外推得到的 DOD 为零时的循环寿命；电池不同时系数 M 也不相同。

4.7.1.2　电池热模型

电池热模型描述电池生热、传热、散热的规律，能够实时计算电池的温度变化；基于电池热模型计算的电池温度场信息不仅能够为电池组热管理系统设计与优化提供指导，还能为电池散热性能的优化提供量化依据。

在电动汽车上处于工作状态的电池组本身是热源，其散热环境由电池组热管理系统提供，电池组内部生热速率受工作电流、内阻和 SOC 等的影响。电动汽车电池组工作电流没有确定的变化规律，所以电动汽车电池组的生热散热过程是一个典型的有时变内热源的非稳态导热过程。各种动力电池的热模型都可以用式(4-7)所示非稳态传热的能量守恒方程描述。电池热模型的应用对象为电池内部的任意微元体。热模型的左侧表示单位时间内电池微元体热力学能的增量（非稳态项），右侧第一项表示通过界面的传热而使电池微元体在单位时间内增加的能量（扩散项），右侧第二项 $\dot{q}$ 为电池生热速率（源项）。式(4-7)中，ρ_k 为电池微元体的密度；$C_{p,k}$ 为电池微元体的比热容 λ_k 为电池微元体的热导率。如式(4-8)所示，$\dot{q}$ 由不同生热因素引起的生热组合构成。式(4-9)所示直角坐标形式的热模型常用于方形电池内部温度场计算。

$$\rho_k C_{p,k} \frac{\partial T}{\partial t} = \nabla \cdot (\lambda_k \nabla T) + \dot{q} \tag{4-7}$$

$$\dot{q} = \sum_{j=1}^{n} \dot{q}_j \tag{4-8}$$

$$\rho C_p \frac{\partial T}{\partial t} = \frac{\partial}{\partial x}\left(\lambda \frac{\partial T}{\partial x}\right) + \frac{\partial}{\partial y}\left(\lambda \frac{\partial T}{\partial y}\right) + \frac{\partial}{\partial z}\left(\lambda \frac{\partial T}{\partial z}\right) + \dot{q} \tag{4-9}$$

为了降低电池温度场数值计算的复杂程度,通常对电池做如下假设:组成电池的各种材料介质均匀,密度一致,同一材料的比热容为同一数值,同一材料在同一方向各处的热导率相等;组成电池的各种材料的比热容和热导率不受温度和SOC变化的影响;电池充放电时,电池内核区域各处电流密度均匀,生热速率一致。基于上述假设得到式(4-10)所示简化的直角坐标系三维热模型。

$$\rho C_p \frac{\partial T}{\partial t} = \lambda_x \frac{\partial^2 T}{\partial x^2} + \lambda_y \frac{\partial^2 T}{\partial y^2} + \lambda_z \frac{\partial^2 T}{\partial z^2} + \dot{q} \tag{4-10}$$

通过上述分析可知,计算电池内部温度场的实质是求解式(4-10)所示的导热微分方程。求解导热微分方程需要解决三个关键问题:热物性参数ρ、C_p、λ的准确获取;生热速率$\dot{q}$的准确表达;定解条件(初始条件和边界条件)的准确确定。热物性参数、生热速率和定解条件构成了电池热模型的三要素。

4.7.2 SOC估计

电池荷电状态SOC(State Of Charge)描述电池剩余电量的数量,是电池使用过程中的最重要的参数之一。由于SOC受充放电倍率、温度、自放电、老化等因素的影响,使得电池在使用过程中表现出高度的非线性,这为准确估计SOC带来很大难度。到目前为止,虽然新的SOC估计方法不断出现,但电动汽车动力电池SOC的精确估计问题一直没有得到彻底解决。另外,电动汽车使用的都是电池组,如何定义一致性不好的电池组的SOC仍然是一个课题。实际使用过程中常用的方法是将电池组等效为一个电池单体。为了确保电池的安全性,常使用能力最差电池单体的SOC来定义电池组的SOC。

目前较常采用的方法有放电试验法、安时计量法、开路电压法、负载电压法、内阻法、神经网络法、卡尔曼滤波法,下面对各方法逐一做简要介绍。

4.7.2.1 放电试验法

放电试验法是最可靠的SOC估计方法,采用恒定电流对电池进行连续放电至终止电压,放电电流与时间的乘积即为电池的剩余电量。放电试验法在实验室中经常使用,适用于所有的电池,但它有两个显著缺点:需要大量时间;电池进行的工作要被迫中断。放电试验法不适合行驶中的电动汽车,可用于电动汽车电池的检修。

4.7.2.2 安时计量法

安时计量法是最常用的SOC估计方法。如果充放电起始状态为SOC_0,那么当前状态的SOC可由公式(4-11)计算。

$$SOC = SOC_0 - \frac{1}{C_N} \int_0^t \eta I \, d\tau \tag{4-11}$$

式中,C_N为额定容量;I为电池电流;η为充放电效率。

安时计量法应用中有三个主要问题:方法本身无法给出电池初始SOC;电流测量不准确将造成SOC计算误差,长时积累,误差会越来越大;必须考虑电池的充放电效率。电流测量问题可以通过使用高性能电流传感器来解决,但成本会增加。解决电池充放电效率问题要通过事前的大量试验建立电池充放电效率的经验公式。安时计量法可以应用于所有电动汽车电池。如果电流测量准确,有足够的估计起始状态的数据,安时计量是一种简单、可靠的SOC估计方法。

4.7.2.3 开路电压法

电池的开路电压在数值上接近电池电动势。铅酸电池电动势是电解液浓度的函数,电解液密度随电池放电成比例降低,所以用开路电压可以比较准确地估计SOC。镍氢电池和锂离子电池的开路电压与SOC关系的线性度不如铅酸电池,但其对应关系也可以估计SOC,尤其在充电初期和末期效果较好。

开路电压法的显著缺点是需要电池长时静置以达到电压稳定,电池状态从工作恢复到稳定需要几个小时,这给测量造成困难,静置时间如何确定也是一个问题,所以该方法单独使用只适于电动汽车驻车状态。由于开路电压法在充电初末期 SOC 估计效果好,常与安时计量法结合使用。

4.7.2.4 负载电压法

电池放电开始瞬间,电池的电压迅速从开路电压状态进入负载电压状态,在电池负载电流保持不变时,负载电压随 SOC 变化的规律与开路电压随 SOC 的变化规律相似。图 4-21 所示为国内一种 100A·h 镍氢电池组 DOD(放电深度)-放电电流-电池组电压的关系曲线。在电池放电时,根据放电电压和电流查表可以得到 SOC 估计值。

负载电压法的优点是能实时估计电池组 SOC,在恒流放电时具有较好的效果。实际应用中,剧烈波动的电池电压给负载电压法应用带来困难。负载电压法很少应用到实车上,但常用来作为电池充放电截止的判据。

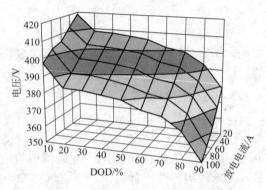

图 4-21 镍氢电池组 DOD-放电电流-电压曲线

4.7.2.5 内阻法

电池内阻有交流阻抗(Impedance)和直流内阻(Resistance)之分。交流阻抗和直流内阻都与 SOC 密切相关。电池交流阻抗为电池电压与电流之间的传递函数,是一个复数变量,表示电池对交流电的反抗能力,要用交流阻抗仪来测量。电池交流阻抗受温度影响大,且关于在电池处于静置后的开路状态还是在充放电过程中进行交流阻抗测量存在争议,所以很少用于实车上。

直流内阻表示电池对直流电的反抗能力,等于在同一很短的时间段内电池电压变化量与电流变化量的比值。实际测量中将电池从开路状态开始恒流充电或放电,相同时间里负载电压和开路电压的差值除以电流值就是直流内阻。实验表明:铅酸电池在放电后期,直流内阻明显增大,可以用来估计电池 SOC;镍氢电池和锂离子电池直流内阻变化规律与铅酸电池不同,应用较少。

直流内阻的大小受计算时间段影响。如果时间段短于 10ms,只有欧姆内阻能够检测到。如果时间段较长,内阻将变得复杂。准确测量电池单体内阻比较困难,这是直流内阻法的缺点。内阻法适用于放电后期电池 SOC 的估计,可与安时计量法组合使用。

4.7.2.6 神经网络法

电池是高度非线性的系统,对其充放电过程很难建立准确的数学模型。神经网络具有非线性的基本特性,具有并行结构和学习能力,对于外部激励能给出相应的输出,故能够模拟电池动态特性以估计 SOC。

估计电池 SOC 常采用三层典型神经网络。输入、输出层神经元个数由实际需要来确定,一般为线性函数。中间层神经元个数取决于问题的复杂程度及分析精度。估计电池 SOC 常用的输入变量有电池的电压、电流、温度、内阻、累积放出电量、环境温度等。神经网络输入变量的选择是否合适,变量数量是否恰当,直接影响模型的准确性和计算量。神经网络法适用于各种电池,缺点是需要大量的参考数据进行训练,估计误差受训练数据和训练方法的影响很大。

4.7.2.7 卡尔曼滤波法

卡尔曼滤波理论的核心思想是对动力系统的状态做出最小方差意义上的最优估计。应用于电池 SOC 估计,电池被看成动力系统,SOC 是系统的一个内部状态。电池模型的一般数学形式为：

状态方程 $x_{k+1}=A_k x_k+B_k u_k+w_k=f(x_k,u_k)+w_k$

观测方程 $y_k=C_k x_k+v_k=g(x_k,u_k)+v_k$

系统的输入向量 u_k 中通常包含电池电流、电池温度、电池剩余容量和内阻等变量，系统的输出 y_k 通常为电池的工作电压，电池 SOC 包含在系统的状态量 x_k 中。$f(x_k,u_k)$ 和 $g(x_k,u_k)$ 都是由电池模型确定的非线性方程，在计算过程中要进行线性化。估计 SOC 算法的核心是一套包括 SOC 估计值和反映估计误差的协方差矩阵的递归方程。协方差矩阵用来给出估计误差范围。下面的公式是在电池模型状态方程中将 SOC 描述为内部状态的依据。

$$\mathrm{SOC}_{k+1}=\mathrm{SOC}_k-\frac{\eta(i_k)i_k\Delta t}{C}$$

卡尔曼滤波估计电池 SOC 的研究在近年才开始。该方法适用于各种电池，与其他方法相比，尤其适合于电流波动比较剧烈的混合动力汽车电池 SOC 的估计，它不仅给出了 SOC 的估计值，还给出了 SOC 的估计误差，缺点是对电池模型准确性和计算能力要求高。

4.7.3 电池组热管理

电池组热管理系统是从使用者角度出发，用来确保电池组工作在适宜温度范围的整套系统，包括电池箱、风机、传热介质、监测设备等部件。电池组热管理系统有五项主要功能：电池温度的准确测量和监控；电池组温度过高时的有效散热和通风；低温条件下的快速加热，使电池组能够正常工作；有害气体产生时的有效通风；保证电池组温度场的均匀分布。

设计性能良好的电池组热管理系统要采用系统化的设计方法。很多研究人员都发表文献介绍了各自设计热管理系统的方法。美国国家可再生能源实验室（NREL）的 Ahmad A. Pesaran 等在文献 [49] 中介绍的电池热管理系统设计的一般过程具体而系统，最具有代表性，其设计过程包括七个步骤，由于预算、时间要求等实际情况的差异，实际设计过程可以对简化流程或采用此流程进行多轮次设计。具体步骤为：确定热管理系统的目标和要求；测量或估计模块生热及热容量；热管理系统首轮评估；预测模块和电池组的热行为；初步设计热管理系统，包括选定传热介质，设计散热结构等；设计热管理系统并进行实验；热管理系统的优化。

下文将结合设计流程介绍电池热管理系统设计过程中的关键技术。对于不同种类的电池，虽然电化学原理不同，但各自热管理系统的设计思路与难点基本一致，文中重点结合镍氢电池展开讨论。

4.7.3.1 确定电池组最优工作温度范围

电池组热管理系统的主要功能之一就是在不同的气候条件、不同的车辆运行条件下，确保电池组在安全的温度范围内运行，并且尽量将电池组的工作温度保持在最优的工作温度范围之内。所以，设计电池组热管理系统的前提是要知道电池组最优的工作温度范围。

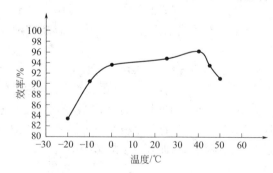

图 4-22 不同温度下镍氢电池的放电效率

大量文献研究了温度对电池寿命的影响。一般来讲，铅酸电池的寿命随着温度增加线性减少，铅酸电池随着电池温度的降低充电接受能力下降，电池模块间的温度梯度会损害整个电池组的容量，铅酸电池的工作温度控制在 35～40℃ 之间为宜。镍氢电池的性能也与温度相关。当温度超过 50℃ 时，电池充电效率和电池寿命都会大大衰减，在低温状态下，电池的放电能力也比正常温度小得多。图 4-22 是在作者实验室做的某 80A·h 镍氢电池不同温度下电池放电效率实验,可以看出,在温度高于 40℃ 和温度低于 0℃ 时,电池的放电效率显著降低。如果仅根据这一限制,电池的工作运行范围应该在 0~40℃ 之间。对锂离子电池的关注更多地集中于安全性和低温性能差上。锂离子电池比镍氢电池、阀控铅酸电池体积功率更高,导致生热更多,所以散热也需要更加有效。

4.7.3.2 电池热场计算及温度预测

电池不是热的良导体,仅掌握电池表面温度分布不能充分说明电池内部的热状态,通过 4.7.1.2 中介绍的电池热模型计算电池内部的温度场,预测电池的热行为,对于设计电池组热管理系统是不可或缺的环节。

(1) 电池生热速率

在工程应用中准确获取电池单位体积生热速率 $\dot{q}$ 表达式比较困难,所以 $\dot{q}$ 是求解电池温度场的难点所在。目前主要有理论计算和实验两种方法得到 $\dot{q}$。目前计算常用的是公式 (4-12) 所示的 Bernardi 生热速率模型。

$$\dot{q} = \frac{I}{V_b}\left[(E-E_o)+T\frac{dE_o}{dT}\right] \qquad (4-12)$$

式中,V_b 是电池单体体积;I 是充放电电流;E 是电池单体电压;E_o 是电池开路电压;T 是温度;dE_o/dT 是温度系数;$E-E_o$ 和 TdE_o/dT 分别表示焦耳热和可逆反应热。

(2) 电池热物性参数的获取

应用电池热模型,必须测量电池的热物性参数,即电池比热容 C_p 和热导率 k_x、k_y、k_z,计算过程中还要设定准确的边界条件。在工程应用中准确获得上述参数并非易事。

电池比热容可以按照物理学定义用量热计直接测量得到,也可以采用理论计算的方法得到。根据电池单体中每一种材料的比热容,通过式 (4-13) 质量加权平均的办法可以计算出电池单体的比热容。

$$C_p = \frac{1}{m}\sum^{i}C_i m_i \qquad (4-13)$$

式中,C_p 为电池单体的比热容;m 为电池单体的质量;m_i 为电池单体每种材料的质量;C_i 为电池单体每种材料的比热容。

电池是各向异性的,各个方向上平均热导率一般都不相等。电池是由很多部件和电解液组成的,采用实验方法直接测量热导率有较大难度,通常采用的是理论估算的方法和有限元 (FEA) 方法。

根据电池壁面与环境温差及表面传热系数,可以确定热模型的边界条件。电池模块壁面和环境之间的换热系数可以通过 CFD (Computational Fluid Dynamics,计算流体力学) 方法或者实验得到。

4.7.3.3 传热介质选择

传热介质的选择对热管理系统的性能有很大影响,传热介质要在设计热管理系统前确定。按照传热介质分类,热管理系统可分为空冷、液冷及相变材料冷却三种方式。空气冷却是最简单的方式,只需让空气流过电池表面。液体冷却分为直接接触和非直接接触两种方式。矿物油可作为直接接触传热介质,水或者防冻液可作为典型的非直接接触传热介质。液冷必须通过水套等换热设施才能对电池进行冷却,这在一定程度上降低了换热效率。电池壁面和流体介质之间的换热率与流体流动的形态、流速、流体密度和流体热传导率等因素相关。

风冷方式的主要优点有:结构简单,重量相对较小;没有发生漏液的可能;有害气体产生时能有效通风;成本较低。缺点在于其与电池壁面之间换热系数低,冷却、加热速度慢。

液冷方式的主要优点有:与电池壁面之间换热系数高,冷却、加热速度快;体积较小。主要缺点有:存在漏液的可能;重量相对较大;维修和保养复杂;需要水套、换热器等部件，结构相对复杂。

并联式混合动力电动车的电池组作为辅助的功率部件，运行条件不是十分恶劣，采用风冷方式就可能达到使用要求。对于纯电动汽车和串联式混合动力汽车，电池组作为主要的功率部件，生热量很大，要想获得比较好的热管理效果，可以考虑采用液冷的方式。日本丰田公司的混合动力电动汽车 Prius 和本田公司的 Insight 都采用了空冷的方式。清华大学和多家单位共同研制的燃料电池城市客车采用的也是风冷方式。

4.7.3.4 热管理系统散热结构设计

电池箱内不同电池模块之间的温度差异会加剧电池内阻和容量的不一致性。如果长时间积累，会造成部分电池过充电和过放电，进而影响电池的寿命与性能，并造成安全隐患。电池箱内电池模块的温度差异与电池组布置有很大关系，中间位置的电池容易积累热量，边缘的电池散热条件要好些。所以，在进行电池组结构布置和散热设计时，要尽量保证电池组散热的均匀性。以风冷散热为例来介绍如下。

如图 4-23 所示为串行通风方式，散热模式下，冷空气从左侧吹入从右侧吹出。空气在流动过程中不断地被加热，所以右侧的冷却效果比左侧要差。电池箱内电池组温度从左到右依次升高。第一代丰田 Prius 和本田 Insight 都采取了串行通风方式。

如图 4-24 所示，并行通风方式使得空气流量在电池模块间更均匀地分布。并行通风方式需要对进排气通道、电池布置位置进行很好的设计。丰田新 Prius 采用的就是并行通风结构，其楔形的进排气通道使得不同模块间缝隙上下的压力差基本保持一致，确保了吹过不同电池模块的空气流量的一致性，从而保证了电池组温度场分布的一致性。图 4-25 为丰田汽车公司的 e-com 纯电动小轿车的电池组风冷系统结构。

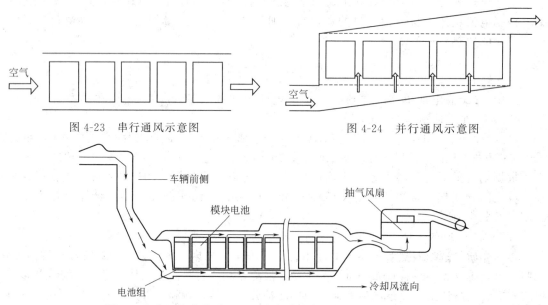

图 4-23 串行通风示意图　　图 4-24 并行通风示意图

图 4-25 丰田汽车公司 e-com 纯电动汽车用电池组风冷系统结构

4.7.3.5 风机与测温点选择

在设计电池热管理系统时，希望选择的风机种类与功率、温度传感器的数量与测温点位置都恰到好处。

以风冷散热方式为例，设计散热系统时，在保证一定散热效果的情况下，应该尽量减小流动阻力，降低风机噪声和功率消耗，提高整个系统的效率，可以用实验、理论计算和计算流体力学（CFD）的方法通过估计压降、流量来估计风机的功率消耗。当流动阻力小时，可以考虑选用轴向流动风扇；当流动阻力大时，离心式风扇比较适合。当然也要考虑到风机占用空间的大小和成本的高低。寻找最优的风机控制策略也是热管理系统的功能之一。

电池箱内电池组的温度分布一般是不均匀的，因此需要知道不同条件下电池组热场分布以确定危险的温度点。测温传感器数量多，有测温全面的优点，但会增加系统成本。考虑到温度传感器有可能失效，整个系统中温度传感器的数量又不能过少。利用有限元分析和红外热成像的方法可以分析和测量电池组、电池模块和电池单体的热场分布，找到不同区域合适的测温点。一般的设计应该保证温度传感器不被冷却风吹到，以提高温度测量的准确性和稳定性。在设计电池时，要考虑到预留测温传感器空间，比如可以在适当位置设计合适的孔穴。日本丰田公司的混合动力电动汽车 New Prius 的电池组有 228 个电池单体，温度的监测由 5 个温度传感器完成。

4.8 动力电池技术前景展望

各种形式的电动汽车，包括纯电动汽车、混合动力汽车、燃料电池电动汽车都在不断发展之中，电动汽车动力电池也在不断发展和竞争之中。电动汽车的发展和动力电池的发展是相互影响，相互促进的。

4.8.1 电动汽车动力电池类别

对于各种动力电池，还无法断言哪一种动力电池一定会取得未来电动汽车动力电源市场的主导地位，但可以对各种动力电池的发展潜力和前景进行展望，性能是影响电动汽车动力电池市场前景重要的因素，成本、寿命和可靠性也是影响动力电池在市场中地位的重要指标。

图 4-26 给出了电动汽车常用的铅酸电池、镍氢电池和锂离子电池能量密度的利用水平和利用潜力。铅酸电池的性能指标虽然没有任何优势，但是由于技术成熟，价格便宜，使用安全，仍会在电动汽车动力电源领域占有一定市场。镍氢电池和锂离子电池是被人们寄予厚望的两种电池。两种电池都会在未来继续发展，它们在电动汽车上的竞争也会越来越激烈。

镍氢电池污染小、寿命长，在目前商用化的混合动力汽车上使用最多，大量的电动汽车应用实践证明了镍氢电池的安全性和可靠性。虽然性

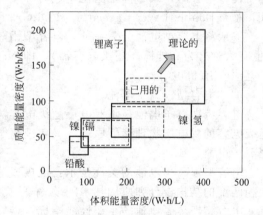

图 4-26 电动汽车常用动力电池能量密度的潜力

能指标不如锂离子电池，但镍氢电池仍然会是 21 世纪应用广泛的动力电池之一。

到目前为止，锂离子电池是最有可能在可外接充电式混合动力汽车上实现商业化应用的电池。美国、日本等汽车发达国家对锂离子电池的研究工作都给予了更大重视和更高投入。因为锂元素是紧随氢和氦之后的第三种最轻的元素，锂元素具有最低的负电动势，锂离子电池的化学反应过程对活性材料的应力小。这些特点带来了锂离子电池电压高、重量轻、能量密度和能量效率高的突出优势，所以说锂离子电池在各种动力电池中最具发展潜力。

此外，还有许多新型动力电池在研发的试验过程中。

4.8.2 电容型电池

（1）问题的提出

要充分满足电动汽车对动力电池的使用要求，人们提出了以下设想。

① 频繁的大电流冲击对电池性能有明显的不利影响。

② 如果在电池两端并联超级电容器,的确能缓冲大电流充放电对电池的冲击,从而延长电池的循环寿命。

③ 如果将超级电容器的电极材料与锂离子电池的电极材料巧妙地复合在一起,使其协调工作,将相当于使每个电池材料颗粒都处于电容器的保护之中,应更能延长电池循环寿命,提高电池的大电流充放电功率特性。图 4-27 就是这种设想的示意图。

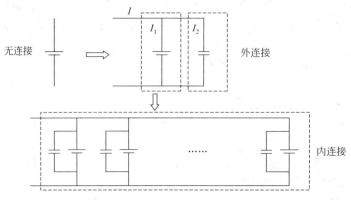

图 4-27 电容型电池的设想示意图

(2) 电容型电池的种类

超级电容的正式名称是电化学电容器(Electrochemical Capacitor),也称双电层电容器(Electric Double Layer Capacitor,EDLC)。

一般将电容型电池分为 3 种:电容型铅酸电池,即铅酸电池＋EDLC;电容型镍氢电池(也有人称之为高能镍碳超级电容器),即 Ni-MH 电池＋EDLC;电容型锂离子电池,锂离子电池＋有机电容器。

(3) 电容型锂离子电池

电容型锂离子电池是将双电层超级电容器与锂离子电池的工作原理相结合,器件中既有超级电容的双电层物理储能原理,又有锂离子电池的嵌入脱嵌化学储能原理,即形成电容型锂离子电池。

电容型锂离子电池的关键技术:电极成分设计、电解液组分设计、工作电压匹配、与性能相匹配的结构设计和应用技术问题。

电容型锂离子电池的主要性能指标:

能量密度 60~120W·h/kg;功率密度 1300~3000W/kg;循环寿命 2000~5000 次;充电时间 0.5~2h;工作电压 2.5~3.6V。以上 5 个指标均可根据使用情况设计。

温度范围 -30~60℃。安全性能好,环保无污染。

朝阳立塬新能源有限公司 18A·h 电容型锂离子电池认证检测数据见表 4-9。

表 4-9 朝阳立塬新能源有限公司 18A·h 电容型锂离子电池认证检测数据

条件	参数	数据
20℃、10C 充电 10s	电压/V	3.25
-20℃ 低温	放电容量/%	85.89
+70℃	放电容量/%	105.5
45C 放电 10s	电压/V	2.16
1C 充电、2C 放电、3000 次循环后	容量保持/%	89.94

4.8.3 聚合物锂离子电池

根据锂离子电池所用电解质材料的不同,锂离子电池可以分为液态锂离子电池(简称为

LIB）和聚合物锂离子电池（简称为 LIP）两大类。聚合物锂离子电池所用的聚合物电解质可以是"干态"，也可以是"胶体"，目前大部分采用胶体电解质。

聚合物锂离子电池的最大特点是具有高能量密度、高安全性、长循环寿命与低成本，且可小型化、薄型化、轻量化。威海东生能源科技有限公司所研发生产的聚合物锂离子电池应用了网状集流体、多孔电极和多孔隔离膜等先进技术，有效减少了电池充放电过程中的物理和化学生热，提高了安全性及高倍率充放电性能；通过对电解液、正、负极材料做改性处理，解决宽工作温度范围问题（主要是低温性能问题）。

（1）电池的安全性

电池产热、造成热失控是导致电池安全隐患的主要根源。从产热理论上可以分为物理产热和化学产热，物理产热基本为电流通过时材料电阻所产生的热，化学产热基本为离子交换时摩擦产热及后期的浓差极化表现的阻值过大产热。解决物理产热从材料和工艺及结构等方面作调整，首先增加活性物质与集流体界面结合力，解决集流体电流流经时的均匀性，采用网状集流体（图 4-28）增加比表面积，提高电流承载力和电流分散的均匀性，有效缓解极化电阻问题。另外要解决集流体与活性物质面的界面电阻问题，就要保证足够的电导率和一定的结合力。

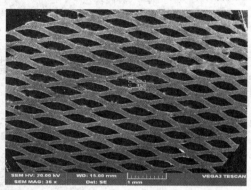

图 4-28 网状集流体

解决化学产热从两方面考虑，首先提高 Li^+ 的电导率，解决 Li^+ 的交换数量和交换速度、疏通交换通道问题等。技术路线是：采用有机、无机材料复合膜技术结合相分离后处理制孔技术，形成多孔电极和多孔隔离膜，使电解液脱离游离态而吸附在材料隔膜和电极内，其孔隙率是传统隔膜的 8~10 倍，同时提高比表面积，增加吸液率，结合材料特性制备高曲度三维通透结构孔，提高保液率，使交换速度和交换率得到大幅度提升，提高 Li^+ 交换速度和交换量，降低了大电流工作产热，降低化学产热。经过精心设计的多孔体系交流阻抗比其他类电池降低 50% 左右。

在多孔聚合物锂离子电池中，由于无游离态电解质存在，又采用导热性低、离子电导率高的高分子聚合物骨架材料作为支撑，结合高分子材料高温低聚合的材料特性，解决了电池在意外和遭到物理破坏的情况下（枪击、穿刺、剪切、碰撞、挤压、跌落等），电池仍能保持高安全性，不着火、不爆炸并能保持工作。电池安全性在制备工艺环节上也非常重要，如毛刺的控制与处理、隔膜潜在缺陷存在的隐患都可导致电池充放电中的短路而发生热失控，为保障安全，威海东生公司采用 DC 600~800V 高压脉冲扫描方式剔除毛刺和隔膜隐患，使电动车用电池 100% 耐得住高压（DC 600V）冲击，从而确保电池和整车安全。

（2）工作温度范围宽

改性的三元复合材料与低温型电解液结合多孔电极技术，使电解液吸附于电极与隔膜内部，电池低温性能良好，工作温度范围从 -30~70℃，-30℃ 时 0.8C 放电率达到 56%，-40℃ 也可达到 40%。

(3) 大倍率充放电性能

汽车在启动、加速、爬坡时都需要动力电池提供更大的电流，大巴车启动电流可高达数百安，车辆爬坡时，如果电池的倍率性差，将电机减速停车，导致电池产生大量的热能，不但影响电池寿命，而且会发生安全事故。多孔聚合物锂离子电池中应用网状集流体及外嵌技术缓解大电流分布不均造成的极化电阻，结合多孔电极及多孔电解质隔离膜复合电极，提升了电解液的保液率、吸液率，提升了 Li^+ 的交换通道和交换量，实现 Li^+ 快速交换，电池大倍率放电时升温小、产热低，更适合于电动汽车在不同工况下使用。

(4) 循环寿命长、能量密度高

采用复合栅板叠层电堆工艺技术制作电池，东生公司采取集流体外嵌技术解决大电流散热，结合涂覆导电胶对集流体进行预处理来解决活性物质与集流体界面粘接力和界面电阻过大问题，解决充放电活性物质与集流体的界面溶浸膨胀问题，解决大电流放电时活性物质脱粉，提高电池使用寿命，选择三元复合材料高电压平台特性，针对正、负极粉体材料进行掺杂包覆改性处理，提高循环寿命，普通型 L-NCM 三元材料循环性能≥1500 次，高端改性后的三元材料目前可达到 4000 次（25℃、1C 充放电、DOD=100%、SOC≥80%），电池能量密度可达到 143W·h/kg（裸电）。

4.8.4 石墨烯表面驱动锂离子交换电池

目前的锂电池靠锂离子在正、负极之间的转移来完成电池充放电工作。当电池充电时，锂离子从正极中脱嵌（脱出）出来，经过正、负电极之间的多孔隔膜（包含电解质溶液），到达负极并与电子结合，以锂原子形式嵌入负极材料中。现有的锂离子电池电极拥有很多微孔，微孔越多，其中嵌入的锂原子（或者离子）越多。电池容量越高；然而从正极锂离子脱嵌，到在负极完成锂离子嵌入（充满）到碳层的微孔中需要的时间也就越长。这也是目前大部分电池充电速率比较慢的原因。

2011 年 8 月的《纳米通讯》杂志发表了美国俄亥俄州 Nanotek 仪器公司的研究人员，利用锂离子可在石墨烯表面和电极之间快速大量穿梭运动的特性，开发出一种新型储能设备，可以将充电时间从过去的数小时之久缩短到不到 1min。该公司这种新的高功率和高能量密度电池，采用的设计策略是基于两个纳米结构电极的表面（不是块状体）之间的锂离子交换，从而完全避免了锂嵌入或脱嵌的需要。在两个电极上，与液体电解质直接接触的巨大石墨表面，通过表面吸附和/或表面氧化还原反应，能够迅速并可逆地捕获锂离子。研究人员称这种新电池为"石墨烯表面驱动锂离子交换电池"（surface-enabled, lithium ion-exchanging cells）；或更简单地说，是"表面介导电池"（Surface-mediated Cells，SMCS）。

但是，石墨烯（Graphene）自 2004 年发现以来，在短短数年间已成为材料科学领域中备受瞩目的"明星材料"。有关石墨烯产业新闻不断，引发大量投资和收购活动。尽管如此，当今仍以研究为主，一些石墨烯公司和科研机构对石墨烯电池技术进行了多项研究和实验，听起来似乎很有前途，但仍然需要相当长一段时间才有可能转化为实际的商业应用。

4.8.5 动力电池的发展展望

国务院在 2012 年 6 月 28 日公开发布的《节能与新能源汽车产业发展规划（2012～2020年）》中指出，"加快培育和发展节能汽车与新能源汽车，既是有效缓解能源和环境压力、推动汽车产业可持续发展的紧迫任务，也是加快汽车产业转型升级、培育新的经济增长点和国际竞争优势的战略举措"。并且在"实施节能与新能源汽车技术创新工程"一节中进一步提出："加强新能源汽车关键核心技术研究，大力推进动力电池技术创新，重点开展动力电池系统安全性、可靠性研究和轻量化设计，加快研制动力电池正负极、隔膜、电解质等关键材料及其生产、控制与检测等装备，开发新型超级电容器及其与电池组合系统，推进动力电池及相关零配件、组合件的标准化和系列化；在动力电池重大基础和前沿技术领域超前部署，重点开展高比能动力电池新材料、新体系以及新结构、新工艺等研究，集中力量突破一批支撑长远发展的关键共性技术"。对动力电池模块提出了更严格的指标："到2015年动力电池模块比能量达到150W·h/kg以上，成本降至2元/(W·h)以下，循环使用寿命稳定达到2000次或10年以上；到2020年，动力电池模块比能量达到300W·h/kg以上，成本降至1.5元/(W·h)以下"。

动力电池对新能源汽车的发展至关重要，前途光明，任重道远。

参 考 文 献

[1] 陈全世，仇斌，谢起成. 燃料电池电动汽车. 北京：清华大学出版社，2005.
[2] 林成涛，陈全世. 燃料电池客车动力系统结构分析[J]. 公路交通科技，2003，(10).
[3] 陈全世，林成涛. 电动汽车用电池模型研究综述. 汽车技术，2005，354 (3)：1-5.
[4] 林成涛，王军平，陈全世. 电动汽车SOC估计方法原理与应用. 电池，2004，34 (5)：376-378.
[5] 付正阳，林成涛，陈全世. 电动汽车电池组热管理关键技术. 公路交通科技，2005，22 (3)：119-123.
[6] 林成涛. 电动汽车用镍氢电池组的建模及管理技术研究. 清华大学博士论文，2006.
[7] 李槟，陈全世. 混合动力电动汽车中电池特性的研究[J]. 汽车技术，1999.
[8] 陈全世，林拥军，张东民. 电动汽车用铅酸电池放电特性的研究[J]. 汽车技术，1996，(8)：7-11.
[9] 麻友良，陈全世，朱元. 变电流下的电池荷电状态定义方法探讨电池[J]. 电池，2001，(01).
[10] Francois Barsacq (JCS Advanced Power Solutions). Lithium-Ion：Enabling a Spectrum of Alternate Fuel Vehicles. Plug-in Hybrid Electric Vehicle Workshop. Oct. 25，2006，Yokohama，Japan.
[11] 电池手册. 天津：天津大学出版社，1998.
[12] D. Berndt. 免维护蓄电池. 北京：中国科学技术出版社，2001.
[13] Zempachi Ogumi (Kyoto Univesity). Battery Technology Aiming at Plug-in HEV. Plug-in Hybrid Electric Vehicle Workshop. Oct. 25，2006，Yokohama，Japan.
[14] Tatsuo Horiba (Hitachi Vehicle Energy，Ltd). Development of Automotive Lithium Ion Batteries in Japan. Plug-in Hybrid Electric Vehicle Workshop. Oct. 25，2006，Yokohama，Japan.
[15] INEEL (Idaho National Engineering & Environmental Laboratory). FreedomCAR Battery Test Manual for Power-Assist Hybrid Electric Vehicles. DOE/ID-11069，2003，PDF version.
[16] PNGV Battery Test Manual，Revision 3，DOE/ID-10597，February 2001.
[17] Edward J. Wall，Tied Q. Duong. progress report for energy storage research and developement. U. S. Department of Energy FreedomCAR and Vehicle Technologies Program，2005.
[18] 2006年国家863节能与新能源汽车重大项目申请指南.
[19] USABC Electric Vehicle Battery Test Procedure Manual [M]，Revision 2，DOE/ID-10479，January 1996.
[20] Tetsuo Sakai，Ituki Uehara，Hiroshi Ishikawa. R&D on metal hydride materials and Ni-MH batteries in Japan. J. Alloys and Compounds，293-295 (1999) 762-769.
[21] Tadao Kimura，Munehisa Ikoma，Kunio Kanamaru. Nickel Metal-Hydride Batteries for Hybrid Electric Vehicle. EVS15 (1998).
[22] 王金国，叶德龙等. 电动汽车用镍氢电池的技术发展方向 [J]. 汽车电器，2000.
[23] GB/T 18332.2—2001. 电动道路车辆用金属氢化物镍蓄电池.
[24] Do Yang Jung，Baek Haeng Lee，Sun Wook Kim. Development of battery management system for nickel-metal hydride batteries in electric vehicle applications. Journal of Power Sources，2002，109 (6)：1-10.
[25] E. Karden，P. Mauracher，F. Schope，Electrochemical Modelling of Lead/Acid Batteries under Operating Conditions of Electric Vehicles，J. Electrochem. Soc.，Vol. 64，no. 1，pp. 175-180，January 1997.
[26] Moore，Stephen and Merhdad Eshani. Texas A&M，An Empirically Based Electrosource Horizon Lead-Acid Battery Model，Strategies in Electric and Hybrid Vehicle Design，SP-1156，1996，pp. 135-138.
[27] Unnewehr，L. E. and Nasar，S. A.，Electric Vehicle Technology，John Wiley，pp. 81-91，1982.
[28] Salameh，Ziyad M.，Margaret A. Casacca，William A. Lynch. A Mathematical Model for Lead-Acid Batteries，IEEE Transactions on Energy Conversions，Vol. 7，No. 1，March 1992，pp. 93-97.
[29] Salameh，Ziyad M.，Appelbaum，J.，Weiss，R.，Estimation of Battery Charge in Photovoltaic Systems，16th IEEE Photovoltaic Specialists Conference，pp. 513-518，1982.

[30] McDonald, Alan T., Reducing Battery Costs for Electric Vehicles through Optimal Depth-of-Discharge, EVC Symposium VI Proceedings, 1981.

[31] Baudry, P. et al, Electro-thermal modelling of polymer lithium batteries for starting period and pulse power, Journal of Power Sources, Vol 54, pp. 393-396, 1995.

[32] R. Anderson. Requirements for Improved Battery Design and Performance, SAE Transactions, 1990, Volume 99, pp. 1190-1197.

[33] B. Dickinson and D. Swan. EV Battery Pack Life: Pack Degradation and Solutions, Proceedings of the Future Transportation Technology Conference and Exposition, 1995, pp. 145-154.

[34] James H. Aylor, Alfred Thieme, Barry W. Johnson. A battery state-of-charge indicator for electric wheelchairs. IEEE Transactions on Industrial Electronics [C], Vol 39, 1992, 10.

[35] F. Huet. A review of impedance measurements for determination of the state-of-charge or state of health of batteries by fuzzy logic methodology [J]. J. Power Sources, 1998, (70): 59-69.

[36] Ch. Ehret, S. Piller, W. Schroer, A. Jossen. State-of-charge determination for lead-acid batteries in PV-applications. Proceedings of the 16th European Photovoltaic Solar Energy Conference [C]. Glasgow, 2000.

[37] Tsutomu Yamazaki, Kazuaki Sakurai, Ken-Ichiro Muramoto. Estimation of the residual capacity of sealed lead-acid batteries by neural network. Telecommunications Energy Conference, INTELEC, 20th International [C]. 4-8 Oct, 1998: 210-214.

[38] Jinchun Peng, Yaobin Chen, Russ Eberhart. Battery pack state of charge estimator design using computational intelligence approaches. Battery Conference on Applications and Advances, The 15th Annual [C]. 11-14 Jan, 2000: 173-177.

[39] Sabine Piller, Marion Perrin, Andreas Jossen. Methods for state-of-charge determination and their applications [J]. J. Power Sources, 2001, (96): 113-120.

[40] Gregory L. Plett. Kalman-Filter SOC Estimation for LiPB Cells. Proceedings of the 19th international electric vehicle symposium [C], 2002.

[41] T. Sharpe and R. Conell. Low-Temperature Charging Behavior of Lead-Acid Cells, Journal of Applied Electrochemistry, 1987, Volume 17, pp. 789-799.

[42] F. Wicks and E. Doane. Temperature Dependent Performance of a Lead Acid Electric Vehicle Battery, Proceedings of the 28th Intersociety Energy Conversion Engineering Conference, 1993.

[43] M. S. Wu, Y. Y. Wang, C. C. Wan. Thermal Behavior of Nickel/metal Hydride Batteries during Charge and Discharge. J. Power Sources, 74 (1998) 202-210.

[44] M. S. Wu, Y. H. Hung, Y. Y. Wang, C. C. Wan. Heat Dissipation Behavior of the Nickel/ Metal Battery. J. Electrochem. Soc., 147, 930 (2000).

[45] Yufei Chen, James W. Evans, Three-Dimensional Thermal Modeling of Lithium Polymer Batteries under Galvanostatic Discharge and Dynamic Power Profile, J. Electrochem. Soc., 141, 2947 (1994).

[46] Yufei Chen, James W. Evans. "Heat Transfer Phenomena in Lithium/Polymer-Electrolyte Batteries for Electric Vehicle Application", J. Electrochem. Soc., 140, 1833 (1993).

[47] D. Bernardi, E. Pawlikowski, J. Newman. A General Energy Balance for Battery System. J. Electrochem. Soc., 132, 5 (1985).

[48] Noboru Sato, Kazuhiko Yagi. Thermal behavior analysis of nickel metal hydride batteries of electric vehicles. JSAE Review 21 (2000) 205-211.

[49] Ahmad A. Pesaran, Steve Burch, and Matthew Keyser. An approach for designing thermal management systems for electric and hybrid vehicle battery packs [C]. The Fourth Vehicle Thermal Management Systems Conference and Exhibition, May 1999: 3-4.

[50] Ahmad A. Pasaran. Thermal characteristics of selected EV and HEV batteries [J], IEEE, 2001: 220.

[51] Ahmad A. Pesaran, Andreas Vlahinos, Steven D. Burch. Thermal Performance of EV and HEV Battery Modules and Packs [C]. Proceedings of EVS-14 (1997): 2.

[52] Jaegul Lee, Soonjae Lee, Eok NamGoong. Dynamic state battery model with self-adaptive aging factor for EV and HEV applications. Proceedings of the 15th international electric vehicle symposium [C], 1998.

[53] Morio kayano, Kazuhiro Har, Anil Paryani. Battery SOC and distance to empty of the Honda EV Plus. Proceedings of the 14th international electric vehicle symposium [C], 1997.

[54] 李桂菊. IBM预计5年后生产出首个锂空气电池样品. 科学时报, 2012.

[55] 李荐. 电容型锂离子动力电池原理、性能及组件技术. 学术报告, 2012.

[56] 王庆生, 杨哲龙. 动力聚合物锂离子电池的发展与展望. 研究报告, 2012.

第 5 章 超级电容与飞轮储能装置

电容器是一种电荷的储存装置,当电源的电压作用在电容器的两端时,电源的电荷就储存在电容器中。利用这一特性,在电动汽车上进行储能,可以提供车辆行驶时所需的电能。

超级电容(Supercapacitor 或 Ultracapacitor)的正式名称是电化学电容器(Electrochemical Capacitor),又叫双电层电容(Electrical Double-Layer Capacitor)、黄金电容、法拉电容,是通过外加电场极化电解质,使电解质中带电离子分别在带有相反电荷的电极表面形成双电层,从而实现储能。其储能过程是物理过程,没有化学反应,且过程完全可逆,这与蓄电池电化学储能过程不同。超级电容是一种新型储能装置,可以在大电流下快速充放电、提供很大的瞬时充放电功率,循环寿命长,工作电压和温度范围宽,其结构原理如图 5-1 所示。

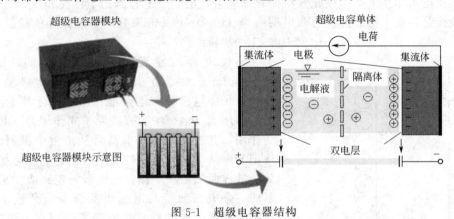

图 5-1 超级电容器结构

5.1 超级电容的研究现状

经过近 30 年的发展,人们沿着不同方向进行超级电容的研发工作,各种类型的超级电容性能也有了很大提高。表 5-1 是近年来世界主要的超级电容生产商和研究机构的发展水平。

表 5-1 近年来各国超级电容的发展水平

国家	公司/研究机构	使用技术	电容参数	比能量/(W·h/kg)	质量比功率/(W/kg)
美国	Maxwell	炭微粒电极,有机电解液	3V,800~2000F	3~4	200~400
		铝箔附着炭布电极,有机电解液	3V,130F	3	500
	Los Alamos 国家试验室	导电聚合物电极,有机电解液	2.8V,0.8F	1.2	2000
俄罗斯	ELIT	炭微粒电极,硫酸电解液	450V(多个单体),0.5F	1.0	900~1000
	ESMA	混合型(NiO_x)/炭电极,KOH 电解液	1.7V(单体),17V(模块),50000F	8~10	80~100
日本	Panaconic	炭微粒电极,有机电解液	3V,800~2000F	3~4	200~400
	NEC	炭微粒电极,水基电解液	5~11V(多个单体),1~2F	0.5	5~10
法国	Saft	炭微粒电极,有机电解液	2.8V,3500F	6	3000
韩国	Ness	炭微粒电极,有机电解液	2.3V,1200F 2.7V,5000F	5.8	5200

其中美国 Maxwell 公司、韩国 Ness 公司、俄罗斯 ESMA 以及一些日本公司都已经实现了超级电容的批量化生产,可以向市场提供性能稳定的实用化产品且成本将继续降低,在工业生产和人民生活中起到更大的作用。

我国对于超级电容的研究起步相对较晚,但通过技术引进和自主开发,发展速度很快,出现了以上海奥威有限公司、哈尔滨巨容新能源有限公司等为代表的超级电容研发和生产单位,能够提供小批量样品,并应用于城市公交车示范运行。

5.2 超级电容的储能机理及分类

5.2.1 超级电容的储能机理

超级电容是一种介于电解质电容器(用薄的氧化膜作介质的电容器)和电化学蓄电池之间的新型储能元件,其储能方式与传统电容器不同。传统电容器由电极和电介质构成,电极间的电介质在电场作用下产生极化效应而存储能量,电化学电容器则不存在介质,是依靠电解质与电极接触界面上形成的特有双电层结构(Electric Double Layers)储存能量。电化学电容的容量远大于传统电容器,达到 $10^3 \sim 10^4$ 法拉级。

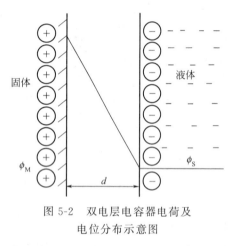

图 5-2 双电层电容器电荷及电位分布示意图

超级电容的发展经历了很长时间,德国人 Helmholtz 于 19 世纪末发现,当导体电极插入电解液中,导体电极即与电解液接触。由于库仑力、分子间作用力(范德华力)或原子间作用力(共价力)的作用,其表面上的净电荷将从溶液中吸引部分不规则分配的带异种电荷的离子,使它们在电极/电解质溶液界面的溶液一侧,距电极一定距离排成一排,形成一个电荷数量与电极表面剩余电荷数量相等,而符号相反的界面层。从而形成一层在电极上,另一层在溶液中的两个电荷层,称为双电层,如图 5-2 所示。由于界面上存在一个位垒,两层电荷都不能越过边界彼此中和。双电层结构将形成一个平板电容器。

如果用 C 表示双电层的电容量,则其计算公式为:

$$C = Q/\Delta\phi_{\text{M-S}} = Q/\phi_a \tag{5-1}$$

式中,$\Delta\phi_{\text{M-S}}$ 为固体与液体之间双电层的电位差,$\Delta\phi_{\text{M-S}} = \Delta\phi_{\text{M}} - \Delta\phi_{\text{S}}$;$\Delta\phi_{\text{M}}$、$\Delta\phi_{\text{S}}$ 为固体侧、液体侧的电位;Q 为双电层的电荷量;ϕ_a 为从零电荷电位算起的电极电位。

则电容器存储的能量为

$$E = 0.5 C V_w^2 \tag{5-2}$$

式中,V_w 为电容器的最大工作电压。

根据电容量的计算公式,双电层电容与电极表面积成正比,与双电层厚度成反比,在强电解质的浓溶液中,双电层厚度的数量级为 0.1nm,选择适当的具有高比表面积的电极材料,可以得到很大的电容量,从而提高超级电容的能量密度。于是,人们将目光集中在具有很大表面积的碳基材料上。从 1954 年 Beck 首次申请了以活性炭作为电极材料的双电层电容器专利以后,对碳基超级电容电极材料的研究已进行了 40 多年,主要集中在制备具有较高比表面积和较小内阻的多孔碳基材料方面进行改性研究,包括活性炭、炭黑、纳米碳纤维、碳气凝胶、纳米碳管、玻璃碳、网络结构活性炭以及某些有机物的炭化产物等。

炭电极电化学电容器的电容主要来源于界面双电层。从理论上来说，活性炭材料的比表面积越高，相应的比容量也应该越大，但是实际上测得的容量与比表面积之间并不是完全的线性关系，有些比表面积较小的炭材料反而具有较大的比容量。同时，完全的双电层电容是难以实现的，电极的表面上往往还会发生一些氧化还原过程。对于采用高比表面细微颗粒制成的炭电极，在产生双电层电容的同时，往往伴有电极表面发生的电化学法拉第氧化还原过程。这在一定程度上是由于炭电极表面的 sp2、sp3 杂化键造成的。另外，炭电极表面通常有醌式结构的存在，这些具有氧化还原性的官能团会发生化学反应而提供法拉第准电容（Faraday Pseudocapacitor），这也是实测电容与根据双电层电容预测的电容相差较大的原因之一。后来人们有意识地利用法拉第准电容储能原理，设计出其他类型超级电容，比如金属氧化物电极超级电容、有机导电聚合物电极超级电容等，利用电极上的氧化还原反应来存储能量，可以提高电容器的工作电压，从而极大地提高了超级电容的比能量，在后文中将对这种电容进行比较详细的介绍。法拉第准电容和双电层电容的另一个区别在于：双电层电容在充电过程需消耗电解液，而法拉第电容在整个充放电过程中电解液的浓度保持相对稳定。法拉第准电容不仅在电极表面产生，而且还可在整个电极内部产生，其最大充放电性能由电活性物质表面的离子取向和电荷转移速度控制，因此可在短时间内进行电荷转移，即可获得更高的比功率。同时，在整个充放电过程中，电极上没有发生决定反应速度与限制电极寿命的电活性物质的相变化，因而循环寿命长（超过 10 万次）。

5.2.2 超级电容的分类

通常超级电容可以根据其电极材料和电解质材料进行分类，不同的超级电容具有不同的特性。

5.2.2.1 根据电极材料分类

根据电极材料的不同，超级电容可以分为三类：炭电极双电层超级电容、金属氧化物电极超级电容和有机聚合物材料电极超级电容。

（1）炭电极双电层超级电容（DLC）

DLC 的全称是 Double Layer Capacitor。这种电容的电极主要使用多孔炭材料作为电极，比如活性炭或白炭黑的炭布、炭粉和碳纤维等。炭电极的主要优点在于材料来源广泛、成本低、加工技术成熟、活性面积大。作为电极的炭粉、炭布、碳纤维等材料，其活性面积可以达到 $2500m^2/g$。近年来随着纳米碳管研究的进一步深入，炭电极的活性面积进一步加大。例如，采用直径为 8nm 的纳米碳管制备的厚度为 $25.4\mu m$ 的薄膜电极，比电容达到 $49\sim 113F/g$（$39.2\sim 90.4F/cm^3$）。尽管炭电极超级电容具有以上优点，但也存在随着活性面积的增大，其稳定性和导通性随之降低的缺点。图 5-3 是炭电极超级电容的充放电曲线。

（2）金属氧化物电极超级电容

以金属氧化物为电极材料的超级电容利用法拉第效应来存储能量。这种电容器使用 RuO_2、IrO_2 等金属氧化物作为电极，充放电时在电极上会发生一系列的氧化还原反应，其中，Ru(Ir) 的化合价会在 3～6 价之间变化。图 5-4 是金属氧化物超级电容的充放电曲线。从充放电曲线可以看出，这种电容器具有某些蓄电池的充放电特性。

与炭电极相比，金属氧化物电极的电导率比炭大 2 个数量级，因此金属氧化物电极超级电容可以实现非常高的质量比容量。RuO_2 电极可以达到 $750F/g$，而炭电极的这项指标是 $100F/g$。而且，金属氧化物超级电容的循环寿命、充放电性能也相当好。这种超级电容的缺点在于电极材料成本太高，且对电解液有限制，电容的额定电压值较低。混合型超级电容（Hybrid Supercapacitor）是金属氧化物超级电容和炭电极超级电容的混合产物。一方面解决了炭电极电容器比能量较小的问题；另一方面可以降低超级电容的成本。近年来，俄罗斯研究机构对碳镍电极体系超级电容的研究取得了很大进展,本章后面将对这种超级电容进行比较详细的说明。

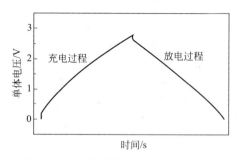

图 5-3 炭电极超级电容的充放电曲线

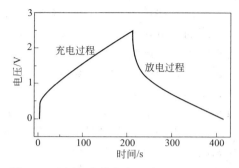

图 5-4 金属氧化物超级电容的充放电曲线

(3) 有机聚合物材料电极超级电容

这种电容器使用有机聚合物作为电极材料,经过杂化处理,利用法拉第准电容效应来存储能量。其作用机理是:通过在电极上的聚合物膜中发生快速可逆的 n 型或 p 型掺杂和去掺杂氧化还原反应,使聚合物达到很高的储存电荷密度,从而产生很高的法拉第准电容来储存能量。其较高的工作电位是源于聚合物的导带和价带之间较宽的能隙。有机聚合物电极超级电容放电曲线如图 5-5 所示。

使用有机聚合物电极超级电容可以同时提高超级电容的质量比能量和质量比功率两个指标,现在逐渐成为研究热点。这种电容的缺点在于有机聚合物材料容易产生膨胀变形,而在长期循环充放电过程中会出现性能恶化,稳定性较差。

5.2.2.2 根据电解液的类型分类

根据电解液的不同可以将超级电容分为两类:有机电解液和水基溶液。

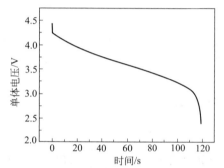

图 5-5 有机聚合物电极超级电容放电曲线

(1) 有机电解液超级电容

超级电容中使用有机电解液的最大好处是可以提高超级电容单体的电压,使之达到 2V 以上,电容电压可以稳定在 2.3V,瞬时甚至可以达到 2.7V。因此,使用有机电解液的超级电容比能量比较高,可以达到 18W·h/kg。这种电容器的缺点在于使用有机电解液必须采用特殊的净化工艺,且电极上必须覆盖特定涂层以避免对电极的腐蚀。它的另一个缺点是因为电解液的电离比较困难,所以等效内阻较大,通常是水溶液的 20 倍以上,甚至达到 50 倍,因此比功率指标较低。

(2) 水基溶液超级电容

水基电解液的最大优点是内阻很低,导通率高,这使得超级电容可以获得较高的比功率指标。水基溶液的第二个优点是提纯和干燥加工工艺简单,成本低廉,从而降低超级电容的总成本。水基溶液超级电容的缺点在于单体电压较低,一般无法超过 2V,这就限制了这种超级电容比能量的提高。

目前,能够在电动汽车上应用的超级电容主要有两种:一种是以活性炭为正负极材料的"碳基超级电容";另一种是以氧化镍为正极、活性炭为负极的"杂化超级电容"。碳基超级电容是目前技术最为先进、商业化最为成功的超级电容。而氧化镍/活性炭杂化超级电容技术则为俄罗斯的 ESMA 公司所独有。

5.3 碳镍体系超级电容

目前使用碳镍体系超级电容的较多,这里对这种新型超级电容储能原理进行比较详细的介绍。

碳碳体系的双电层超级电容中使用两块相同的炭电极串联连接,整个电容器的容量只能得到一块电极上电容量的一半。选择金属氧化物替代一块炭电极,可以使得一块电极的电压发生变化时,另一块极板不发生极化或极化程度很小,这样不仅可以提高电容量,还可以更加充分地利用法拉第准电容效应存储能量。这种复合系统即被称为"双电层-准电容器",或混合型超级电容。对于替换炭电极的金属电极材料,要求必须具有良好的可逆性。如前文所述,RuO_x 具有高导通率、低衰退性能以及良好可逆性的特点,是一个很好的选择。但是 Ru 的储量稀少,材料成本太高,使得这种电容器无法大规模地应用到民用领域。在积累了多年的镍镉电池和镍氢电池研究成果的基础上,金属氧化镍电极材料被引入到超级电容的研究中。碳镍体系超级电容就是这样一种混合型超级电容,它综合双电层电容器(DLC)和准电容(Pseudo-Capacitor)的储能原理,从而显示出在比功率和比能量指标上的优势。碳镍体系超级电容的结构可以通过下式来表示:

$$+\text{NiOOH}|\text{KOH}|\text{C}-$$

5.3.1 充电过程

充电过程中,在正极氧化镍电极上发生氧化反应,与碱性镍氢电池类似,反应式如下:

$$\text{Ni(OH)}_2 - e \longrightarrow H^+ + \text{NiOOH} \tag{5-3}$$

电容器的镍电极不能被完全极化,充电完成 70%~80% 时会有大量的氧气析出,析出的量随温度的升高而增加。这是由于氧化镍电极中电荷分布不均匀,边界部分过充造成氧化镍分解而产生的。氧化镍正极上的电压达到 0.45~0.49V 时,电极边界部分的电压已经达到 0.51~0.6V,这会造成电解液中产生氧原子。增加充电时间和充电电流密度都会导致更多氧原子的产生并释放到电解液中,在一定条件下会释放出氧气。

在负极上,炭电极依然是通过双电层效应来存储能量。当负极板上的电压达到 -0.3~-0.4V 时,双电层结构中主要是 K^+ 聚集在与电解液相接触的相面上。随着负极板上的电压逐渐增加,达到 -0.75~-0.85V 时,双电层结构中开始出现 H^+。电压较低时,双电层结构中的 H^+ 会被炭电极所吸附,继续增加负极上的电压会造成 H_2 的析出。

5.3.2 放电过程

在放电过程中,正极上 NiOOH 转变回氧化镍,负极上双电层结构逐渐减弱直至消失。在整个充放电过程中,氧化镍电极都显示出良好的可逆性。

通过以上分析,可以找到碳镍体系超级电容的三种电压工作范围。

① 无额外反应区 在这个区域内电容的电动势 EMF 为

$$\text{EMF} = \phi_+ - \phi_- = 0.49 - (-0.4) = 0.89\text{V}$$

② 电极上有部分额外反应 有气体产生,但可以被电极活性表面吸附的工作区,在这个区域内电容的电动势

$$\text{EMF} = \phi_+ - \phi_- = 0.55 - (-0.85) = 1.4\text{V}$$

③ 气体析出的工作区域

$$\text{EMF} = \phi_+ - \phi_- = 0.65 - (-1.05) = 1.7\text{V}$$

这些计算表明,这种碳镍体系超级电容的最大电压在

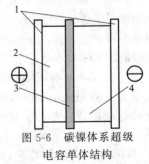

图 5-6 碳镍体系超级电容单体结构
1—不锈钢集流板;2—NiO_x 电极;
3—纸质隔膜;4—活性炭电极

0.8~1.7V 之间。通过使用高纯度电解液，控制极板厚度以及提高烧结、固化等工艺水平，可以使超级电容单体在最高电压 1.6V 条件下，稳定工作而无气体析出。图 5-6 是这种碳镍体系超级电容的结构。目前的研究重点是进一步提高活性炭电极的比表面积，提高比容量，以及将有机电解液引入到这种体系结构，进一步提高单体电压，从而提高电容器的比能量指标。

5.4 超级电容的模型

5.4.1 超级电容的理论模型

双电层电容器基本原理是根据固液界面间的电容特性建立的。这种特性是由 Helmholtz 在 1853 年发现的。双电层电容器存储能量是通过静电作用下的固液表面所产生的空间电荷实现的。这种空间电荷就称为双电层，而且其厚度在纳米级以下。基于 Helmholtz 双层结构，人们提出了多种理论模型来描述电容的特性。

5.4.1.1 Helmholtz 双层模型

Helmholtz 是第一个研究固液界面电容特性的人。Helmholtz 认为，电荷均匀分布在固液交界面两边，如图 5-7 所示，在这种情况下，双电层的表面电容（Surfacic Capacitance）可以由式(5-4)计算。

$$C^* = \varepsilon/d \tag{5-4}$$

式中 ε——电解质的介电常数；

d——双层结构的间距，在 Helmholtz 模型中，此值应等于电解质的分子直径。

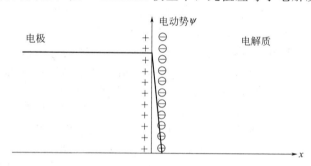

图 5-7 Helmholtz 双层模型

例如，理论上水溶液电解质的表面电容可以由式(5-4)计算得到 $C^* = 340\mu F/cm^2$（$\varepsilon = 78$，$d = 0.2nm$）。

Helmholtz 双电层模型相当简单，它提出容量和接触面大小成正比，和间距成反比，这给后人指明了提高电容性能的方向。这个模型的不足之处在于认为电荷均匀分布（这一点在电解液一侧是不可能实现的，因为电解液的导电性差），且没有考虑电解液传导特性的影响。在应用中，电容器的实际表面电容往往会比实验结果大一个数量级以上（一般为 $10 \sim 30 \mu F/cm^2$）。

5.4.1.2 Gouy 和 Chapman 的双层结构模型

为弥补 Helmholtz 模型的不足以及描述双电层电容与电压的关系，1910 年 Gouy 引入随机热运动模型，考虑了离子电荷在电解液中的空间分布，现在也称为扩散层模型，如图 5-8 所示。

Gouy 的扩散层数学计算公式是在 1913 年由 Chapman 提出的。这个公式是根据 Poisson（泊松）方程和 Boltzmann（波茨曼）分布函数提出的，在单一电场的作用下，电极与电解质之间的表面电容可以由下式表示：

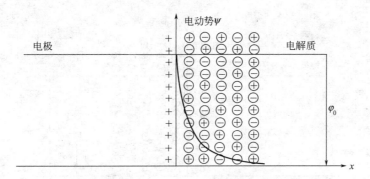

图 5-8 Gouy 和 Chapman 的扩散层结构模型

$$C_d^* = z\sqrt{\frac{2qn_0\varepsilon}{u_T}}\,\text{ch}\,\frac{z\Psi_0}{2u_T} \tag{5-5}$$

式中，z 为电解质中的离子原子价；n_0 为电解液热力平衡后阴离子和阳离子的浓度；ε 为电解质的介电常数；q 为基本电荷；u_T 为热力学电势单位，$u_T = kT/q$；k 为波茨曼常数；T 为绝对温度；Ψ_0 为表面电动势。

在 25℃时，水溶液电解质表面电容与表面电势的关系曲线如图 5-9 所示。可见，Gouy 和 Chapman 模型除了在稀电解液、低电势的情况下以外，均夸大了与双电层有关的电容，这是由于把离子作为点电荷后，有些离子就可以无限接近界面的原因。

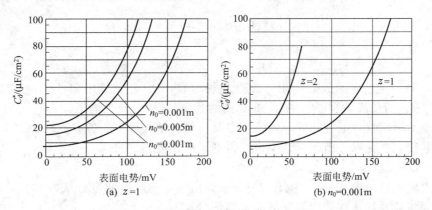

图 5-9 表面电容与表面电势关系曲线

5.4.1.3 Stern 的双层结构模型

1924 年，Stern 改进了 Gouy 和 Chapman 模型，Stern 在前述模型的基础上又引入了离子和溶剂分子尺寸，并将充电区域分为两个部分：一部分是前述模型的扩散层，表面电容是 C_d^*；另一部分是致密层，由电极表面吸附的离子构成，表面电容是 C_c^*。如图 5-10 所示。

双电层的表面电容 C^* 由上述两部分电容串联组成，由下式计算：

$$\frac{1}{C^*} = \frac{1}{C_c^*} + \frac{1}{C_d^*} \tag{5-6}$$

式中，C_d^* 可以通过公式(5-5)计算得到，只是将 Ψ_0 换成 Ψ_d 即可。可见，在低电势时，C_d^* 对双电层的总电容的影响较大，但在 Ψ_d 大于某一热动力学单位时，特别是电解液较浓时，C_d^* 的影响就可以忽略不计。

5.4.2 超级电容等效电路模型

超级电容的理论模型主要集中在对双电层特性的研究上，对于研究提高电容器能量和容

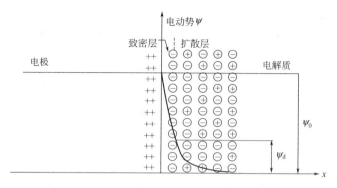

图 5-10　Stern 的双层结构模型

量水平具有指导意义，但是，这种集中在微观条件下，描述单一界面的理论模型无法准确描述超级电容的外特性，无法满足超级电容的使用以及对控制研究的要求。为了准确地描述电容器的外特性，人们设计了多种等效模型，通过使用简单电气元件组成网络，来研究超级电容的外特性，并分别研究各个元器件的物理意义和化学意义。这些模型各有其特点，也都有其局限性，适用于一定的情况，这里简单介绍几个最有代表性的等效模型。

5.4.2.1　简单充放电模型

在这个简单模型中，超级电容被等效成一个简单的 RC 回路，如图 5-11 所示。

放电时有：

$$U_{SCAP}(t)=U_{C_0}e^{-\frac{t}{(R_0+R_{ESR})C}}+R_{ESR}i(t) \tag{5-7}$$

充电时有：

$$U_{SCAP}(t)=(U_{C_0}-U_L)e^{-\frac{t}{(R_0+R_{ESR})C}}+R_{ESR}i(t) \tag{5-8}$$

式中，R_{ESR} 是电容的等效内阻；C 是理想电容；R_0 是负载电阻；U_{SCAP} 是超级电容的工作电压；U_{C_0} 为超级电容器 C 在 $t=0$ 时刻的电压；U_L 是充电电压。

这个模型沿用普通电容器的等效直流电路模型，结构简单，各参数物理意义明确，而且便于在试验中直接获取。因此，这个模型得到了广泛应用。

5.4.2.2　双分支模型

双分支模型是由 R. Bonert 和 L. Zubieta 提出的，把静电能量分成两部分，即快速存储或传输的能量以及慢速存储或传输的能量两部分。

图 5-12 所示为双分支电路，这种模型是从超级电容的过渡过程出发进行考虑的，其中 C_0、R_0 为主回路，主要用来表示充放电过程中的能量变化；而 C_r 和 R_r 成为辅助回路，主要描述充放电过程之后的内部能量再分布过程。

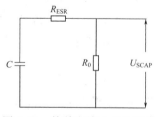
图 5-11　简单充放电 RC 电路

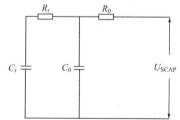
图 5-12　双分支超级电容等效电路

为了进一步提高准确性，还可以增加 RC 回路以达到提高模型精度的目的，文献 [4] 中曾提出一个 5 时间常数模型，就是在此模型基础上增加 RC 回路实现的。但这类模型的等效元器件都是从提高模拟精度的角度出发进行考虑的，其物理意义并不明显，且参数过多导致模型比较复杂,使用不便,试验中也无法直接测量,因此这类模型的应用并不广泛。

5.4.2.3 一阶交流等效电路模型

如果将超级电容应用于交流工况中,那么电容器将表现出很多不同于其直流特性的交流特性,主要包括交流阻抗特性、频响特性,以及在交流工况下的效率、温度特性等。文献[5]中给出了一阶交流等效电路模型,如图5-13所示。

这个模型中,包括四个理想的电气元件,R_s是等效串联电阻(ESR),主要对超级电容的充放电有影响;电感L主要用来模拟电容器的内在电感,其电感值很小,在许多应用场合可以忽略,特别是在高频时更是如此;电容C、电阻R_p用来模拟超级电容自放电影响的电阻,其中,R_p用来模拟电容自放电损失,也称为泄漏电流电阻。实际上,电阻R_p总是比R_s大很多。在大功率放电时,R_p也可以忽略。

电容器本身都会带有一定的固有电感,这是由其结构和特性决定的。电容器的电感包括内部芯子引起的电感、引出线引起的电感以及金属外壳的电感。试验中使用的超级电容内部电极采用叠箔式结构,塑料外壳,电感量很小,且电容器使用在电驱动系统中时,主要经历大幅值非稳态直流电,而不是小幅值交流电,因此电感L对超级电容性能的实际影响可以忽略,这里对超级电容性能的研究也主要集中在直流特性研究。

5.4.2.4 改进的超级电容动态等效电路模型

上述模型都是借鉴普通电容器的研究方法,对于超级电容在稳态工作情况(恒流充放电)下可以对超级电容性能做出很好的预测。但对于应用在电动汽车驱动系统中的动力型超级电容,这些模型并不完全适合,主要问题在于以上模型均假设等效理想电容器容量和等效串联电阻固定不变,这一点与实际不符。

电动汽车驱动系统中的工作状况非常复杂,作为储能元件使用的超级电容实际工作在大电流脉动直流工况下,电流、电压以及环境温度都波动很大。大量试验结果表明,超级电容的工作状态随着工作环境的变化有着明显的变化,上述固定参数的模型并不完全适合研究电动汽车用超级电容。

为此,需要对上述模型加以改造。正如上文分析,为了适应电动汽车驱动系统的研究,应该建立适应大电流直流工况的变参数超级电容等效电路模型,如图5-14所示。

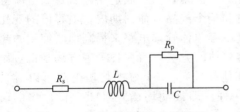

图5-13 一阶交流等效电路模型

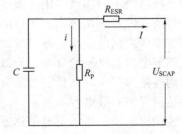

图5-14 变参数超级电容等效电路

模型中C为超级电容的理想电容,它是超级电容中的储能元件。R_{ESR}是超级电容的等效串联内阻,这个参数对超级电容的工作电压、效率以及温升情况都有重要影响。R_p是超级电容的自放电电阻,R_p数值很大,在后文中将详细论述。根据这个模型,超级电容充放电模型的数学描述为:

$$I = -C\frac{dU_C}{dt} - \frac{U_C}{R_p} \tag{5-9}$$

$$U_{SCAP}(t) = U_C - IR_{ESR} \tag{5-10}$$

5.5 超级电容在电动汽车上的应用

5.5.1 超级电容与动力电池的比较

与同样尺寸传统的电容相比，超级电容所能储存的能量远远大于传统的电容，但与同样尺寸的蓄电池相比，超级电容所能储存的能量小于蓄电池，但超级电容的功率性能却优于蓄电池，因为超级电容可以高速率放电，尖峰电流仅受内阻和超级电容大小的限制。故在储能装置的尺寸大小由功率决定时，采用超级电容可能是较好的方案。一般来说，超级电容极好的功率性能与蓄电池良好的储能性能组合在一起可能是最好的方案。

超级电容在其额定电压范围内可以充电至任一电压值，而放电时可以放出所有储存的全部电量，但动力电池只能在很窄的电压范围内工作，而且过放电会造成动力电池的永久性损坏；超级电容可以频繁地释放能量脉冲而不会产生有害的后果，但动力电池如果频繁地释放能量脉冲就会降低寿命；超级电容可以极快地充电，而动力电池如果快速充电则会损坏；超级电容可以有几十万次的充放电循环寿命，而动力电池只有几百次或几千次循环寿命。铅酸电池、超级电容和普通电容的性能比较见表5-2。

表5-2 铅酸电池、超级电容和普通电容的性能比较

性 能	铅酸电池	超级电容	普通电容
充电时间	1～5h	0.3～30s	10^{-3}～10^{-6}s
放电时间	0.3～3h	0.3～30s	10^{-3}～10^{-6}s
比能量/(W·h/kg)	40	1～10	<0.1
比功率/(W/kg)	约100	<10000	<100000
充电/放电效率	0.70～0.85	0.85～0.98	>0.95
循环寿命/次	500～1000	>500000	>500000

5.5.2 超级电容组的电压均衡问题

超级电容组的电压由串联的电容器数量决定，而功率则是由并联的电容器数量决定。超级电容和动力电池类似，每个超级电容单体的电压范围为1～3.0V（和电容器类型有关），所以，需要将超级电容串联使用才能得到所需的电压。理想状态时，每个超级电容单体性能应该是一致的，即每个超级电容单体的电压是一样的。但是，由于制造误差、自放电率等因素，电容器单体之间的电压是有差异的。在制造时和整个产品寿命周期内，电容值的变化和泄漏电流影响电容器电压的分布，所以，使用超级电容单体管理电路来提高串联使用的超级电容单体的性能和寿命，是最有效的管理超级电容单体的方法（另一种管理方法是把过压的单体放电达到保护超级电容的目的，但也产生了其他问题）。一个好的均衡电路可以对异常的单体迅速做出响应，超级电容单体平衡方法有两种，即被动均衡式（图5-15）和主动均衡式（图5-16）。

5.5.2.1 被动均衡电路

(1) 电阻直接与超级电容并联的结构

这种方式如图5-15(a) 所示，在每个超级电容单体上并联一个电阻来抑制泄漏电流，实际上，就是使用公差很小的电阻强制单个模块的电压一致。

超级电容在充电过程中，内阻决定充电电流的大小以及最终电压。超级电容充电之后，自放电内阻是一个重要参数，用一个小的电阻就可以实现超级电容单体之间的电压平衡。电阻阻值应比超级电容的内阻大许多，但比自放电电阻小。不同的电阻值，电压的平衡过程可能花几分钟到几小时。

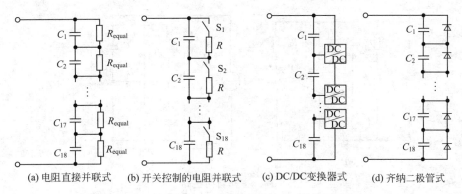

(a) 电阻直接并联式　(b) 开关控制的电阻并联式　(c) DC/DC 变换器式　(d) 齐纳二极管式

图 5-15　被动均衡电路

这种方法最适合低负荷运行工况，如 UPS 电源，充电电流不大，充电时间长，可以延长超级电容的使用寿命。该方法具有结构简单和低成本的优点，最大的缺点是在外电阻上产生很大的功率损失，这个损失与电阻值和电流大小有关。如果充电时间足够长可以完成均衡过程，在汽车上也可应用，但是用峰值功率进行充电时可能会引起过压，这个电路对防止过压无能为力。

（2）开关控制的电阻并联的结构

这种方式如图 5-15(b) 所示，在上一种结构的电阻上串联一个开关，当单体电压高于预先设定的电压值时，开关接通；当单体电压低于预先设定的电压值时，开关关闭。这种结构需要测量单体电压，会增加成本。

（3）采用 DC/DC 变换器的结构

这种方式如图 5-15(c) 所示，在相邻的单体之间接入 DC/DC 变换器，平衡单体的电压。除变换器的损失外，没有其他损失，效率高于上述两种平衡方式。但由于硬件实现和控制成本高的原因，这种结构没有引起人们太多的兴趣。

（4）采用齐纳（Zener）二极管的结构

这种方式如图 5-15(d) 所示，在单体上并联一个齐纳二极管，只要达到齐纳二极管的工作电压，单体电压就保持不变。这种结构的主要缺点是二极管的功率损失很大，而且二极管本身的电压与温度有很大关系，所以无法大量使用。

5.5.2.2　主动均衡电路

如图 5-16(a) 主动均衡电路所示，主动均衡需要的时间比被动均衡需要的时间短，电压分配精确相等，而且寄生损失小。如果达到极限电压，电路通过一个并联在超级电容上的小功率电阻的旁路作用进行均衡。这个电阻的作用与被动均衡式相同，但是，由于均衡电流大，均衡的过程很短。在低于极限电压时，电阻不起作用，充电电流可以很大。在旁路部分起作用时，电流可以较高，但是这要受并联电阻的限制（一般上限电流达 1A）。因此，这个电路不能在车辆上应用，因为车辆制动时，制动回馈产生的充电电流远大于 1A，这会损坏整个电路。

图 5-16(b) 是使用辅助电流源的结构，即用两个辅助电流源调节超级电容的充放电电流，根据充放电时超级电容的电压，确定均衡电流。

5.5.3　超级电容在车辆上的应用

近年来超级电容逐渐成为研究热点，超级电容在混合动力系统、低温启动系统以及车辆 42V 电源系统中都得到了应用，全球各大汽车制造商纷纷将超级电容应用到汽车上。

西门子公司在柴油机混合动力城市客车上，将超级电容用于制动能量回馈系统。

德国电子科技研究所（Elektrotechnisches Institute）、卡尔思鲁厄大学（Karlsruhe University）与奥芬博格技术学院合作，进行了一个超级电容作为电动车辅助储能系统的试

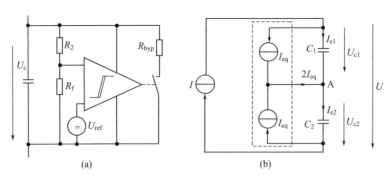

图 5-16 主动均衡电路

验。为此在 MB180 型电动车上安装了辅助储能装置，由 105 个 DLC 组成（松下公司的 POWERCAP 型，1500F/2.3V）并配备检测装置来采集动态试验中功率流的参数。同时，使用 ChenTEK 公司生产的 ZOXY 型高能锌空气电池作为电动车的主动力源。

德国的大众公司和苏黎世瑞士联邦科技研究院等一些合作伙伴共同开发了燃料电池混合动力项目，大众公司在 BORA 轿车中，试用超级电容。其样车于 2002 年 3 月在日内瓦汽车展中向公众展示。

日本的本田公司在其开发的燃料电池混合动力车 FCX-V3 中，使用超级电容作为辅助储能元件以提高其动态响应性能和动力性能。马自达公司进行的 FC-EV 燃料电池混合动力电动车原型车中，使用超级电容作为辅助能量回收系统的储能元件。Nissan 公司开发了一种商品化的混合动力柴油机卡车，使用超级电容回收制动能量以及辅助主动力源工作。日本 Oshkosh 卡车公司开发出混合驱动的重载军用卡车，使用柴油机作为主动力，以 400kW 发电机和超级电容组为辅助动力。

电子燃料公司（EFC）在开发的燃料电池公共汽车中，使用了超级电容组，提高行驶里程总数近 25%。

除了主要汽车公司外，很多学校和科研机构中的研究小组也在开展超级电容在车辆上的应用研究，其中美国南加州大学、罗马特里大学、瑞士中心应用科学大学等都做出了各有特色的方案。超级电容在车辆中的应用正处在从概念车到商品化生产车型的过渡阶段。

超级电容在混合动力电动车上的实际应用前景十分广阔，但是，目前超级电容在价格方面还没有优势可言，需要进一步提高性能和降低成本。

目前，国内外开发的利用超级电容的汽车如图 5-17 所示。

5.5.4 车用超级电容的发展方向

国家"十二五"（863 计划）现代交通技术领域电动汽车关键技术与系统集成（一期）重大项目课题申请指南中，超级电容器产业化技术攻关课题，表明了车用超级电容的发展方向。

（1）研究目标

提高功率型超级电容器单体技术水平，开发标准化和模块化的混合动力汽车电源模块，突破产业化关键技术，突破能量型超级电容器核心技术，在保持超级电容器高比功率、长寿命和快充特点的基础上，大幅度提高比能量。

（2）研究内容

功率型超级电容器：研究炭材料、电解液等关键材料技术；研究电极工艺、系统封装、均一性、筛选组合、电均衡、热均衡和系统集成技术等。

能量型超级电容器：研究先进电极等关键材料技术；研究先进制造工艺及电解液配制技

(a) 意大利超级电容公交样车

(b) 德国超级电容公交样车

(c) 俄罗斯的超级电容电动巴士样车

(d) 瑞士的超级电容电动样车

(e) 斯堪尼亚汽车公司使用超级电容的混合动力汽车

(f) 上海超级电容客车

图 5-17　部分超级电容客车图片

术等；研究单体电容电性能设计和结构设计、模块设计，模块均衡及热管理等技术；研究产业化关键技术等。

（3）主要考核指标

功率型超级电容器：功率密度≥8000W/kg，能量密度≥6W·h/kg，循环寿命≥500000 次，安全性满足国家标准或规范。

能量型超级电容器：功率密度≥3000W/kg，能量密度≥30W·h/kg，循环寿命≥10000 次，安全性满足国家标准或规范。

5.6　飞轮储能装置

飞轮储能具有转换效率和比功率高的特点，特别适用于混合动力汽车，但是其比能量较低,因此需要通过合理设计使飞轮装置可以满足功率和能量要求。

5.6.1 飞轮储能装置的结构及原理

5.6.1.1 飞轮储能装置结构

飞轮储能装置,也称飞轮电池,主要涉及适用于高速工作环境的飞轮技术、实现电能和机械能之间相互转化的高效电机技术以及实现各种工作模式之间切换的功率变换器技术。飞轮储能装置从动力源获得电能,电机驱动飞轮旋转,以机械能的形式储存能量,飞轮蓄积能量时转速升高,释放能量时转速降低,减少的机械能由发电机转换为电能,输出电路把发电机的电能输出至负载,原理如图 5-18 所示,图 5-19 是美国宇航局(NASA)设计的飞轮储能系统。

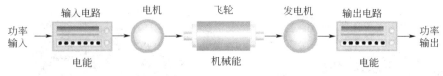

图 5-18 飞轮储能装置原理

目前,飞轮储能系统主要由转子系统、电机/发电机、输入/输出电路和真空室四部分组成。

(1) 转子系统

转子系统包括飞轮本体与支承两部分。

① 飞轮本体 基于飞轮材料要求比强度 σ_b/ρ (σ_b 为材料强度极限,ρ 为材料密度) 最大的设计原则,一般选用超强玻璃纤维(或碳纤维等)——环氧树脂复合材料作为飞轮材料,也有少量文献介绍用铝合金或优质钢材制作飞轮。

从飞轮形状看,有单层圆柱状、多层圆柱状、纺锤状、伞状、实心圆盘、带式变惯量与轮辐状等。

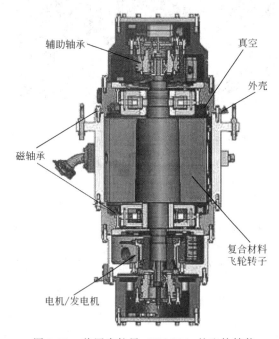

图 5-19 美国宇航局(NASA)的飞轮储能系统结构组成示意图

美国的马里兰大学已经研究成功储能 20kW·h 的多层圆柱飞轮,飞轮材料为碳纤维-环氧树脂复合材料,具体参数为:外径 0.564m,内径 0.254m,厚 0.553m,重 172.8kg,最大转速 46345r/min。

美国休斯敦大学的得克萨斯超导中心致力于纺锤形飞轮开发,这是一种等应力设计,形状系数等于或接近 1,材质同样为玻璃纤维复合材料,储能 1kW·h,重 19kg,飞轮外径 30.48cm。

美国 Satcon 技术公司开发伞状飞轮,这种结构有利于电机的位置安放,对系统稳定性十分有利,转动惯量大,节省材料,轮毂强度设计合理。

伊朗 Shiraz 大学机械工程系研制一种带式可变惯量飞轮,用于电动车,其目的是节能与系统平稳。

② 支承 飞轮的支承方式主要有超导磁悬浮、电磁悬浮、永磁悬浮和机械支承四

种，也有采用四种中的某二种组合。

a. 超导磁悬浮　采用这种方式的研究单位较多，如日本三菱重工、美国阿贡国家实验室等，但最具规模的当数德国。他们正在研制 5MW·h/100MW 超导飞轮储能电站。

b. 电磁悬浮　马里兰大学长期从事电磁悬浮储能飞轮开发，采用差动平衡磁轴承，已完成储能 20kW·h 的飞轮研制，系统效率为 81%。另外，劳伦斯国家实验室也开展了电磁悬浮飞轮的研究工作。

c. 机械支承　这类支承方式的飞轮一般用于快速充放电系统，如美国 Kaman 电磁公司研制的电磁炮、电化学炮，要求在几个毫秒内产生 200kA 的放电电流，以满足负载的需要。英国纽卡斯尔大学研制了混合动力汽车使用的飞轮电池，美国 Satcon 技术公司开发的先进飞行器姿态控制系统等都采用了这种支承方式。

d. 超导磁悬浮与永磁支承相混合　休斯敦大学采用这种支承方式已使 19kg 的飞轮转子浮起，永磁轴承提供悬浮力，而超导轴承用于消除系统固有的磁-磁不稳定相互影响。试验表明，在真空 0.93Pa 下，混合支承每小时功耗小于 5%。

e. 永磁悬浮与机械支承相混合　美国西雅图的华盛顿大学，正在研制 1kW·h 永磁悬浮和宝石轴承混合支承飞轮。永磁悬浮用于立式转子上支承，并卸载以降低下支承的摩擦功耗；宝石轴承作为下支承，同时引入径向电磁支承，作为振动的主动控制，以确保系统的稳定性。

(2) 电机/发电机

从系统结构及降低功耗的角度出发，国外研究单位一般均采用永磁同步电动/发电互逆式双向电机。电机功耗还取决于电枢电阻、涡流电流和磁滞损耗，因此，无铁定子获得广泛应用，转子选用钕铁硼永磁铁。

马里兰大学特别设计了磁芯叠片，磁铁材料和磁芯缠绕方式，电机总效率可达 94%。电枢绕线采用三相 △ 连接，同时，每相具有 1/3 极距的交叠；电枢的叠层材料选用 CarpenterHymu80，每片用激光切割并用硅石涂层绝缘，定子钕铁硼表面磁感应强度达 3.2kT，大电机气隙中强磁铁产生 0.4T 的磁通密度。

美国劳伦斯国家实验室应用永磁钕铁硼棒料特别排列成定子，产生一旋转偶极区，转子多相缠绕电感低，定子铜损通过冷却加以控制。

(3) 输入/输出电路

输入/输出电路是储能飞轮系统的控制元件。它控制电机，实现电能与机械能的相互转换。

美国 Beacon 动力公司采用脉冲宽度调制转换器，实现从直流母线到三相变频交流的双向能量转换。飞轮系统具有稳速、恒压功能，此功能是运用一个不需要指定能量转换方向的专利算法自动实现。

(4) 真空室

真空室作用主要有二：一是提供真空环境，以降低风阻损失；二是屏蔽事故。真空度是影响系统效率的一个决定因素。目前国际上真空度一般可达 10^{-5}Pa 量级。

典型的飞轮储能系统由飞轮组件（包括转子、支承轴承、电机/发电机和外壳）、电子控制设备（主要是电子电路控制器）、辅助运行系统（散热部件等）三部分组成。

5.6.1.2　飞轮储能装置原理

飞轮储存的能量 E 为

$$E = \frac{1}{2}J\omega^2$$

式中，J 为飞轮的转动惯量，$J=kmR^2$；m 为飞轮质量；R 为飞轮半径；k 为常数（与飞轮形状有关，对于圆环 $k=1$，厚度均匀的实体盘 $k=1/2$，实体球 $k=2/5$）；ω 为飞轮的角速度。

由上式可知，飞轮储存的能量分别与转速的平方和转动惯量成正比。大直径、小轴向尺寸的低速飞轮和小直径、大轴向尺寸的高速飞轮可以储存相等的能量。飞轮转速越高，储存能量越大，但受飞轮转速和转子使用的材料强度的限制，转速不能无限提高。由于作用在飞轮材料上的强度极限 σ_b 与飞轮的几何形状、密度 ρ 和工作转速有关，飞轮转子选用 σ_b/ρ 比值高的材料是最佳设计，这是因为飞轮的理论比能量与该比值成正比。

也可以用飞轮的能量密度 E_G 来衡量飞轮的储能能力

$$E_G = \frac{\sigma_b}{\rho} k$$

表 5-3 为超高速飞轮转子复合材料特性参数。

表 5-3　超高速飞轮转子复合材料特性参数

项　目	材料强度极限 σ_b/MPa	比密度 ρ/(kg/m³)	σ/ρ/(W·h/kg)
E 型玻璃	1379	1900	202
环氧石墨	1586	1500	294
S 型玻璃	2069	1900	303
环氧 B 纤维	1930	1400	383

5.6.2　飞轮储能装置与其他储能装置的比较

飞轮储能装置的优点在于：储能效率高（转换效率高），与动力电池相比有很大的比功率潜力，同时，飞轮储能装置的寿命与放电电流大小无关，而且受外界温度影响小。

飞轮储能装置的缺点在于：目前飞轮储能装置的比能量较低，由于转子高速旋转，在断裂时释放能量的方式不可控，由此带来了安全问题。此外，与化学电池相比，飞轮储能技术不太成熟，成本高，影响了在市场上的竞争力。表 5-4 是各种储能技术的性能指标比较。

表 5-4　各种储能技术的性能指标比较

项　目	飞轮储能	蓄电池	抽水蓄能	压缩空气/气体	小型超导储能	超导储能
效率/%	90	70	60	<50	90	90
储能容量	高	中	高	高	极低	高
循环寿命	无限	几百	几千	几千	无限	无限
充电时间	分	时	时	时	分	时
地点可用性	极高	中	低	低	高	很低
储能测定	极好	差	极好	极好	极好	极好
建设时间	以周计	以月计	以年计	以年计	以周计	以年计
环境影响	良好	大	极大	极大	良好	很好
事故后果	低	中	高	中	低	高
环境控制	无	显著	有	有	无	无
可用性	正在开发，少量应用	现在	现在,地理限制	现在,地理限制	正在开发	正在开发

5.6.3　飞轮储能装置发展现状

现代飞轮储能技术采用高拉伸强度的复合材料，可以承受高速（每分钟几万转至十几万转）旋转产生的离心力，通过电气控制转速来实现能量的存储和释放。高效的电机/发电机设计、极低的摩擦系数的接触轴承或非接触的磁浮轴承可以保证飞轮本体的存储效率高于 85%。飞轮的安全失效模式是未来的关注焦点之一。在过去的十几年里，技术进步非常迅速。进行飞轮储能技术研究的国外机构主要有美国的 NASA Glenn Research Center、Active Power 公司、Argonne National Laboratory、Beacon Power 公司、The University of Texas at Austin、US-flywheel Co. 等，加拿大的 Flywheel Energy System Inc.，欧洲的 Urenco inc.、

Flywheel Energy Storage for Wind Power Generation、FLYWIP 和日本的 The New Energy and Technology Research Organization。国内研究机构主要有中科院电工所、清华大学、华北电力大学、北京航空航天大学、南京航空航天大学、合肥工业大学、华中科技大学、西北有色研究院和东南大学等单位。

美国阿贡国家实验室和爱迪生电力公司合作进行了 SMB（超导磁力轴承）的飞轮储能实验。在飞轮转子重 0.32kg 的情况下，SMB 的摩擦系数仅为 3×10^{-7}，创造了世界纪录。美国的 Lawrence Livermore National Laboratory（LLNL）致力于超高速飞轮的研究，开发出用于电动车辆的 1kW·h 的小型车载飞轮模块和用于固定电站的 2~25kW·h 的大型飞轮模块。进行超高速飞轮研发的还有 Ashman 科技公司、AVCON、Power R&D、Rocketdyne/Rockwell、Trinity Flywheels 和美国飞轮系统公司等。基于目前的技术现状，整体式超高速飞轮系统可达到 10~150W·h/kg 的比能量和 2~10kW/kg 的比功率。LLNL 开发的超高速飞轮（转子直径 20cm，高 30cm）最高转速可达 60000r/min，储能 1kW·h，最大输出功率 100kW。

在奥斯丁的得克萨斯大学研究中心（UT-CEM），在城市客车上使用了一种复合材料飞轮（表 5-5），采用非接触式的磁轴承。该飞轮机构具有质量小、高性能的特点。该车采用的混合驱动系统结构如图 5-20 所示。使用飞轮后，可节省燃油 30%。

表 5-5 UT-CEM 飞轮参数

储存能量/kW·h	2	峰值功率/kW	150
持续功率/kW	110	循环次数（转速范围在 0~40000r/min 之间）	150000

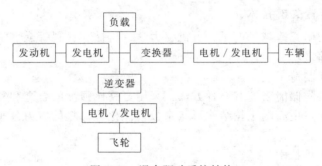

图 5-20 混合驱动系统结构

目前，FIAT 公司已经着手进行超高速飞轮的实用性能评价。具体的方法就是把使用超高速飞轮作为铅酸电池辅助能量源的混合能量源系统安装到电动车辆上，并进行试验测试，模拟计算结果表明使用该系统可节能 20%。飞轮电池进一步的发展集中在优化飞轮整体的质量、体积和成本，达到在电动车辆上应用的水平。但无论如何，由于存在两大问题，即陀螺力矩和预防发生故障，把超高速飞轮应用到电动车辆还有很长的路要走。

1993 年成立的加拿大 FESI（Flywheel Energy System Inc.）公司，致力于将飞轮技术商品化，从事飞轮组件及部件的设计、制造、组装、试验工作，已开发了用于混合驱动汽车的 50kW 飞轮系统。

20 世纪 80 年代初，瑞士 Oerlikon 工程公司研制成功完全由飞轮供能的第一辆公共汽车。飞轮直径 1.63m，重 1.5t，转速达到 3000r/min。该车可载乘客 70 名，行程大约 0.8km，在每一车站停车时由电网充电，飞轮需要充电 2min。

超高速飞轮可用于固定储能系统（25kW·h 容量和 130kW 的功率输出）为电动车辆充电。原因在于飞轮具有的大功率输出能力，减小了电力系统的峰值功率输出，便于实现对电池系统的快速充电。作为新型的固定储能方式，超高速飞轮为电动车辆快速充电已经引起了广泛关注，这种方式与用于车载储能系统的方式相比，更容易实现。

德国专家 Bornemann 等在 1994 年制成一台实验样机，在 1997 年又提出了 5MW·h/100MW 超导飞轮储能电站的概念设计。电站由 10 个飞轮模块组成，每个模块储能 0.5MW·h，功率 10MW，重 30t，直径 3.5m，高 6.5m，用同步电动/发电机进行电能输入输出。

在 20 世纪 90 年代初，日本超导工程研究所报道了利用超导磁悬浮飞轮所储存的电能点亮了 100W 灯泡的实验。此后，日本逐年扩大超导飞轮的储能规模，并为超导飞轮储能装置的商业化确定了相应的研究计划。1993 年，日本四国综合研究所完成了采用高温超导磁浮轴承的立式飞轮储能发电系统的基本设计，该装置储存能量为 8MW·h 级。

图 5-21 是部分采用飞轮技术的汽车。

(a) KINERGY 开发的 Flybus

(b) Texas 飞轮混合动力汽车

图 5-21 采用飞轮技术的汽车

5.6.4 飞轮储能装置关键技术

飞轮储能装置的研究跨越了电子、电机、力学、机械、材料等众多学科，其关键技术主要包括以下几个方面。

(1) 转子结构和制造工艺

要提高飞轮的极限储能密度有三种方法：采用更高比强度的合金和复合材料；对转子形状结构进行优化，获得更高的飞轮结构形状系数；优化各材料的应力分布，提高材料的利用系数。

(2) 高速轴承支承技术

高速轴承是制约飞轮储能技术发展的关键因素。由于储能飞轮的质量、转动惯量相对较大，要求超高转速，其陀螺效应十分明显并存在过临界问题，系统属于典型的频变系统，因此，对支承轴承提出了很高要求。超导磁轴承、主动控制电磁轴承、机械宝石轴承等均需考虑转子-支承动力学、陀螺效应和功耗的影响。

(3) 高速转子动力学技术

高速旋转的飞轮转子有较大的动量矩，其陀螺效应的影响很大，要实现高速转动应解决动平衡及稳定性问题。

在汽车上使用飞轮，由于汽车在行驶时飞轮轴方位的改变而引起陀螺效应时，飞轮旋转中在约束上产生附加陀螺力矩，对轴承等机械零件造成过大的附加压力，从而使零件破坏，而且，陀螺效应可能是系统振动的振源。因此，在设计时应予以考虑。陀螺力矩可以表示为

$$T = I\boldsymbol{\omega} \times \boldsymbol{\Omega}$$

式中，I 为飞轮的转动惯量；$\boldsymbol{\omega}$ 为飞轮旋转的角速度；$\boldsymbol{\Omega}$ 为飞轮轴的进动角速度。

由上式可以发现，当飞轮轴与地面平行时，系统会因为汽车行驶方向的变化使飞轮轴被迫进动而产生陀螺转矩；当飞轮轴与地面垂直放置时，系统会因为汽车行驶时的前俯后仰而

产生陀螺转矩。汽车在行驶中产生的陀螺效应是不可能完全消除的，只能尽量减少。因此，设法降低陀螺效应的影响将是汽车设计中的又一大难题。

（4）高速电机/发动机及能量转换技术

应用于飞轮储能装置的电机及其控制系统，必须具有可运行速度高、能量转换效率高、功率变换效率高、低损耗、充放电速度快等特点，这对电机和能量转换系统都提出了很高要求。

（5）真空密封技术

高速飞轮必须在真空室内运转，真空度达到 0.1～0.01Pa 才能尽可能降低摩擦损耗。实现高真空度并不困难，难点在于保持高真空度，因此，解决真空室的高度密封及室内各部件的放气问题，从而达到长时间的保持高真空，仍是难度很大的课题。

参 考 文 献

[1] 李海晨. 车用超级电容特性的试验研究：[学位论文]. 北京：清华大学，2003.
[2] F. BELHACHEMI, S. RAËL, B. DAVAT. A physical model of power electric double-layer supercapacitors, IEEE, 2000.
[3] 苗小丽, 邓正华. 电化学超级电容器电极材料的研究进展. 合成化学, 2002, Vol. 10, (2): 106-109.
[4] S. Buller, E. Karden D. Kok et al. Modeling the dynamic behavior of supercapacitors using impedance spectroscopy Industry application 2001, 36th IAS Annual Meeting.
[5] USABC Battery & Ultracapacitor Test Procedures Manuals, BUSINESS/ TECHNOLOGY BOOKS 1996.
[6] Bobby Maher. Ultracapacitors and the Hybrid Electric Vehicle. http://www.powercache.com.
[7] Dirk Linzen, Stephan Buller, Eckhard Karden, et al. Analysis and Evaluation of Charge Balancing Circuits on Performance, Reliability and Lifetime of Supercapacitor Systems. IEEE Transactions on Industry Applications, 2005, 41 (5): 1135-1141.
[8] P. Barrade. Series Connection of Supercapacitors: Comparative Study of Solutions for the Active Equalization of the Voltages. http://leiwww.epfl.ch.
[9] http://www.most.gov.cn.
[10] Andrew Burke et al. Ultracapacitors: why, how and where is the technology, Journal of Power Sources 91 (2000): 37-50.
[11] How To Determine The Appropriate Size Ultracapacitor For Your Application, http://www.maxwell.com.
[12] Alireza Khaligh and Zhihao Li. Storage Systems for Electric, Hybrid Electric, Fuel Cell, and Plug-In Hybrid Electric Vehicles: State of the Art, IEEE TRANSACTIONS ON VEHICULAR TECHNOLOGY, 2010, 59 (6): 2806-2814.
[13] 张彬, 马仁志, 徐才录等. 双电层电容器碳纳米管固体极板的制备. 电子学报, 2000, (8): 13-15.
[14] ROBERT HERBNER & JOSEPH BENO. Flywheel Batteries Come Around Again, IEEE SPECTRUM, April 2002.
[15] 卫海岗. 永磁悬浮-螺旋槽动压支承的储能飞轮系统的研究：[学位论文]. 北京：清华大学，2004.
[16] 陈清泉, 孙逢春. 现代电动车辆技术. 北京：北京理工大学出版社，2002.
[17] 蒋书运, 卫海岗, 沈祖培. 飞轮储能技术研究的发展现状. 太阳能学报, 2000, 21 (3): 427-433.
[18] http://www.llnl.gov.
[19] M. A. Pichot, J. M. Kramer, R. C. Thompson and et al. The Flywheel Battery Containment Problem. SAE Paper 970242.
[20] R. J. Hayes, J. P. Kajs, R. C. Thompson and et al. Design and Testing of a Flywheel Battery for a Transit Bus. SAE 1999-01-1159.
[21] Gerard J. Hool boom and Barna Szabados. Nonpolluting Automobiles. IEEE Transactions on Vehicular Technology, 1994, 43 (4): 1136-1144.
[22] Michael E. Bowler. FLYWHEEL ENERGY SYSTEMS: CURRENT STATUS AND FUTURE PROSPECTS. Magnetic Material Products Association Joint Users Conference, September 22-23, 1997.
[23] 王哲明, 谢红, 陈保甫. 超导飞轮储能系统研究综述. 电力情报, 2000, (3): 1-4.

第6章 质子交换膜燃料电池

6.1 燃料电池概述

第一个发现燃料电池原理的是英国人 William Grove 爵士（1811~1896 年），他是一名律师和业余科学爱好者。1839 年在一次偶然的电解实验［图 6-1(a)］中，观察到把电解器中两个电极连到一起时［图 6-1(b)］，有电流反方向流过，同时消耗氢气和氧气。他称这个装置为"气体电池"，该气体电池由浸入稀硫酸的装有 Pt 电极的氢氧试管组成，此装置大约产生 1V 电压。

第一个实用的燃料电池是 1950 年由化学工程师 Francis Bacon 在英国剑桥大学研制出来的，这是一种碱性燃料电池。20 世纪 60 年代，美国 IFC(International Fuel Cell) 公司为阿波罗登月飞船制造了一套燃料电池装置，以提供电力和宇航员的饮用水。该燃料电池可连续提供 1.5kW

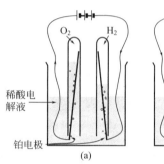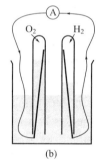

图 6-1 William Grove 爵士的气体电池

的电力。其可靠性相当高，工作超过 10000h，累计完成 18 次使命没有出过问题。燃料电池发展到今天，技术已有很大进步。

6.1.1 燃料电池的分类

燃料电池可分为很多类型，按反应温度不同可以分为低温、中温和高温三种，按照电解质类型的不同可分为碱性燃料电池（AFC）、质子交换膜燃料电池（PEMFC）、磷酸盐燃料电池（PAFC）、熔融碳酸盐燃料电池（MCFC）、固体氧化物燃料电池（SOFC），其结构、性能及应用方向见表 6-1。

表 6-1 五种类型燃料电池比较

电池类型	AFC	PAFC	MCFC	SOFC	PEMFC
阳极	Pt/Ni	Pt/C	Ni/Al	Ni/ZrO$_2$	Pt/C
阴极	Pt/Ag	Pt/C	Li/NiO	Sr/LaMnO$_3$	Pt/C
燃料	纯氢	天然气、氢	天然气、煤气	天然气、煤气	纯氢
电解质	KOH	H$_3$PO$_4$	Li$_2$/K$_2$CO$_3$	YSZ	聚合物
腐蚀性	强	强	强	弱	无
CO$_2$、N$_2$ 相容性	不相容	相容	相容	相容	相容
工作温度/℃	约 100	约 200	600~700	800~1000	约 100
比功率/(W/kg)	35~105	120~180	30~40	15~20	340~3000
启动时间	几分钟	几分钟	>10min	>10min	<5s
寿命水平/h	10000	15000	13000	7000	10000
应用方向	航空航天	洁净电站	洁净电站	洁净电站	移动电源、电动汽车、航天领域

① 碱性燃料电池（AFC）的工作温度大约为80℃，已被广泛用于太空飞船和潜艇上，在一些小型货车上也在试验。

② 固态聚合物燃料电池（SPFC，又称质子交换膜燃料电池 PEMFC）的工作温度为60~130℃，所采用的质子交换膜是一种固态高分子材料，具有非常优异的质子（氢离子）传导性。现在最常用的是杜邦公司的产品 Nafion。Nafion 原来用于氯碱工业，后来也被应用在质子交换膜燃料电池上。催化剂以 Pt 为主，用重整气体作为燃料时则必须使用 Pt/Ru 合金催化剂。由于这些催化剂价格高，为了节约成本，现在多将这些催化剂涂覆在特殊的活性炭上，制成所谓 Pt/C 或 Pt-Ru/C。这种电解质膜极薄，故具有较高的功率/重量比，加上工作温度低、启动时间短，因此这种燃料电池适用于运输车辆。这种燃料电池在降低成本方面很有潜力，可期待在5~10年内实现商业化。

③ 磷酸盐燃料电池（PAFC），能量转换效率近似为40%，工作温度200℃左右。它们适合商业和轻工业使用。目前商业上已可得到200kW 的系统，在意大利1.3MW 和日本11MW 的试验性工厂已经建立，但它们的成本仍然很高（约2500欧元/kW）。

④ 熔融碳酸盐燃料电池（MCFC），有近似55%的效率，工作温度在650℃左右，可同时提供热和电。目前还有一些技术问题没有解决，如腐蚀和可靠性等问题，可能还需5~10年后才能商业化。一种2MW 的系统已经建立并在进行验证性试验，但可靠性仍是问题。

⑤ 固体氧化物燃料电池（SOFC），效率比较高，工作温度在700~1000℃之间。在荷兰已建立了一个100kW 的工厂。原料与成本仍需研究。期待10年左右能实现商业化。

质子交换膜燃料电池（PEMFC）具有工作温度低、功率密度大、启动快、使用寿命长、结构简单等特点，因此得到迅速发展。据预测，质子交换膜燃料电池（PEMFC）可能是继磷酸盐燃料电池（PAFC）之后最早实现商业化的燃料电池。

6.1.2 车用燃料电池及其关键技术

PEMFC 被认为是车用燃料电池的最佳选择，这是由其自身的优点所决定的：环境友好；效率较高，达60%~80%；对燃料适应性强，既可用纯氢，也可用转化燃料，氧化剂可用空气；工作温度低；比功率与比能量高；可变负荷运转。虽然 PEMFC 具有以上优点，但是其在车辆中的应用仍存在很多技术难关。

燃料电池汽车的开发涉及多学科、多专业，几乎囊括了应用电化学、材料技术、电机技术、电力电子和机械学科的高新技术。目前在许多领域的关键技术尚未完全突破，故制约了 PEMFC 在汽车上的应用。

(1) 质子交换膜（PEM）

质子交换膜是 PEMFC 的核心材料，其性能好坏直接影响电池的性能和寿命。PEM 当前研究主要包括提高膜的质子交换容量，降低膜厚度以减小电阻，降低膜的制作成本以及延长膜的使用寿命等。市场上销售的固体高分子膜的厚度为30~175μm，膜太厚则电阻增大，会降低膜的导电性能；膜太薄可降低膜电阻从而提高电池性能，但会引起膜的机械强度降低、电池设计和制造困难、氢气的泄漏和膜的破坏。此外，还有膜的造价高等问题。目前应用最多的全氟磺酸型离子聚合物材料，如杜邦的 Nafion、日本的 Asahi 等，价格昂贵，达到800 \$ /m^2。为了降低膜的价格，部分氟化膜或非氟化膜的研制正在进行中。PEM 的发展方向是降低价格，提高机械强度、稳定性和电化学性能；发展高温（150~200℃）聚合物膜（高温可降低电极对 CO 的中毒灵敏度），缓解水对质子传导、水平衡的影响程度，利于废热利用、提高效率。

表 6-2 是美国 Freedom car Roadmap 项目总结报告的质子交换膜数据。

表 6-2 膜的技术参数（现状和目标）

项　　目		单　位	2004 年	2010 年	2015 年
工作温度		℃	≤80	≤120	≤120
入口水蒸气分压		kPa	50	≤1.5	≤1.5
导电性	工作温度	S/cm	0.1	0.1	0.1
	室温		0.07	0.07	0.07
	-20℃		0.01	0.01	0.01
启动温度（无辅助）		℃	-20	-40	-40
单位面积电阻		Ω/cm^2	0.03	0.02	0.02
寿命	工作温度≤80℃	h	2000	5000	5000
	工作温度>80℃		—	2000	5000

（2）电极催化剂

目前主要采用贵金属铂（Pt）作为催化剂，它对于电池电压的提高非常重要。Pt 的资源稀少、价格昂贵，使得 PEMFC 成本居高不下，特别是如果在氢气中混杂有 10×10^{-6} 以上的 CO 吸附在金属 Pt 上，会引起 Pt "中毒"而失去催化作用。催化剂研究的重点主要在两方面：其一是尽量提高 Pt 的利用率（目前只有 20%），减少单位面积电极的使用量，增大 Pt 与反应物气体的接触面积及提高其抗 CO 中毒、抗衰老能力，目前广泛应用于 PEMFC 和直接甲醇燃料电池（DMFC）中的最具代表性的抗 CO 中毒阳极电催化剂就是 Pt/Ru（钌）合金催化剂；其二是寻找高效廉价的 Pt 催化剂替代品，在可能的替代催化剂中，引人注目的是热解或非热解的过渡金属大环螯合物。

表 6-3 是美国 Freedom car Roadmap 项目总结报告给出的电催化剂数据。

表 6-3 电催化剂的技术参数（现状和目标）

项　　目		单　位	2004 年	2010 年	2015 年
Pt 族金属用量	单位功率	g/kW	1.3	0.3	0.2
	单位面积	mg/cm^2	0.8	0.3	0.2
寿命	≤80℃	h	2000	5000	5000
	>80℃		—	2000	5000
活性	单位质量	A/mg	0.11	0.44	0.44
	单位面积	$\mu A/cm^2$	180	720	720

（3）双极板

现今 PEMFC 广泛采用无孔石墨板，由于其制造和机械加工工艺复杂，生产成本比较高。双极板的关键技术是材料的选择（耐腐蚀性、导电性好，接触阻力小，重量轻及价格低廉）、流体流动的流场设计与其加工技术。

表 6-4 是美国 Freedom car Roadmap 项目总结报告给出的双极板数据。

表 6-4 双极板的技术参数（现状和目标）

项　　目	单　位	2004 年	2010 年	2015 年
单位功率质量	kg/kW	0.36	<0.4	<0.4
氢气透过性	$cm^3/(s\cdot cm^2)$	$<2\times10^{-6}$	$<2\times10^{-6}$	$<2\times10^{-6}$
腐蚀	$\mu A/cm^2$	<1	<1	<1
导电性	S/cm	>600	>100	>100
单位面积电阻	Ω/cm^2	<0.02	0.01	0.01
强度	MPa	>34	>25	>25
中间挠度	%	1.5~3.5	3~5	3~5

（4）燃料电池的组装

单个电堆输出的电压较小,汽车动力装置必须将多个电堆进行连接组装成燃料电池组,提供高电压和大电流。组装燃料电池要选择合适的电路连接方式,使电池组内总内阻降至最低以及避免电路短路。另一个关键问题是如何向各燃料电池单元充分供应燃料和氧化剂,因为由许多单元电池组成电堆时,就有可能带来气体分配的不均匀,出现单元电池电压下降的现象。电堆还要有优异的防气体泄漏结构设计。如果密封不好,就会使反应气体泄漏至堆外,大大降低了反应气体的利用率,严重影响电池的效率和安全性。

(5) 反应气体供给系统

PEMFC 在运行时,反应气体往往会带入污染物。例如,燃料为重整气时,阳极有 CO、硫化物,阴极有 CO、CO_2 硫化物。这些都会降低电池性能和可靠性,严重者将导致膜电极失效,电池无法工作。因此,必须采取措施减小污染物的进入。

燃料电池的功率密度随氧气压力的增大而升高,目前 PEMFC 的工作压力范围可以从常压到 0.8MPa。如果用常压空气作为氧化剂,则会造成 PEMFC 功率密度低,尺寸和重量较大,制造成本高,所以目前主要采用提高空气供给压力(现在一般是 0.3MPa 左右)的方法,但空气压缩机的寄生功率又降低了 PEMFC 的功率输出和整体效率。

(6) 水、热管理系统

热管理和水管理是目前燃料电池面临的两个主要技术挑战:一是低温运转的燃料电池堆热量排出很困难,特别是在高环境温度时;二是燃料电池需要含水薄膜和阳极、阴极气体,使质子转移以产生电力。当在冰点以下温度停车时,发生冷启动问题。美国通用汽车公司开发的燃料电池水管理技术不需要外部环境保持较高的温度,其电池堆能在 -20℃低温启动,从启动到满负荷只需 30s。

在交通车辆中进一步开发和应用 PEMFC 的关键技术还有:要研究开发成本低、生产效率高的制造方法,特别是膜电极(MEA)、双极板。此外,还要开发先进的制氢与储氢系统;开发重量轻、安全可靠及能量效率高的压缩和液化氢气储存罐及其材料,如碳纤维等。

6.1.3 燃料电池的性能指标

美国在发展车用燃料电池时制定了性能指标。表 6-5 是美国能源部(DOE)对峰值功率为 50kW 的燃料电池确定出的目标及其实现年度,供参考。

表 6-5 峰值功率为 50kW 燃料电池的性能指标(DOE)

特 性[①]	单 位	2000 年	2004 年
堆系统的功率密度[②]	W/L	350	500
堆系统的比功率	W/kg	350	500
25%峰值功率时的堆系统效率	%	55	60
峰值功率时的堆系统效率[③]	%	44	48
贵金属载用量	g/kW	0.9	0.2
成本[④]	$/kW	100	35
耐久性(<5%功率降低)	h	>2000	>5000
瞬时性能(从 10%~90%功率的时间)	s	3	1
-40℃时冷启动到最大功率时间	min	5	2
20℃时冷启动到最大功率时间	min	1	0.5
CO 允许值(稳态)	10^{-6}	100	1000
CO 允许值(瞬态)	10^{-6}	500	5000

① 含燃料电池堆及水、热、空气管理等辅助系统,不含燃料处理和输送。
② 指净功率(即堆功率减辅助系统功率要求)。
③ 效率:FC 输出能量/按氢燃料的低热值计算的能量。
④ 大批量生产:500000 部/年。

美国通用汽车公司开发的燃料电池 2001 型，由于在水管理和空气系统方面的特殊设计，2001 年时质量功率密度已达 1.25kW/kg，体积功率密度为 1.75kW/L 左右，常用负荷下的效率可达 65%。另外，其燃料电池空气供给系统（主要是无油空压机）消耗功率低，噪声也很小。图 6-2 是其燃料电池堆的效率曲线，与传统燃料电池堆的效率曲线相比，低负荷区的效率明显提高。传统燃料电池的效率曲线由于空气供给系统（空压机）消耗的功率不是随负荷输出的减少而线性降低，在低负荷时空压机消耗的功率所占比例增大造成整个系统效率降低。

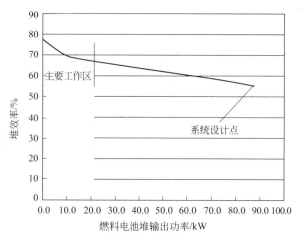

图 6-2 通用公司 2001 型燃料电池堆效率曲线

6.2 质子交换膜燃料电池的工作原理

燃料电池单体由三种基本组件构成：质子交换膜（两侧载有催化剂 Pt）、电极（兼气体扩散层）和流场板（双极板）。阳极和阴极被电解质膜隔开，电解质膜内载有固态酸电解质，电解质内具有自由氢离子 H^+（图 6-3）。

在 PEM 燃料电池里，固态酸电解质被水饱和，其中含有游离 H^+，因此能完成氢离子从阳极转移至阴极的任务，但电子是不能穿越电解质膜的。H^+ 也叫质子，因而有聚合物质子交换膜（PEM）这个名称。从图 6-3 可以看到，氢燃料流入靠近阳极侧的双极板流道内，氧则流入靠近阴极侧的流场板（双极板）流道内。

在阳极，氢分子首先会与电极表面的催化剂 Pt 接触，氢分子被分裂并键合在 Pt 表面，形成弱的 H-Pt 键。氢分子分裂后，氧化反应就发生，每一个氢原子释放其电子，此电子沿外电路运动，到达阴极（这种电子的流动即所谓的电流）。而剩下的氢离子黏附在膜表面的水分子上，形成水合氢离子。这些水合氢离子离开 Pt 催化剂，穿越膜材料到达阴极，Pt 催化剂又获得自由，可以接待下一批氢分子。

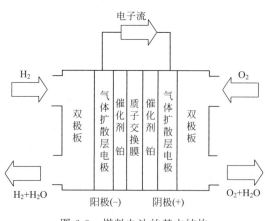

图 6-3 燃料电池的基本结构

在阴极，进入燃料电池的氧分子也是首先与电极表面的催化剂 Pt 接触，氧分子被分裂并键合在 Pt 表面，形成弱的 O—Pt 键，使得还原反应能够发生。然后每一个氧原子离开 Pt 催化剂，与来自外电路的两个电子和从膜穿过来的两个质子化合成一个水分子。至此氧化还原反应完成。阴极上的催化剂再一次获得自由，等待下一批氧分子的到来。

氢和氧在燃料电池里，同时发生两个"半反应"。一个是在阳极发生的氧化反应（失去电子），另一个是在阴极发生的还原反应（得到电子）。这两个反应构成了一个总的氧化-还原反应，反应生成物为水。

阳极反应
$$2H_2 \longrightarrow 4H^+ + 4e^- \tag{6-1}$$

阴极反应
$$O_2 + 4e^- + 4H^+ \longrightarrow 2H_2O \tag{6-2}$$

总反应
$$2H_2 + O_2 \longrightarrow 2H_2O \tag{6-3}$$

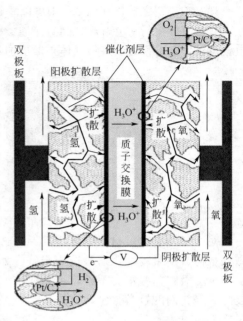

图 6-4　PEMFC 单体的原理示意图

式(6-1)发生的反应过程放出电子并产生氢离子 H^+，同时释放出能量。而在阴极式(6-2)中，氧气与来自阳极的电子以及来自电解质的 H^+ 形成水。要使这两个过程连续不断地发生，就必须使阳极产生的电子通过一条外电路到达阴极，同时 H^+ 也必须穿过电解质膜到阴极才能实现。图 6-4 是 PEMFC 单体的原理示意图。为了获得足够高的工作电压，需将多个燃料电池单体串联在一起，形成燃料电池堆。

6.3　膜电极

膜电极（Membrane Electrode Assembly，MEA）通常由电极（又称气体扩散层）、催化剂层、电解膜层等组成，见图 6-5。

阳极和阴极所采用的催化剂一般为 Pt，目前一般用量为 $0.2mg/cm^2$。为了获得很大的催化剂层表面积，可以通过采用某种技术将很细的 Pt 微粒固定在相对较大的炭粉粒子上（如通常使用美国 Cabot 公司牌号 XC72 炭黑粉，当炭黑粒子尺寸为 30nm 时，其每克重量的表面积为 $280m^2$；而当炭黑粒子尺寸为 15nm 时，其每克重量的表面积为 $1475m^2$）。炭粒子起到支撑 Pt 的作用。然后，通过某种技术将带有催化剂 Pt 的炭粒子添加一些聚四氟乙烯（目的是利用其疏水性，将产生的水驱赶到表面，以便蒸发），将它们固定在多孔性、导电性很好的炭纸或炭布上。这种多孔性材料保证气体能很好地扩散到催化剂处，这样便制成了电极（气体扩散层）。下一步是经过某种复杂的工艺过程将这种电极固定到电解膜的两侧，便制得膜电极（MEA）。

除了上述方法之外，还有一种制造膜电极的方法，这是一种直接在电解膜上建立电极的方法。将催化剂混入一定量的聚四氟乙烯，再将此混合物用滚压、喷洒或印刷等方法，附加到电解膜上，最后再将炭纸（或炭布）加在它的两侧，起到气体扩散层（电极）和保护催化剂薄层的作用。这个气体扩散层同样也起到双极板与"炭粒支撑催化剂"之间的电路连接的作用，以及把产生的水从电解质表面排出的作用。

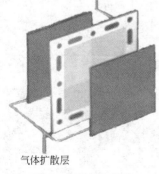

图 6-5　膜电极组成

还有需说明之处,在图 6-6 中可以看到电解质蔓延到整个催化剂外面,但并没有把它覆盖住,只是使催化剂和电解质之间直接连接接触,这样会显著地提高膜电极的性能,为此,在把电极热压到电解膜之前或将气体扩散层加到电解膜之前,可用熔融的电解质来刷一下即可。

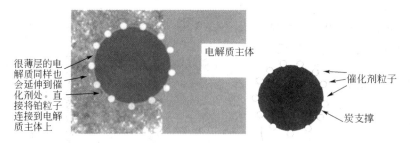

图 6-6 炭粒支撑催化剂及与电解质的接触

对于气体扩散层材料的选择问题,选用炭纸或炭布都是可以的。如果想把单个燃料电池做得很薄、很紧凑时,通常选用炭纸(如 Toray 牌子的炭纸用得很广),炭布较厚,而且多多少少会吸收一些水。不过,由于在装配双极板时,它们会填满小的间隙,因而可简化机械装配。但它们的轻微膨胀,会嵌入到双极板上气体扩散通道里去。如果这些通道做得很窄时影响就会很大。

6.3.1 聚合物电解质膜

在质子交换膜燃料电池里,电解膜使用的材料为聚合物。目前一般是采用 20 世纪 70 年代杜邦公司开发的 Nafion。Nafion 是由聚四氟乙烯(PTFE,商品名称 Teflon)链形成膜的骨架,及附在 Teflon 端部具有磺酸基团的侧链来组成。Nafion 的化学结构见图 6-7。从燃料电池使用的角度来看,Nafion 有如下特性:

① 很高的化学稳定性;
② 很高的机械强度,可以制成很薄的膜,$50\mu m$ 以下;
③ 呈酸性;
④ 能吸附大量的水;
⑤ 在这种材料里,氢离子能很自由地运动,有很好的离子导通性。

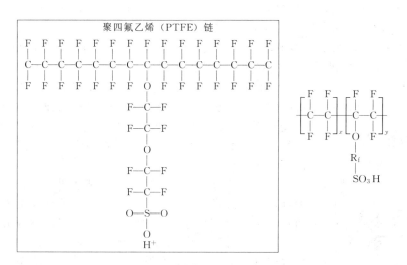

图 6-7 PEM 燃料电池膜的化学结构

聚合物电解质膜(PEM)通常制成一大张,两面覆有电极催化层,然后根据需要把它切成要求的尺寸，其厚度在 $50\sim175\mu m$ 之间。

如果对膜材料做仔细的观察会发现，如图 6-8 所示，好像交错盘在一起的面条一样的长分子链。这些长分子链上带有一簇簇磺酸侧链。这种材料有一种很有意思的特性，即尽管长分子链（聚四氟乙烯）是疏水性的，但磺酸侧链却是高度亲水性的。为了使膜能有效地导通带正电荷的氢离子，磺酸侧链必须大量地吸收水分。在这些含水的区域内，磺酸基团里的氢离子可以自由运动，以这种水合氢离子的形式，使氢离子能从膜的一侧转移到另一侧，而带负电荷的电子是不能通过膜的。这就是电解膜的工作原理。

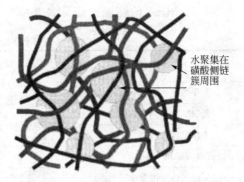

图 6-8　聚合物电解质膜的结构原理

图 6-9 为 PEMFC 单体和电解质膜的工作原理，其中 Teflon 链构成膜的骨架，环绕在磺酸侧链周围的含水区成为电解质。

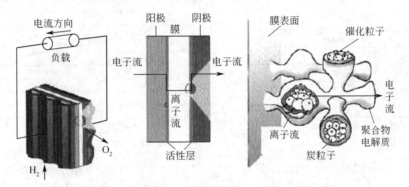

图 6-9　PEMFC 单体和电解质膜的工作原理

值得一提的是，Nafion 作为一种质子传导聚合物材料应用于质子交换膜燃料电池中，已有广泛的研究和使用。但是，Nafion 在低的相对湿度或高温下使用，离子传导性变差。工作温度只限于 100℃ 以下，一般使用不超过 80℃，否则膜就会脱水。由于现有的 Nafion 对于高湿度和低工作温度的要求，使得 PEM 燃料电池系统必须有复杂的水管理系统；同时低温下工作的燃料电池带来动力学反应缓慢，而与环境温度之差较小，必然造成需要复杂的热管理系统和体积很大的散热器。作为在车辆上应用的燃料电池，美国通用汽车公司曾对膜提出如下建议：工作温度大于 120～150℃；在此工作温度，膜应能在 25% 的相对湿度下工作。另外，高温膜还有利于使用含 CO 量较高的氢气。

针对高温膜的需求，人们或是对 Nafion 进行改进研究（例如，对其掺入固态氧化物或金属氧化物颗粒等），或是寻求和开发其他新的聚合物膜材料。今天 PEMEAS Fuel Cell Technologies 公司（Celanese 的子公司）已经首先向市场推出 Polybenzimidazole（聚苯并咪唑，PBI）聚合物高温膜及其 MEA，并在美国的 Plug Power 等公司的固定和便携式燃料电池上进行了试验，同时也正在开发用于汽车燃料电池的 MEA。

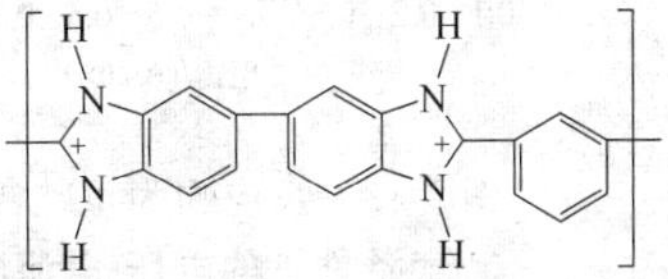

图 6-10　Celtec 膜的化学结构

原先这种 PBI 材料的商标名为 PBIGold®，在美国是作为防火服材料来使用。后来 PEMEAS Fuel Cell Technologies 公司的前身 Celanese Fuel cell 开发了一种用 PBI 来制造 PEM 燃料电池用的高温、耐久性好的 MEA 技术，其商品名叫 Celtec®。这种膜的化学结构见图 6-10。

CeltecMEA 的性能指标见表 6-6。

表 6-6　CeltecMEA 的性能指标

性　能	
	$0.2W/cm^2$ 在 $0.6V,180℃,0bar,H_2/air$ $0.13W/cm^2$ 在 $0.6V,180℃,0bar,reformate/air$
工作稳定性（长期试验）	>8000h
长期试验期间电压降	<6μV/h
工作温度	120~200℃
CO 容忍度	$>50000×10^{-6}$
反应气体加湿要求	不需要

注：$1bar=10^5Pa$。

CeltecMEA 对 CO 的容忍度见图 6-11。

反应物为氢/空气时的电压-电流曲线见图 6-12。

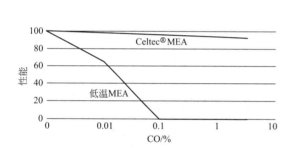

图 6-11　CeltecMEA 对 CO 的容忍度

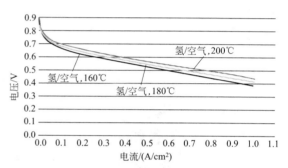

图 6-12　电压-电流曲线

使用 CeltecMEA 时反应物为重整氢气/空气条件下的电压-电流曲线见图 6-13。反应气体为氢时的寿命见图 6-14。

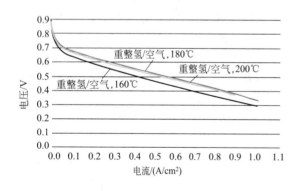

图 6-13　反应物为重整氢气/空气条件下的电压-电流曲线

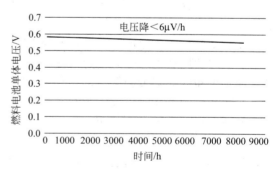

图 6-14　反应气体为氢时的寿命

另有文献报道说：掺有磷酸的 PBI 在温度为 200℃、相对湿度 RH 为 5%~10% 时，传导率为 0.06~0.08S/cm，但是在低温工作时传导率迅速降低，例如在温度为 80℃、相对湿度 RH 为 15%~30% 时，传导率降为 0.01~0.02S/cm。从汽车启动的观点看，这是一个问题。不过近来发表的数据表明低温传导性能已有极大改善。此外，在存在液态水的情况下，PBI 的稳定性需进一步观察。这个问题如能克服，则可望在汽车上得到应用。

6.3.2 电催化剂

6.3.2.1 Pt系催化剂

迄今为止，质子交换膜燃料电池所用的催化活性物质大都选用Pt类贵金属材料，将选定的催化活性组分担载在炭或其他类型载体上即可得到担载型电催化剂，实际应用中所使用的载体多为乙炔炭黑。催化剂制备方法主要有胶体Pt溶胶法、离子交换法、原位还原法等。其主要目标都是将活性金属的粒径范围控制在几个纳米的尺度内，固定在载体材料上，得到性能良好的电催化剂。Pt类催化剂具有较低的过电势和较高的催化活性，但非常容易发生CO类物质中毒等问题，重整氢气中的微量CO和甲醇氧化过程中产生的中间产物都会造成严重的催化剂中毒。另外，价格昂贵也是该类催化剂的一大弱点。因此，提高活性组分利用率和增强抗CO性能是质子交换膜型燃料电池用Pt系催化剂的两个研究重点。可通过改进制备条件和催化剂组成来达到目标，现有催化剂的制备技术已能将活性物质的担载量降到很低程度，因此更多的工作集中在提高抗CO能力的方向。

大量实验证明：粒径范围分布较窄，且具有高比表面积和良好分散性的二元或多元合金往往比单一金属具有更好的抗CO催化效能。在近30年的研究中，过电势较低的Pt-Ru合金一直被认为是性能最佳的二元抗CO电催化剂。关于其抗CO中毒的详细机理至今尚未形成定论。认同率较高的观点是Pt和Ru通过协同作用降低CO的氧化电势，从而减小它对催化剂的毒害作用（双功能机理）。还有一种有影响力的观点认为，Pt-Ru合金催化剂抗CO的原因是由于Ru加入Pt晶格后，使CO在催化剂表面的吸附状态有所改变，降低了吸附能，因而起到了活化吸附态CO的作用。但不论是哪种机理，对催化活性物质粒径大小的精细控制和催化剂在电极上的均匀分布都被认为是提高催化性能的必要条件。

6.3.2.2 非Pt催化剂

由于Pt系催化剂存在的某些固有的问题还不能完全解决，近年来，国内外质子交换膜燃料电池催化剂方面的研究逐渐产生多元化趋势，寻找廉价高效的非Pt类材料以替代Pt系催化剂成为该领域的一个重要发展方向。从目前的研究情况看，阴极非Pt催化剂可大体分为有机金属大环类化合物、掺杂金属氧化合物、相过渡金属硫化物等几种类型；阳极非Pt催化剂主要有钙掺杂型金属氧化物和金属碳化物、非Pt合金等类型。

有机金属大环类化合物是发现较早的一种非Pt催化剂，这类化合物中有些具有很好的活性与选择性，但稳定性仍不够令人满意。许多实验结果可以得到以下结论：大环结构前驱物并不是氧化还原反应催化活性产生的必要条件，只要有金属源、N源和C源，经过适当的热处理都能得到对ORR具有活性的催化剂。相过渡金属硫化物是正得到关注的一类耐甲醇非Pt催化剂，一些掺杂型过渡金属氧化物往往在碱性介质中对氧化还原反应（ORR）具有良好的电催化活性与选择性。某些经过修饰的无定形混合氧化物也对氧化还原等过程具有明显的催化能力。

6.3.2.3 载体材料研究

随着对质子交换膜类燃料电池催化剂研究的不断深入，催化剂载体的相关研究也逐步拓展到许多分支领域。研究表明：载体材料同催化物本身一样对催化剂性能的发挥具有不可忽视的重要作用，它不仅在结构组成与传质方面扮演了为活性物质提供巨大的比表面积和构建传质通道的角色，还能够以不可忽视的载体效应对主催化剂的性能产生明显的辅助作用。

炭载体价格低廉，在酸性环境中抗腐蚀，且具有合适的导电能力和高比表面积等特性，因此是质子交换膜类燃料电池催化剂载体的较佳选择。炭材料的巨大比表面积可以提高贵金属粒子的分散性；优良的结晶度能为电子传递提供很好的导电环境；多孔的内部结构能给反应物与产物提供良好的传质通道，因而它的引入可以达到降低 Pt 用量、提高催化剂有效利用率的目的。

自从 1991 年 Iijima 发现纳米碳管结构以来，新型纳米碳材料（纳米碳管、纳米碳线圈等）逐渐被引入电催化剂领域。这些新型材料与普通活性炭相比有很多优越之处：具有低电阻、高比表面积、高稳定性及奇特的微观结构等特性。许多研究者致力于在其表面沉积各种金属及合金，期望作为载体炭的替代材料，利用其纳米尺度效应和良好的导电能力获取更为优异的助催化性能。

针对炭粒子可能产生的自聚集现象（藏 Pt 现象），有研究者开始尝试将其他物质介入到炭载体中得到复合载体，再将催化活性粒子沉积在经过修饰的复合材料表面，以期提高载体与催化剂之间的作用力，并进一步减少单位面积上贵金属的载量，达到同时提高催化剂的活性和稳定性的目的。如 Anderson 等设计了一种具有三维纳米结构的 Pt/C-Silica 催化剂，实验采用 SiO_2 溶胶作为"纳米胶水"将 Pt 粒子均匀定位在介孔硅胶网状体系中，以此控制在催化剂制备及电池工作过程中发生的自聚集现象，这样得到的纳米结构复合基体兼具两种组分的特点，形成多孔、高比表面积、稳定的催化界面，有利于减轻粒子自身堆积造成的传质阻滞作用，同时也提高了催化剂有效利用率。

除了上述各类炭载体和复合载体外，由于能够在提高活性粒子分散性能的同时提高其抗 CO 能力，一些非炭类载体材料也得到广泛关注。可行的非炭类物质包括很多新型材料，有相当大一部分用于直接甲醇燃料电池催化剂的研究开发当中。氧化物基体是报道较多的一种类型，选用的载体材料主要包括 MoO_2 和 WO_3 等，高分散的 Pt 粒子沉积在这些物质表面大大提高了催化剂对 CO 的耐受能力，其作用机理为氢溢出-氧化过程。

虽然目前对质子交换膜燃料电池催化剂的研究很多，但除了 Pt 系催化剂外，绝大部分非 Pt 催化剂还暂时处在探索阶段，真正投入实际使用并且在性能上较 Pt 系催化剂有很大提高的还不多见，而 Pt 系催化剂的性能在应用中还存在很大的局限性。因此，在提高 Pt 系催化剂性能的同时，大力研究寻找性能更好的非 Pt 催化剂并探究其催化机理，对质子交换膜型燃料电池的发展具有重要意义。

在载体方面，载体效应对催化活性和稳定性的影响机理在国内外尚未形成完善的理论体系。改善载体上催化剂本体颗粒的固定化、有序化分布及提高催化剂对 CO 氧化选择性等方面还有待进一步深入研究。

6.4　双极板

上面已经提及单元燃料电池的工作电压一般只有 0.7V，因此，要保证正常使用，必须将它们串联起来。图 6-15(a) 是实现串联的最简单方法。特点是，每一个阳极的边缘连一导线到相邻燃料电池的阴极上，用这种方法连接，电子必须流经各电极面，才能到达两端集流板的边缘。但是，每个单燃料电池的工作电压大约为 0.7V，一个很小的电压降，都会使输出电压减少，除非导线和电极的导电性非常好，否则只有电流非常小时，才不会造成有影响的电压降，所以这种方法不实用。

采用双极板是实现燃料电池内部连接的好方法，双极板的两个侧面分别与相邻燃料电池的阴极和阳极接触，同时双极板还起到把氢送到阳极和把氧或空气送到阴极的作用，比较一下图 6-15(a) 和 (b) 所示结构，可以看到有了双极板之后，电流在整个电极表面流过，而不仅仅在边缘上。此外，电极也得到牢固支撑，整个结构更加坚固。但是，设计双极板不是一件简单的事。双极板

第6章 质子交换膜燃料电池

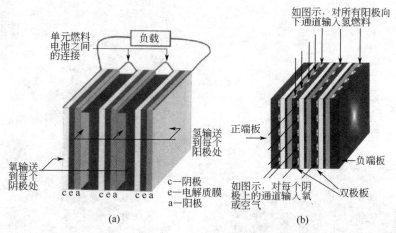

图 6-15 燃料电池单体的连接和双极板

是燃料电池中的一个关键组件,在燃料电池系统总成本中占有很大比重。一个设计和构思好的双极板,对燃料电池的尺寸、重量、成本、性能、效率有极大影响。它必须提供:

① 有极好的导电性,与电极有尽可能大的接触面;
② 保持反应气体相互隔离,没有泄漏;
③ 反应气体流动通道阻力要小,尽量减少功率消耗;
④ 均匀地将流态复杂的反应气体、水蒸气分布在电极表面;
⑤ 容易使空气从膜电极上带走反应产生的水和使水蒸发;
⑥ 必须保证燃料电池堆能很好地冷却;
⑦ 体积小,容易大量制造,大量生产时公差要求尽可能低。

图6-16是巴拉德系统公司所采用的结构,图中双极板的两侧面刻有流道,气体从双极板的一角流入,流经分布在侧面上的流道,使气体可与整个电极表面接触,然后流到板上相对的一角而排出。这种结构由于阴极、电解膜、阳极做在一起非常薄,燃料电池堆的体积主要由双极板决定,双极板越薄,电堆体积越小。双极板的材料可以采用石墨或其他材料,其上的沟槽和孔等可以用数控机床加工,也可用成形办法加工。

图6-17、图6-18是将单个燃料电池串联起来形成燃料电池堆的情况。图6-19为巴拉德公司的燃料电池堆。

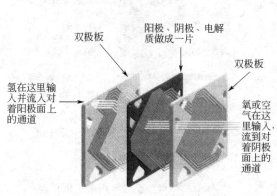

图 6-16 巴拉德系统公司所采用的双极板结构

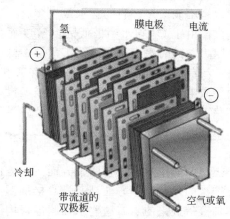

图 6-17 燃料电池单体串联起来形成燃料电池堆示意图

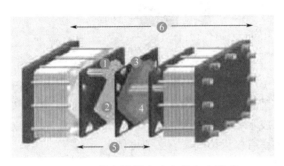

图 6-18 单个燃料电池串联起来形成燃料电池堆结构

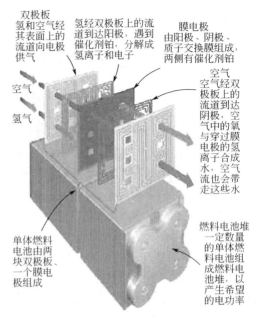

图 6-19 巴拉德公司的燃料电池堆

6.5 燃料电池的水管理和热管理

6.5.1 燃料电池的水管理

6.5.1.1 水管理的重要性

膜电极是质子交换膜燃料电池的核心部件之一，对 PEMFC 的输出功率、能量密度分布及工作寿命有决定性影响。提高膜电极性能的关键是在催化粒子的周围形成良好的质子、电子和气体通道，使膜具有一定的含水量以保证良好的质子传导性，否则膜会脱水皱缩甚至破裂而严重阻碍质子传导；同时水也不能太多，膜的含水量过多就会造成阴极水淹没。由于 O_2 在水中极低的溶解度而显著增加传质阻力，同时水会堵塞多孔扩散层中的孔隙严重阻碍 O_2 传输，使阴极 O_2 供应不足浓差极化增大，从而导致电池性能大幅度下降。阴极淹没是引起浓差极化的根本原因。探索电极淹没产生条件对改善燃料电池的工作性能极其重要。

6.5.1.2 水的迁移机理

燃料电池里的水来自两个方面。一方面是氢氧反应产生的水；另一方面是通过直接加湿或对反应气体加湿带进来的水。这些水在膜电极内的扩散运动也比较复杂，见图 6-20。

从图 6-20 的右上端开始：

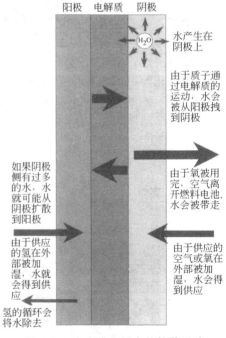

图 6-20 水在膜电极内的扩散运动

① 水产生在阴极上，其数量与电流大小成比例；

② 燃料电池工作时，氢离子从阳极穿移到阴极的过程中，会把水分子也拉过来，研究表明，典型的情况是一个质子会带过来 1～2.5 个水分子，这意味着电流越大，阳极侧会变得越干，而阴极侧的水合作用仍良好；

③ 当空气离开燃料电池时会将水带走，空气温度越高，带走的水越多；研究表明，当空气温度超过 60℃时，电极干燥的速度比水产生的速度快，因此通常要在空气、氢进入燃料电池之前，对它们进行加湿；

④ 如果阴极侧的水比阳极多，水就可能从阴极扩散到阳极；

⑤ 由于氢和氧的加湿，水会被带入燃料电池；

⑥ 由于没有参加反应的氢的循环利用，会带走一些水。

另一个值得注意的问题是，在整个电解膜上，水都应该均匀地分布。但是，实际上往往有的地方过干，有的地方水过多。例如，采用空气加湿方法时，空气刚进入燃料电池的地方比较湿。其中的一些地方湿度适中，在空气离开燃料电池的地方可能较干。

水产生的数量与电流成正比，水从外部带入的量与加湿有关。水蒸发的量也可以根据理论方法计算出来。这说明水的运动是可以预测和控制的。水管理的目的就是使燃料电池里的水在各方面都处于合适状态，使得燃料电池有最好的性能。

PEMFC 中的水是以气态和液态存在的，这取决于存在点的温度和压力，当水蒸气分压超过饱和蒸汽压时将转变为液态。水的来源包括：阴极电化学反应生成的水和反应气体带入的水，而阴极水还包括从阳极随质子迁移到阴极的水。反应生成的水一部分以蒸汽或冷凝水的形式由过剩的反应气从阴极气室排走，一部分通过膜传输到阳极或被膜吸收。

膜中的水含量主要取决于膜的水平衡，水分子在膜中迁移受四个驱动力的作用。

① 电渗力的拖动作用，质子从阳极迁移到阴极时，会携带一部分水分子。由于质子在膜中是以水合质子 $H^+(H_2O)_n$ ($n=1～2.5$) 的形式存在的，在质子迁移时，由于电渗作用必然要将水带到阴极。穿过膜的质子数愈多（即电流愈大），每个质子携带的水分子愈多（即电渗系数愈大），则随同质子从阳极迁至阴极的水愈多。因此，其迁移速率正比于电流密度和电渗系数。

② 阴极向阳极的反扩散作用，电渗作用使膜的阳极侧的水减少；由于电渗及水的生成，阴极侧的水将增加，从而阴极侧的膜表面上有更高的水含量。由于水在膜两侧的浓度差，水将穿过膜从阴极向阳极反扩散。扩散速率正比于浓度梯度。

③ 燃料气体或氧化剂气体中的水分子向膜中的扩散。

④ 阴阳两极间的压力梯度造成的水的渗透。

如果向阴阳两极方向运动的水速率相等，膜中水则处于水平衡状态；若不加以控制，就会失去水平衡，造成膜中含水量或多或少，影响电池运行及性能。

6.5.1.3　影响水平衡的主要因素

由上面水的迁移机理可以看出，凡是影响电渗、扩散、水补给等的因素都将影响水的平衡，即膜的湿度与放电电流密度、反应气的湿化程度、电池工作温度、反应气温度及反应气的流量有密切关系。

放电电流密度既影响水的生成量，又影响电渗。由电池的工作原理和反应的化学方程式也可以看出，质子交换膜燃料电池的产水量与工作电流呈线性关系，工作电流越大，电池的产水量越大。工作电流和电池的产水量之间有一一对应关系，并且由 Z. H. Wang 和 C. Y. Wang 的理论推理可以得到液体水出现的临界电流密度。PEMFC 的模拟及其试验分析表明：在电流密度不大的情况下，越过膜的水的净流量很低，膜很容易被加热的反应气吹干，出现干涸现象；随着电流密度的提高，产水量增加，电渗系数减小，电池内阻明显增大，导致电池工作电压急剧下降。

电池工作温度及反应气温度会影响水在气室的饱和蒸汽压，进而影响水的扩散和补给。温度对燃料电池的性能有重要影响。一般来说，高温时燃料电池的性能更稳定。影响电池性能的主要因素也会随着电池温度的不同而不同。燃料电池的工作温度极大地影响着电极处电化学反应活性、膜的湿化和传热传质等。温度升高会加快膜中水的蒸发，这会增加质子在膜中传输的阻力。对一般的膜材料来说，在湿度不变的情况下，质子传导率随着温度的升高而增加。反应气的湿化程度会影响扩散及水补给。试验表明，阳极增湿程度越大，阳极向阴极迁移的水越多，膜阳极侧水的含量越多，电流密度分布越均匀。在低电流密度的情况下，反应气中的水对电池性能的提高是有帮助的。但是，当电流密度升高后，阴极侧由于反应本身会生成水，再加上从阳极电渗过来的水，容易造成过多的水聚集在阴极造成阴极电极淹没。

反应气的流量也是影响水平衡的主要因素。当大的气流量通过时，电极入口处的质子交换膜会被吹干，造成电池的内阻大幅度上升甚至难以工作。但无论是电流密度、工作温度还是湿化程度，对水平衡的影响都不是独立的，而实际工作条件最终决定燃料电池中的水平衡状况。

6.5.1.4 燃料电池水管理方法

在实际工作状态下，随着放电电流的增加，从阴极侧迁向阳极侧的水量总是小于从阳极侧迁向阴极侧的水量，从而导致膜的阳极侧脱水，使膜中水失去平衡。为了建立新的水平衡，必须进行有效的水管理。目前，通常采用调节反应气的湿度，改进电池构造，改进MEA结构，优化电池内部传质过程，改进流场分布，强化传质等，从而实现有效的水管理。

（1）调节反应气的湿度

水管理能确保聚合物电解质膜维持在最佳的水合状态，以获得高的传导性和好的运行特性。在目前的设计中，PEMFC膜的饱和状态是通过加湿反应气体来维持的。为了防止PEMFC中阳极侧的膜脱水，通常设法增加阳极反应气的湿度。但当氧化剂为空气时，为了获得同样的氧需要大得多的气体流速。这种高流速的干燥气体使阴极气室保持很低的水分压，使得从阳极到阴极的水净迁移量大大增加，使膜在阳极侧脱水更为严重。因此以空气为氧化剂时，阴极的空气也必须加湿。

反应气体的增湿方式一般采用外增湿法和内增湿法。外增湿技术是指反应气体在进入燃料电池系统前先通过外部附加装置进行加湿。通常所用的外增湿技术有升温增湿、蒸汽注射增湿、循环增湿和直接液态水注射增湿四种不同的增湿方式。升温增湿的外部附加装置是一加湿器。这种方式对膜电极的增湿程度完全依赖于外加湿器的温度。通常要求加湿器的温度比电池的工作温度高10～15℃，以便将更多的水带入燃料电池。外部加湿适用于低气流流量（低功率），对于大的气体流量，为了确保气体与水的充分接触，会使系统复杂。

内增湿技术是指采用渗透膜对反应气体进行加湿，即膜的一侧通入热水，另一侧通入被增湿的气体，依靠膜的阻气特性与水在膜内的浓差扩散实现增湿。还有一种内增湿法是采用一种新型的双极板，置于阴阳电极的两端，依靠势能，充分利用反应气体的压力来增湿。内部加湿法用电池本身生成的热来加热水并使之蒸发，不必设置单独的加热装置，减少了系统的外部辅助设备，但不管是膜增湿器还是新型的双极板，都增大了电池本体尺寸和重量。

（2）改进电池内部结构

通过改进电池内部结构来增湿的技术，目前主要集中在新型结构极板的设计和MEA结构的优化两个方面。

目前新型结构极板的设计有两种。一种是采用多孔的炭极板来代替传统的刻有导流道的极板。这种炭极板具有足够高的孔隙率，可以保证反应气体的运输通道，使之顺利到达催化层。同时，由于炭极板中具有大量的微孔，电池反应生成的水可部分滞留在这些微孔中，用于质子交换膜的增湿。由于炭极板的这些特性，为了使电池在室温条件下快速启动，可以在电池反应前向炭极板中注入适量的水。这种炭极板除了具有增湿作用外，对电池的热交换也能起到一定作用。另一种是采用封闭式流道，反应气体靠强制对流到达催化层，流道中的水分一部分随着强制气流产生的剪切力被气体带走，另一部分渗透到膜电极中用于膜的增湿。

膜电极制造工艺的改进是质子交换膜燃料电池性能提高的关键因素之一。通过改进电极结构和流场结构可以加速水的排出，减少阴极淹没现象的发生。通常采用较薄的膜，可以使阴极侧生成的水向阳极侧的反扩散增大，防止阳极侧膜失水变干。但膜太薄会使反应气体更易交叉扩散，从而影响电池的性能和造成反应物的损耗，同时由于 MEA 结构的强度问题，还会使电池的寿命缩短。现在通过改变膜的组成来改善膜内的水含量（即自增湿膜），成为各燃料电池科研单位研究的热点。比如 Pt-PEM 膜，即将纳米级的 Pt 微粒散布在质子交换膜中，使催化膜中漏过的 O_2 和 H_2 在膜内部生成水，从而对膜进行加湿。

6.5.2 燃料电池的热管理

燃料电池中约有 40%～50%的能量耗散为热能，从而使电池温度升高，电解质膜脱水、收缩甚至破裂，因此，燃料电池中的热管理问题（即能量平衡问题）也是影响电池性能的关键因素之一。

燃料电池中的热量来源有四个，它们是：
① 由于电池的不可逆性而产生的化学反应热；
② 由于欧姆极化而产生的焦耳热；
③ 加湿气体带入的热量；
④ 吸收环境辐射热量。

其中，由于电池的不可逆性产生的废热的比例能占到转化的化学能的 60%甚至更多。燃料电池电堆中产生的废热可以表示为

$$Q_{\text{waste}} = niA(V_{\text{ocv}} - V_c) \tag{6-4}$$

式中，n 表示单电池的数量；i 是电流密度；A 是有效的反应面积；V_{ocv} 是电池的理论开路电压；V_c 是电池的实际工作电压。为了不使产生的废热造成电池的过热而影响电池的性能及各个电池部件的安全运行和寿命，必须采用有效的散热方式及时地排除这些热量。通常，燃料电池的尾气带走一部分热量，在电池外表面由自然对流带走一部分热量，但这两种方式所带走的热量只占总废热量的一小部分，达不到除热的预期效果。

通常，功率在 200W 以下的燃料电池可利用供应给阴极的空气来冷却，功率在 250W～2.5kW 的燃料电池，如果还用空气来冷却，双极板上要做出专用的冷却通道，见图 6-21。

采用风冷虽然简单，但对于功率较大的燃料电池，就很难保证整个燃料电池冷却到相同的温度。而且空气流量要加大，为了减少空气流动阻力，空气通道也相应增大，使燃料电池堆的尺寸增加。这种情况下，采用水冷就比风冷好。采用水冷方案时，双极板上也需有水流通道，但往往并不需要每一块双极板上都有，取决于具体的结构。

PEMFC 的排热方法一般是在电堆内部采用表面加工有槽道的冷却板。选用冷却介质时要考虑很多因素，除了要有良好的传热特性之外，还应具有优良的材料相容性（特别是对燃料电池所使用的密封胶）和介电特性（防止泄漏后可能对电气性能的破坏）。水是目前普遍应用的冷却工质。为了进一步提高冷却效果，应用沸点较低的有机介质可能是一种有竞争性的技术。此外，合理的冷却通道排列方式，合理的冷却流体的流动条件和各流道中流量分配的均匀性，也是提高整个燃料电池冷却系统效率的有效途径。由于质子交换膜燃料电池和运行环境间较小的温差，通常要求用强迫对流冷却，为此需要将冷却剂用泵送到各冷却通道，

增加了系统的复杂性和成本,还降低了系统效率。因此,其他热管理方式也在寻求中。电池温度对电池的热管理也起重要作用。在电池堆中,温度升高会增加水的蒸发,有利于堆的冷却。但燃料电池中的温度分布并不均匀(如图6-22所示,图中的方框内为电池的反应面积,数字表示的是温度,单位为℃),局部温度过高又会使电池性能恶化并影响电流密度分布的均匀性。合适的温度分布对燃料电池的高效安全运行是非常重要的。

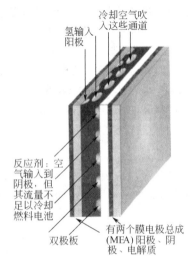
图 6-21 双极板上专用的冷却通道

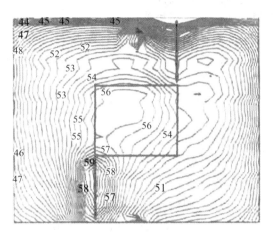
图 6-22 阳极温度为 74℃ 时电池阴极外表面温度分布

另外,也可通过测量燃料电池内微通道方向上的局部温度和局部热流分布来确定局部换热系数,并在实测数据的基础上分析其对流传热的规律,同时寻求在压力损失增加不多的条件下进一步强化传热的技术途径,来达到燃料电池有效的热管理。但对 PEMFC 阴极与阳极通道内的多相流局部换热系数的实测,在国际上还是空白,这也是 PEMFC 未来研究的重要方向之一。

6.6 增压式燃料电池和常压式燃料电池

理论分析得知,在燃料电池里,分压为 P_H 的 1mol H_2 与分压为 P_O 的 1/2mol O_2,产生分压为 P_{H_2O} 的 1mol H_2O 水时,能够得到的开路电压 E 为:

$$E = E^0 + (RT/2F)\ln(P_H P_O / P_{H_2O}) \qquad (6-5)$$

式中 R——气体常数,$R = 8.314 J/(K \cdot mol)$;

T——温度;

F——法拉第常数,$F = 96485 C/mol$。

式(6-5)称能斯特等式(Nernst equation)。由此式可知,提高反应气体氢和氧的分压可使电压提高。类似内燃机系统通过采用排气涡轮增压来提高发动机的功率密度,燃料电池系统也可通过提高反应气体压力的方法来增加它的功率密度。这种燃料电池系统称为增压式燃料电池系统。而反应气体的压力大约为1个大气压的燃料电池系统称为常压式燃料电池系统。下面分别加以介绍。

6.6.1 增压式燃料电池

图 6-23 是一种增压式燃料电池系统示意图。图中质子交换膜燃料电池堆有两个进口和

两个出口，分别与氢回路（阳极）、空气回路（阴极）相连接。来自储氢罐的氢经调压阀、射流泵进入阳极入口 In1，图示系统对氢采取过量供应，从阳极出口 Out1 排出的氢又重回到射流泵，实现氢的循环回收。射流泵的结构见图 6-24。

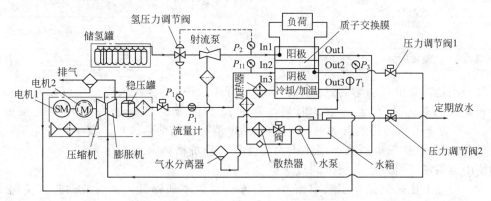

图 6-23　燃料电池系统示意图

图 6-23 中的压缩机与膨胀机安装在同一根传动轴上，燃料电池启动时，压缩机由电机 1 驱动（由启动电池供电），压缩机将空气经稳压罐压入阴极入口 In2。燃料电池启动后，压缩机转换为由燃料电池供电的电机 2 驱动，电机 2 比电机 1 功率大、电压高。通过控制电机 2 的转速调节空气流量，以满足空气过量系数 λ 和功率需求。

应该注意，空气中氮含量约占 80%。在对空气进行压缩时，大部分压缩功率（压缩功率与空气质量流量和压力成正比）消耗在不参与反应的氮气上，空气过量系数 λ 取得越大，压缩机消耗功率越大，燃料电池输出的净功率减小，效率降低。为了提高燃料电池系统的效率，除了根据燃料电池工作条件来合理优选 λ 值外，还使阴极出口 Out2 排出的气体进入膨胀机进口，利用排出气体中的剩余能量借膨胀机来驱动压缩机，实现能量回收。膨胀机排出的气体经气水分离器排入大气。

在增压式燃料电池系统里压缩机是十分关键的部件。可以选用的压缩机类型很多，有双螺杆式、罗茨转子式、叶片式等。为了提高系统效率，将压缩机和膨胀机组合使用，在完成压缩空气的同时实现回收排气中的能量，降低功率消耗。"压缩-膨胀机"系统要求动态响应时间快、尺寸紧凑、重量轻、成本低。

图 6-25 是美国科罗拉多州 Vairex 公司在美国能源部资助下，专为 PEM 燃料电池研发的"压缩-膨胀机"系统样机外形。设计者将压缩-膨胀机-电机/控制器集成为一体，称为 ICEM（Integrated Compressor Expander Motor/Controller），这里列出其主要参数以供参考，见表 6-7。

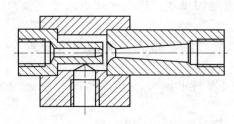

图 6-24　回收氢气的射流泵

图 6-25　Vairex 公司的压缩-膨胀机样机外形

表 6-7 Vairex 公司的压缩-膨胀机系统特性参数

系统特性参数	性能指标	系统特性参数	性能指标
工作压力	标准:0.1~0.35MPa 最大:0.5MPa	适用功率范围	40~80kW
消耗功率	0.32MPa、80g/s 时,3~5kW 0.2MPa、7g/s 时,500W	外形尺寸/mm	330×330×540
流量响应速度	流量从 30%~90%,≤500ms	重量/kg	40

空气加压是需要消耗功率的（这个功率叫做寄生功率），尽管人们在空气出口这一侧装一台膨胀器来回收一点膨胀功率。但是，即使技术优秀的巴拉德公司开发的系统，在 0.3MPa 的压力下工作时仍然有大约 20% 的总功率消耗在辅助系统里，其中主要是消耗在空气压缩机上。压缩/膨胀机系统不仅体积大而复杂，且价格高。为了尽量减少寄生功率，压缩机的使用也限制了可以进入阴极的过量空气总量。

所以，通过增压虽然提高了功率密度，但系统总效率却降低。针对此缺点，美国 UTC 公司开发了常压式燃料电池。该系统的寄生功率仅为燃料电池发出功率的 5% 左右。图 6-26 为这两种燃料电池的系统结构比较。

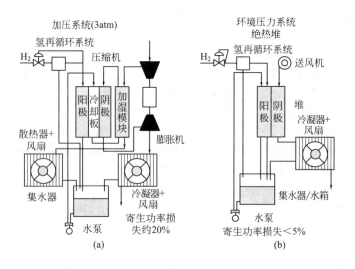

图 6-26 增压式和常压式燃料电池结构比较

6.6.2 常压式燃料电池

常压式燃料电池有以下特点：

① 阳极处直接用液态水对膜加湿，保证电解膜充分含水；

② 阴极处供应近似常压式的空气，寄生功率损失小、系统效率高，见图 6-27；

③ 对阴极供应的是不加湿的空气流，系统不需要加湿模块，流道中液态水量很少，所以压力降很低，一般小于 152mmH$_2$O；

④ 为了去除阴极处生成的水，供应给阴极的空气流量很大，所以不会积累大量的水；

⑤ 通过直接蒸发流场中进入反应气体里的水使燃料电池堆冷却，使冷却系统大大简化；

⑥ 由于是低压系统，堆与系统的密封、管接头、管道等容易处理。

常压式燃料电池系统的基本结构如图 6-28 所示。

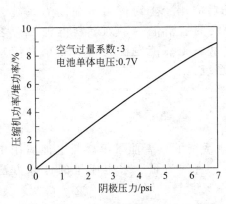

图 6-27 空压机功率与堆功率之比值与阴极压力的关系（1psi=6894.76Pa）

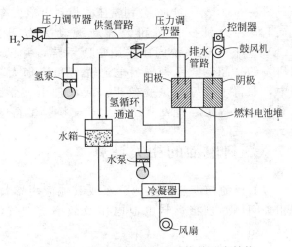

图 6-28 常压式燃料电池系统的基本结构

系统中的膜片式水泵将水送到阳极的水道里，以便对电解质膜直接用液态水加湿，从理论上讲，供应的水流量只需等于蒸发所需流量，但为了保持连续流动并除去气泡，可使水微微地循环。为了维持阳极处双极板上水通道的压力略高于氢通道内的压力，防止水被氢替代，在出水管路上设有一只背压阀，使电堆内水压力大于氢管路中的压力。从图6-28中可以看到有一条氢循环通道，氢从电堆出来后首先要经过水箱，然后经装在通道上的膜片式泵回到阳极进口。膜片式泵用来冲刷氢流道里的水冷凝物，否则堆内有的地方可能会缺乏要参与反应的氢。如果系统较大，也可采用巴拉德公司提出的办法（见专利U.S. Pat. No. 5441821），利用喷射泵来使氢循环，这种方法可利用压缩氢本身所含的能量。

美国UTC公司已开始批量生产常压式燃料电池系统，并已成功地用于由ThunderPower公司制造的大客车上。该车采用压缩氢气、燃料电池和蓄电池混合动力方式，燃料电池向驱动电机供电，同时也向车上的蓄电池组充电。当车辆需要峰值功率时，燃料电池和蓄电池同时供电。燃料经济性相当于每升汽油行驶3～4.7km，是传统大客车的两倍。有消息报道，2002年11月14日这辆大客车已投入客运服务，由太阳线（Sunline）运输公司运营。2002年11月18～21日，这部大客车曾用来运送在Palm-Springs会议中心举行的燃料电池讨论会的参加者。UTC公司的常压式燃料电池系统的主要技术参数如下：

图 6-29 装有UTC公司常压式燃料电池的大客车

① 功率　40kW（连续），75kW（峰值）；
② 效率　大于50%；
③ 冷启动时间　20s（0℃带冰水注入流道）；
④ 体积　1m³；
⑤ 重量　<400kg；
⑥ 辅助系统功率消耗　<5%。

图 6-29 为装有 UTC 公司常压式燃料电池大客车的外形。

上海神力科技公司和大连新源动力有限公司及中科院大连化物所研发的 40～120kW 燃料电池系统同样采用常压系统，并已经成功应用于上海燃料电池动力系统公司研发的"超越"系列燃料电池轿车和清华大学开发的"清能"系列燃料电池城市客车中，取得了良好的试验效果。武汉理工大学、北京飞驰绿能电源公司、北京世纪富源有限公司等也在开发常压型质子交换膜燃料电池系统。

6.7 燃料电池的相关计算

为了帮助初涉燃料电池汽车或其他应用燃料电池系统的读者能了解燃料电池应用中的相关问题，现将燃料电池电压及效率、空气流量、氢气流量、水生成量的计算方法加以介绍。

6.7.1 燃料电池单体的电压及效率的计算

每产生一个分子的水，要用掉一个氢分子，而且有两个电子从外电路通过，1mol 氢分子在燃料电池里参与反应时，流过外电路的电荷量为 $-2F$。令燃料电池单体的电动势为 E，则推动这些电荷通过外电路所做的电功为 $-2EF$。

根据热力学第二定律，氢反应的总能量不可能百分之百都用来做有用功，总有一部分不能被有效地利用。对于一个恒温、恒压的化学过程，可以用来做最大有用功的那部分能量，叫做"吉布斯自由能 G"，因此系统在某一状态时有：

$$G = H - TS \tag{6-6}$$

也就是说，系统总焓（总能量 H）减去"不能转换为有用功的那部分能 TS"就等于吉布斯自由能 G。TS 又叫做束缚能，代表了不能转换成有用功的那部分能量，T 是绝对温度，S 叫熵，其大小反映了系统内部粒子运动的混乱程度。

系统从一个状态变化到另一状态时，吉布斯自由能的变化值 ΔG 由下式给出：

$$\Delta G = \Delta H - T\Delta S \tag{6-7}$$

在标准状态下（压力 0.103MPa 和温度 20℃），吉布斯自由能的变化用 ΔG^0 表示。

燃料电池是一种可以把氢和氧化学反应直接转换成电能的能量转换装置，但在燃料电池里，这种能量转换是以电和热两种形式同时出现。根据热力学第二定律，如果整个化学反应都是在标准状态下进行，则通过化学反应：

$$H_2 + 1/2O_2 \Longrightarrow H_2O \tag{6-8}$$

生成液态水时，吉布斯自由能的变化值为：

$$\Delta G = -237\text{kJ/mol}（生成气态水时其值为 -228.74\text{kJ/mol}）$$

假设在等温、等压条件下，氢和氧在燃料电池的环境里，该化学反应的吉布斯自由能的变化值全部做电功，则可以得到的最大电能为：

$$W_{el} = -\Delta G^0 = -2FE \tag{6-9}$$

如果在标准状态下，吉布斯自由能的变化值全部转换为电功时，其最大电动势为：

$$E^0 = -\Delta G^0/2F = 1.23\text{V} \tag{6-10}$$

氢气和氧气生成水的反应是放热反应。在标准状态下，每形成 1mol 水，可释放 286kJ 的化学反应热。而氢燃料电池在标准状态下做功时，可得到相当于该反应吉布斯自由能变化的电功为 -237kJ/mol。该反应的吉布斯自由能变化是温度的减函数。

对于在不同温度下，该反应的吉布斯自由能变化数值见表 6-8。

表 6-8 吉布斯自由能变化数值

水的形式	温度/℃	ΔG/(kJ/mol)	电动势/V	最大效率/%
液态	25	-237.2	1.23	83
液态	80	-228.2	1.18	80
气态	100	-225.3	1.17	79
气态	200	-220.4	1.14	77
气态	400	-210.3	1.09	74
气态	600	-199.6	1.04	70
气态	800	-188.6	0.98	66
气态	1000	-177.4	0.92	62

注：ΔG 为负值，表示向系统外做功。

氢燃料在氧中完全燃烧所释放的全部能量，通常可用氢的热值来表示：氢氧燃烧生成水蒸气时，其热值 Δh 为 -241.83 kJ/mol，称低热值 LHV；氢氧燃烧生成水时，其热值 Δh 为 -285.84 kJ/mol，称高热值 HHV。

欧洲通常采用低热值 LHV，美国则常用高热值 HHV。

在热力学中氢燃烧所释放的能量用水的生成热 ΔH^0 表示，为在标准状态下生成 1mol 气态水所释放的能量，其数值与氢的高热值相当。

如果氢燃烧所释放的热量可全部用来做电功（即效率 100%），其相应的电动势为：

对 LHV 气态，$E=1.25$ V；

对 HHV 液态，$E=1.48$ V。

根据吉布斯自由能理论，氢燃烧所释放的全部能量中，总有一部分能量不能转换成有用功，所以氢所含的能量不可能 100% 用来做电功，因此，只有相当于吉布斯自由能变化的这一部分有可能转化为电功，因而，可得到燃料电池可能的最大效率为氢燃烧反应的吉布斯自由能变化与水生成热之比，即：

$$燃料电池可能的最大效率 = \Delta G^0/\Delta H^0 = -237.2/-285.84 = 0.83$$

在标准状态下燃料电池的最大效率是 83%。当电池的工作温度大约为 80℃ 时，最大电动势为 1.18V，最大效率为 80%。

燃料电池的电压反映了电池效率，电压越低，效率也越低。除温度外，还有许多因素会使电压进一步降低。

为了使燃料电池可与其他热机比较，则燃料电池的效率采用如下定义：

$$燃料电池的效率 = 每摩尔燃料产生的电功/每摩尔燃料燃烧释放的热 \Delta h$$

在知道燃料电池单体电压 V_d 时，由于 1.48V 相应为 100% 的系统效率（在产生的水为气态时，用 1.25V 来代替 1.48V），故也可以用下式计算：

$$燃料电池单体效率 \eta = V_d/1.48 \times 100\% \tag{6-11}$$

$$燃料电池单体效率 \eta = V_d/1.25 \times 100\% \tag{6-12}$$

进一步再考虑输入给燃料电池的燃料不会全部反应掉，引入系数：

$$\mu = 反应掉的燃料质量/输入的燃料质量$$

则效率为：

$$燃料电池效率 \eta = \mu V_d/1.48 \times 100\% \tag{6-13}$$

由此可知，只要测得燃料电池单体的电压，就可估出其相应的效率。

引起燃料电池单体电压降低的主要损失有以下几个方面。

(1) 活化损失

活化损失，是由于引发反应必须要克服一定的能量壁垒造成的，这也是需要催化剂的原因。催化剂越好,反应的活化能就越低。Pt是一种很好的催化剂,但是为了得到更好的催化材料,正在进行许多研究。限制燃料电池提高功率密度的因素是反应发生速度,阴极反应(还原反应)大约要比阳极上发生的反应速度慢100倍。因此,阴极反应速度是限制提高功率密度的主要原因。

(2) 燃料穿越与内部泄漏

燃料直接穿过电解质,从阳极到阴极,导致内部泄漏没有参与反应,从而减少了燃料电池的效率。

(3) 欧姆损失

燃料电池内各个组件的电阻合在一起,产生了欧姆损失。这里包括电极材料的电阻、电解质膜的电阻以及各种内部连接的电阻。

(4) 浓度损失(又称水体转移)

由于电极上氢气和氧气浓度的减少而造成的损失称浓度损失。反应过程进行中,必须立即有新的气体,不断地扩散到催化剂处,但是,特别是在高电流下,阴极上积有大量的水,氧的扩散速度跟不上氧化速度的需要,使催化剂表面的氧浓度降低,限制了氧化反应的进行,因此,及时地将水除去非常重要,水体转移这个术语就是这么来的。

图6-30给出典型的PEM燃料电池单体性能曲线,这里横坐标使用的是电流密度,即单位面积上的电流,这样便于对不同大小的燃料电池进行比较。从图6-30中可以看到,即使在开路状态下,电压也是小于无损失电压值(理想电动势)的,电流在零点附近。由于活化极化损失占主要地位,电压迅速降低,随着电流增大,电压缓慢下降,电压与电流近似呈线性关系。这一阶段主要是欧姆损失起作用,在大电流下电压又迅速降低,这时浓度损失起主要作用。

这里还需指出,燃料电池堆系统与燃料电池单体的效率是不同的。燃料电池堆系统是指燃料电池堆再加上水、空气、热等辅助管理系统,这些辅助系统有的要靠燃料电池供电,而且自身也有效率问题,所以燃料电池堆系统的效率比燃料电池单体的效率低,而且形状也不一样。如图6-31所示。

由于空气供应系统——空压机的功率不随负荷的减少而线性降低,在低负荷时空压机消耗的功率所占比例增大以及水、热管理系统的影响,造成整个系统效率降低。因此,减少空气供应系统和水管理系统的功率消耗就很重要,通过提高空气供应压力固然对减小燃料电池体积有一定好处,但也带来了效率低的问题。

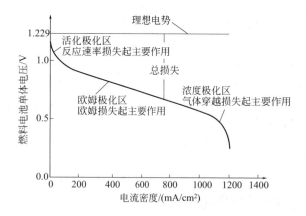

图6-30 典型的PEM燃料电池单体性能曲线

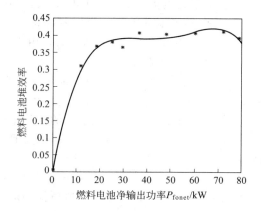

图6-31 某72kW燃料电池系统净输出功率-效率拟合曲线

6.7.2 空气流量计算

根据燃料电池的工作原理阴极反应式(6-2)可知,对一个氧分子要配 4 个电子才能完成反应,故氧分子数目与相应的电子电荷量的关系有:

$$Q_q = 4FN_o \tag{6-14}$$

式中 Q_q——电荷量;
N_o——氧气的摩尔数。

式(6-14)被时间 t 除,重新整理得燃料电池单体的氧气摩尔流量

$$Q_{od} = I/4F \tag{6-15}$$

式中 Q_{od}——氧气摩尔流量,mol/s;
I——电流,A。

对于由 n 个燃料电池单体组成的堆而言,所需氧气的摩尔流量 Q_{on} 为:

$$Q_{on} = In/4F \tag{6-16}$$

另一方面,对于燃料电池堆系统,通常给出的是系统的功率 P 和电压 V,由于燃料电池单体串联连接,$V = V_d n$,故

$$P = V_d n I$$

所以

$$I = P/(V_d n) \tag{6-17}$$

由式(6-16)、式(6-17)得

$$Q_{on} = P/(4V_d F) \quad (\text{mol/s}) \tag{6-18}$$

氧气的质量流量 Q_{om} 为:

$$Q_{om} = 32 \times 10^{-3} P/(4V_d F)$$
$$= 8.29 \times 10^{-8} P/V_d \quad (\text{kg/s}) \tag{6-19}$$

当给出了燃料电池系统的功率后,可由此式得出所需的氧气流量,不过计算时尚需知道燃料电池单体电压 V_d。如果没有给出,可近似采用 0.65V 来计算。

为了算出所需的空气流量,则要对式(6-19)进行修正,考虑到氧在空气中只占 21%,以及空气的摩尔质量为 28.97×10^{-3} kg/mol,因此式(6-19)变为:

$$Q_{am} = 28.97 \times 10^{-3} P/(0.21 \times 4 V_d F)$$
$$= 3.57 \times 10^{-7} P/V_d \quad (\text{kg/s}) \tag{6-20}$$

实际上为了保证化学反应充分进行,实际供应的空气流量是理论所需的空气流量的 λ 倍(λ 称为空气过量系数,通常其值在 1.2~3.0 之间,大多数情况取 2.0),则所需供应的空气流量为:

$$Q_{am} = 3.57 \times 10^{-7} \lambda P/V_d \quad (\text{kg/s}) \tag{6-21}$$

例:若有一车用燃料电池堆,其功率为 260kW,如取空气过量系数 $\lambda = 2$,$V_d = 0.62V$,则所需空气流量。根据式(6-21)为

$$Q_{am} = 3.57 \times 10^{-7} \times 2 \times 260000/0.62 = 0.3 \text{kg/s}$$

值得一提的是,车辆用燃料电池系统应能根据路况变化调节其输出功率。调节输入至燃料电池的空气流量,就可以调节燃料电池输出的功率,为此,燃料电池系统里需设置可调节输出流速的空气压缩机或送风机。如果燃料电池的控制系统能保证单体燃料电池电压恒定,则燃料电池输出功率大小仅取决于输入的空气流量。

6.7.3 氢气流量

从式(6-1)可以看到,在 PEM 燃料电池里,为了完成反应,在阳极每个氢分子可以给出两个电子,因此,对于有 n 个单体燃料电池的堆,需要氢气的摩尔流量 Q_h 为:

$$Q_h = In/2F \quad \text{或} \quad Q_h = P/(2FV_d) \quad (\text{mol/s}) \tag{6-22}$$

因为氢的摩尔质量是 $2.02 \times 10^{-3} \text{kg/mol}$，故氢气的质量流量 Q_{hm} 为：

$$Q_{hm} = 2.02 \times 10^{-3} P/(2FV_d) \quad (\text{kg/s}) \tag{6-23}$$

例：有一只 50kW 的燃料电池，其燃料电池单体电压为 0.7V 时，工作 1h 消耗多少氢？

$$Q_{hm} = 2.02 \times 10^{-3} P/(2FV_d)$$
$$= 2.02 \times 10^{-3} \times 50000/(2 \times 96485 \times 0.7) = 2.69 \text{kg/h}$$

6.7.4 水的生成量计算

对于 PEM 燃料电池，产生一个水分子要有两个电子，故水的摩尔流量 Q_w 为：

$$Q_w = P/(2FV_d) \quad (\text{mol/s}) \tag{6-24}$$

水的摩尔质量是 $18.02 \times 10^{-8} \text{kg/mol}$，故水的质量流量 Q_{wm}：

$$Q_{wm} = 9.34 \times 10^{-8} P/V_d \quad (\text{kg/s}) \tag{6-25}$$

例：燃料电池的功率为 1kW，其单元电压为 0.7V 时，效率为 47%，工作 1h 产生多少水？

$$\text{水生成量} = 9.34 \times 10^{-8} \times 1000/0.7 = 1.33 \times 10^{-4} \text{kg/s}$$

1h 产生的水质量为：

$$\text{水质量} = 1.33 \times 10^{-4} \times 60 \times 60 = 0.48 \text{kg}$$

6.8 燃料电池技术的发展

国家在"十二五"（863 计划）现代交通技术领域电动汽车关键技术与系统集成（一期）重大项目课题申请指南中，对燃料电池及其相关技术提出了 4 项攻关课题，表达了车用燃料电池技术的发展方向。

6.8.1 面向示范和产品验证的燃料电池系统开发

（1）研究目标

推进燃料电池的工程实用化，建立材料与部件小批量生产线，提升性能，降低成本；改进系统部件与控制策略，提高系统可靠性与耐久性，为燃料电池汽车示范运行提供可靠的车用燃料电池系统。

（2）主要研究内容

通过小批量生产线的建立及制造设备的更新改造，改善电堆的一致性，提高电堆的功率密度；开发长寿命、高可靠性燃料电池系统，优化改进系统部件与控制策略；建立燃料电池系统部件、短堆、电堆、全系统寿命考核平台，创建有效的快速评价方法与测试装置，进行衰减机理与故障解析，提出提高耐久性与可靠性的系统解决方案。

（3）主要考核指标

① 电堆质量比功率≥1000W/kg；额定功率下的系统效率≥45%～50%；寿命（平均电压衰减率≤20%）≥3000h。

② 系统功率密度、环境适应性与可靠性等满足动力系统与整车集成的要求。

6.8.2 下一代燃料电池系统研究与开发

（1）研究目标

开展下一代车用燃料电池先进材料的研究，完成新材料体系下燃料电池电堆与系统集成的科技创新，建立新一代车用燃料电池系统，大幅提升燃料电池电堆与系统的功率密度，实现燃料电池车辆工况下的稳定性及环境适应性等方面的技术突破。

第6章 质子交换膜燃料电池

(2) 主要研究内容

研制高性能、高稳定性、低成本的低铂催化剂与抗氧化催化剂载体、复合膜、烃类与高温质子交换膜、炭纸、薄双极板、新型有序化膜电极组件等燃料电池关键材料；进行不同压力和体系下电堆结构与操作参数的优化，研制新材料体系下的高性能、长寿命电堆；开展系统集成创新性设计，提升系统功率密度，增强系统可靠性与环境适应性，开发出满足高端整车需求的燃料电池系统。

(3) 主要考核指标

重点考核电堆与系统的功率密度、氢利用率、系统效率、寿命、可靠性、环境适应性等关键技术指标的先进性和可行性；提供新一代燃料电池系统样机，并完成相应测试与评价。完成相关技术标准。

6.8.3 车载储氢与高压加注关键技术及装备研发

(1) 研究目标

全面优化氢气加注解决方案，为燃料电池汽车示范运行提供技术支撑；开展车载70MPa高压氢气储存、加注系统关键技术及相关部件的研究，实现关键部件的自主开发与系统集成。完成相关技术标准。

(2) 主要研究内容

系统评价35MPa加氢站（移动/固定）模式、经济性、可靠性及安全性，全面优化氢气加注解决方案，开发车载70MPa高压储氢和快速加注系统关键技术及关键部件。

(3) 主要考核指标

① 车载70MPa高压储氢系统：爆破压力$\geqslant$140MPa；最大流量$\geqslant$10g/s；工作压力下水压充放循环8000次以上。

② 70MPa高压氢加注系统：最大加注速率$\geqslant$1.5kg/min；最大充装温度$\leqslant$85℃；安全性满足国家相关防爆标准要求。

6.8.4 高效低成本制氢技术及储氢装置研发

(1) 研究目标

研究开发$30\sim60m^3/h$撬装集成电解水制氢装置，形成电解水制氢装置的技术开发与集成能力，优化35MPa储氢系统技术，为燃料电池客车示范运行提供储氢系统与高品质、低成本的氢气。

(2) 主要研究内容

开发高效、低成本、高可靠性的撬装水电解制氢装置；研制新型催化电极，提高电极活性，增大电极电流密度，降低单位电耗和电解槽体积；研制新型隔膜，减小极板间距，降低电解电耗；研制新型密封材料，提高系统运行压力，提升氢气储存能力；研制开发新型电解槽结构，减小体积，降低成本。优化客车用35MPa车载氢气储存系统与部件，完善系统安全性与工作可靠性。

(3) 主要考核指标

氢气纯度$\geqslant$99.99%；直流电耗$\leqslant 4.3 kW \cdot h/m^3 H_2$。

参 考 文 献

[1] 陆洋，徐晔，徐宏林. 燃料电池车在车辆中应用的技术难关. 节能，2006，(4)：6-9.
[2] Hubert A. Gasteiger, Mark F. Mathias. Fundmental research and development challenges in polymer electrolyte fuel cell technology.
[3] Michele L A, Rhonda M S, Morris C A, et al. Tai-loring advanced nanoscale materials through synthesis of composite aerogel architectures [J]. Advanced Engineering Materials, 2000, 2: 481-488.

[4] 朱红, 张生生, 康晓红等. 质子交换膜燃料电池催化剂研究新进展. 中国有色金属学.

[5] 律翠萍, 叶芳, 郭航等. 质子交换膜燃料电池的水热管理. 节能, 2005, (8): 6-9.

[6] Wang Z H, Wang C Y, Chen K S. Two-phase and transport in the air cathode of proton exchange membrane fuel cells [J]. Journal of Power Source, 2001, 94: 40-50.

[7] Fuel Cell Systems Development for Automobiles and Commercial Vehicles, Alfred P. Meyer, Michael E. Gorman, Vincent M. Callaghan, International Fuel Cells.

[8] Choe E W, Krishnamurthy B, Xiao L, Zhang H, Calundann G, and Benicewicz B, PBI Membranes for Fuel Cells, This Proceedings Volume.

[9] Technical Challenges in PEM Fuel Cell Development, F. Barbir, Energy Partners, Inc.

[10] AN INTRODUCTION TO FUEL CELLS AND HYDROGEN TECHNOLOGY, Brian Cook, Heliocentris 3652 West 5th Avenue Vancouver, BC V6R-1S2 Canada, December 2001.

[11] Celanese Fuel Cells-A strong partner for fuel cells, Celanese Fuel Cells-Europe, Dr. Jürgen Pawlik, E-mail: J. Pawlik@celanese. com. http: // www. pemeas. com/Default. e. htm.

[12] Fuel Cell Handbook (Sixth Edition), DOE/NETL-2002/1179, By EG&G Technical Services, Inc., Science Applications International Corporation, Under Contract No. DE-AM26-99FT40575.

[13] UNITIZED REGENERATIVE FULE CELL, http: // www. llnl. gov/IPandC/technology/profile/transportation/UnitizedRegenerativeFuelCell/index. php.

[14] 詹姆斯·拉米尼, 安德鲁·迪克斯. 燃料电池系统——原理·设计·应用. 北京: 科学出版社, 2006.

[15] 朱家琏. 质子交换膜燃料电池大客车基础知识 (内部培训与参考版). 北京: 清华大学汽车安全与节能国家试验室电动车辆研究室, 2004.

第7章 电动助力转向、制动及其他电动化辅助系统

7.1 电动助力转向系统

7.1.1 电动助力转向系统概述

最早的电动助力转向系统出现在 20 世纪 70 年代中期,当时采用这种系统的目的,是为了当车辆行驶中发动机突然停止工作,失去液压转向助力时,防止突然失去对车辆转向的控制,一旦发动机停止工作,用蓄电池供电的电动转向系统立即投入工作。近代电动助力转向有了进一步的发展,这主要是因为电动转向与液压转向相比有以下优点:

① 不转向时,不消耗功率,比液压转向系统可降低燃油消耗 3% 左右;

② 改善车辆操纵性能,助力的大小可以通过控制单元中的软件,容易实现随车速等的变化而改变;

③ 比液压转向系统结构简洁,无油泵、液压油、橡胶软管、油罐等,重量轻,易于安装(尤其对于发动机后置和中置的车辆);

④ 工作时噪声小,车辆报废时,不需去处理液压油、橡胶软管等,也无液压油的泄漏问题,符合环保要求。

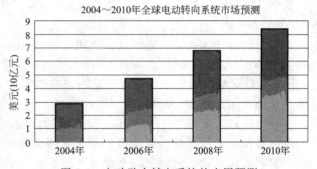

图 7-1 电动助力转向系统的应用预测

据预测,除了在电动汽车上应用以外,在未来的内燃机和其他动力的车辆中,电动助力转向系统使用的数量会越来越多,见图 7-1。

7.1.2 电动助力转向系统的分类

电动助力转向系统可分为以下四大类:

① 液压电动助力转向系统(Electro-Hydraulic Power Steering,EHPS);

② 电动助力转向系统(Electrically Power Assisted Steering,EPAS 或 EPS);

③ 主动前轮电动转向系统(Active Front Steering,AFS);

④ 线控电动转向系统(Electric Power Steering by wire,EPS-by wire 或 Steering By Wire,SBW)。

7.1.2.1 液压电动助力转向系统

这类转向系统的特点是:转向助力系统仍然采用液压驱动控制方式,但是,液压油泵不是由发动机驱动,而改成由智能电控单元 ECU 控制的高性能直流无刷电机驱动。它们可根据转向需要向液压转向助力器提供压力油。与传统转向助力系统相比,根据不同的车型,油耗大约可以降低 3%,而且车辆的操纵性能也有提高。图 7-2 是 DANA 公司开发的电动转向油泵模块,它们已成功地应用在 Chevy Silverado 及 GMC Sierra 轻度并联混合动力皮卡的转向系统上。这两种皮卡装有 5.3L 的 V 型发动机、Hydra-Matic 4L60-E 四速自动变速箱、一组 42V 铅酸电池以及一台发电/启动一体化的辅助电机,此电机作发电机使用时可有 14kW 的发电能力。

图 7-2　DANA 公司开发的电动转向油泵模块

此专门为 42V 系统开发的油泵模块将电机、油泵、电控单元、油箱等集成为一个整体，可以很方便地布置在车辆上任何合适的地方。DANA 公司认为未来 EHPS 将取代传统的液压转向助力系统。当时，该公司曾预测，2010 年以后欧洲三分之一的小客车将采用 EHPS，全球市场潜力将由 2001 年的 2500 万美元增加到 2010 年的 7000 万美元，那时全球每年的 EHPS 产量将达到 1000 万套。

图 7-3 是清华大学电动车辆研究室为完成国家 863 燃料电池大客车项目而开发的电动转向油泵系统，图 7-3(a) 为第一代该电动油泵，由一个额定功率为 1.5kW 的直流永磁电机驱动，可输出的最大流量为 17L/min，安全阀的设定压力为 13MPa，其工作由一个专为它设计的控制器控制。该系统已成功地应用于数辆试验样车上，累计行驶超过 30000km。

开发第二代电动转向油泵时考虑了两种总体结构方案：方案一是将油泵、电机、油箱、滤油器、电机控制器等集成在一起，按此方案研制的样机见图 7-3(b)。该方案的优点是没有单独的储油罐，结构紧凑，管路与电路连接简单，只需两根油管与转向助力器连接，油泵浸泡在液压油中，无进油管路，液压油可直接进入泵进油口，吸油助力最小，主要缺点是维修时拆装不方便，以及制造成本较高，油泵在结构上改动大；第二种方案是油泵与电机集成在一起，与第一代不同的是电机带安装地脚，省去 L 形安装支座。此外，采用了效率较高的无刷直流永磁电机（方波电机），见图 7-3(c)。

7.1.2.2　电动助力转向系统

电动助力转向系统取消了传统的液压油泵、液压助力油缸、油管、液压油、带和带轮等零件，直接由电机对转向系统助力。与液压转向系统相比，燃油消耗可减少 4% 左右。

图 7-4 是一种安装在转向柱上的电动转向助力系统，它由一个电机、一个电控单元 ECU、一个齿轮齿条式转向器、两个传感器组成。一个为转矩传感器，用于检测驾驶员转动方向盘的力矩。另一个传感器用来检测方向盘转动方向和转动速度（角度）。一个典型的 EPS（或 EPAS）系统由四个核心部分组成：

① 来自车辆速度传感器的数据；
② 来自方向盘转动力矩、转动方向、转动角度（速度）传感器的数据；
③ 信号与系统处理单元；
④ 驱动电机及其控制器。

EPS 系统的工作原理是：信号与系统处理单元接收来自车辆速度传感器的数据和来自方向盘转动力矩、转动方向、转动角度（速度）传感器的数据后，按预先编制好的算法程

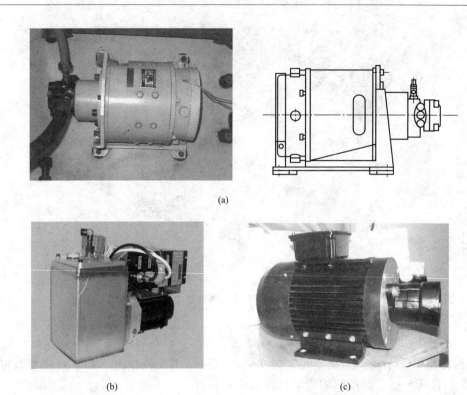

图 7-3 清华大学开发的电动转向油泵系统

序,由其中的中央处理器对它们进行复杂的控制运算与处理,由控制单元向驱动电机及其控制器发出相应的控制指令,然后电机按照所需的力矩和方向提供转向助力。图 7-5 给出了某 EPS 系统所设计的,在不同车速下,转向助力电流与方向盘转动力矩之间的关系曲线。

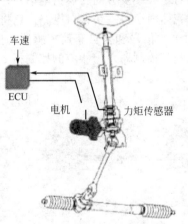

图 7-4 一种安装在转向柱上的电动转向助力系统

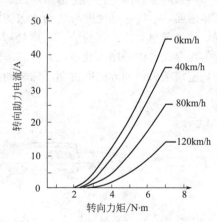

图 7-5 转向助力电流与方向盘转动力矩之间的关系曲线

根据电动转向助力单元在电动转向系统中安装位置的不同(图 7-6),EPS 可分为以下几种类型。

① 转向柱型 EPS　动力辅助单元、控制器、力矩传感器等都装在转向柱上,系统结构紧凑,不论是固定式转向柱或是倾斜式转向柱以及其他形式的转向柱,都能安装。这种结构适用于中型车辆,是典型的 EPS 结构形式。

② 齿条型 EPS　动力辅助单元安装在转向机构的齿条上,可以装在齿条的任何位置,增加

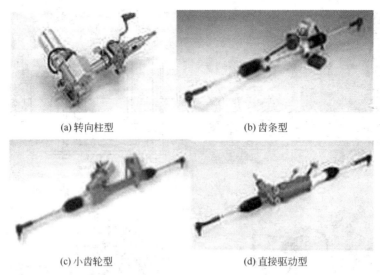

图 7-6 EPS 的几种类型

了结构设计布置的灵活性。动力辅助单元的大减速比，使得惯性很小同时打方向盘的感觉非常好。

③ 小齿轮型 EPS　动力辅助单元安装在转向机构的小齿轮轴上。如果再将它与可变速比的转向器结合在一起，该系统的操纵特性将会非常好。

④ 直接驱动型 EPS　转向齿条与动力辅助单元形成一个部件。该系统很紧凑，而且容易将它布置在发动机舱内。由于直接对齿条助力，摩擦与惯性都很小，进而打方向盘的感觉很理想。

本田公司开发的 EPS 电动助力转向系统（图 7-7）由一个齿轮齿条式转向器、一个齿条与电机组成；电机通过循环球驱动机构推动齿条左右移动。"转向传感器"安装在输入轴齿轮壳体内。转向传感器实际上有两个：一个为力矩传感器，它将转向力矩大小及方向转换为电信号；另一个为旋转传感器，它将转动速度与转动方向转换为电信号。壳体内还有一块接口电路，它将这些信号转变成微处理单元能处理的信号。微处理控制单元接收上述信号和来自车速传感器的信号后，经过存储在存储器中程序的处理，由控制单元向驱动电机及其控制器发出相应的控制指令，然后电机按照所需的力矩和方向通过循环球驱动机构，推动齿条左右移动，提供转向助力。

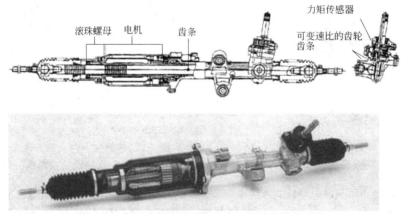

图 7-7　本田公司开发的 EPS 电动助力转向系统

如果方向盘转动到最大转角位置，并保持在此位置，以及转向助力也达到最大时，控制单元减小供给电机的电流，以防止电机过载和损坏电机。另外，控制单元也提供由于发电机

第 7 章 电动助力转向、制动及其他电动化辅助系统

或充电失灵引起的电压冲击,以保护电机。

该齿轮齿条转向机构的速比是变化的(图 7-8),方向盘在中间位置时的速比大于在行程的两端时的速比,改善了转向操作性能。图 7-9 是本田的 EPS 系统在车上的布置情况。

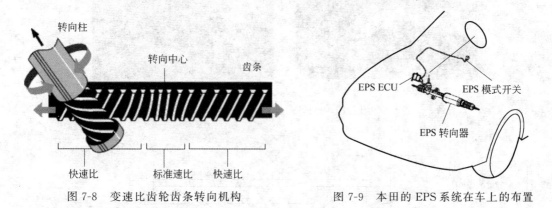

图 7-8 变速比齿轮齿条转向机构   图 7-9 本田的 EPS 系统在车上的布置

图 7-10 是电控单元 ECU 的框图。该系统有三种工作模式:
① 正常控制模式 响应来自转向力矩和旋转传感器的信号,提供左右转向助力;
② 返回控制模式 在完成转向后,帮助转向回正;
③ 阻尼控制模式 随车速的变化改善路感和对反冲的不良反应进行阻尼。

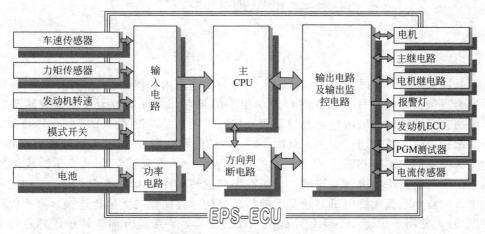

图 7-10 电控单元 ECU 的框图

该系统通过监控系统的输入/输出信号和电机的驱动电流,以及故障自诊断功能,如果发生问题,动力单元中失效安全继电器动作,控制单元就将系统关闭。这样转向助力全部取消,系统回复到手动转向,EPS 报警灯闪烁,向驾驶员报警。

7.1.2.3 主动前轮电动转向系统

以 BMW 公司 E60-5 和 E63-6 系列新车型中可选用的主动前轮转向系统(AFS)为例来介绍。当车辆急转弯和停车转向时,这种转向系统不必要求驾驶员把他的胳膊交叉地放在方向盘上;只需要转动很小的方向盘角度就可以轻松地转向(图 7-11),提高了车辆的操纵性能。

AFS 转向系统与各种转向助力系统相比,不仅减轻了方向盘操纵力,还是一种电子化、转向传动比可变的且必要时可与动态稳定控制(Dynamic Stability Control,DSC)配合工作的系统。其转向传动比直接与车辆速度、行车模式、道路状况有关(图 7-12)。在正常道

(a) 无 AFS　　　　　　　　(b) 有 AFS

图 7-11　AFS 系统可以轻松转向

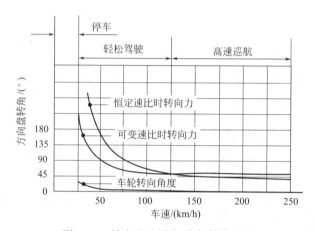

图 7-12　转向速比随行驶条件的变化

路条件下低速和中速行驶时，方向盘的输入角与前轮转向角比例较小，例如 10∶1，转向感觉变得更为直接。驾驶员只需对方向盘转动很小的角度，就可不费力地使前轮转动较大角度，以增加在交通繁忙的城市道路上的车辆操控性，尤其是提供了停车转向时驾驶车辆的敏捷度。高速行驶时，转向速比变大，例如 20∶1，转向则变得"迟钝"，以改善方向稳定性。

为了保持人们熟悉的驾驶方式和驾驶感觉，该系统并未采用完全电子化的线控操纵系统，其方向盘与前轮仍是机械地连接，只是在方向盘转向柱与齿轮齿条式转向机构之间，安装了一个方向盘和直流无刷电机共同驱动的行星机构（方向盘与太阳轮连接，直流无刷电机与齿圈连接），见图 7-13。AFS 系统中还有两个传感器，一个是方向盘转角传感器，用来测量转动方向盘转速和角度值；另一个侧滑传感器用来测量实际车辆的侧滑率，这两个信号通过计算机计算、比较，可以知道车辆是过度转向还是不足转向；决定对车轮转向角度进行修正的量，然后调整与行星机构齿圈相连接的电机转速，改变输入轴（方向盘）与输出轴之间的速比；AFS 还可以通过与动态稳定控制（DSC）密切配合。当车辆行驶在光滑路面或转

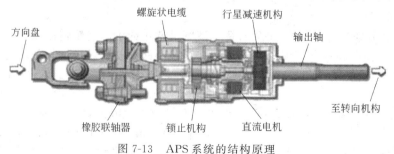

图 7-13　APS 系统的结构原理

弯过急出现严重不足转向，计算机则使内后轮进行适当制动，以对转向特性进行修正（某些系统，如 Bosch 公司的系统，还会减少发动机输出，以便配合）。如果是严重过度转向，则对外前轮进行适当制动，提高车辆转弯时的行驶安全稳定性。

当电动转向失灵时，图 7-13 中的电磁锁止机构接合，保证转向机构仍能工作。

7.1.2.4 线控电动转向系统

线控电动转向系统代表了下一代车辆转向系统的发展方向，这是因为与传统转向系统比较，它去掉了方向盘与车轮之间直接的机械运动学连接，比传统转向系统更节省安装空间，重量更轻，提供了整车设计布置的极大灵活性。同时通过控制算法可

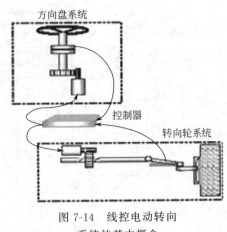

图 7-14 线控电动转向系统的基本概念

以实现智能化车辆转向，使车辆的操纵稳定性有很好保证。线控电动转向系统的概念可以用图 7-14 来说明。

整个系统可以划分为三大子系统：方向盘子系统；车轮转向子系统；电子控制子系统。

方向盘子系统包含了提供驾驶员转向输入的传感器，模拟车轮转向阻力、提供路感的部件，使方向盘回正的装置等。车轮转向子系统主要包含有：由电机驱动的车轮转向执行装置，反映车辆当前状态的各种传感器等。整个系统的工作如下：来自方向盘传感器和各种车辆当前状态的信息送给电子控制子系统后，利用计算机对这些信息进行控制运算，然后对车辆转向子系统发出指令，使车辆转向，同时车轮转向子系统中的转向阻力传感器给出的信息也经电子控制子系统传给方向盘子系统中模拟路感的部件。

线控传动系统在飞机上的应用已存在多年，但是与汽车转向系统的设计要求不同，因此它们只能提供有限参考。汽车线控转向系统应有自己的结构特点和危险隐患控制策略。有关这方面的论述参考相关文献。

7.2 用于电动车辆的气压制动系统

7.2.1 电动车辆的空气压缩机控制回路

传统内燃机车辆气压制动系统的空气压缩机通常是由内燃机通过带传动来驱动的。因此，只要内燃机工作，空压机就一直在连续转动，一般它只装有一个当储气罐压力达到规定的最大值（如 0.8MPa）时使空气压缩机输出的空气排入大气的卸载阀，此时空气压缩机并没有停止运转。而用于电动车辆时，制动系统的空气压缩机可以间歇工作，当制动系统压力低于某个值（如 0.6MPa）时空压机自动启动；当制动系统压力高于某个值（如 0.8MPa）时空压机自动停机，减少了空压机不必要的运转功率损失。对于间歇工作的空压机，再次自动启动时，应实现空载启动，避免造成电机带载启动。

为了适合电动车辆的应用，需有一种可由电子控制装置控制的电动空气压缩机启动卸载装置，防止电机启动过载（图 7-15）。

工作原理：当储气罐内压力未达到设定的压力值范围时（例如小于 0.6MPa），二位三通阀处于图示位置，管路 k 与大气相通，压力开关处于闭合状态，电机带动空压机转动，空压机排出的空气经湿罐、干燥器进入储气罐。当压力达到二位三通阀设定压力值时（如 0.8MPa），二位三通阀切换，使二位二通阀动作，空压机至单向阀（含湿罐、干燥器和管

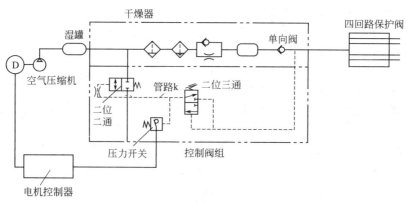

图 7-15 电动空压机启动卸载装置

路)的空气经二位二通阀排入大气,同时,压力开关断开,空压机停止供气,此时管路 k 中的气压与储氢罐中气压相同。当储氢罐气压降至二位三通阀设定的滞回压力值时(如 0.6MPa),二位三通阀复位管路 k 中压力与大气压相同,压力开关闭合,空压机重新供气。因此,管路 k 中空气压力在 0.8~0.6MPa 与 0MPa 之间变化。k 管内压力为 0.8~0.6MPa 时,电机断电空压机停止供气。k 管内压力与大气压相同时,电机通电,空压机重新供气。

另一种电动空压机控制方案如图 7-16 所示。电机的启动、停止由图中压力开关 3832D-010 控制。它在制动气路系统中的连接如图 7-16 所示,当制动系统储气罐中压力降低到压力开关 3832D-010 设定的系统最低压力值时,电机控制器启动电机,带动空压机工作,向制动系统储气罐供气,系统压力上升,达到设定值上限时,引起干燥器与油气分离器动作。在排出油、水的同时,压力开关 3832D-010 断开,电机停转,使空压机停止供气。随着制动系统的使用,当储气罐中压力再次降低到压力开关 3832D-010 设定的系统最低压力值时,电机重新启动,空压机又重新向系统供气。

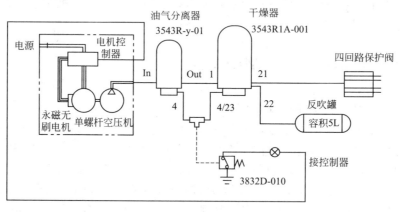

图 7-16 电动空压机控制方案

7.2.2 电动制动空气压缩机

内燃机车辆的制动空气压缩机通常是往复式结构,并且由内燃机通过带传动驱动,存在以下问题:震动、噪声大;空气压缩机的冷却、润滑往往与内燃机共用一个系统,工作温度高,冷却较困难;空压机转速随内燃机而变化,只要内燃机运转,空压机就一直在转动。

在某些电动车辆上采用双出轴驱动电机,其一端驱动行走系统,另一端安装一个分动箱,用于带动液压转向油泵、制动空气压缩机以及其他车辆辅助元件。制动空压机和液压转向油泵的工作状况与传统内燃机车辆相似。

为了适合电动车辆的应用,需要一种具有电子控制的电动空气压缩机系统,要求克服传统方式的缺陷,并具有功率消耗小、效率高、尺寸紧凑等优点,具体有以下几点要求:

① 气压制动系统的空气压缩机用电机直接驱动,其转速应由一个电子控制装置来控制,与行走驱动电机转速无关,结构紧凑;

② 空气压缩机应自身带有润滑油泵,可以实现自润滑,当润滑油压力低于某个值或润滑油黏度大、油压过高时,系统能自动报警,实现润滑油温度显示与报警;

③ 空气压缩机可以间歇工作,当制动系统压力低于某个值时空压机自动启动,并实现空载启动,防止电机过载,当制动系统压力高于某个值时空压机自动停机,极大地减少空转损失。

清华大学电动车辆研究室曾与有关工厂合作开发过一种电机直接驱动的往复式制动空压机,见图7-17,用于燃料电池城市客车上。由于噪声和震动大,同时工作温度又高等问题,不能获得满意的效果。进一步又与上海佳力仕机械有限公司合作开发单螺杆车用空压机(图7-18)。图7-19为最新一代的单螺杆车用空压机。

法国人辛麦恩1960年发明的单螺杆空压机,是目前世界上较先进的空压机之一。单螺杆压缩机的主要零件有单螺杆转子、星轮和机壳,见图7-20。通常单螺杆压缩机由一个圆柱螺杆和两个对称布置的平面星轮组成啮合副,装在机壳内构成。

图7-17 电动往复式制动空压机

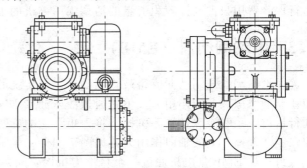

图7-18 清华-佳力仕单螺杆压缩机

图7-19 单螺杆压缩机原型

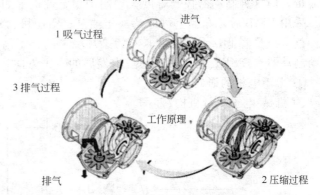

图7-20 单螺杆压缩机工作原理

螺杆螺槽、机壳内壁和星轮齿面构成封闭的基元容积。运转时,电机驱动螺杆轴,由螺杆带动星轮齿在螺槽内相对移动,螺槽内的气体相应地被压缩和吸入。这种相对移动相当于往复式压缩机的活塞(星轮)在汽缸(螺杆槽与机壳内壁形成的基元容积)中移动。随着星轮齿的移动,封闭的基元容积发生变化,相应的气体由吸气腔进入螺杆齿槽空间,经压缩后达到设计压力值,由开在壳体上的排气三角口排至油气分离器内。

单螺杆压缩机的壳体上开有喷油孔。将油喷入压缩腔,以起密封各部间隙、冷却气体、吸振、消声及润滑螺杆-星轮摩擦副的作用。

主要优点有以下方面。

① 结构合理　单螺杆空压机的两星轮在螺杆的两侧对称布置，这使单螺杆空压机不仅没有不平衡力，而且作用在螺杆上的轴向力和径向力也互相抵消，因此，蜗杆处于完全平衡状态。这是单螺杆压缩机设计上最显著的特征。和其他回转式压缩机相比，结构尺寸相同时排气量较大。螺杆的螺槽深度随压力的增高而减少，在排气结束、星轮齿脱离螺槽时，深度为零，不存在余隙容积，容积效率较高。

② 噪声低，振动小　空压机的噪声主要来源于气流噪声。气流的噪声主要由气流脉动状况形成，单位时间内排气次数越多，气流脉动越小，气流噪声越低。如果机器采用了消声、隔声装置，单螺杆空压机安装空间内附有吸声材料等，可使其噪声远低于其他空压机品种，比双螺杆空压机可低 10dB 左右。另外，空压机处于动平衡运转，因此机器运行平稳，平衡性好，振动小，效率高。

③ 维修周期长　单螺杆压缩机空气压缩过程无轴向力及径向力推压负荷，轴承寿命可长达 50000h，克服了双螺杆空压机轴承轴封易损的缺点，不需经常维修，其耐用程度超过其他类型空压机。

④ 可靠性高、运行费用少、维护简便　单螺杆空压机易损件极少，力平衡性能好，加之有合理的啮合副线型和良好的动力润滑性能，维护简便；调查表明，单螺杆空压机每年的运行保养费用只占同样容积流量的活塞式压缩机的 14%～20%，费用较低。

7.3　电动制动器（EMB）

无论电动盘式制动器或是鼓式制动器，与传统的液压或气动制动器的主要不同在于：施加在制动摩擦片上的作用力，不是通过液压油或空气压力实现的，而是通常采用力矩马达驱动行星齿轮系和滚珠丝杠等机构，将力矩马达的旋转运动转变为直线运动，将力矩转变为施加在制动摩擦片上的轴向作用力，见图 7-21。

另一类 EMB 是电机通过一个自增力机构，间接作用到制动盘上，可以降低系统所消耗的能量，但这种制动器控制难度大，制动稳定性也不如图 7-21 这类 EMB。

采用 EMB 后，车辆上可取消液压油泵、空压机、液压与空气管路、电液调节装置等元件；整车质量降低，无制动液，不污染环境，简化了结构，降低了装配和维护的难度；采用电动制动器（EMB）是车辆制动技术发展的一个方向，研究的关键技术有：

① 力矩电机的研制；

② 机械-电子执行机构；

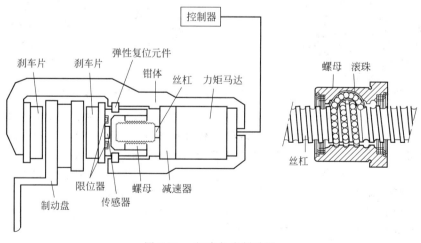

图 7-21　电动盘式制动器

③ 灵敏度高、价格低廉的传感器；
④ 耐高温电子元器件；
⑤ 可自适应调节的控制算法；
⑥ 系统容错控制；
⑦ 高可靠性的电线和连接件。

图 7-22 是两种电动盘式制动器的外形。图 7-23 是一种电动鼓式制动器外形。

图 7-22　两种电动盘式制动器外形　　　　图 7-23　电动鼓式制动器外形

近年来国际上大型汽车零配件厂商和汽车制造商，如 Conti-nental Teves、Siemens、Bosch、Eaton、Allied Signal、Delphi、Varity Lucas、Hayes 等对 EMB 制动系统进行了许多研究工作，申请了大量专利，感兴趣的读者如想了解更多的细节，可去查阅如 US6139460、US6397981、US6405836、US6279694、US6305508（电动盘式制动器）、US5785157、US5024299、US5310026、US5855255（电动鼓式制动器）等专利资料。

7.4　电动空调制冷压缩机

传统汽车通常以发动机作为空调制冷的动力源，但电动汽车的驱动能源与传统内燃机汽车不同，这时空调制冷要考虑的问题有：空调制冷方式；空调压缩机驱动方式；高效节能压缩机的选用。

根据电动汽车类型不同（纯电动、混合动力、燃料电池），可作出不同的选择。

7.4.1　制冷方式

电动汽车可采用的制冷方式有：电动压缩机制冷、热电式制冷、余热制冷等。

7.4.1.1　电动压缩机制冷空调系统

电动压缩机制冷系统利用电池组的直流电，经逆变器为空调压缩机驱动电机供电（见图 7-24），带动压缩机旋转，形成制冷循环，产生制冷效果。电动压缩机制冷空调系统相对于传统汽车，只是在结构上，驱动压缩机的动力由发动机改变为由电机驱动，对于传统汽车空调与电动汽车空调系统结构上的不同，参见图 7-25 及图 7-26。

图 7-27 为轿车的电动空调系统流程，丰田普锐斯作为全电动空调系统的一个实例，其制冷原理如图 7-28 所示，该车全电动空调制冷系统，由 ES18 型电动变频压缩机、冷凝器、储液干燥器、膨胀管、蒸发器及连接管路等组成。制冷系统工作时，空调变频器提供交流电驱动电动变频压缩机工作，电动变频压缩机从低压管路吸入低温低压的气态制冷剂，压缩成高温高压气态制冷剂（压缩过程），再通过高压管道进入冷凝器，经冷凝器的冷却后，变为高温、高压的液态制冷剂（冷凝过程），被送往储液干燥器，经过干燥过滤后，通过高压管道流入膨胀管，经膨胀管小孔节流，变成低温、低压雾状的液/气态混合物（降温降压），送

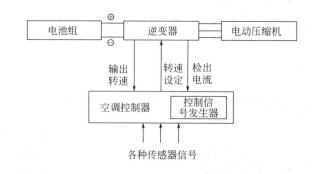

图 7-24　电动压缩机驱动回路

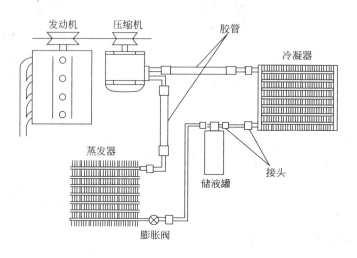

图 7-25　传统汽车空调压缩机由发动机驱动

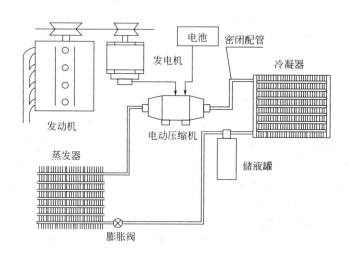

图 7-26　电动汽车空调压缩机由电机驱动

入蒸发器中,制冷剂在其内膨胀蒸发吸收大量的热量,汽化成低温低压的气态制冷剂(蒸发吸热过程),重新被电动变频压缩机吸入进行再循环,在此过程中,鼓风机不断地将蒸发器表面的冷空气吹入车内,达到制冷的目的。

大客车电动空调系统较为复杂，其典型工作流程见图7-29。

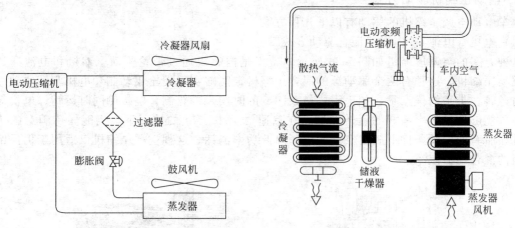

图7-27 轿车的电动空调系统流程　　　　图7-28 丰田普锐斯全电动空调系统

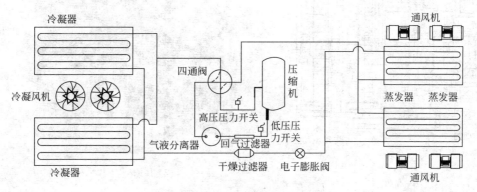

图7-29 大客车电动空调工作流程

7.4.1.2 热电制冷器

热电制冷器也称为珀尔帖制冷器，是一种以半导体材料为基础、可以用作小型热泵的电子元件。通过在热电制冷器的两端加载一个较低的直流电压，热量就会从元件的一端流到另一端。此时，制冷器的一端温度就会降低，而另一端的温度就会同时上升。

国内马国远等人曾为电动汽车设计了太阳能辅助热电空调系统，该系统采用热电制冷系统进行降温，利用高效PTC加热元件进行采暖和对挡风玻璃进行除雾/霜。热电制冷空调系统，在体积小、适于微型化方面，比传统的机械压缩式制冷优越，但也存在着不足，如热电材料的优值系数较低，制冷性能不够理想，并且构成热电元件的主要成分为铋、碲，另有少量的硒、锑，但碲元素的可用产量有限，因此热电空调在大量生产的汽车上应用受到碲产量的制约。

7.4.1.3 余热制冷空调系统

目前利用余热的空调制冷技术主要有氢化物制冷空调、固体吸附式制冷空调以及吸收式制冷空调，其工作原理、特点、系统组成不尽相同。对于利用燃料电池汽车废热的吸收式制冷空调系统的可行性，国内虽有同济大学的贺启滨等进行了研究，但余热制冷空调系统体积大、系统复杂，对燃料电池汽车整车以及电池管理系统要求较高，需定期除垢，并且其仅仅匹配在余热热源比较稳定的燃料电池电动汽车上才具有可行性，不具有解决电动汽车空调系统问题的通用性。

7.4.2 电动压缩机驱动方式

汽车电动空调压缩机的驱动有以下几种方案。

(1) 电机（电池）+内燃机混合驱动方式

这种方案的空调压缩机如图 7-30 所示，特点是内燃机通过带轮驱动压缩机和电池通过电机驱动压缩机，这种有两个驱动源的混合压缩机，能够实现带轮驱动侧和电机驱动侧独立或同时运转。带来的优点是，如果需要最大制冷的时候，带轮侧、电机侧同时运转；电机侧驱动时，能够选择效率最好的运转领域，在怠速-发动机停止的情况下，仍能保持满意的工作，并在所有的驾驶条件下满足空调需求，降低功率消耗。这种空调压缩机仅适用于仍保留内燃机的混合动力汽车。

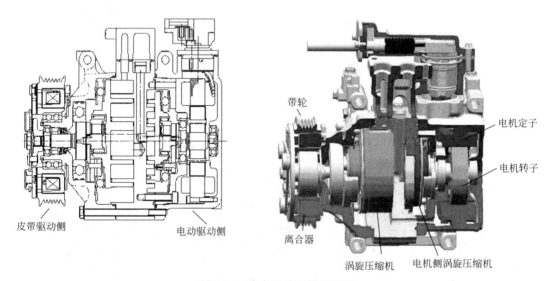

图 7-30 混合驱动空调压缩机

根据汽车行驶工况，在发动机驱动模式和电机驱动模式之间切换。在发动机模式下，压缩机由发动机通过皮带驱动。在汽车临时停车（比如遭遇交通堵塞）或持续减速时切换到电驱动模式，由电池组提供能量。

(2) 独立式全电动驱动方式

独立式全电动空调压缩机，电机与压缩机泵体封闭在同一个密封壳体内，直接使用电动汽车上的电池供电，结构紧凑。考虑到如果电动压缩机需要另配逆变器，成本昂贵，空间利用率也比较低。日本三电（SANDEN）公司开发了电动压缩机与逆变器的一体化、压缩机构的高效化及小型轻量化等全电动压缩机，如图 7-31 所示。

独立式全电动空调系统具有以下优点。

① 空调压缩机由电动机直接驱动，可通过压缩机的转速调节制冷量。

② 空调与行走驱动电机的运转各自独立，空调的运转不受汽车行驶状况影响。即使"熄火"，空调制冷仍可以正常工作。

③ 减少制冷剂的泄漏，采用电动机内置的封闭式结构，避免了轴封处及其他连接部位处因难以密封，造成的制冷剂泄漏。同时，可以用金属管替代易渗透的制冷剂橡胶软管，大大减少制冷剂的泄漏。汽车空调普遍使用的 HFC134a，一旦泄漏，不仅增加汽车空调的运行成本，还会给环境带来不利的影响。

④ 不需要电磁离合器控制压缩机运转，消除了离合器吸合、脱开时产生的噪声，也消

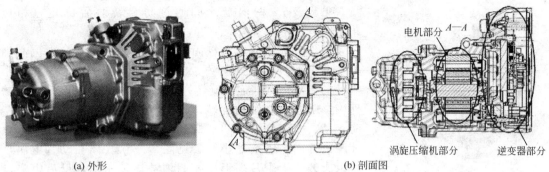

图 7-31 日本三电（SANDEN）全电动压缩机

除了周期性离合对空调吹出温度的波动，见图 7-32，且开机后迅速达到设定温度，然后转入低速节能运行，保持温度稳定，提高舒适性。

⑤ 安装灵活。压缩机安装位置不受限制，可根据整车总体布置、车室的噪声、振动及空调系统的配置，灵活布管，提高整车布置设计自由度。

⑥ 体积小、重量轻，有利于降低车辆整备质量。

（3）非独立式全电动驱动方式

非独立式全电动空调系统，是指空调制冷压缩机通过主牵引电机驱动，见图 7-33，压缩机运行工况的控制可通过电磁离合器的接合、分离来实现，此时压缩机虽然也是电驱动，但与车辆行驶相关。早期的戴克燃料电池大客车曾采用此方案，现基本不被采用。

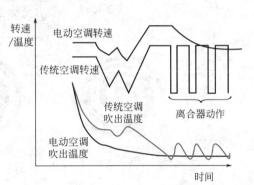

图 7-32 电动空调消除了周期性离合对空调吹出温度的波动

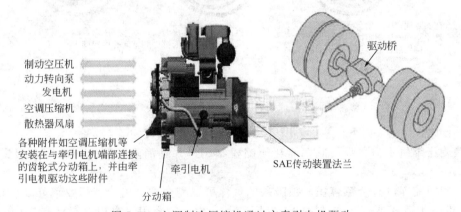

图 7-33 空调制冷压缩机通过主牵引电机驱动

7.4.3 高效节能压缩机的选用

空调制冷压缩机是空调制冷系统的核心，其性能直接决定系统的性能和车辆的经济性。对于电动大客车空调压缩机，除了需要直接用电力驱动外，由于整个空调系统全部顶置，压缩机的外形尺寸、振动强度等都是选择压缩机的关键因素。全封式涡旋压缩机与诸多其他类型压缩机相比，具有振动小、噪声低、效率高、体积小、重量轻、转速高、外形尺寸小等特点，适合电动汽车空调使用要求，为目前大多数电动汽车所采用。

涡旋压缩机的基本构造包括一个定涡盘和一个动涡盘这两个相互啮合的函数方程型线涡

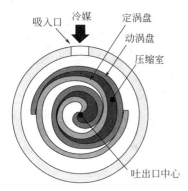

图 7-34 涡旋压缩机的基本构造

盘,见图 7-34 两涡盘之间通过防自转装置固定(相位角 180°)。

工作过程中,定涡盘固定在机架上,动涡盘由偏心轴驱动并由防自转机构制约,围绕定涡盘基圆中心,作很小半径的行星运动(但不旋转)。气体通过滤芯吸入定涡盘的外围,随着偏心轴的旋转,动涡盘在定涡盘内按轨迹运转时,动、定涡旋盘之间形成若干个月牙形压缩腔,这些月牙腔由外向内逐渐缩小,参见图 7-35;气体在动、定涡盘所组成的若干个月牙形压缩腔内被逐步压缩,最后由定盘中心部件的轴向孔连续排出。在整个过程,所有工作腔均处于不同的压缩阶段,从而保证压缩机连续不断地吸气、压缩、排气。

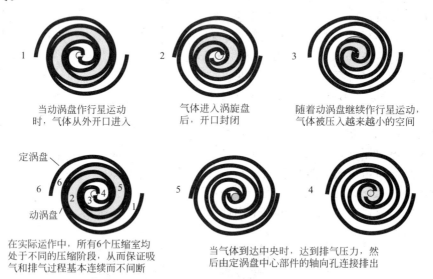

图 7-35 动、定涡盘组成的若干个月牙形压缩腔内气体被逐步压缩

涡旋压缩机的优点如下。

① 涡旋压缩机不需要吸气阀,简化压缩机结构,并且消除打开气阀的压力损失,提高压缩效率。

② 涡旋压缩即没有余隙容积,被吸入的气体可以完全被排出,容积效率可以达到 98%。活塞压缩机由于活塞头与汽缸底之间存在间隙,产生余隙容积,容积效率只有 70%。

③ 压缩过程平稳,从吸气到压缩到排气要用三圈完成,而且在任何角度都有三个腔同时工作,吸气、压缩、排气同时进行,所以它排气连续,工作平稳,振动小,噪声低;而活塞压缩机吸气行程和排气行程功耗少,压缩行程功耗大,运转不平稳,且活塞作往复运动有阀片敲击,振动和噪声大。

涡旋压缩机的缺点如下。

① 其运动机件表面多呈曲面形状,这些曲面的加工及其检验均较复杂,有的还需要专用设备,因此制造成本较高。

② 其运动机件之间或运动机件与固定机件之间,需保持一定的运动间隙,气体通过间

隙势必引起泄漏，因此难以获得较大的压缩比。

尽管有这些缺点，涡旋式汽车空调压缩机仍被认为是取代传统汽车空调压缩机的较好产品。

参 考 文 献

[1] The Global Market For Automotive Steering System. www.just-auto.com，January 2003.
[2] Adoption of Electric Power Steering to Increase Behind Gains in North America and Asia，Finds ABI Research，Jake Wengroff，ABIRESEARCH.COM.
[3] Dana Corporation To Provide Electric-Assist Power Steering for GMC Sierra，http://www.prnewswire.com/cgi-bin/stories.pl? ACCT=104&STORY=/www/story/01-09-2003/0001869331&EDATE=.
[4] Are There Other Electric Power Steering Setups? http://www.nsxprime.com/FAQ/Technical/eps.htm.
[5] Background：Electric Power Steering Systems，http://www.ebearing.com/news2001/news232.htm.
[6] Electronic Power Steering，Indiacar.com，18 May 2004.
[7] Electric Power-Assisted Steering，http://www.freescale.com/webapp/sps/site/application.jsp? nodeId=03z6w-YpnQYC5xW6y63.
[8] Variable Effort Steering for Vehicle Stability Enhancement Using an Electric Power Steering System，Roy McCann，Delphi Automotive Systems，2000.
[9] Electric Power Steering System-EPS，http://www.meaa-mea.com/products/b_eps.asp.
[10] Electric power steering system，US Patent Number：06505704.
[11] Energy saving control system and method for reducing power consumption of an electro-hydraulic power steering system for a hybrid vehicle，US Patent Number：6725963.
[12] Power Steering，http://www.infineon.com/.
[13] Brake-by-Wire Mkt. and Tech. Report，http://www.tierone.com/brakebywireexcerpt.html#topp.
[14] Electric caliper，US Patent Issued on October 31，2000.
[15] Electromechanical brake system，US Patent Issued on June 4，2002.
[16] Actuating unit for an electromechanically operable disc brake，US Patent Issued on June 18，2002.
[17] Park brake apparatus for vehicle electric brake，US Patent Issued on July 28，1998.
[18] Electric drum brake，US Patent Issued on May 10，1994.
[19] 燃料电池城市客车制动空压机电动化总成研制报告．清华大学汽车工程系，2003.
[20] 863燃料电池城市客车项目电动转向油泵研制报告．清华大学汽车工程系，2005.
[21] 司宗根．电动汽车空调的发展现状及解决方案．高校理科研究．
[22] 贺启滨，杨静，朱彤．利用燃料电池客车废热的吸收式制冷空调系统可行性分析．汽车工程，2007，(29) 11：1005-1007.
[23] 马国远．半导体电动汽车空调系统的研究．四川制冷，1998，(3)：5-9.
[24] 李萌．丰田普锐斯车全电动空调系统控制原理与检修．汽车维护与维修，2010.
[25] 曹中义．电动汽车电动空调系统分析研究．武汉理工大学，硕士学位论文，2008.
[26] 高建平，何洪文，申彦杰．电动汽车空调压缩机匹配研究．拖拉机与农用运输车，2007，34 (4).
[27] 电动A/C系统的介绍．三电株式会社．2009.
[28] 电动汽车空调项目简介．山东龙都瑞麟祥机电股份有限公司．2011.
[29] 电动汽车拆解．空调压缩机（七）：不断推进电动化．技术在线，2009．http://china.nikkeibp.com.cn/news/auto/48455-20091021.html? start=2.

第 8 章　电动汽车的电气系统

8.1　电气系统概述

电气系统是电动汽车的重要组成部分。根据不同的电压等级和用途，电动汽车电气系统分为低电压系统和高电压系统两个部分。低电压系统采用直流 12V 或 24V 电源，一方面为灯光、雨刷等车辆的常规低压电器提供电源；另一方面为整车控制器、高压电气设备的控制电路和辅助部件提供电源。高电压系统主要由燃料电池、动力电池、电源变换器和驱动电机等大功率、高电压电气设备组成，根据车辆行驶的功率需求完成从燃料电池和动力电池到驱动电机的能量变换与传输过程。

8.1.1　低压电气的控制逻辑

以燃料电池电动汽车为例，低压电气系统在为常规电器和控制系统提供电源的同时，还应该根据驾驶员的操作，实现各个电气设备的顺序与协同工作。图 8-1 为低压电气系统的控制逻辑梯形图。

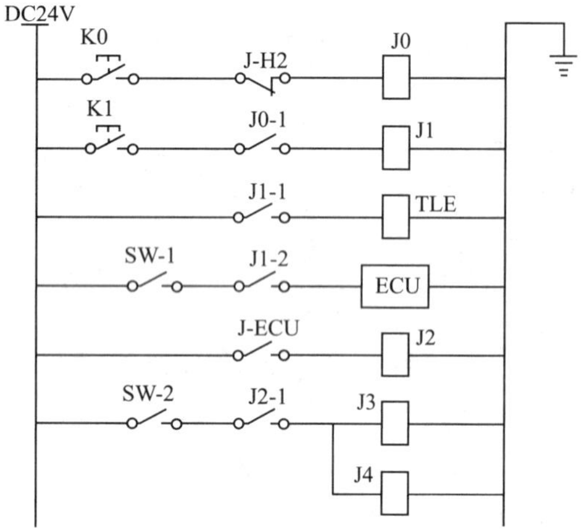

图 8-1　电动汽车电气系统控制逻辑梯形图

在图 8-1 中，低压电气系统的控制对象主要包括氢气泄漏检测单元 J0、常规低压电气系统 TLE、高压电气设备的控制单元和高压电气主回路的继电器 J3 和 J4。当驾驶员操作时，先闭合氢气泄漏检测的开关 K0。如果氢检测单元 J0 检测到氢气泄漏浓度达到设定值，常闭触点 J-H2 断开，继电器 J0 断电，其触点 J0-1 不闭合，车辆电气系统无法向其他设备通电。只有在没发生氢泄漏、J0 得电、J0-1 闭合情况下，才能顺序给电气系统上电，具体操作步骤如下：

① 闭合开关 K1，继电器 J1 得电，触点 J1-1 和 J1-2 闭合，24V 电源给车辆的常规低压电气系统 TLE 供电，可以实现车门、灯光、雨刷等部件的操作；

② 闭合开关 SW-1，24V 电源给整车控制器 ECU、电气设备的控制电路供电，ECU 判断各个控制电路工作正常后，闭合继电器触点 J-ECU，使 24V 通过 J-ECU 给继电器 J2 供电，相应触点 J2-1 闭合；

③ 闭合开关 SW-2，24V 通过 J2-1 给高压继电器 J3 和 J4 供电，分别使燃料电池发动机和动力电池接到直流高压总线上。

8.1.2　高压电气系统

根据不同的电动汽车动力系统构型，高压电气系统具有不同的电气部件。一般，电动汽车高压电气的最大系统是采用燃料电池组或内燃机/发电机组和动力电池组构成的双电源结构。燃料电池组或内燃机/发电机组是车辆运行的主要动力源，动力电池组是辅助动力源。如图 8-2 所示，当采用燃料电池组为主要动力源时，动力电池组在车辆启动过程中通过启动控制单元为燃料电池的启动提供能量。在车辆加速过程中，当燃料电池输出功率不足时，动力电池组放电

第 8 章 电动汽车的电气系统

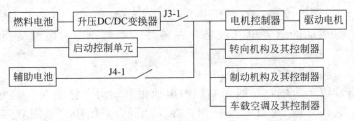

图 8-2 电动汽车的高压电气系统

以补充车辆加速所需能量。当车辆减速和制动时,动力电池组吸收制动能量,这种结构降低了整车运行对燃料电池峰值功率和动态特性的要求,有利于提高整车电气系统的可靠性。由于燃料电池组和动力电池组具有不同的输出电压范围和电源外特性,难以直接并联使用,因此,在燃料电池组的输出端串接一个升压式 DC/DC 变换器,对燃料电池的输出电压进行升压变换及稳压调节,DC/DC 变换器的输出电压和动力电池组的工作电压相匹配,该电压称为高压电气系统的母线电压。母线电压通过各种电源变换器向驱动机构、动力转向机构和气压制动机构中的电机等大功率电气设备提供电能,实现车辆的行驶、转向和制动等功能。

图 8-3 是燃料电池电动汽车高压电气系统的物理部件组成和连接。从图中可以看出,燃料电池组通过升压 DC/DC 变换器输出的直流高压母线和动力电池的输出端并联,直流母线在高压配电中心形成直流正极母线和负极母线的汇流排,分别通过高压接触器 K11~K22 和熔断器 F11~F27 控制不同的电气部件。在燃料电池电动汽车中,转向系统中的液压油泵和制动系统中的空气压缩机分别由相应的电机驱动,因此,高压直流母线不仅要通过 K21 和 F21 为驱动电机系统提供电能,还要分别通过 K22 和 F25、K21 和 F21 为转向系统电机和制动系统电机提供电能。

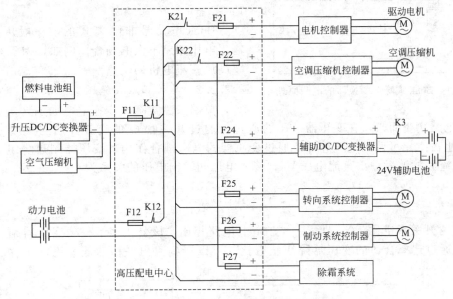

图 8-3 燃料电池电动汽车的高压电气系统

8.2 电源变换器

8.2.1 电动汽车中的电源变换器

电源变换器可分为直流/直流(DC/DC)变换和直流/交流变换两类。在电动汽车中采用的主要是 DC/DC 电源变换器，有降压、升压、双向降-升压三种形式，是实现电气系统电能变换、传输和电力拖动的重要电气设备。在各种电动汽车中，电源变换器主要实现下列功能。

（1）不同电源之间的特性匹配

以燃料电池电动汽车为例，一般采用燃料电池组和动力电池的混合动力系统结构。在能量混合型系统中，采用升压 DC/DC 变换器，在功率混合系统中，采用双向 DC/DC 变换器。

（2）驱动直流电机

在小功率（一般低于 5kW）直流电机驱动的转向、制动等辅助系统中，一般直接采用 DC/DC 电源变换器供电。

（3）给低压蓄电池充电

在电动汽车中，需要高压电源通过降压变换器给蓄电池充电，一般采用隔离型的降压电路形式。

8.2.2 降压变换器

8.2.2.1 直流斩波（Buck）式降压变换器

图 8-4 为 Buck 式降压变换器的基本电路，其中，V_{in} 是输入电压；L、C 分别为电感与电容，对输出电压和电流进行滤波；Q 为功率开关管；VD 为续流二极管。当 Q 导通时，输出电压 V_0 等于输入电压 V_{in}；当 Q 关断时，输出电压等于 0，通过 Q 的交替导通与关断获得给定可调的输出电压，达到降压的目的，其输入电压与输出电压的关系为

$$V_0 = V_{in} D \tag{8-1}$$

其中，D 为开关占空比，$0 \leqslant D \leqslant 1$，因此，$V_0 \leqslant V_{in}$。

Buck 电路是非隔离式的，一般用在输入、输出电压相差不大的场合，例如，用于车载小功率高压直流电机的调速。

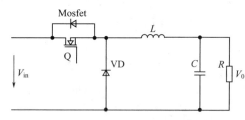

图 8-4 Buck 式降压变换器的电路原理

8.2.2.2 单端正激式降压变换器

单端正激式降压变换器，如图 8-5 所示，是由 Buck 电路衍生而来，在变压器 TR 的原边，通过开关管 Q 的交替导通与关断，在绕组 N_1 上产生占空比可调的电压脉冲，通过变压器的电磁耦合作用，变压器副边绕组 N_2 的输出经过整流和滤波后输出直流电压 V_0，输入电压与输出电压的关系为

$$V_0 = V_{in} D \frac{N_2}{N_1} \tag{8-2}$$

其中，D 为开关占空比，$0 \leqslant D \leqslant 1$。与 Buck 电路相比，该公式多了一项变压器副、原边的匝数比，通过选择合适的变压器降压匝数比，可以得到输出平稳的低电压，同时，由于输

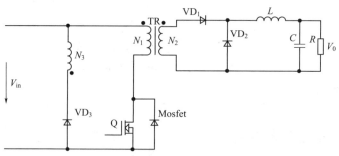

图 8-5 单端正激式降压变换器的电路原理

第 8 章 电动汽车的电气系统

入、输出电压的隔离性质，单端正激式电源变换器广泛应用于车载 24V 蓄电池的充电电源。

8.2.3 升压变换器

升压变换的 DC/DC 变换器一般有两种结构：Boost 型和全桥逆变式。

8.2.3.1 Boost 型变换器

Boost 型变换器也称为并联开关变换器，其电路原理如图 8-6 所示，由开关管 V_1、二极管 VD_1、储能电感 L_1 和输出滤波电容 C_1 组成。当 V_1 导通时，能量从输入端 AO 流入并储存于电感 L_1 中，由于 V_1 导通期间正向饱和管压降很小，二极管 VD_1 反偏，变换器输出由滤波电容 C_1 提供能量。当 V_1 截止时，电感 L_1 中的电流不能突变，它所产生的感应电势阻止电流减小，感应电势的极性为右正左负，二极管 VD_1 导通，电感中储存的能量经二极管 VD_1 流入电容 C_1，并供给输出端 BO。如果开关管 V_1 周期性地导通和截止，开关周期为 T，其中，导通时间为 t_{on}，截止时间为 $T-t_{on}$，则 Boost 型变换器输出 V_o 和输入 V_i 之间的关系为：

$$V_o = V_i \frac{T}{T-t_{on}} \qquad (8-3)$$

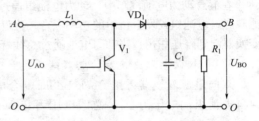

图 8-6 Boost 型变换器电路原理

由式（8-3）可知，当开关周期 T 不变、改变导通时间 t_{on} 时，就能获得所需的上升的电压值。

当开关管 V_1 导通时，其饱和压降只有 2~3V。在 V_1 截止期间，二极管 VD_1 的压降为 1V 左右，因此，Boost 型变换器的效率可以高达 90% 以上；而且，其电路结构简单、器件少，作为车载变换器，还具有重量轻、体积小的特点。

8.2.3.2 全桥逆变式变换器

全桥逆变式变换器的电路原理如图 8-7 所示，主要由开关管 V_1~V_4、中频升压变压器 TR 和输出整流二极管 VD_1、VD_2 组成。开关管 V_1~V_4 构成全桥逆变电路，需要两组相位相反的驱动脉冲进行控制：当 V_1 和 V_4 同时导通、V_2 和 V_3 同时截止时，输入电压 V_i 通过 V_1 和 V_4 加到中频变压器 TR 的原边线圈上，原边电压 $V_{TR}=V_i$；当 V_1 和 V_4 同时截止、V_2 和 V_3 同时导通时，输入电压通过 V_2 和 V_3 反方向地加到中频变压器 TR 的原边线圈上，原边电压 $V_{TR}=-V_i$；当开关管 V_1~V_4 同时截止时，$V_{TR}=0$。这样，通过开关管 V_1~V_4 的交替导通和关断，将输入的直流电压转换成交流电压加到变压器上，其副边电压通过 VD_1 和 VD_2 整流、输出直流电压。如果开关管 V_1~V_4 开关周期为 $2T$，其中，导通时间为 t_{on}，变压器副、原边变比为 n，则全桥逆变式变换器输出 V_o 和输入 V_i 之间的关系为：

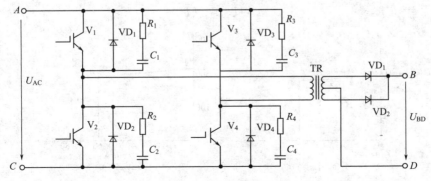

图 8-7 全桥逆变式变换器的电路原理

$$V_o = V_i n \frac{t_{on}}{T} \tag{8-4}$$

由式(8-4)可知,当采用升压变压器时,$n>1$,可获得变换器的升压特性;当开关周期T不变、改变导通时间t_{on}时,就能调节输出的电压值。

与Boost电路相比较,全桥逆变式变换器的输入和输出是通过中频变压器隔离的,由于变压器具有一定的频率响应带宽,在变换器输入端和变压器原边电路产生的部分高频干扰信号不能传输到变换器的输出端,因此,作为车载变换器,全桥逆变式结构具有较好的电磁兼容性能。

8.2.4 双向电源变换器

在混合动力电动汽车中,动力电池组通过双向电源变换器连接到直流母线上,以实现动力电池和燃料电池组或发电机组的功率混合。当燃料电池组或发电机组对动力电池进行充电时,电源变换器起到降压作用;当动力电池通过总线释放能量时,电源变换器起到升压作用。

8.2.4.1 双向电源变换器的电路结构

双向电源变换器采用Buck-Boost复合电路结构,如图8-8所示。在Boost工作模式下,镍氢电池组端电压为U_1,总线电压为U_h,U_1通过升压电感L、开关管VT_2的升压变换经二极管VD_1接到总线电压,和燃料电池发动机实现功率混合。在Buck工作模式下,总线电压U_h通过开关管VT_1的斩波降压经电感L、电容C_2的滤波作用输出U_1对镍氢电池组进行充电,二极管VD_2在降压过程中实现输出电流的续流作用。

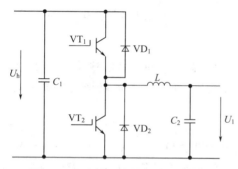

图8-8 双向电源变换器的电路结构

以功率混合型燃料电池电动汽车为例,说明双向电源变换器升压特性和降压特性的实现方法,系统参数的配置为:燃料电池发动机额定输出功率100kW、工作电压350V,最大使用功率130kW、工作电压330V。当总线电压低于350V时,镍氢电池组开始通过双向电源变换器放电,放电功率随总线电压的降低而增大。当总线电压低至330V时,镍氢电池组达到最大放电功率50kW。

8.2.4.2 双向电源变换器的升压特性

双向电源变换器的升压特性如图8-9(a)所示,是电压缓降特性与恒流特性的复合电源特性。缓降电压特性段可以描述为:

$$U = U_o - kI \tag{8-5}$$

其中,U_o为电源变换器升压模式的空载输出电压,相应的输出功率特性为:

$$P = U_o I - kI^2 \tag{8-6}$$

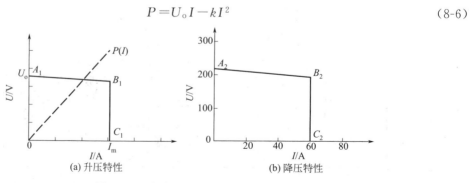

图8-9 双向电源变换器的输出特性

随着电流的增大，输出功率增大；当电流增大到 I_m 时，输出功率达到最大值，之后，电源变换器的输出进入恒流特性，设置恒流特性是为了保护电源变换器和动力电池组的安全工作。

结合燃料电池发动机或发电机的功率特性曲线，得到混合动力系统在总线电压变化时的总输出功率为：

$$P = \frac{U_\circ}{k}U - \frac{1}{k}U^2 \tag{8-7}$$

功率随总线电压的变化率为：

$$\frac{dP}{dU} = \frac{U_\circ}{k} - \frac{2}{k}U \tag{8-8}$$

在动力电池组放电的混合动力工作模式下，$\frac{dP}{dU}<0$，功率随总线电压的下降呈单调增大的趋势。因此，对于任意的车辆行驶功率，对应确定的总线电压值和燃料电池或发电机、电源变换器的稳定工作点，保证了动力系统工作的稳定性。

8.2.4.3 双向电源变换器的降压特性

当需要对动力电池组进行充电时，双向电源变换器处于降压工作模式，电源输出特性如图 8-9(b) 所示，由缓降电压特性段和恒流特性段组成。

当动力电池组的荷电状态（SOC）较低时，降压电路工作在恒流段，实现大电流恒流充电；随着动力电池组 SOC 值和端电压的提高，电源变换器工作在缓降电压段，充电电流随着电池组端电压的升高而逐渐减小，保证电池组充电过程的安全。

8.2.4.4 双向电源变换器的工作模式

以燃料电池混合动力电动汽车为例，说明双向电源变换器的工作模式。根据母线电压的变化，结合上述的电源变换器升压和降压特性，双向电源变换器主要有以下三种工作模式。

(1) 电池组放电的混合工作模式

当母线电压降低、接近 U_0 时，启动双向电源变换器的升压电路，输出空载电压 U_0。当总线电压保持在 U_0 以上时，升压电路中二极管 VD_1 处于截止状态，电源变换器没有输出电流；当燃料电池发动机输出功率进一步增大、使得母线电压小于 U_0 时，升压电路开始输出电流，并且跟随母线电压的进一步变化，自适应调节输出电流的大小，使得电源变换器输出功率随着燃料电池发动机输出功率的增大而增大。

(2) 纯燃料电池发动机工作模式

随着车辆行驶功率的减小，母线电压大于电源变换器升压电路的空载电压 U_0 时，升压电路自动停止输出电流，系统回到纯燃料电池发动机工作模式。

(3) 电池组充电的混合工作模式

当母线电压大于 U_0 较多时，说明车辆行驶的需求功率较小，启动双向电源变换器的降压电路。在降压特性作用下，根据电池组的端电压，充电电流自适应变化。随着电池组端电压的增大，充电电流逐渐减小。当充电电流小于 5A 时，

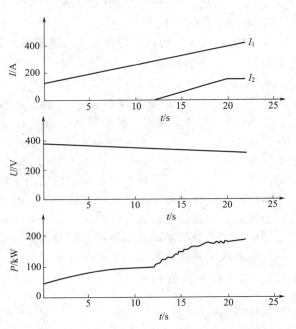

图 8-10 车辆加速过程总线电流、电压、功率波形

说明电池的 SOC 较大，关断降压电路。这种混合工作模式利用燃料电池发动机实现车载充电，与纯电动汽车需要专用充电设备和较长充电时间相比，车辆的使用效率得到了提高。

图 8-10 是模拟车辆加速过程得到的总线电流、电压和功率以及燃料电池发动机和双向电源变换器的输出电流、功率曲线的仿真波形。从中可以看出：当总线电压高于 U_0 时，只有燃料电池发动机提供总线电流，如图中 I_1 所示；当总线电压低于 U_0 时，镍氢电池组通过双向电源变换器输出电流 I_2，随着总线电压的降低，混合动力系统总输出功率增大，在整个过程中，电压、电流变化平稳，系统稳定运行。

8.3 电气系统的电磁兼容性

在电源变换器完成能量的变换与传输的同时，功率开关管周期性的导通与关断将产生宽频的电磁发射，通过电缆和底盘对车辆控制系统产生干扰，形成复杂的电动汽车电磁环境。分析与评价电动汽车的电磁环境和电磁兼容性是电动汽车设计的重要方面。

8.3.1 电磁兼容概述

8.3.1.1 电磁兼容的主要术语

① 电磁兼容　电磁兼容是研究在有限的空间、时间和频谱资源条件下，各种电气设备可以共存并不会引起性能降级的一门科学。按国家标准 GB/T 4365—1995《电磁兼容术语》所下的定义为："设备或系统在其电磁环境中能正常工作，且不对该环境中任何事物构成不能承受的电磁骚扰的能力。"实际上，电磁兼容包括了两个重要内容：能够抵御环境中的电磁干扰；并且不对环境造成不能承受的电磁骚扰。

国内外大量的经验表明，在产品的研制生产过程中，越早注意解决电磁兼容性，则越可以节约人力与物力。

② 电磁发射　从源向外发出电磁能量的现象。发射不仅指电磁能量向外界空间进行的电磁辐射，也包括以电流的形式在电导体中进行的电磁能量的传导。

③ 电磁骚扰　通常也称为电磁噪声，是一种明显不传送信息的时变电磁现象，它可能与有用信号叠加或组合。

④ 电磁干扰　导致电气设备、传输通道或系统性能下降的电磁噪声。

8.3.1.2 电磁兼容标准

我国自从 1983 年发布第一个电磁兼容国家标准 GB 3907—1983 以来，截至 1999 年，已经发布了 75 个有关电磁兼容的国家标准。在电动汽车领域，最新的国家标准是 GB/T 18387—2003 "电动车辆电磁场辐射强度的限值和测量方法（9kHz～30MHz）"。该标准在引用 GB/T 4365—1995 "电磁兼容术语"、GB/T 6113.1—1995 "无线电骚扰和抗扰度测量设备规范"、GB 14032—2000 "车辆、机动船和由火花点火发动机驱动装置的无线电骚扰特性的限值和测量方法" 等标准的基础上，给出了电动车辆电磁辐射测量系统组成、测量方法和辐射限值。该标准规定了电动车辆电磁辐射的外部特性，但是，对于电动汽车内部各个电气设备的电磁干扰及其传播特性，尚未有相关限值与测量方法。

因此，深入分析电动汽车内部电磁噪声的产生与传播过程，研究抑制电磁干扰的措施，是设计电动汽车并使其满足上述标准的重要基础。

8.3.2 电磁噪声的分析

对任何一个电路和电气设备而言，当 $\dfrac{\mathrm{d}i}{\mathrm{d}t} \neq 0$ 时都会产生电磁噪声。日常所接触到的电磁噪声，其时域波形与频域特性都是非常复杂的。按其时域特性来分，可分为随机噪声与脉冲噪声两大类。例如，热噪声、气体放电噪声等都属于随机噪声类型。而绝大多数脉冲噪声的时域波形都是非理想的不规则脉冲。实际上，电磁兼容领域最关心的不是脉冲的具体波形或频谱的细节，而是不同波形脉冲的总体特性。

以一周期梯形脉冲为例，其时域波形如图8-11所示，对应的频谱包络线如图8-12所示。频谱包络线有两个转折点：当频率低于$\frac{1}{\pi d}$时，包络幅度基本不变；当频率在$\frac{1}{\pi d} \sim \frac{1}{\pi t_r}$范围内，包络幅度按20dB/10倍频程下降；频率高于$\frac{1}{\pi t_r}$时，包络幅度按40dB/10倍频程下降。

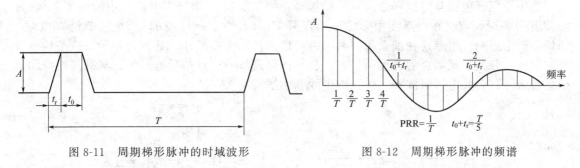

图8-11　周期梯形脉冲的时域波形　　　图8-12　周期梯形脉冲的频谱

图8-13给出了8种不同波形的脉冲频谱包络特性，可见矩形脉冲的谱线幅度下降最慢，延伸到最高的频率范围，而高斯脉冲所占用的频带最窄。

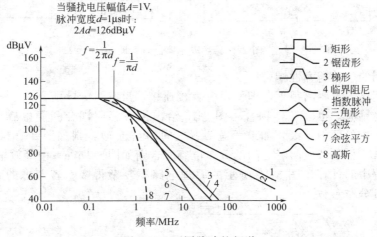

图8-13　不同脉冲的频谱

对于电磁波来说，无论是传导还是辐射，传播特性都与所研究的导线或空间的几何尺寸对信号的波长比值密切相关。由于电磁脉冲的频谱非常宽，所以信号波长所占的范围也非常宽，如表8-1所示。

表8-1　不同频率信号对应的波长

频率	10kHz	1MHz	100MHz	1GHz
波长/m	3×10^4	300	3	0.3

在一个特定的空间距离，对某些频率的信号为近场，而对另一些频率则为远场。例如，在3m距离测量，对于10MHz以下的频率属于近场范围，而对于300MHz以上频率已进入远场区。另一方面，同样长度的导线，对某些频率为长线，而对于另一些频率则为短线。这就使得分析宽频谱电磁噪声的传播特性时，远场与近场需同时考虑，长线与短线需同时考

虑，这就大大增加了解决问题的复杂性。

8.3.3 电磁噪声的传播

从电磁噪声源到被干扰对象之间的耦合途径分为两种：传导、辐射。

8.3.3.1 传导耦合

传导耦合要求在源与接收器之间有完整的电路连接。通常有三种耦合通路：公共电源、公共回路、导线间的近场耦合。前两种均属于互传导耦合。

（1）互传导耦合

互传导耦合包括互阻抗耦合及互导纳耦合，如图 8-14 所示。当电路 1 中的电流 I_1 流过公共阻抗 Z 时，就会在电路 2 中形成一个压降 V_2（其中 $V_2=I_1Z$），该电压就会对电路 2 的负载产生影响。引起这种耦合的公共阻抗可以是任何电路元件，甚至包括导线或结构件自身的阻抗。公共阻抗耦合的典型例子有：公共回路阻抗——包括接地母线、机壳接地线和机架搭接带等；公共电源阻抗——包括配电线和去耦网络。

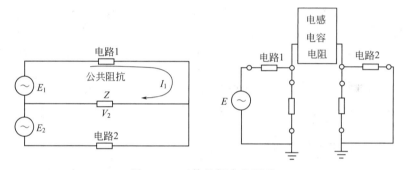

图 8-14 互传导耦合的原理

（2）导线间的感性与容性耦合

两个闭合回路，若距离很近，即使没有直接连接，没有互传导耦合，但由于电路间存在的磁感应或静电感应，也会产生耦合。图 8-15 给出了磁感应耦合和静电感应耦合的原理。对于图 8-15(a) 中的两根导线，如果考虑两者之间的互感 M，则如图 8-15(b) 中等效电路所示的互感耦合。如果考虑两者之间的分布电容 C，则如图 8-15(c) 中等效电路所示的电容耦合。实际工程中的计算比图 8-15 所示的原理电路要复杂得多。若考虑的频率范围较高，还应充分注意其分布参数。

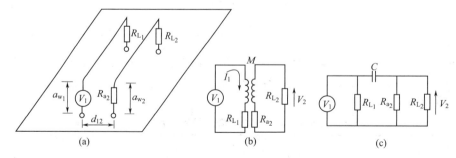

图 8-15 磁感应耦合与静电感应耦合的原理

8.3.3.2 辐射耦合

下面用一个长度远小于所考虑的波长的短导线周围的电场、磁场特性来介绍辐射耦合的基本原理。

根据麦克斯韦（Maxwell）方程，一个短偶极子（载有电流的短导线）周围的场具有下列一些特性（用 r 表示观察点至短偶极子之间的距离）。

① 不同方向的电场及磁场分量分别包含有正比于 $1/r^3$、正比于 $1/r^2$ 以及正比 $1/r$ 的项，当距离 $\lambda/2\pi=1$ 时，三个分量相等。

② 当 $r \gg \lambda/2\pi$ 时，正比于 $1/r$ 的项起主要作用，比其他两项的数值都大，并且随距离的增加衰减很慢。这部分是真正的"辐射场"，此时 $Z=E_\theta/H_\varphi=Z_0=120\pi$，称为远场。

③ 当 $r \ll \lambda/2\pi$ 时，正比于 $1/r^3$ 的项起主要作用。此时的波阻抗 $Z=E_\theta/H_\varphi \approx Z_0\lambda/2\pi r$，由于此时 $r \ll \lambda/2\pi$，故 $Z \gg Z_0$，称为高阻抗场。即由短偶极子的辐射，在近场区为高阻抗场。

此外，如果源不是一个短偶极子，而是一个小环，该小环将呈现低的电路阻抗。在此时波阻抗 $Z=E_\theta/H_\varphi \approx Z_0 \times 2\pi r/\lambda$，此时在 $r \ll \lambda/2\pi$ 的条件下，则 $Z \ll Z_0$，称为低阻抗场。即由小电流环的辐射，在近场区为低阻抗。

由上述可见，在研究场的辐射时，$\lambda/2\pi$（约为 $\lambda/6$）是个很重要的距离。远大于此距离的即为远场，波阻抗与自由空间的波阻抗相等；而远小于此距离即为近场。

在远场区，电波传播的特点是电场与磁场共存，且两者之间保持 120π 的关系。工程实践表明，对于远场耦合，大量是通过天线进行的。有关天线的理论与实践足以支持这方面的分析与计算。在分析通过天线进行的电磁噪声的传播时，应该特别注意的是：在无线电业务中有关天线的特性，都是对该天线的工作频带给出的。但是在分析通过天线辐射的电磁噪声时，所关心的频率有时并非天线的工作频率。此时天线的全部参数，包括方向图等都将产生巨大的变化。例如，分析通信发射机通过天线的杂散辐射时，对于二次、三次……谐波，就不能使用天线对基波的参数。

8.3.4 减少电磁干扰的主要措施

通常用于减小电磁干扰的措施主要有屏蔽、滤波和接地。

8.3.4.1 屏蔽

屏蔽是利用屏蔽材料阻止或减少电磁能量在空间传输的一种措施。按照之前所述的电磁兼容的定义，屏蔽是从"空间"解决电磁兼容问题的方法。

屏蔽的性能是以屏蔽效能来衡量。屏蔽效能的定义是：对给定外来源进行屏蔽时，在某一点上屏蔽体安放前后的场强之比。

对于电场屏蔽：

$$SE_E = \frac{E_0}{E_1} \tag{8-9}$$

对于磁场屏蔽：

$$SE_H = \frac{H_0}{H_1} \tag{8-10}$$

式中 SE——屏蔽效能（倍数）；

E_0，H_0——无屏蔽体时某点的电场强度、磁场强度；

E_1，H_1——有屏蔽体时同一点的电场强度、磁场强度（单位与 E_0、H_0 相同）。

在工程上，屏蔽效能一般用分贝表示，此时上述公式可写为：

$$\mathrm{dB}_{SE_E} = 20\lg\frac{E_0}{E_1} \tag{8-11}$$

$$\mathrm{dB}_{SE_H} = 20\lg\frac{H_0}{H_1} \tag{8-12}$$

屏蔽效能与屏蔽材料的电导率、磁导率、屏蔽体的结构、与源的距离、场的性质（电场或磁场）以及所考虑的频率等因素有关。

从屏蔽机理来观察，对于单层的屏蔽体完成屏蔽效果有三种不同的作用。

① 在空间传播的电磁波到达屏蔽体表面（边界1）时，由于空气-屏蔽体表面阻抗的不连续性，对入射波产生反射作用。这种反射不要求屏蔽材料有足够的厚度，而只要求边界的阻抗不连续。这部分以 R 表示。

② 未被表面反射而进入屏蔽体内的能量，在其内传播时，被屏蔽材料所衰减（吸收）。此种衰减除与材料的特性有关外，直接与材料的厚度有关。

③ 在屏蔽体内尚未衰减掉的剩余能量，传到材料的另一表面（边界2）时，遇到屏蔽体金属-空气界面阻抗的不连续再次产生反射，并重新折回屏蔽体内。这种反射在两界面间可能重复多次。在能量每次到达边界2时总有一部分漏向边界2外面的空间，所有这些能量的总和，就形成了存在屏蔽体时的电场强度或磁场强度。整个过程如图8-16所示。

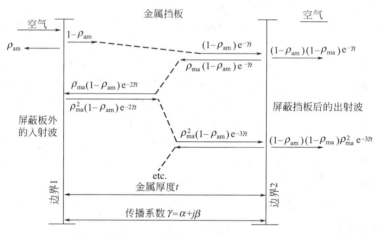

图 8-16　在空气中单层金属材料的屏蔽机理

图8-16中各参数的意义如下：

ρ_{am}——空气-金属界面的反射系数，$\rho_{am}=\dfrac{1-K}{1+K}$；

ρ_{ma}——金属-空气界面的反射系数，$\rho_{ma}=\dfrac{K-1}{K+1}$；

$$K=\dfrac{Z_w}{Z_m}$$

Z_W——波阻抗，Ω；

Z_m——金属阻抗，Ω。

将以上三种作用对屏蔽效能的贡献都以分贝表示，则屏蔽效能可写为：

$$dB_{SE}=R+A+B \tag{8-13}$$

式中　R——边界1的反射引起的衰减，dB；

　　　A——穿过屏蔽材料引起的衰减，dB；

　　　B——多次反射修正项，反映了能量在金属材料内部多次反射对屏蔽效能的贡献。一般情况下，针对使用的材料、工作频率以及屏蔽层厚度计算出的 $A\leqslant 15dB$ 时，B 项才有意义。

当考虑到反射损坏 R 项及 B 项可见，如果采用多层屏蔽，并且在各屏蔽层之间留有空隙，则由于增加了反射损耗从而可以改善屏蔽效能。但其总屏蔽效能要小于两个单层屏蔽效能之和。

在近场区，电场与磁场是分别存在的，而且电场的波阻抗是高阻抗，磁场的波阻抗为低阻抗。只有在距离远大于 $\lambda/2\pi$ 的远场区，场才以交变电磁场的形式存在。正因为场的特性不同，屏蔽才分为电场屏蔽、磁场屏蔽以及交变电磁场屏蔽。

在电场屏蔽中，由于电场为高阻抗场，而屏蔽的金属材料的阻抗通常很低，所以对于电场屏蔽，在空气-金属界面的反射损耗起重要作用。对于电场屏蔽，R 可写为

$$R = 362 - 20\lg(\kappa\sqrt{\mu_r f^3/\sigma_r}) \tag{8-14}$$

式中　μ_r——相对磁导率；
　　　σ_r——相对于铜的电导率，铜的电导率为 $5.8\times10^7\Omega/m$；
　　　r——点源与屏蔽表面的距离。

随着频率的提高，R 对屏蔽效能的贡献越大。但应注意，随着频率的提高，同样的距离 r，近场条件将趋向不易满足。

随着频率的提高，而使场进入远场区，此时若距离足够远，交变电磁场成为平面波，此时 R 可写为

$$R = 168 - 10\lg(\mu_r f \sigma_r) \tag{8-15}$$

从上式不难看出，R 与距离无关，因为对于一个点源，只有当距离与波长相比很大时，才可形成平面波。于是距离的因子不再有意义。

在此，用统一的波的概念去解释电场屏蔽。但有些资料中是用电路的概念去解释。

对于磁场屏蔽，由于在近场区，磁场为低阻抗场，所以在空气-金属界面的反射损耗对屏蔽效能的贡献很小。对于磁场屏蔽，屏蔽效能公式中的 A 项起着主要的作用。由于只有在电磁波穿过空气-金属界面才出现吸收损耗，所以 A 值与能量的性质（电场或磁场）无关，一律由下式决定：

$$A = 0.1314 d \sqrt{\mu_r \sigma_r f} \tag{8-16}$$

式中　d——屏蔽材料的厚度，m；
　　　f——频率，Hz。

不同材料的吸收损耗差别很大。表 8-2 列出了一些常用屏蔽材料每毫米的吸收损耗。

表 8-2　不同材料的吸收损耗

材　料	相对电导率 σ_r	相对磁导率 μ_r	吸收损耗/(dB/mm)	
			150kHz	50Hz
黄铜	0.26	1	26	0.47
铝	0.61	1	40	0.73
冷轧紫铜	0.97	1	50	0.92
不锈钢	0.02	1×10^3	220	4.2
铁	0.17	1×10^3	650	12
坡莫合金	0.03	8×10^4	2500	45
高磁导率镍钢	0.06	8×10^4	3500	64

由表 8-2 可见：铁磁材料由于 μ_r 较大，所以吸收损耗大，有利于用于磁场屏蔽；由于吸收损耗正比于频率的二次方，所以当频率低时，吸收损耗也相应降低，工频磁场屏蔽是很困难的，不但需要好的材料，而且厚度也应足够；在计算上表时，对于铁磁材料的 μ_r 认为是不随频率改变的，在 150kHz 以下，这一假设带来的误差不大，但当频率再高时，应考虑随频率的升高 μ_r 可能会下降。

在电磁屏蔽中，对交变电磁场（远场、平面波）的屏蔽，则应考虑 R、A、B 的全部内容。综合考虑下列原则。

① 考虑到对于远场条件，电场与磁场是互相依存的，所以只要对两者之一进行屏蔽，则另一个也将不复存在。一般情况下，采用非铁磁材料屏蔽电场即可。

② 对于平面波，当频率提高时，反射损耗的值随频率的变化远比近场的电磁屏蔽有效。所以交变电磁场屏蔽经常依靠界面的反射，而吸收损耗所起的作用很小，因而可以采用较薄的材料。

③ 当考虑 $dB_{SE}=R+A+B$ 中的多次反射修正项 B 时，若屏蔽材料很薄，则由于在材料内部的各次反射的相位很接近，而使得能量有可能相互叠加，使得多次反射修正项变为负值，起到了抵消空气-金属界面的反射损耗 R 的作用，从而使总屏蔽效果将有所降低。当屏蔽层厚度小于 $\lambda/4$ 时，屏蔽效果几乎与频率无关。而当厚度大于 $\lambda/4$ 时，由于 B 由负值趋向于 0，屏蔽效果将随频率的升高而增加，从而成为频率的函数。

以上只是讲述了屏蔽的基本原理，对于工程应用，还必须考虑接缝、孔洞、电缆的屏蔽以及插接件的屏蔽等。

8.3.4.2 滤波

滤波是在频域处理电磁兼容问题的手段。通过滤波，可以抑制传导电磁骚扰。完成滤波作用的部件称为滤波器。

滤波器按其处理信号的类别，可以分为信号选择滤波器与电磁骚扰（抑制）滤波器两大类。信号选择滤波器的主要作用是选出所需频率（或所需频率范围）的信号。例如，在一般接收机和测量接收机内的高频放大级或中频放大级中就有许多信号选择滤波器。

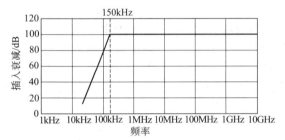

图 8-17 电源滤波器的频率特性曲线

在此介绍的主要是电磁骚扰（抑制）滤波器。按使用场合，常见的有电源线滤波器、电话线滤波器、信号线滤波器、控制线滤波器、数据线滤波器等。这些滤波器都是低通滤波器，对应滤波器的名称，就是需要在该类滤波器内通过的有用频率成分，而高过这些频率的成分，则属于滤波器的阻带。图 8-17 所示为一个电源滤波器的频率特性曲线。由该曲线可见，对于 50Hz 的电源频率，其衰减很小，而对于高过 150kHz 的各种频率成分的电磁骚扰，可以提供高达 100dB 以上的衰减。当将这种滤波器串接在电源电路中，可以有效地抑制由公共电网系统来的各种传导骚扰。

电磁骚扰滤波器的最主要指标如下。

（1）频率特性

频率特性反映了滤波器随频率的改变其插入损耗的变化。对于通带，其插入损耗应很小；而对于阻带，则插入损耗很大。插入损耗（L）的定义为：

$$L = 20\lg \frac{E_2}{E_1} \tag{8-17}$$

式中 L——插入损耗，dB；

E_1——不接滤波器时，信号源在负载电阻上建立的电压；

E_2——信号源通过滤波器在负载电阻上建立的电压，单位与 E_1 相同。

从频率特性也可以看到通带与阻带间过渡段的频率特性曲线的斜率。若要求的斜率越陡，则滤波器越复杂，成本也越高。

随着应用场合的不同，通带的最高频率也不同。例如电源滤波器，主要通过工频（50Hz、60Hz 或 400Hz）；信号线、控制线、数据线滤波器则需视所需传送的信号频带而定。当需要传送的频率上限较高时，往往高过所希望滤除的电磁骚扰的最低频率，即要求的通带与阻带交叉。这种情况，使用滤波器就不可能实现，而必须采取其他措施，如光电隔离器等。

(2) 阻抗

滤波器插入在信号源与负载之间,理论上讲,其输入阻抗应与信号源匹配;输出阻抗应与负载匹配。但由于滤波器的工作频段(包括阻带与通带)很宽,例如用于电磁屏蔽室的电源滤波器,阻带的频段就要求从 10kHz 至十几吉赫;通带主要是 50Hz。在这样宽的频率范围内要求输入、输出端的良好阻抗匹配是不可能的,并且信号源本身(如电源滤波器的源就是公共电网)的阻抗也变化很大,更无法做到匹配。于是就出现了问题:测量频率特性曲线时总需要规定一个固定的源阻抗与负载阻抗;而使用时的阻抗又不可能与测试特性时的阻抗一致。这会导致工作时的频率特性曲线与实验室的测量结果可能会有出入。

有一类电磁骚扰滤波器,故意设计成在阻带频带范围内阻抗严重不匹配,从而通过反射而达到阻带的高插入损耗。此种称为反射滤波器。

(3) 额定电压

滤波器的额定电压必须足够高,以保证在所有的预期条件下都能够可靠地工作。因为,当外加电压超过额定电压时,滤波器内的电容器或电阻可能被击穿或烧毁。额定电压这项指标对于电源滤波器或输入信号中带有脉冲时尤为重要。

(4) 额定电流

额定电流是指在连续运用时,不破坏滤波器中的电阻和电感性能的最大容许电流,额定电流应该与滤波器内部的开关、熔丝、电感线圈导线的载流量、工作温度等有关。但更应该注意的是,如果滤波器中的电感采用了磁性材料,那么在额定电流时的安匝数不应将磁性材料的工作点推至饱和区。因为一旦进入饱和区,电感量会变小,将影响整个滤波特性。严重时还可能使滤波器输出波形失真。

(5) 漏电流

对于电源滤波器,当负载开路时,输入端相线对地线之间的电流称为滤波器的漏电流。这一电流是由于该滤波器的相线与地之间接有电容器以便滤除共模骚扰而引起的。有时由于该电容器的容量过大,而使得对于 220V、50Hz 电源漏电流可高达几安。但工作在同一电压、频率下的微小漏电流滤波器,可以将漏电流控制在 2mA 左右。漏电流的缺点是:如果在电源电路中,滤波器前接有漏电流保护器,那么滤波器的漏电流足以使保护器动作。此外,漏电流是容性的,如果大批高漏电流滤波器同时安装在同一电网上,将会使功率因数下降。对于同一滤波器,漏电流的大小正比于输入端工作电压。

8.4 电动汽车的电气安全技术

在电动汽车中,高压电气系统的工作电压可以达到 300V 以上,较高的工作电压对高压系统与车辆底盘之间的绝缘性能提出了更高要求。高压电缆线绝缘介质老化或受潮湿环境影响等因素都会导致高电压电路和车辆底盘之间的绝缘性能下降,电源正负极引线将通过绝缘层和底盘构成漏电流回路,使底盘电位上升,不仅会危及乘客的人身安全,而且将影响低压电气和车辆控制器的正常工作。当高电压电路和底盘之间发生多点绝缘性能严重下降时,还会导致漏电回路的热积累效应,可能造成车辆的电气火灾。因此,高压电气系统相对车辆底盘的电气绝缘性能的实时检测是电动汽车电气安全技术的核心内容,对乘客安全、电气设备正常工作和车辆安全运行具有重要的意义。

8.4.1 电气绝缘检测的一般方法

对于封闭回路的高压直流电气系统,其绝缘性能通常用电气系统中电源对地漏电流的大小来表征，现在普遍使用两种漏电流检测的方法：辅助电源法和电流传感法。

8.4.1.1 辅助电源法

在我国某些电力机车采用的漏电检测器中，使用一个直流110V的检测用辅助蓄电池，蓄电池正极与待测高压直流电源的负极相连，蓄电池负极与机车机壳实现一点连接。在待测系统绝缘性能良好的情况下，蓄电源没有电流回路，漏电流为零；在电源电缆绝缘层老化或环境潮湿等情况下，蓄电池通过电缆线绝缘层形成闭合回路、产生漏电流，检测器根据漏电流的大小进行报警，并关断待测系统的电源。这种检测方法不仅需要直流110V的辅助电源，增加了系统结构的复杂程度；而且，这种检测方法难以区分绝缘故障源是来自电源的正极引线电缆还是负极引线电缆。

8.4.1.2 电流传感法

采用霍尔式电流传感器是对高压直流系统进行漏电检测的另一种方法，将待测系统中电源的正极和负极一起同方向穿过电流传感器，当没有漏电流时，从电源正极流出的电流等于返回到电源负极的电流，因此，穿过电流传感器的总电流为零，电流传感器输出电压为零；当发生漏电现象时，电流传感器输出电压不为零。根据该电压的正负可以进一步判断产生漏电流的来源是来自电源正极引线电缆还是电源负极引线电缆，但是，应用这种检测方法的前提是待测电源必须处于工作状态，要有工作电流的流出和流入，它无法在电源空载状态下评价电源的对地绝缘性能。

在目前的一些电动汽车研发产品中，采用母线电压在"直流正极母线-底盘"和"直流负极母线-底盘"之间的分压来表征直流母线相对于车辆底盘的绝缘程度，但是，这种电压分压法只能表征直流正、负母线对底盘的相对绝缘程度，无法判别直流正、负母线对底盘绝缘性能同步降低的情况；同时，对直流正、负母线对底盘绝缘电阻差异较大的情况会出现绝缘性能下降的误判断。严格地说，对于电动汽车，只有定量地分别检测直流正极母线和负极母线对底盘的绝缘性能，才能保证电动汽车的电气安全性。

8.4.2 电动汽车电气绝缘性能的描述

电动汽车的电气设备直接安装在车辆底盘上，每个电气设备都有独立的电流回路，与底盘之间没有直接的电气连接。整个高压系统是与底盘绝缘、封闭的电气系统。

绝缘体是相对导电体而言的，在直流电源系统中，定量描述一种介质绝缘性能和导电性能的物理量是电阻。导体的电阻小，绝缘体的电阻大，绝缘体电阻的大小表征了介质的绝缘性能。电阻越大，绝缘性能越好，反之亦然，称该电阻为绝缘电阻。在电动汽车的高压电气系统中，分别利用电源的正极引线电缆和负极引线电缆对底盘的绝缘电阻，来反映电气系统的绝缘性能。

8.4.3 绝缘电阻检测原理

为了检测上述绝缘电阻，直接将车载高压电源作为检测电源。在电源正极、负极和车辆底盘之间建立了桥式阻抗网络，如图8-18所示。其中，A点与电源正极相连，B点与电源负极相连，O点与车辆底盘相连。U_o为高压电源的输出电压，R_{g1}、R_{g2}分别为高压电源正、负极引线对底盘的绝缘电阻，R为限流电阻，取$R=51\text{k}\Omega$。VT_1、VT_2为电子控制的开关管，通过控制VT_1和VT_2的导通与关断，改变了A点和B点之间的等效电阻和电源的输出电流I，根据U_o、I和等效电阻之间的关系，计算出R_{g1}和R_{g2}。

相对电压U_o而言，开关管VT_1和VT_2的导通电压很小，可以忽略不计。在电动汽车运行过程中，电压U_o不是恒定不变的，其读数需要和电流I同时采集。当VT_1导通、VT_2关断时，桥式阻抗网络的等效形式为R_{g1}与R并联后与R_{g2}串联，这时，电源电压为U_{o1}、

第 8 章 电动汽车的电气系统

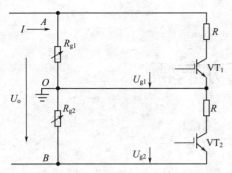

图 8-18 变阻抗网络电路

电流为 I_1：

$$U_{o1} = I_1 \left(R_{g2} + \frac{R_{g1}R}{R_{g1}+R} \right) \quad (8\text{-}18)$$

当 VT_2 导通、VT_1 关断时，桥式阻抗网络的等效形式为 R_{g2} 与 R 并联后与 R_{g1} 串联，这时，电源电压为 U_{o2}、电流为 I_2：

$$U_{o2} = I_2 \left(R_{g1} + \frac{R_{g2}R}{R_{g2}+R} \right) \quad (8\text{-}19)$$

当高压电源正、负极引线对底盘的绝缘性能较好，满足 $R_{g1} > 10R$、$R_{g2} > 10R$ 时，可以做以下近似处理：

$$\frac{R_{g1}R}{R_{g1}+R} \approx R \quad (8\text{-}20)$$

$$\frac{R_{g2}R}{R_{g2}+R} \approx R \quad (8\text{-}21)$$

由式(8-18)～式(8-21)，得到：

$$R_{g1} = \frac{U_{o2}}{I_2} - R \quad (8\text{-}22)$$

$$R_{g2} = \frac{U_{o1}}{I_1} - R \quad (8\text{-}23)$$

如果 VT_1 和 VT_2 同时关断时，电流 I 大于 2mA，说明绝缘电阻 R_{g1}、R_{g2} 之和小于 $250k\Omega$，电源的正、负极引线电缆对底盘的绝缘性能都不好，检测系统不再单独检测 R_{g1} 和 R_{g2}，立即发出报警信号。

在待测电源输出端建立阻抗网络是电动汽车电气绝缘性能检测的新方法，电路结构简单，能够分别定量检测电源正、负极对车辆底盘的绝缘性能。

参 考 文 献

[1] 陈全世等编著. 燃料电池电动汽车. 北京：清华大学出版社，2005.
[2] 张林昌主编. 电气设备状态监测与故障诊断技术. 北京：机械工业出版社，2000.
[3] Javier Hortal et. al., Application of the integrated safety assessment methodology to the protection of electric systems, Reliability Engineering and System Safety, 52, 1996：315-326.
[4] Thomas Baldwin et. al., Directional Ground-Fault Indicator for High-Resistance Grounded Systems, IEEE Transaction on Industry Application, 2003, (39) 2：325-332.
[5] Huang Yong, et. al., Study on the Characteristics of Boost Converter in Hybrid Fuel Cell City Bus, Proceedings of the international conference of industrial technology, Hongkong, 2005.
[6] 黄勇等. 电动汽车电气绝缘检测方法的研究. 现代制造工程，2005，4.

第9章 纯电动车辆

9.1 纯电动车辆概述

纯电动车辆迄今还没有一个公认的统一定义，较一般的理解是从车载储能装置（包括车载蓄电池、超级电容、飞轮电池等装置）获得电力，以电机驱动的各种车辆。例如，低速的工业用电动车辆（即人们常说的电瓶车）、机场、码头、车站、仓库用的电动车、电动叉车、残疾人用车、高尔夫球场用车、观光游览用车、电动自行车以及一些专用车，一般总称这些车为"电动车辆"。

作为"纯电动汽车"，一般理解为它从车载储能装置上获得电力，以电机驱动，但同时又满足道路交通安全法规对汽车的各项要求，并获许在正规道路上行驶的车辆。例如，根据我国交通安全法规——《机动车运行安全技术条件》（GB 7258—2012）对动力装置的规定，在道路上行驶的车辆，每吨总质量的动力不能少于4.75 kW，而且交通安全法规对汽车的制动、灯光、通过性、整车安全性能等还有专门要求。

关于电动汽车何时发明？现在一般认同的看法是：1873年英国人Robert Davidson在马车的基础制造了一辆电动三轮车，它由铁锌电池（一次电池）提供电力，由电机驱动，这就是早期电动汽车的雏形。它比以内燃机为动力的汽车发明早13年（内燃机汽车被确认为1886年由德国人Gottlieb Daimler和Karl Benz两人于同一年分别制成）。1881年法国人Gustav Trouve第一次应用铅酸电池（二次电池）制成了电动汽车。1882年巴黎有人把可乘50人的马车改为电动车。1886年伦敦出现电动公共汽车。1899年法国人La Jamais Contecte创造的电动汽车时速为106 km，打破当时的世界汽车最高车速的纪录。1900年美国汽车的产量为4195辆，其中电动汽车1575辆，蒸汽汽车1684辆，燃油汽车936辆，电动汽车占汽车产量37.5%，比燃油汽车的22.3%还多。从以上历史可以看出，电动汽车在19世纪末至20世纪初曾有过一段辉煌的历史。

进入20世纪以后，由于大量发现油田，石油开采提炼和内燃机技术的迅速进步，燃油汽车发展迅速。电动汽车则由于电池技术进步缓慢，在性能、价格等方面都难以与燃油汽车竞争而逐步被燃油汽车取代。1919年美国电动汽车的产量虽然还有5000辆，但同年燃油汽车的产量却是160万辆，到1920年以后在美国公路上已看不到电动汽车。

20世纪60年代以后，由于汽车的普及（2000年底全球汽车保有量已达7亿辆），汽车排放的有害气体严重污染大气，直接威胁人类的健康和赖以生存的环境。20世纪70年代以来的三次石油危机又唤起人类对有限石油资源的关注，电动汽车的研究开发重新受到重视，成为"热点"。世界各主要工业发达国家的政府和各主要汽车制造厂商以及电力、环保、交通、机电等部门都投入巨大的人力、物力来研究、试验、试用电动汽车，经历了基础研究、关键技术突破，产品开发和试验，车队和小区域的试用，现在正在转入小批量商业化生产和实际应用探索的阶段，预计在21世纪初电动汽车将会逐步走向实用。

9.2 美国的电动汽车计划

9.2.1 美国通用汽车公司的 EV-1 纯电动轿车

1990 年 1 月通用汽车公司在洛杉矶展示其第一辆电动概念车"冲击"（Impact）而引起轰动，在其后几年中，经四轮的改进，发展为第二代 EV-1（图 9-1），而于 1996 年正式投入小批量商业化生产，并于 1996 年 12 月开始在美国加州的洛杉矶市、圣地亚哥市和阿利桑那州的凤凰城开始销售，每辆售价 35000 美元。EV-1 的设计是完全按照电动汽车的特点进行的，大量采用最新技术，使该车在技术上处于世界领先水平。据称在 EV-1 研制过程中申请了 23 项专利，投入的研制费用达到 3.5 亿美元。

图 9-1　第二代通用 EV-1

EV-1 纯电动汽车的整车以及主要部件采用了诸多先进技术：其车身骨架由四种不同规格的铝合金，经铸造、挤压、钣材成形等不同工艺方法制成 165 个部件，再经铆、焊或粘接方法制成一个整体（图 9-2）。整个车身成雨滴形，车身空气阻力系数仅为 0.19，属于世界领先水平。整个骨架经过有限元分析，各部分的强度、刚度都很好，做到结构既轻又安全可靠。整个骨架重 132kg，占整车装备质量的 10%；而同类汽车的车身钢制骨架重 272kg，占整车装备质量的 20%。

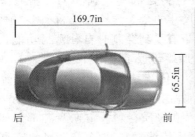 

图 9-2　EV-1 的车身外形和骨架结构（1in＝0.0254m）

EV-1 的电池箱配备有智能电池管理系统（通用公司称之为 Smart Guard——聪明的卫士），监测电池组的电压、电流、温度、剩余电量及控制充电的模式，并有各种联锁保护装置，出事故时会自动切断主电路，电池箱内还有强制风冷系统，保证各个电池温度的均匀和带走少量可能外溢的气体。

EV-1 采用感应式充电器，它的工作原理类似于电力变压器，来自电网的电源经过处理成为高频交流电,后通过一椭圆形板插入汽车的槽形板座中,两者像变压器的初级及次级线圈一样耦合,并通过磁场传递电能,交流电经整流后向电池组充电。与接触式充电器不同,它没有通过金属与金属的直接接触来传递电能。椭圆形板上还有一套微波通信系统接收来自电池管理系统的信息,根据电池的剩余电量、温度等参数确定充电的模式。充电器有两种形式:一种是车载式的,电源电压为110~120VAC,功率1.2kW,把电池组充满要12~14h;另一种是车外式的,电源电压为220~240VAC,功率6.6kW,把电池充满仅需3h。感应式充电器安全、高效、可靠,使用方便,全天候工作。与接触式充电器相比,其主要问题是价格较贵。据报道6.6kW的充电器价格估计约为6500美元,而同样功率的接触式充电器价格为1000美元,批量生产后可降至500美元。

图 9-3 EV-1 的电池组和电机驱动系统布置

EV-1采用三相交流感应驱动电机,持续功率40kW,最大功率102kW(6500r/min),0~5000r/min为恒扭矩190N·m,最高转速可达13000r/min,电机经两级斜齿轮减速(速比为10.95)—差速器—等速万向节传动来驱动两个前轮,电机—减速器—差速器为一整体;如图9-3右所示。总质量为68kg,比同级别汽油汽车的四缸汽油机—变速器—差速器总成减轻了1/3。EV-1的电子控制箱还包括向有关部件提供的电源及控制装置,如空调、动力转向驱动电机、为12V辅助电池充电装置、风挡玻璃除霜、润滑油泵、冷却液泵等,整个控制箱重25kg。

EV-1的制动系统具有制动能量回馈系统、ABS、轮胎压力实时监控等功能。

EV-1采用宽断面低阻力子午胎,轮胎的橡胶材料是低弹性损失的,胎冠薄、气压高(0.35MPa),滚动阻力系数为0.005,比一般相同尺寸的全天候轮胎低25%~50%,铝制轮辋是用挤压铸造制成,质量仅为3.8kg,轮胎本身带有受到穿刺时自补密封功能,再加上低气压警报,故取消了备胎,进而取消了千斤顶、轮胎螺母扳手等附件。

悬架及转向系统中大量采用铝材及玻璃钢件,与传统结构相比,前后悬架分别减轻了24%与40%。动力转向的液压泵由交流电机驱动,并由电子控制,耗能比同类泵小65%。

EV-1的车身内饰及附件也尽可能采用先进技术和轻质材料。方向盘芯部骨架、座椅底座骨架和靠背骨架的材料都是镁铝合金。整个座椅比传统材料减轻了60%。空调系统采用双向作用热泵式结构,既可制冷,又可取暖。空调驱动系统采用电子控制的变频调速交流电机,耗能仅为通常压缩机的1/3。空调系统还有预置控制功能,车主可提前设定用车时间,空调系统可自动按设定用车时间提早15min启动,电网电能可把车辆预冷或加热到车主满意的温度。

EV-1采用高容量铅酸电池时,续驶里程为88.5~152km(55~95mile),这与道路情况、驾驶习惯和温度有关。采用镍氢电池时,续驶里程增大为120~209km(75~130mile)。

EV-1最高时速可达128km/h。0~96km/h加速时间小于9s。另外，该车还具备牵引力控制、巡航控制等功能。

EV-1从1996年12月正式走向市场，初步市场调查显示，EV-1的潜在用户是有钱人、高学历的人、崇尚环保和高技术者，年龄在35~54岁之间，他们家庭的年收入在12.5万美元以上，家中一般有几部汽车，购买EV-1主要用于社交活动。

EV-1电动汽车虽然有许多优点和先进技术，但是由于EV-1价格昂贵，而且每行驶80mile就要充电数小时，使用起来很不习惯。因此，尽管通用汽车公司为EV-1的促销活动花了很大力气，美国联邦政府和各地方政府也给予了不少优惠政策，同时也受到电动汽车爱好者的欢迎，但始终未能得到普通大众的接受，销量一直不大，从1996~2000年EV-1大约售出1110辆，生产和经营一直处于严重亏损状态。因此，2000年通用公司决定停止制造EV-1。但是研制EV-1纯电动汽车所积累的技术和经验，对进一步开发混合动力和燃料电池电动汽车是十分宝贵和有用的。

9.2.2 美国特斯拉汽车公司的纯电动车

(1) Tesla Roadster（图9-4）

它是世界上第一辆全电动跑车，由创建于2003年7月、总部设在美国加州硅谷San Carlos的Tesla Motors（特斯拉汽车公司）制造。该车装有182kW的交流电机，并由6831个单体组合在一起的锂离子电池包（质量为454kg）提供能源，该车0~100km/h加速时间仅为4s，最高车速可达到217km/h，一次充电可以跑402km。美国《时代》杂志将其评为2006年度最佳发明，同时美国《Popular Mechanics》杂志授予TESLA Roadster全电动跑车制造者"2006年度创新突破性奖"。

图9-4 Tesla Roadster的部件布置

Tesla Roadster的开发已经花费了2500万美元。整车价格为8.5万~10万美元，至今已经累计销售1000多台。其公司的雇员分布在美国加州、英国和中国台湾地区，目前有70人左右。

Tesla Roadster的主要技术参数如下。

- 传动系统：两挡电控手动变速箱。

  速比：Ⅰ挡4.20:1；总速比14.3:1。

  Ⅱ挡2.17:1；总速比7.4:1。

  主减速比3.41:1。

- 尺寸参数(mm)：总长3946，总宽1873，总高1127。
  轴距2352，轮距（前/后）1464/1499。

- 车辆整备质量：1134kg。

(2) Tesla Model S（图9-5）

2011年10月1日，Tesla公司开始发售Model S。其基础款车型性能为：0~100km/h的加速时间4.4s，最高车速193km/h，风阻系数仅为0.22。

Tesla Model S车型按电池容量、驱动电机大小和驱动形式不同有若干版本（表9-1），分为60、60D、70、70D、85、85D、P85D、90D、P90D，共计9款。这里，数字代表电池

图 9-5 Tesla Model S 车型

容量,如 "85" 代表电池容量为 85kW·h;字母 "D" 代表四轮驱动,否则就是后轮驱动 RWD。P (Performance) 是指车辆性能有大幅提升。

2013 年 Tesla Model S 以五星的成绩通过美国高速公路安全管理局(National Highway Traffic Safety Administration, NHTSA)新车碰撞测试。

(3) 特斯拉专利

2014 年 6 月 12 日,特斯拉公司宣布,为了电动汽车技术的发展,特斯拉公司开放其所有专利技术,任何人出于善意想要使用这些专利技术,特斯拉公司将不会对其发起专利侵权诉讼。特斯拉公司开放其专利,客观上将有利于提升新能源汽车产业的发展。需注意的是,特斯拉公司对所持有专利进行了很多专利权转让,如转让给了 PNC 银行协会(PNC Bank, National Association)、米德兰贷款服务公司(Midland Loan Services, INC.),并且有些专利申请涉及两次权利转让,都是先转给米德兰贷款服务公司,再转让给了 PNC 银行协会。因此,若要使用这些专利技术,需要注意所使用的专利,其真正所有人到底是谁,以避免专利诉讼风险。

表 9-1 Tesla Model S 车型类别

车身结构				4门5座掀背车				
电池容量/kW·h	60	60	70		85/90		P85/90	
驱动形式	RWD	RWD	RWD	AWD	RWD	AWD	RWD	AWD
型号	60	60D	70	70D	85/90	85D/90D	P85	P85D/P90D
续驶里程/km	260	335	370	390	426	430	426	407
最大功率/kW	175	225	235	245	278	315	350	515
最大转矩/N·m	430	430	—	—	441	—	601	931
加速时间(0~96km/h)/s	6.5	5.9	5.5	5.2	5.4	4.2	4.2	3.1
最高车速/(km/h)	180	190	230	230	230	249	210	249
整备质量/kg	1961	2085	2090	2108	—	2188	—	2239
传动系统				固定传动比:9.73:1				
轴距/mm				2959				
外形尺寸/mm	长				4976			
	宽				1963			
	高				1435			

读者可从 http://stks.freshpatents.com/Tesla-Motors-Inc-nm1.php 网站下载特斯拉公司的专利申请目录；并可从 US PATENT & TRAMDEMARK OFFICE PATENT APPLICTION FULL TEXT AND IMAGE DATABASE 下载专利申请文件，其网址为 http://appft.uspto.gov/netahtml/PTO/srchnum.html。

特斯拉公司的专利申请主要涉及电池管理系统（包括电池包的充电控制、温度控制以及电流控制）、电池包结构、车体结构、动力系统、操作界面、整车控制等领域，其中在电池管理系统、电池包结构、车体结构等领域，提交的专利申请量较大，尤以特斯拉公司擅长的电池管理系统领域专利申请量最大。下面仅就来自美国相关专利文件内容介绍点滴。

① 特斯拉 Model S 的车身结构。特斯拉 Model S 采用全铝合金承载式车身，车身底架由前防撞梁、侧梁、横梁、后防撞梁、地板以及前后扭力盒组成，前后防撞梁及其相邻的横梁与侧梁通过扭力盒连接，参见图 9-6 所示特斯拉 Model S 的车身结构，由于没有传统的发动机，车辆前部腾出了巨大的储物空间（前备厢），充当缓冲区的角色，在车辆发生正面碰撞时，能有更长的溃缩区，最大限度地吸收撞击能量，同时由于其没有传统的发动机就意味着不存在传统的发动机穿入乘员舱的情况，有效保护驾驶室人员的安全。

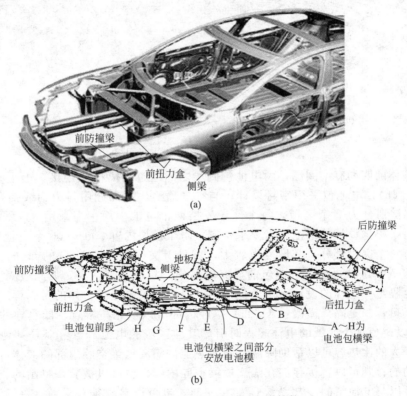

图 9-6　特斯拉 Model S 的车身结构

② 特斯拉 Model S 的电池包。Model S 中的电池组位于车辆底盘的地板之下，见图 9-6、图 9-7(a)，其与轮距同宽，长度略短于轴距。电池包的尺寸为：长 2.7m、宽 1.5m、厚 0.1~0.18m。其中 0.18m 较厚的部分是由 2 个电池模块叠加造成的。电池包平置于底盘中部的地板之下，大大降低了车辆重心。在碰撞过程中，相比于传统汽车，电动车将更易保持姿态的稳定性，很少发生严重的翘尾、侧偏现象。这在一定程度上减小了乘员在发生撞击时的晃动幅度，并能以更安全的角度承受安全气囊暴发的压力。电池包的结构是一个通用设计，除了 18650 型号电池外，还可以安装满足要求的其他电池。

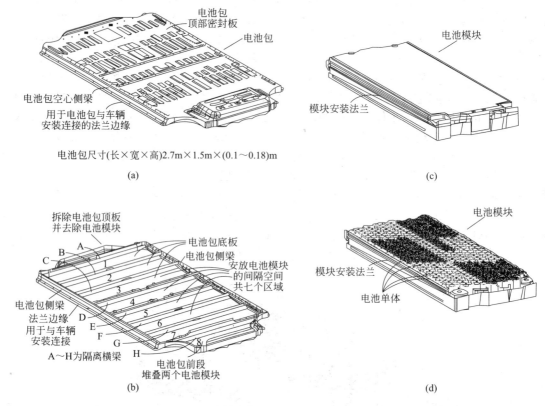

图 9-7 特斯拉 Model S 电池包结构

电池包整体的四周有梁圈围,两电池包侧梁之间通过隔离横梁连接,上下有面板包裹,见图 9-7(a)、(b),电池包采用密封设计,与空气隔绝,大部分用料为铝或铝合金。Model S 电池包内部被划分为 7 个区域,每个区域安装两个电池模块。当采用 3.4A·h 的 18650 型单体电池时,根据设计的电池容量要求不同,每个模块内置 300~400 个电池单体。在电池包前段还有一个突出部分,其厚度也较大,就是上文提到的 0.18m 的部分,堆叠了两个电池模块。这 7 个区域再包括电池包前段突出部分一共是 8 个空间,彼此被隔离横梁隔开,相互之间完全隔绝。这样的设计有两个优点:一是增加了电池包整体的牢固程度,使整个底盘结构更加坚挺;二是隔离横梁(A~H)空腔内部可以填充高熔点、低热导的材料(例如玻璃纤维),以避免某个区域的电池起火时引燃其他区域的电池,也可以是其他液体填充物(如水),其较大的比热容可以帮助降温、吸收热能。隔离横梁空腔内部的液体可以是静止的也可以是流动的;既可以直接存储在隔离横梁空腔内部,也可以被装在特制的袋中。如果是流动状态,可以与电池组的冷却系统连接在一起,也可以自建循环系统。在 8 根隔离横梁(A~H)中,D 与 E 两个隔离横梁与其他几根横梁相比要更加粗壮一些。这样的设计是为了进一步增加电池包的坚固程度,使其能够更好地承受来自车辆侧面的撞击。

图 9-7(d)是电池模块中 18650 电池单体的排列方式,电池单体有的正极朝上,有的负极朝上,每个电池模块中正极朝上的电池单体与负极朝上的电池单体数量应该是各半。

电池的散热要求是需要着重考虑的问题,电池工作时产生的热量,若能够及时散发出去,电池内部的温度就不会持续上升,热失控也就不会发生。图 9-8 所示为拿走电池单体后,电池模块中电池冷却系统结构,这一排排呈 S 形的隔离件是电池冷却管路,它与电池包的热管理系统相连接。通过这套系统,可以使每个单体电池都得到冷却。

③ 电池包顶板与底板的防护措施。图 9-9(b) 示出了电池包侧梁顶面与电池包顶部密封板之间有密封垫和 O 形密封圈槽，以达到可靠的气密封。

电池包的顶部这层密封面板，既可以是单层，也可以是多层，以降低噪声、热传导和来自底盘的振动。其可选用的材料包括陶瓷纤维、石英纤维、氧化铝、硅酸钙镁等。使 1000Hz 以上噪声最高能降低 20dB；来自路面的振动最高能降低 40%；隔热方面，热传导性最低能至 0.1W/(m·K)，最高能持续性承受 750℃ 的高温，能承受 1000℃ 约 10s，能承受 1400℃ 的高温约 1s。

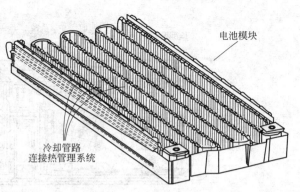

图 9-8 特斯拉 Model S 电池模块的冷却管路

位于 Mode S 底盘最底部的一层金属保护层——下部护甲，见图 9-9(a)、(b)（参见 US 8286743 B2、US 20130088044 专利申请文献）。

为了进一步保护电池组而加装的防弹保护盾（即下部护甲），可以由铝、铝合金或者碳纤维材料制成，甚至还可以是玻璃纤维或塑料。

下部护甲作为车辆的最底层面板，既是保护电池包不受路面障碍物撞击的一道防线，也是最为坚固的面板。为了更好地发挥下部护甲的效果，在电池包底板下表面与下部护甲之间，设计了一个隔离区域。这个隔离区域有两种设计：一是留空，见图 9-9(a)，并在每个电池隔离横梁下部加装一条加固板，这样设计是考虑到如果下部护甲受到过大的外力撞击，因加固板加装在横梁下部，不会因受撞击力过大而损害到电池包底板；另一种设计如图 9-9(b) 所示，在隔离区内填充作为"缓冲"物质的可压缩材料。它们可以是具有弹性的材质，也可以是不具有弹性的材质。Tesla 应用的材质包括塑料泡沫、填充剂等。同时这种在填充物与下部护甲之间留有空隙，设计成"蛋托盘"造型。

④ 电池包的通风系统。电池在能量释放的过程中，产生的热量和累积速率大于散热速率时，电池内部温度就会持续升高，超过一定温度后，则温升不可控制，这一过程还会析出大量的可燃性气体，最后发生燃烧甚至爆炸，称为电池热失控。"热失控"是一个能量正反馈循环过程，升高的温度会导致系统变热，系统变热又使温度升高，让系统变得更热，热失控并不是瞬间完成的，而是一个渐进的过程。

电池使用不当、过充、碰撞、挤压、电池外部短路或暴露于极端的外部温度等的滥用以及制造缺陷，电池内部有瑕疵、老化等原因造成内短路都可能引起热失控。热失控最终产生的热量能够大到足以导致电池及其周围的材料燃烧。随着电池内温度的升高，反应生成的气体压力也会增高，最终导致电池壳穿孔。一旦电池壳穿孔，热气体又会导致相邻电池热失控。

美国专利文件"US 8，557，415 Battery Pack Venting System（电池包通风系统）"中，描述了一种能最大限度抑制电池组中热失控影响的热管理系统。

特斯拉电池管理技术之一是：将几千个 18650 电池单体，分成十几个模块，每个模块里，装有数百个电池单体。这十几个模块封装于密封外壳内，再将它们置于密封壳内，电池包内又被分为十多个相互隔离的电池模块隔间，见图 9-10(a)。其中每个密封的电池模块隔间（电池包间隔）内集成一个电池排气阀总成，图 9-10(b)。每个电池排气总成又与电池包的排气通道和排气口连接，排气阀总成在正常运行状态下处于密封状态，若电池包隔间中有一个电池单体发生热失控，则当气体压力达到 0.5~1.0psi 时，阀会开启，热气体从排风口

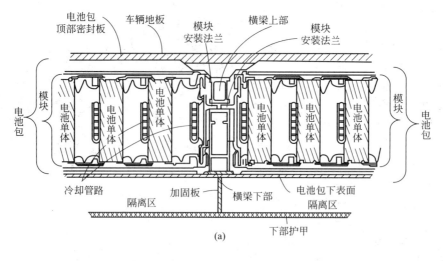

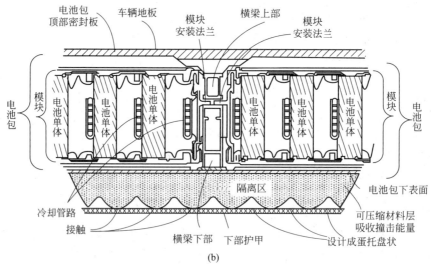

图9-9 底盘最底部的一层金属保护层

朝下排向路面,见图9-10(c)。更多细节,感兴趣的读者可自行查阅 US 8,557,415 Battery Pack Venting System。

⑤ 碰撞保护。特斯拉 Model S 继获得美国最权威汽车安全认证机构——高速公路安全管理局(NHTSA)五星评级之后,又获得欧洲新车安全协会(Euro NCAP)评定的最高安全级别——五星安全评级。因此,特斯拉 Model S 成为少数几款能够同时获得欧洲新车安全协会和美国国家公路交通安全管理局五星评级的车型。其原因是,美国 NHTSA 和欧洲 Euro NCAP 在评价过程中侧重于考察不同的安全因素。美国 NHTSA 的测试强调车辆结构和控制安全,重点考察车辆在碰撞发生时如何耐受冲击和吸收能量以实现保护乘客,并且主要考虑的是成人乘客安全;而欧洲 Euro NCAP 的测试范围更广,包括涵盖儿童乘客和行人的安全。与美国 NHTSA 不同,车辆主动安全方面的表现也是获得 Euro NCAP 五星评级的重要考察部分,并且欧洲 Euro NCAP 每年都会不断提高五星评级的标准和要求,以促进汽车行业不断提升技术水平。因此,只有极少数车型能同时获得美国和欧洲这两个机构的五星评级。

特斯拉 Model S 能获得美国和欧洲"双五星"安全评级,说明特斯拉通过持之以恒的技

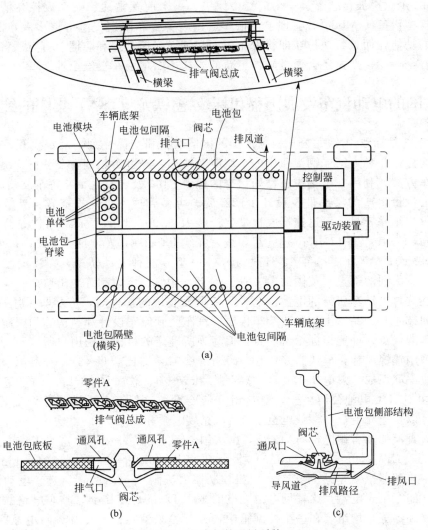

图 9-10 电池包的通风系统

术创新和不断改进,以确保成人和儿童乘客以及行人都能获得最大可能的安全保障。在设计和生产过程中,同时重视被动安全和主动安全系统,不仅在结构上采用了完备的安全设计,而且能够智能地预测潜在的危险状况,并做出及时准确的主动应对措施,保障成人和儿童乘客以及行人的安全。

特斯拉 Model S 与传统汽车相比,在车辆结构上将重量最大的部件电池包置于车体下方(图 9-6),因此车辆重心更低,使得其几乎不可能发生车辆侧翻事故。采用多重深度铝挤压型材全铝车架,同时车身框架使用高强度硼钢加固,以及机器人激光焊接,框架整体性更强。该车相比于传统燃油发动机前置的结构,没有传统的发动机部件,因此其独有的"前备厢"不仅增加了储物空间,也给该车拥有一个较长的"溃缩区",能够在发生正面碰撞时,更容易吸收高速撞击爆发的能量。此外,Model S 还在关键部位选用增强型铝材进行加固,车顶能够承受至少四倍重力加速度所带来的压力。基于这些优点,Model S 在美国 NHTSA 测试的每一个分项目中全部获得五星评价。

⑥ 主动安全系统和自动驾驶(Autopilot)。特斯拉将主动安全系统和自动驾驶(Autopilot)硬件一起导入新款 Model S 车型中。自动驾驶硬件包括能够感知车辆周围约 5m 范围

内情况的 12 个超声波传感器、一个前置摄像头、一个前置雷达和一个数控高精度电子制动增强器。这些设备使 Model S 实现了包括车道偏离警告和限速提醒等诸多获得 Euro NCAP 五星评级的功能，而且特斯拉还即将发布正面和侧面碰撞预警和防撞、盲点预警、自动紧急刹车功能。今后，特斯拉还会通过软件更新的方式不断增强车辆安全性。

9.3 法国的电动汽车发展历程和标致-雪铁龙（PSA）集团的纯电动轿车

1991 年 6 月标致-雪铁龙公司根据法国的国情及公司产品序列，确定要开发适合市区及近郊区作为公务和私人第二辆交通用的小型电动轿车。经过市场调查及分析，决策部门决定采用改装车方案，利用在市场中有良好信誉的标致 P106 及雪铁龙 AX 轿车改装成电动汽车，充分利用大批量生产的零部件及设计生产经验，可做到成本低、投资省、见效快、可靠耐用，配件供应维修容易，可迅速形成批量生产能力。1995 年 9 月标致-雪铁龙公司在法国西南部的 Deux Sevres 省的 Cerjay 建立总装线，在线上职工 60 人，每天一班，可生产 30 辆标致 P106 和雪铁龙 AX（1996 年 12 月改为 SAXO 型）两种电动轿车，在法国巴黎等地推广应用，并向意大利的都灵、英国的考文垂、瑞士、瑞典、奥地利等地出口。

车主在选择电动车所需的电池、电机等各项改装用的部件时，应尽量采用成熟可靠的、成本较低的技术及产品。由于是改装车性质，汽车受到原车设计和结构等的限制，不能充分发挥电动车的优点，性能指标稍低一点，但易为所确定的目标市场用户所接受。

电池采用镉镍电池，模块为 6V/100A·h，重 13kg，比能量 46W·h/kg。电池组由 20 个电池模块串联而成，总电压 120V，总容量 12kW·h，总质量 280kg，约占整车装备质量的 25%。由 SAFT 电池公司生产，电池组有液冷系统，保证各电池工作温度均匀及安全。这种电池可以快速充电，可深放电至 100%，充放电循环寿命达 2000 次。

电机为直流他励有刷电机 SA13 型，由法国 Leroy Somer 公司生产，工作电压为 120V，额定功率为 11kW（0～1600r/min），最大功率为 20kW（1600～5500r/min），扭矩为 127N·m，电机最高效率达到 91%，电机控制器由法国 Sagem 公司制造。电动汽车的其他用电设备（如车载充电器，给辅助电池充电的 12V DC/DC 变换器，整车电路的安全保护设备，整车控制器等）均组装在一个控制箱中，控制箱是液冷的，冷却系与电池冷却系相通，整个控制箱的体积是 25L，重 25kg。驱动方式为前置-前轮驱动，电动机与减速器（速比 6∶1）、差速器做成一体，经等速万向节驱动前轮，取消了离合器及变速箱。

9.4 德国的纯电动汽车

9.4.1 奔驰公司的纯电动微型车 Smart

奔驰公司 2009 年左右在原汽油版微型车 Smart（单排、2 人座）的基础上推出纯电动版 Smart Fortwo Electric。经过两轮研发和在欧洲及北美地区的试验运行，于 2014 年推出量产化的第 3 版车型，其结构参数和性能指标如下。

外形尺寸（mm）：长 2695，宽 1559，高 1542，轴距 1867。
最高车速：120km/h。
加速能力（0～50km/h）5s，（1～100km/h）13s。
驱动电机功率（kW）：35（额定），55（峰值）。
转矩：130N·m。
动力电池：17.6kW·h（锂离子电池）。

整备质量：900kg 左右。
续驶里程：140km。
该车在国内市场报价为 22.5 万元，同类汽油车报价为 12 万元。

9.4.2 宝马（BMW）公司的纯电动汽车 i3

宝马公司 2015 年版纯电动紧凑型汽车（5 门、4 座）的结构参数和性能指标如下。

图 9-11 宝马 i3 纯电动汽车的底盘和车身结构

外形尺寸（mm）：长 4006，宽 1775，高 1570，轴距 2570。
最高车速：150km/h。
加速能力（0～100km/h）7.2s。
驱动电机：最大功率 125kW。
最大转矩：250N·m。
动力电池：19kW·h（锂离子电池）。
能量消耗率：12.9kW·h/100km。
整备质量：1195kg。

由于在整车，尤其是车身上大量使用了轻量化的材料，例如，碳纤维、铝合金、高强度塑料等，使得整车整备质量大大降低（图 9-11）。续驶里程：147km。此外，此车型还可以选配一个排量 647mL，最大功率 38kW（额定功率 28kW）的汽油机增程器，大大提高其续驶里程。

9.5　日本的纯电动汽车研发概况

日本的几个跨国汽车公司——丰田、本田、日产、三菱始终走在电动汽车技术研发和产业化的前列。2009 年日产汽车公司推出了一款 5 座纯电动轿车——LEAF，三菱公司也推出了纯电动轿车 i-MiEV，其主要结构参数和性能指标见表 9-2。日产北美分公司于 2010 年末在美国部分地区发售"LEAF"以来,销售区域不断扩大,目前在全美 50 个州都能够接受订货。三菱 i-MiEV 于 2008 年在日本各地进行示范车队运行,2009 年在美国、欧洲和澳大利亚进行小批量示范运行,并于 2010 年在以上地区销售。

表 9-2　纯电动轿车 LEAF 和 i-MiEV 结构参数和性能指标

车型		日产 LEAF	三菱 i-MiEV
外形尺寸(长×宽×高)/mm		4445×1770×1550	3395×1475×1600
座位/座		5	4
最高车速/(km/h)		140	130
续驶里程/km		≥160	≥160
电池	类型	锂离子电池	锂离子电池
	容量/kW·h	24	16
电动机	类型	交流电动机	永磁同步
	最大功率/kW	80	47
	峰值扭矩/N·m	280	180

9.6　中国的纯电动汽车和电动汽车示范城市

我国电动汽车的研究可追溯到抗日战争时期,新中国成立后个别单位也进行过一些研究开发。1991 年我国电动汽车的研究第一次列入"八五"国家科技攻关计划,当时的国家有关部门都对电动汽车整车、动力电池、驱动电机及其控制器、充电系统、电子监控系统等的研究开发给予过支持。

国内纯电动客车由于各级政府及相关总成企业的推动,尤其是 2009 年国家有关部门联合出台的"十城千辆"新能源汽车示范项目国家财政补贴政策的推动(表 9-3),几乎所有客车企业都开始进入该领域,许多车型已经进入国家工信部汽车管理公告目录,并在北京、上海、广州、深圳、临沂、杭州、武汉、大连、重庆等城市进行示范运行,取得了良好的节能减排效果。充电方式有常规充电、快速充电、电池组快速更换等。

表 9-3　混合动力和纯电动公交客车(车长 10.5m 以上)补贴标准

节能与新能源汽车类型	节油率	使用铅酸电池的混合动力系统	使用镍氢电池、锂离子电池/超级电容器的混合动力系统	
			最大电功率比 20%~50%	最大电功率比 50%以上
混合动力汽车	10%~20%	5	20	—
	20%~30%	7	25	30
	30%~40%	8	30	36
	40%以上	—	35	42
纯电动汽车	100%	—		50
燃料电池汽车	100%	—		60

以下简要介绍山东沂星电动汽车有限公司研发的"沂星"牌 SDL6120EVG 纯电动、低地板城市客车。该车采用全承载、铝合金车身轻量化技术,三相异步电机,矢量控制系统,磷酸铁锂动力电池组。充电方式为常规充电(0.3C 需 3~4h)和电池组快速更换(仅需 8~10 min)两种模式。其主要结构参数和性能指标见表 9-4。

表 9-4　沂星牌 SDL6120EVG 结构参数和性能指标

项目	参数
外形尺寸(长×宽×高)/mm	12000×2530×3480
整备/满载质量/kg	12000/18000
额定载客人数	92
驱动电机功率/kW	120(持续)/210(峰值)
驱动电机转矩/N·m	774.3(持续)/1200(峰值)
动力电池组容量	576V/400A·h
最高车速/(km/h)	≥80
0～50 km/h 加速时间/s	15.4
最大爬坡度/%	≥20
续驶里程(40km/h 匀速)/km	>300
能耗指标/(kW·h/100km)	79.68

在纯电动车乘用车的研发和产业化方面，国内主流车企都做了不少工作，推出了多种纯电动轿车车型，并在深圳、北京、杭州等地作为出租车以及私家车示范运行。在合肥，已有江淮的1500辆纯电动轿车作为私人交通工具示范运行。表 9-5 是比亚迪 E6 纯电动轿车的相关参数。

表 9-5　比亚迪 E6 纯电动轿车的相关参数

项目	参数
长×宽×高/mm	4560×1822×1630
整备质量/kg	2295
后备厢容积/L	385
驱动电机功率/扭矩/[kW/(N·m)]	90/450
电池组(磷酸铁锂)能量/kW·h	57
定员/人	5
最高车速/(km/h)	≥140
续航里程(等速 50km/h)/城市/km	400/300
能量消耗/(kW·h/100km)	≤25(综合工况)

9.7　轻型（低速）电动车

9.7.1　车型和用途简介

在人们的日常活动中，存在着大量短距离、低速、区域内点到点的客货运输任务。为了提高办事效率和节省体力，对于一个经济发展到一定程度的社会，即使是短距离，人们必定会需要使用交通工具。采用各种小型电动车在噪声、排放污染等方面都比内燃机车辆优越。小型电动车作为日常短距离、低速出行的理想工具，潜在的应用场合非常广，品种和车型也很多。根据美国纽约的"国家竞争评估公司 ICA（International Competitive Assessments）"的调查，在北美 2005 年高尔夫球车类型的电动车辆总交易量超过 620000辆，而且呈现不断增长的趋势。

轻型电动车（LEV）这一概念所包含的范围很广，从小到可以放在公共汽车座位下的电动滑板，大到可合法地在公共街道上行驶的电动车，如果我们将各种轻型电动车市场都开发出来，特别是由各种低速（25km/h 以下）电动车、区域电动车（40km/h 以下）、电动运输车和电动多用途车等组成的主要市场，必将会形成一个巨大的新行业。

下面列出几种不同类型的轻型电动车。

（1）电动滑板车（图 9-12）

电动滑板车是在原滑板车的基础上加上电驱动系统演变而来。它比自行车更灵活，通常最高车速为 16～25km/h，但是安全性较差。比赛用的电动滑板车速度可达 50km/h。电动滑板车一次充电续驶里程通常在 30km 左右。

（2）电动自行车（图 9-13）

电动自行车比较适合在车速不超过 25km/h，活动半径在 15～20km 范围内使用。在西方发达国家，电动自行车称为电动助力自行车，是一种带辅助动力的运动自行车，在上坡、加速或骑车人脚蹬力量不足时起助力作用。而在中国、日本和亚洲等其他国家，电动自行车作为短途个人交通工具使用。有人建议，如将电动自行车与公共汽车、轻轨列车等公共交通工具联合使用是解决城市交通的很好方案。

（3）电动三轮/四轮车（图 9-14）

这类电动车的车速为 16km/h 以内，比自行车稳定性好。适合活动半径在 30km 范围内使用，如车上装有货框，则更方便日用食物、杂货的采购。

（4）电动黄包车（图 9-15）和电动摩托车（图 9-16）

电动黄包车适合接送儿童上下学与游客城市观光等。电动摩托车车速为 40～70km/h。

图 9-12　电动滑板车

图 9-13　电动自行车

图 9-14　电动三轮/四轮车

图 9-15　电动黄包车

图 9-16　电动摩托车

(5) 区域电动车（Neighborhood Electric Vehicle，NEVs）（图9-17）

图9-17 区域电动车

根据美国"国家公路运输安全管理局"的规定，这类电动车属于低速车辆，它们应是四轮、最高车速不超过40km/h的小型车辆。同时必须满足相应的安全法规，在车前灯、安全带、风挡玻璃、制动及其他安全装备方面的要求有与汽车相同的等级。

(6) 电动高尔夫球车（图9-18）

它们适用于高尔夫球场等局部地域，不能在马路上行驶，与NEVs不是同一类车辆，车速通常低于25km/h。

(7) 多用途电动车（图9-19）

这类车辆用途较广、车速范围较宽（一般为15～60km/h）、车体强度高，通常要求能在道路条件较差的地面行驶。

图9-18 电动高尔夫球车

图9-19 多用途电动车

(8) 电动游览车（图9-20）

(9) 运动场救护车和可搭载轮椅的电动车（图9-21）

图9-20 电动游览车

图 9-21　运动场救护车和可搭载轮椅的电动车

（10）近距离工程维修车（图 9-22），小型物品配送车和场（厂）内零件、物料搬运车（图 9-23）

图 9-22　近距离工程维修车

图 9-23　小型物品配送车和场（厂）内零件、物料搬运车

（11）警务巡逻车和部队勤务车（图 9-24）

9.7.2　中小型电动牵引车

电动牵引车（图 9-25）在机场、码头、火车站、货场、仓库等场合，用来完成各种牵引作业。它们是电动车辆中一个很重要的品种。小型的牵引车可能只要求它能牵引载重量只有几吨的拖车或拖车列车，中、大型的牵引车则可能要求它能拖动重达数十吨的重物。小型的电动牵引车大多为三轮的，以便获得更小的转弯半径和机动灵活的性能，中、大型的为四轮型，但一般仍要求能在狭窄通道和空间内良好地工作。

9.7.3　轻型电动车的一般结构

（1）轻型电动车的电驱动系统布置

图 9-24　警务巡逻车和部队勤务车

图 9-25　电动牵引车

在轻型电动车的驱动系统中（图 9-26），电机通过固定速比的传动装置驱动车轮。当电机功率在 3kW 以下时，动力母线电压通常为 36V 或 48V（电机功率较大时，可采用 72V 或更高电压）。辅助系统电压通常为 12V，用于向电机控制器及附属装置供电。为了同时能对车上的动力电池和辅助电池充电，系统中设有 DC/DC 转换装置。

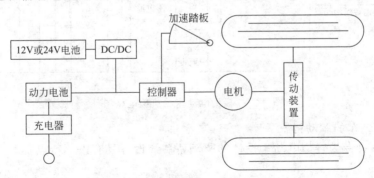

图 9-26　轻型电动车的驱动系统

(2) 轻型电动车的驱动电机选择

轻型电动车的驱动电机绝大多数采用直流串励电机，虽然交流电机（AC 电机）比较便宜、重量较轻，但加上复杂的交流电机控制系统的总成本，要比采用直流电机高。从性能上看，直流串励电机的输出转矩与转速之间的近似恒功率关系，能很好符合车辆的应用。永磁直流无刷电机（实际上也是一种交流电机）效率高、体积小、重量轻，没有换向电刷，因此使用寿命长、噪声低。如果控制器价格能降下来，对于行驶车速变化范围较小的低速车辆还是比较适用的。复励电机不但成本高，而且加速性比直流串励电机差，不宜采用。所以，直流串励电机具有最佳的单位成本重量功率比，适合轻型电动车应用。

轻型电动车驱动电机的额定功率一般在 5kW 以下，常用的是在 1.5～3kW 之间，对于电动三轮或电动自行车，电机功率则一般为 0.25～0.5kW。电机与驱动桥之间通常不需要装离合器、变速箱就可满足行驶要求，但要求车辆经常爬坡时，则最好装有两挡变速箱，以避免电机频繁和长时间过载。如果对车辆的加速性和爬坡能力有较高要求（例如爬长坡），驱动电机功率也应增加。为了避免工作时需要较大电流，宜采用较高的系统电压，但需注意安全问题。

（3）轻型电动车的驱动控制系统电路图

图 9-27 是轻型电动车的典型电路图。在购买斩波器产品时，应根据系统电压和系统峰值电流来选择，以保证电动机最大功率和最大转矩的发挥。蓄电池的容量（A·h）应保证设计时提出的行驶里程要求。但应注意：为了增加行驶里程，特意增大蓄电池容量并不可取。因为一般来说，蓄电池容量越大，其重量也越大，车辆的滚动阻力也就加大，增加了电能的消耗，行驶里程不见得增加多少。设计这类电动车时，应根据车辆的使用场合，合理确定加速、爬坡、最高车速、最大行驶里程等各项性能指标，并尽量减轻车辆的重量以及行驶阻力（如采用轻质铝合金材料、低滚动阻力轮胎，减少风阻，优化材料截面形状等）。

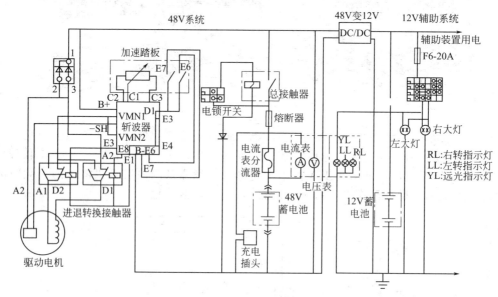

图 9-27 轻型电动车的典型电路图

（4）轻型电动车的驱动桥

图 9-28 是一种专为轻型电动车设计的驱动桥。该设计具有以下特点：

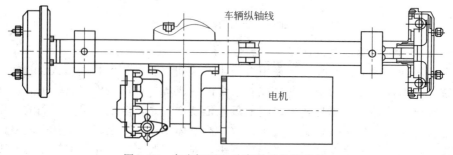

图 9-28 专为轻型电动车设计的驱动桥

① 电动机横置并与驱动桥组合成一整体；
② 采用模块化设计，有多种速比可供选用，并可选择两挡变速箱；
③ 轮距可根据用户要求提供；
④ 电动机功率有 1.5kW/2.2kW/3kW 三种；
⑤ 制动器选用微型汽车配件，直径 220mm，液压式，带驻车制动功能。

图 9-29 是专为电动牵引车设计的驱动桥，可安装功率为 3kW、5kW、6.3kW 的电动机，桥的总速比可达 20 以上。

图 9-29　电动牵引车的驱动桥

图 9-30　轻型电动车的前悬架

（5）轻型电动车和电动牵引车的悬架

轻型电动车和电动牵引车的后悬架一般均为纵置钢板弹簧结构，与同样级别的载货汽车类似。

对于前悬架，在老式的高尔夫球车上采用横置板簧作为前桥，结构虽简单，但由于板簧的变形会影响前轮定位角，轮胎磨损快。现在采用麦弗逊悬架的逐渐增多（图 9-30）。下摆臂为 A 型架形式，前轮可以获得较大的偏转角，有利于减少整车最小转弯半径。

在一些轻型低速电动车上，为了简化结构，降低制造成本，常采用焊接式前桥与转向节，见图 9-31，并用螺旋弹簧和避震器将前桥与车架连接起来。

9.7.4　四轮轻型电动车的安全设计标准

当前，我国在此领域的标准还很不齐全，可遵循的设计标准可以借鉴国外成熟的标准。此外，四轮轻型电动车辆出口的机会还是很多的，这里介绍一些国外的标准，可以参照执行。

① 整车设计应符合下列安全标准要求。
a. 美国联邦机动车安全标准 FMSS 571.500。
b. 美国联邦机动车安全标准 FMSS 571.305。

c. 美国机械工程师协会标准 ASME B56.8—1993。

d. 美国 UL（Underwriters Laboratories）583 E 型。

② 主要安全部件应符合以下标准中的相关规定。

a. 行车制动器应为双管路型，制动能力应符合 ASME B56.8—1993 要求。

b. 最大爬坡度下的稳定性要求应符合 ASME B56.8—1993 规定。

图 9-31 焊接式前桥与转向节

c. 座位安全带：每位乘员应配有 1 型或 2 型安全带（符合联邦机动车安全标准 FMSS 571.209 要求）。

d. 车架绝缘电阻应符合联邦机动车安全标准 FMSS 571.305 要求。

e. 当发生撞车等情况时，蓄电池内的电解液洒落情况应符合联邦机动车安全标准 FMSS 571.305 要求。

f. 车辆铭牌应符合 ASME B56.8—1993 要求。

9.8 机场地面支持与服务电动车辆

9.8.1 概述

电动车辆适用于机场内短距离行驶，并且能有效减少二氧化碳排放和降低使用成本。当前国内外的航空公司和机场在购置新的机场地面保障车辆时，都在考虑增加电动车辆的比例，作为实施可持续发展战略的重要措施。例如法兰克福机场集团计划将电动车辆占其车队的比例，2015 年增长至 15%，2020 年超过 60%。

为了保障飞机的正常航运，按相关标准规定，运营机场应配置的各种地面支持与服务特种车辆主要有：

① 飞机服务特种车辆　飞机牵引车、航空地面电源车、气源车、飞机地面空调车、清水车、污水车、充氧车、管线加油车、加油车、飞机除冰车。

② 航空运输服务特种车辆　旅客摆渡车、旅客登机客梯车、残疾人登机车、航空食品车、垃圾接收车、自行式航空集装单元升降平台车、散装行李货物传送车、行李牵引车（俗称行李拖头）。

③ 飞行区服务特种车辆　机场专用清扫车、道面除（扫）冰雪车、跑道摩擦系数测试车、驱鸟车等。

这一系列的机场地面支持与服务车辆电动化已成为重要的发展趋势和相关业界关注的焦点。由美国能源部发起并资助的"先进的汽车测试活动（Advanced Vehicle Testing Activity，AVTA）"中专门列有机场地面电动支持设备［Electric Ground Support Equipment（eGSE）for Airports］项目，同时对电动行李牵引车、电动行李传送车以及飞机电动牵引车等提出了技术规格与测试办法的最低要求。

9.8.2 我国近年开发的机场地面支持与服务电动车辆

(1) 飞机电动牵引车

飞机牵引车（图 9-32）用于停机坪、机库与起飞线或跑道之间顶推或牵引飞机，可以牵引几十吨重的军用战机以及重达数百吨的民航客机。

第 9 章 纯电动车辆

图 9-32 飞机牵引车

近年,清华大学电动车辆研究室与威海广泰空港设备股份有限公司合作研发了 22t 电动飞机牵引车(图 9-33)及其动力总成(图 9-34)。该牵引车设计总质量为 22t,四轮驱动,前后桥各采用一台 82kW 的永磁无刷电机(图 9-35)及两挡变速箱。在地面附着系数为 0.8 时,可达到的最大驱动力为 172.48kN。即使在地面附着系数为 0.56 时也可保证产生 120kN 的牵引力,足以满足起飞重量达 220t 飞机牵引作业的需要。设计最大牵引速度为 12km/h,牵引空车回程最大速度为 30km/h。牵引车的电驱动系统有两种工作状态:当牵引车进行牵引作业,包括起步、加速、匀速行驶时,前后桥均使用一挡,两电机同

图 9-33 清华大学电动车辆研究室与威海广泰研发的 WGQY22 型电动飞机牵引车

时工作;当牵引车空车回程时,前桥空挡,仅后桥使用二挡,单电机工作,可减少系统损耗,提高效率和可靠性。

(2)机场电动摆渡车

机场摆渡车用于候机楼与远机位之间,在机坪内接送乘客。图 9-36 为威海广泰空港设备股份有限公司开发的 WGBD08D 机场电动摆渡车。

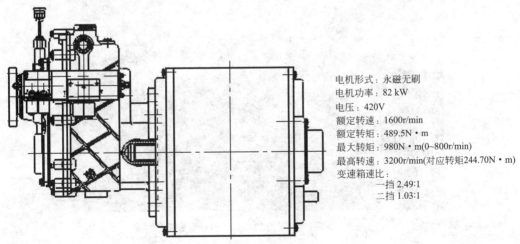

电机形式:永磁无刷
电机功率:82 kW
电压:420V
额定转速:1600r/min
额定转矩:489.5N·m
最大转矩:980N·m(0~800r/min)
最高转速:3200r/min(对应转矩244.70N·m)
变速箱速比:
　一挡 2.49:1
　二挡 1.03:1

图 9-34 22t 电动飞机牵引车动力总成

(3)飞机客梯车

飞机客梯车用作旅客上下飞机,作业时,将车辆先行驶至飞机舱门处,再将接机前平台升至飞机舱门高度,与飞机门槛对接,接送旅客上下飞机。图 9-37 为威海广泰开发的 GK58ZD 型飞机客梯车。

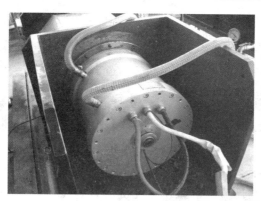

图 9-35　电动飞机牵引车用 82kW 永磁无刷电机

图 9-36　威海广泰空港设备股份有限公司开发的 WGBD08D 机场电动摆渡车

图 9-37　威海广泰开发的 GK58ZD 型飞机客梯车

(4) 传送带行李传送车

传送带行李传送车用于对飞机进行行李、包裹等散装物资装卸作业，是保障各类机型的航班行李、货物和邮件进出飞机底舱，或用于不同高度之间传送货物的关键专用设备。图 9-38 是威海广泰开发的 GJS70D 行李传送车。

(5) 集装箱/集装板升降平台车

图 9-38 威海广泰开发的 GJS70D 行李传送车

集装箱/集装板升降平台车用于为飞机装卸集装箱和集装板,是航空货物运输业不可缺少的大型专用搬运设备。平台车的工作循环由转场行驶、对接飞机和装卸作业组成,装卸作业时,平台车位置固定,所占用的时间约为全部工作时间的 90%。因此,在占设备总工作时间 90% 的停机坪作业时间内,采用电气化作业,可满足大大减少尾气排放、节约作业费用和降低噪声的要求。威海广泰开发的 GJT7S 型双动力升降平台车见图 9-39。

图 9-39 威海广泰开发的 GJT7S 型双动力升降平台车

双动力平台车转场行走时,仍需在柴油发动机驱动下,将车辆行驶到需要进行作业的停机位,如果在此停机位备有市电供应插座,则发动机停止工作,通过电缆卷盘将市电接入平台车,驱动平台车上的电动机工作,进而驱动液压系统的液压泵,使平台车的工作平台升降及传送集装箱。在没有市电供应的遥远停机位,平台车仍可用柴油机作动力,实现平台的升降、传送等操作功能,避免了纯电动升降平台车在没有市电供应的远机位无法作业的缺陷。

(6) 机场电动行李牵引车

行李牵引车用于牵引装载行李、包裹等物资的拖车或拖车列车。图 9-40 是民航协发机场设备有限公司开发的一种车载蓄电池供电、直流电机驱动的 XT20 系列电动行李牵引车,该牵引车辆符合 IATA(国际航空运输协会)和 SAE(美国汽车工程师协会)有关标准,适用于机场、车站、货运中心等对环保要求较高的场所,以及各种室内作业场所。

图 9-40 民航协发机场设备有限公司开发的 XT20 系列电动行李牵引车

随着机场电动车辆的使用,位于方便之处、配备快速充电站基础设施,也将广泛应用于整个机场,以确保这些车辆的电力供应。

参 考 文 献

[1] United States Department of Energy, SCNG—Project Data, High Efficiency Fossil Power Plants (HEFPP) Conceptualization Program DE-RA26-97FT34164, http://www.netl.doe.gov/.
[2] Steve Plumb. A propelling Future, Today. EVOLUTION Special Issue: 32-34.
[3] Don Sherman. Brake a Breakthrough. EVOLUTION Special Issue: 35-37.
[4] Daniel pund. Conventionally Radical. EVOLUTION Special Issue: 38-45.
[5] Ross Aston. Dynasty Motor Car Corporation Moves into the Neighborhood. http://www.e-driveonline.com/.
[6] DEPARTMENT OF TRANSPORTATION. National Highway Traffic Safety Administration, 49 CFR Part 571 [Docket No. NHTSA 98-3949] RIN 2127-AG58, http://www.nfpa.org/.
[7] Vehicle Classification, http://www.zevnet.org/.
[8] Light Electric Vehicle (LEV), http://www.electricvehiclenews.com/.
[9] Global Electric Motor Car, http://www.electric-bikes.com/.
[10] International Competitive Assessments: Golf Car-Type Vehicles and The Emerging Market For Small, Task-Oriented Vehicles in the United States; Trends 2000-2005, Forecasts to 2008, http://www.internationalmarketsolutions.com/.
[11] Effciency & Performance, http://www.teslamotors.com/.
[12] 陈鸣. 上海世博园纯电动大客车. 客车技术与研究, 2011, No. 2: 64-67.
[13] BYD绿色公交发展事业部. e6纯电动轿车简介, 幻灯片.
[14] Nissan Leaf EV, 汽车之家, AUTOHOME.COM.CN.
[15] Airport Ground Support Equipment Specifications and Test Procedures, http://www1.eere.energy.gov/vehiclesandfuels/avta/heavy_duty/airport/airport_tests.html.
[16] 朱家琏. 22吨飞机电动牵引车性能计算书, 清华大学电动车辆研究室, 2009.

第 10 章 混合动力电动汽车

10.1 混合动力电动汽车概述

早在 20 世纪初，混合动力电动车就已经出现在汽车市场上，1899～1919 年期间，美国芝加哥有一家伍得斯汽车公司（Woods Motor Vehicle Co.）专门生产各种型号的电动汽车。1916 年它曾推出过一款伍得斯双动力汽车（Woods Dual Power），见图 10-1。这是一辆并联式混合动力电动车，除了电机驱动外还装有一台 12 马力 4 缸汽油机，用于高速行驶及对蓄电池充电。在纯电动模式下，它的最高车速为 32km/h。两种驱动系统都工作时，最高车速可达 58km/h。当时该车的售价为 2700 美元。60 多年后，由于第一次能源危机和环境保护、全球变暖问题的影响，进而提高了对汽车燃油经济性和减少二氧化碳温室气体排放的关注，人们又重新对混合动力电动汽车发生兴趣。1976 年美国能源部审定了"电动和混合动力车辆研究、开发、示范法令"，以推动、鼓励和支持混合动力车辆的研究和开发。此后世界各主要汽车厂商都投入巨资来开发混合动力电动汽车，取得不少成果，特别是日本的丰田汽车公司和本田汽车公司。1993 年，美国政府又制定了 PNGV 计划（The Partnership for a New Generation of Vehicles），其主要目标是开发燃油经济性比现有车辆好的汽车，并充分考虑加州零排放车辆（ZEV）的要求，以便参与汽车市场的商业竞争。

图 10-1 伍得斯汽车公司的并联式混合动力电动车（1916 年）

为了对混合动力车进一步阐述，参考国际能源组织（IEA）的有关文献，对混合动力车辆定义如下，即能量与功率传送路线具有如下特点的车辆称为混合动力车辆：

① 传送到车轮推进车辆运动的能量，至少来自两种不同的能量转换装置（例如内燃机、燃气涡轮、斯特林发动机、电机、液压马达、燃料电池等）；

② 这些能量转换装置至少要从两种不同的能量储存装置（例如燃油箱、蓄电池、飞轮、超级电容、高压储氢罐等）吸取能量；

③ 从储能装置流向车轮的这些通道，至少有一条是可逆的（既可放出能量，也可吸收能量），并至少还有一条是不可逆的；

④ 如果可逆的储能装置供应的是电能时，则称为混合动力电动车。

在传统的车辆中，内燃机上也都装有一只用蓄电池供电的启动马达。由于一些国家对购买混合动力电动车实施减税优惠，根据以上定义，在衡量它们算不算混合动力车，以便决定是否能享受减税待遇时，可能会发生争论。但是，注意到启动马达只是用来启动发动机，它不提供牵引功率，而且其功率比内燃机的功率小很多，所以要划定怎样才算混合动力电动车，就需要制定有关电机功率的数量标准，以及必须参与提供牵引的功率大小。

迄今为止，开发成功的大多数混合动力汽车可以叫做"油-电"混合动力电动汽车，因为这类车辆中，不可逆储能装置是燃油箱，它向内燃机供应能量，通过内燃机再把它变成机械能;而这类车辆中,可逆的电能储能装置通常是蓄电池、电机械飞轮或超级电容。近年来采用燃料电池作为能量转换装置和用储氢罐作为能量储存装置的车辆开始出现,因而相应也就有燃料电池混合动力电动车。

理论上,根据能量流和功率流的不同配置,可以想象出各式各样的混合动力电动车结构,但实际上只开发了少数几种。现在全世界正在为各种用途的车辆(从两轮车、中小型客车、厢式货车直至大客车)开发混合动力车辆驱动系统。由于车辆应用场合的不同,对混合动力驱动系统的性能要求也就不相同,从而混合动力系统的结构配置也会跟着变化,图10-2给出一些例子,以比较传统内燃机车辆、蓄电池电动车辆、混合动力电动车辆和燃料电池电动车辆等的推进系统能量流和功率流的配置差别。下面各节还将进一步讨论几种结构配置的混合动力电动车。

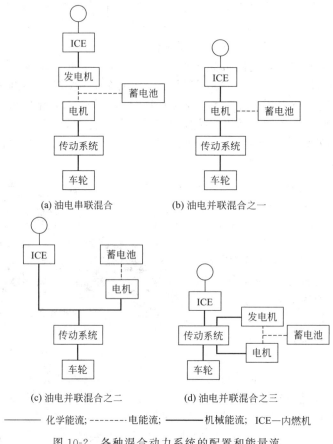

图 10-2 各种混合动力系统的配置和能量流

10.2 传统内燃机车辆的能量利用情况

为了理解混合动力电动车辆为什么能节能,首先来看一下传统内燃机车辆的能量利用情况。图 10-3 所示为美国一辆典型的中级乘用车(发动机排量在 3.0L 左右)。根据美国环保署(EPA)的行驶循环在城区和高速公路上行驶时,燃油的能量经发动机传送至车轮的过程中的消耗与分配情况。括号内数字是公路行驶时的数据。右边方框内的"动能"是指车辆加速时获得的能量,此能量在车辆减速时消耗于制动、滚动阻力、空气阻力等方面,由此可知并非车辆的全部动能都可以再生回收。另外,为了安全起见,前后桥上 4 个车轮都必须具有制动能力,而只有驱动轮的制动能量才可能被回收,从动轮的制动能量是无法回收的,四

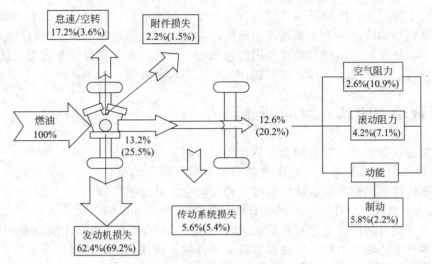

图 10-3 内燃机车辆的能量流

轮驱动车辆则可以回收全部制动能量。单独前轮驱动车辆仅比只有后轮驱动车辆略好一点。

下面来看一下图 10-3 中图示有关数据。

① 在公路行驶循环工况下，由于换挡机会少且很少使用制动，因而怠速损失最小。这种最理想的工况下也只有燃油总能量的 1/5（20.2%）作为汽车行驶必需的有用功，用来克服汽车行驶过程中的空气阻力、滚动阻力、惯性阻力和上坡阻力，驱动汽车行驶。

② 在城市循环工况下，怠速和制动损失相当高，怠速损失可以达到 17.2%，相当于燃油总能量的 1/6，而车辆运动的动能通过制动产生热，制动损失相当燃油总能量的 5.8%，占用来克服各种行驶阻力所需能量（如图 10-3 所示，在城市循环工况下，为 12.65% 的燃油总能量）的 46%。当交通拥挤时这两方面的损失还要高。

③ 在城市行驶循环工况下，空气阻力损失约为克服各种行驶阻力所需能量的 1/5；而在公路行驶循环工况时，空气阻力损失约为克服各种行驶阻力所需能量的一半以上。

④ 传统车辆的内燃机自身要消耗燃油总能量的 62%～69%，这不仅因为热机的效率很低，还由于发动机内部的活塞、曲轴、阀门等运动零件有摩擦损失；另外，因为空气经过空气滤清器、进气管、进排气阀，会产生很大的气动和流体阻力损失；此外，对于火花塞发动机，由于靠节气门阀来调节功率输出，空气经过节气门阀时发动机产生很大的泵气损失，越是低负荷此泵气损失越大。

⑤ 对于大多数家用传统小客车，按照美国的相关标准和用车习惯，发动机功率必须满足车速从 0～96km/h（60mile/h）的加速时间为 12s 的要求，以及在 88km/h（55mile/h）车速下爬 6.5% 的坡道的要求，两者相比，爬坡要求的功率仅为车辆加速要求功率的 60%～70%。因此，发动机峰值功率一般是根据车辆加速性要求来确定的，此功率通常比巡航车速功率大 5 倍以上，即在车辆大部分运行期间发动机的负荷率很低、效率很差。在车辆制动、滑行以及十字路口短时停车等怠速工况时，大功率发动机怠速所需的燃油量也更大。此外，大功率发动机的重量较大，也会引起车辆滚动阻力和惯性阻力的增加。当然通过采用多挡变速箱可以使整个车速范围内发动机都工作在相当窄的发动机高效区速度范围内，但这样会增加变速箱成本。

尽管物理学定律决定了燃油能量，在转换和传输过程中能量损失是必然存在的，但通过采用先进的技术措施，提高能量转换和传输过程中的效率，以改善车辆燃油经济性是可行的。对于在城市工况下运行的内燃机车辆，由于不断地走走停停，平均车速并不高，车辆滚动阻力是影响整车燃油经济性的主要因素；而车辆在高速公路上行驶时，由于车速较高，空气阻力则成为主要因素。由此可知,要改善传统车辆的燃油经济性,除了首先必须减轻整车重量,从而降低车辆滚动阻力和加速车辆所需的能量以外,同时发动机也可以更小更轻。这可以通过采用高强度轻型材料、低滚动阻力轮胎和车身结构的优化设计来实现。此外,通过车身形状的空气动力学精心设计,有可能使气动阻力显著降低。

10.3 混合动力驱动系统的节能潜力

就总的能量效率而言,混合动力车辆比传统车辆有以下优点。

① 再生制动,混合动力车辆在车辆制动时,可利用驱动电机以发电机模式工作来回收制动能量,而传统车辆的机械制动使这部分能量转化为热而损失掉。

② 车载动力总成(OBPU)可以更有效地工作,甚至可以消除或大大减少怠速工作状态。混合动力车辆可利用能量储存装置去吸收 OBPU 多余的输出功率,或补充 OBPU 功率的不足,这两种办法使发动机的转速和负荷避开低效率区域,使其转速和负荷只工作在最大效率下。例如,当混合动力车辆遇到红灯等怠速停车时,可以通过控制系统关闭发动机,消除发动机怠速运转,此时可用车上的另一储能装置(例如蓄电池)为空调、车灯等提供辅助动力,或者通过控制系统让发动机工作在比怠速功率高的状态下(较高的效率状态下),而将超过辅助系统所需的功率去对储能装置充电。当在怠速状态下关闭发动机时,可以用驱动电机非常迅速地重新启动发动机。

③ 车载动力总成(OBPU)可以更轻更小,因为车上另一套储能装置可以提供一部分功率。在某些情况下 OBPU 的功率大小可根据最大持续功率而不是短时间的加速功率来决定,从而混合动力车辆 OBPU 的额定功率比传统车辆大大降低,这就使得在大多数行驶工况下,发动机工作在高效率的额定功率附近。另外,发动机重量的减轻也会为燃油经济性带来一些好处。

④ 有选择多种 OBPU 的余地。在传统车辆上所采用的内燃机,通过多挡变速器速比合理选择,可使它与车辆各种负荷要求有效地匹配(称为静态匹配),同时在车辆负荷变化时,这种发动机也能迅速地增加或减少其功率,具有与变化负荷很好的动态匹配能力,从而能够满意地完成其任务。其他动力源(表 10-1)与车辆负荷的静态和动态匹配能力都不如内燃机。例如,微型涡轮发动机(图 10-4)在车辆常用的低负荷下,效率很差,同时对于负荷变化的响应很慢,但是它可以使用的燃料品种范围很宽,相对其输出的功率而言,**重量轻、尺寸小**。当微型涡轮发电机组用于串联式混合动力车辆时,车上的储能装置可以完成"负荷跟随"任务,以补偿涡轮发动机响应慢的缺点,这样就可使它在高效率、高输出状态下工作。涡轮发动机目前还存在高负荷时 NO_x 排放高,以及为了提高其效率还需进一步发展陶瓷材料等问题。

表 10-1 几种车载动力源比较

动力源类型		燃 料	优 点	缺 点	排放	混合动力方式	
						串联式	并联式
热力发动机	传统发动机	汽油或柴油	成本低,技术成熟	重量大,噪声较大	最差	能	能
	CNG 或 LPG 发动机	CNG 或 LPG	排放改善,技术成熟	需新建加气站	中等	能	能
	微型涡轮机	可选用的燃料种类多	寿命长,维护量少,比功率大	价格贵,比力矩低	很低	能	不能
燃料电池		质子交换膜	氢	无污染	价格贵	极低	能	不能

混合动力系统存在的一些不足之处如下。

① 重量较大。一般来说,尽管混合动力车辆上使用燃料的能源装置比性能类似的传统

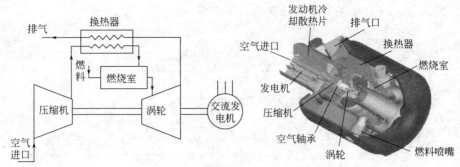

图 10-4 微型涡轮发动机结构示意图

车辆功率小、重量轻,但是混合动力车辆的总重量比传统车辆大,因为它附加了另一套储能装置、电机等元件。

② 电气效率损失大。在大多数混合动力系统中,电能-机械能通过一些部件(储能元件、发电机等)来回地转换导致效率损失增加。此外,电机在城市工况下行驶时,经常会遇到低速、低负荷工况,其效率也会降低。因此,需要认真地选择功率元件以及控制策略,保证电气效率损失最小。例如并联混合系统可以选用额定功率比较小、过载能力大的电机,这样相对车辆的低速、低负荷状态而言,可使电机处于高负荷工作。

③ 存在车辆某些性能降低的可能。混合动力车辆通常采用功率较小的车载动力总成(OBPU)。当车辆需要最大功率时,再用蓄电池或其他能量储存装置来补充 OBPU 功率的不足,这样做就隐含了一个问题,因为能量储存装置的容量总是有限的,如果能量储存装置的能量消耗到某一极限值,车辆的某些动力性能就会降低。

④ 结构复杂,成本高。

10.4 混合动力汽车的排放问题

在控制排放方面,混合动力车有若干优点,降低排放的主要途径如下。

① 纯电动模式运行 混合动力电动车一般设计成具有纯电动运行模式。这种混合动力车在进入车辆和人口密集的城市中心时,可以关闭其发动机以纯电动方式工作,达到"零排放",到了郊区时可重新启动发动机。这种车辆还可在晚上或停车时利用电网的电充电,类似于纯电动汽车的情况。

② 降低发动机排放 混合动力车可采用电动起步,当车速达到预定值或车辆负荷达到预定水平时才启动发动机,尽量使发动机工作在远离排放差的区域;采用功率小的发动机意味混合动力车辆比起传统车辆来,在常见负荷下,可在较高额定功率下工作,效率更高、污染最小;动力电池的功率缓冲能力可使发动机缩短冷启动时间,从而减少冷启动时的排放。

混合动力车还可以在停车、滑行、低负荷、制动或蓄电池 SOC 到最大值时关掉发动机,取消发动机怠速,而当需要发动机输出力矩时重新启动,这样可以取消怠速时的排放,降低整车排放污染。

10.5 混合动力电动车的分类

混合动力车辆的分类可以用拓扑图形的方式来表达,见图 10-5,图中每一个带尖顶角的图形,分别代表了储能装置(如燃油箱、电池、储氢罐)和能量转换装置(如内燃机、电机、车载动力总成 OBPU 或燃料电池 FC)。另外,规定越是远离图形的尖顶角,表示使该装置的比例越大，若正好在尖顶角处则表示不使用该装置。

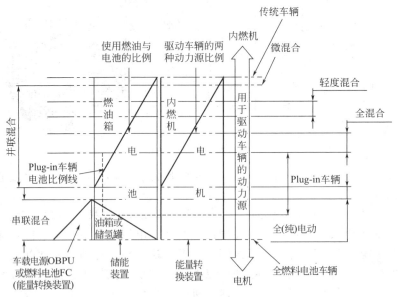

图 10-5 混合动力车辆的分类

由图 10-5 可知，只要有两种能量存储装置（例如燃油箱和电池、储氢罐和电池，见图 10-5 中的左边部分），以及有两种能量转换装置（如内燃机和电机，见图 10-5 中的右边部分）；或者车载动力总成（OBPU）和电机、燃料电池（FC）和电机（见图 10-5 中的下边部分），该车就一定是混合动力车辆。因此，驱动车辆的动力源，如果只有内燃机一种，完全不使用电池储能装置，电机功率的使用比例为零，全部由燃油箱给车辆提供能量的就是传统车辆；如果驱动车辆的动力源，只有电机一种，同时给车辆提供能量的能量源只有电池或者只有氢燃料电池的，分别为纯电动车辆或纯燃料电池车辆。

从系统能量流和功率流的配置结构关系来看，见图 10-5，凡是同时有两种驱动车辆的动力源，例如车轮同时由内燃机和电机驱动，则为并联混合动力系统；凡是直接与车轮机械连接的能量转换装置仅为电机一种，但向电机供应能量的能量源有两种（如可充电池以及使用燃油的车载动力总成或燃料电池），则为串联动力系统。

图 10-5 中以纯电动车辆为分界，上部为并联混合系统，下部为串联混合系统，纯电动车辆只依靠电池，车辆驱动全部依靠电机，故使用电机功率的比例占 100%，使用内燃机功率的比例为零。

从使用电池-电机与内燃机的搭配比例来看，混合动力车辆有微混合、轻混合、全混合、可外接电源充电混合动力（PHEV）四种类型。

(1) 微混合系统

有时也叫"启-停混合（Start-Stop）"，依靠电池-电机的功率比例很小，车辆的驱动功率主要由内燃机提供。

① 在微混合系统中，电机仅作为内燃机的启动机/发电机使用，其工作模式是：如遇红灯或交通阻塞等情况车辆需短时停车怠速时，使内燃机熄火取消怠速，而当车辆再次行驶时，立即重新启动内燃机；以及在制动时转变为发电机，实现制动能量回收。

② 微混合可实现 5%～10% 的节油效果。

(2) 轻混合系统

与微混合系统相比，驱动车辆的两种动力源中依靠电池-电机功率的比例增大，内燃机功率的比例相对减小。

① 在车辆加速、爬坡等工况下，电机可向内燃机提供辅助的驱动力矩，但不能单独驱动车辆行驶，这种系统同样具有制动能量回收、发动机熄火/重启动等功能。

② 总部位于美国密歇根州的一家国际汽车设计与工程顾问公司（Ricardo）将电机功率不超过发动机最大功率的10%，定义为轻混合动力系统。

③ 轻混合系统节油可达10%~15%；Honda公司的Insight和Civic Hybrids是典型的轻度混合汽车。

（3）全混合系统

与轻混合系统相比，驱动车辆的两种动力源中依靠电池-电机功率的比例更大，内燃机功率的比例更小。

① 全混合车辆，电机和内燃机都可以独立（或一起）驱动车辆，因此在低速、缓加速行驶（如交通堵塞、频繁起步-停车）、车辆起步行驶和倒车等情况下，车辆可以纯电动行驶；急加速时电机和内燃机一起驱动车辆，并有制动能量回收的能力。

② 全混合系统内燃机和电机功率的比例也有不同的变化范围，典型的情况是电机功率为内燃机最大功率的40%左右。

③ Toyota Prius、Ford Escape Hybrid、Mercury Mariner Hybrid、Toyta Highlander以及Lexus RX 400h等均为全混合动力汽车。

④ 不同试验工况的节油达30%~50%，但实际节油效果随车辆结构设计、行驶工况、开车操作细节而变化。

（4）插电式混合动力系统（Plug-in hybrids，PHEV）

该系统电机功率比例与纯电动情况基本相同（或稍小），视对纯电动行驶模式的性能要求而定，但内燃机功率比例与全混合系统基本相同。此外，电池容量（应保证必要的纯电动行驶里程）要比全混合系统的大，比纯电动车辆的小。

可外接充电混合系统由于可以利用电网的电来作为车辆的"燃料"，大大减少了对石油的依赖，而且有很好的环境效益，被认为是混合动力的重要发展方向，在10.7节还将详细介绍。设计混合动力电动车主要考虑的问题有：车辆能量和功率流的配置形式，确定车载动力总成（OBPU）、电机/发电机、能量储存装置以及其他元件的参数，控制策略等。

下面首先来讨论混合动力电动车的能量和功率部件的配置形式以及相关的控制策略。

10.5.1 串联混合动力系统

串联混合动力驱动系统的结构见图10-6。其结构特点是发动机带动发电机发电，发出的电能通过电机控制器输送给电机，由电机产生电磁力矩驱动汽车行驶。在发动机与传动系之间通过电机实现动力传递。蓄电池（也可以是其他储能装置，如超级电容、机械飞轮等）是发电机与电机之间的储能装置，其功能是起到功率平衡的作用，即当发电机发出的功率大于电机所需的功率时（如汽车减速滑行、低速行驶或短时停车等工况），发电机向电池充电；而当发电机发出的功率低于电机所需的功率时（如汽车起步、加速、爬坡、高速行驶等工

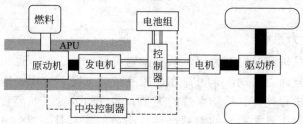

图10-6 串联混合动力驱动系统

况），蓄电池则向电机提供额外的电能，补充发电机功率的不足，满足车辆峰值功率要求。

有些人把串联混合动力电动车称为"里程延续器车辆"，这是不确切的。里程延续器车辆只是在车上装了一个很小的"车载发电装置"以增加一些行驶里程，它基本上是一辆以蓄电池为动力的电动车。它的工作模式是：在蓄电池的荷电状态（SOC）达到预定的下限值时，车载发电装置开始启动并对蓄电池充电。车载发电装置一直工作到蓄电池达到预定的荷电状态上限值为止。车载发电装置工作时间的长短与电池容量和其自身功率大小有关。因为车载发电装置不直接连到车辆传动系统上，故它可以在最佳工况下工作，从而比传统内燃机车辆的排放要低，燃油经济性要好，同时能延长纯电动车辆的行驶里程。

串联混合动力电动车上的发动机与道路负荷不相耦合，就排放和效率来说，不必考虑传动系统的要求，就可对发动机工作进行优化，使它在某一固定工作点上（或是在某固定工作点周围很窄的区域内）运行。发动机可以是内燃机，也可以是其他不适用于直接驱动车轮的发动机，例如微型燃气轮机、斯特林发动机等。发动机-发电机组作为一个整体也可以是燃料电池系统。采用液化石油气、天然气、氢气或氢气与天然气的混合气体（Hythene），发动机的混合动力排放比较低。装有柴油机的混合动力车燃油经济性比较好。

发动机-发电机所输出的平均功率与蓄电池为满足峰值功率要求而提供的补充功率之间的比例，通常由车辆的应用特点决定，特别要考虑车辆行驶循环的需求。串联式混合动力系统适用于目标和行驶工况相对确定的车辆，例如货物分送车、城市公共汽车等在城市内走走停停的车辆。串联式混合动力电动车具有如下优点。

① 发动机工作状态不受车辆行驶工况的影响，始终在最佳的工作区域内稳定运行，因此，发动机具有良好的经济性和低的排放性能。

② 发动机与电机之间无机械连接，整车的结构布置自由度较大。各种驱动系统元件可以放在最适合于它的车辆位置，例如在低地板公共汽车上，可以将发动机-发电机组装在车尾部或其他部位并采用电动轮驱动方式，从而降低地板高度。

③ 由于电机的功率大，制动能量回收的潜力大，从而提高能量效率。

串联式混合动力电动汽车存在的缺点如下。

① 发电机将发动机的机械能量转变为电能，电机又将电能转变为机械能，还有电池的充电和放电都有能量损失，因此，发动机输出的能量利用率比较低。串联混合动力电动车的发动机能保持在最佳工作区域内稳定运行。这一特点的优越性主要表现在低速、加速等行驶工况，而在车辆中、高速行驶时，由于其电传动效率较低，抵消了发动机效率高的优点。

② 电机是唯一驱动汽车行驶的动力装置，因此，电机的功率要足够大。此外，蓄电池一方面要满足汽车行驶中峰值功率的需要，以补充发电机输出功率的不足；另一方面，要满足吸收制动能量的要求，这就需要较大的电池容量。所以，电机和蓄电池的体积和重量都比较大，使得整车重量较大。

根据以上特点，串联混合动力电动车更适用于市内低速运行的工况，而不适合高速公路行驶工况。

10.5.2 并联混合动力系统

并联式结构有内燃机和电机两套驱动系统。它们可分开工作，也可一起协调工作，共同驱动。所以并联式混合动力电动汽车可以在比较复杂的工况下使用，应用范围比较广。并联式结构由于电机的数量和种类、传动系统的类型、部件的数量（如离合器的数量）和位置关系（如电机与离合器的位置关系）的差别，具有明显的多样性。结构上可划分为两种形式，即单轴式和双轴式。

10.5.2.1 单轴式混合动力系统

单轴式结构如图 10-7 所示。内燃机通过主传动轴与变速器相连，电机的转矩通过齿轮与内燃机的转矩在变速器前进行复合，传到驱动轴上的功率是两者之和。这种形式称为转矩复合。单轴式结构的速度、转矩关系如下：

$$T_s = (T_e + KT_m)\eta$$
$$n_s = n_e = n_m/K \tag{10-1}$$

式中，T_e、T_m、T_s 分别为发动机、电机和变速箱的输入转矩；n_s、n_e、n_m 分别为变速器输入轴、发动机和电机转速；η 为传动效率；K 为传动比。

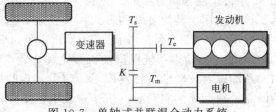

图 10-7 单轴式并联混合动力系统

在单轴式结构中，内燃机、电机和变速器输入轴之间的转速成一定比例关系。在汽车运行中，随着路况和车速的变化，这些转速会随着变化。输出转矩的变化，可以通过公式(10-1)中的转矩关系，在发动机转矩保持恒定的条件下，通过调节电机的转矩而获得。

以下介绍几种典型的采用单轴式混合动力结构的样车。

(1) 奥迪 DUOⅢ

图 10-8 是奥迪 DUOⅢ混合动力系统简图。有两套系统驱动前轮：其一是 1.9L 的 TDI 4 缸涡轮增压直喷柴油机（额定功率 66kW），在发动机和变速器之间有自动控制离合器；其二是三相永磁同步电机（额定功率 21.6kW），通过速比 2.3 的减速器，与五挡手动变速器相连。电机还可以作为发电机在车辆制动时回收能量，或由柴油机驱动发电。

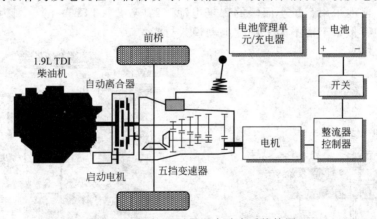

图 10-8 奥迪 DUOⅢ混合动力系统简图

奥迪 DUOⅢ有三种操作模式，可以通过开关来切换：

① 纯柴油机驱动模式　适用于恒速巡航行驶工况；

② 纯电动模式　适用于排放敏感区；

③ 混合驱动模式　这是主要的工作模式，车辆的控制系统根据加速踏板的位置和驾驶员希望得到的速度而自动在前面两种模式间切换。

在 80km/h 的速度以下由电机驱动，如果加速踏板的行程不超过某个设定的点，仍将保持在电动模式；如果需要额外的动力，比如超车时，加速踏板行程超过设定点，柴油机自动启动，当转速增加到与所选挡位速度和目前车速一致时，便可平稳地切换至柴油机驱动模式，而关闭电机。在所需动力变小时，例如在超车后正常行驶时，车辆控制系统使车辆重新切换到电动模式，然后关闭发动机。

在电动模式下,最高车速80km/h,0～50km/h加速需要10.5s;电池的容量可以在欧洲城市循环工况(ECE)下行驶36km,以50km/h的恒速行驶50km。实际上车辆在行驶过程中可以随时在电动和发动机驱动两种模式下切换,所以没有行驶里程的限制。通常一次加油可以行驶700km。最高车速170km/h,从静止加速到100km/h需要16s。

(2) 本田Insight混合动力系统

在日本和美国汽车市场上已经投入商业化生产的混合动力汽车,是日本本田公司的Insight并联式混合动力系统,也称为"一体化电机/发电机助力系统——ISG",如图10-9所示。该车采用了转矩复合的方式,其手动五挡变速车创造了3L汽油行驶105km的纪录(按日本标准10～15工况),而装备CVT的同一车型也创下了3L汽油行驶96km的好成绩。

Insight的动力系统以汽油机为主动力,电机为辅助动力,动力分配比为9:1。在车辆启动和加速时,辅助电机发挥了低速大转矩的优点,以弥补汽油机低速转矩低、启动加速差的缺点;在减速和制动时电机作为发电机工作,实现制动能量回收功能。在车辆短时间停车时,发动机关闭取消怠速,在加速踏板踩下后重新启动。

此系统结构简洁、紧凑,重量轻,成本低,电机只在启动和加速等少数工况下工作,镍氢电池模块仅重20kg。采用精心设计的排量为1L的3缸12气门低摩擦的"极端稀薄燃烧"汽油机;改进驱动方式,尽可能保证发动机工作在最佳工况。采用全铝设计的车身结构,风阻系数极低的车身造型,使Insight在排放、动力性和经济性上都取得较佳效果。

(3) 福特低能量存储混合动力方案(LSR)

福特公司设计的低能量存储混合动力方案(LSR),与本田Insight的混合动力系统类似,它的系统结构如图10-10所示。其特点是:发动机是车辆的主动力,在发动机和变速器之间有一个既可作为电机也可作为发电机的启动/发电机(S/A)。S/A由专门设计的交流变频器模块驱动,电池采用容量小而轻的镍氢电池(22kW,1.1kW·h)。因为电机的特殊位置和很低的电池容量,车辆不能采用纯电动模式行走。

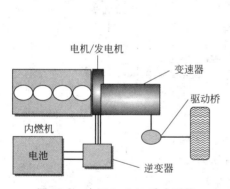

图10-9 本田Insight动力系统

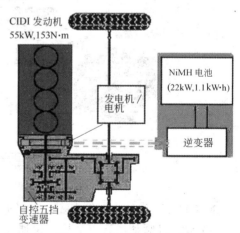

图10-10 福特LSR方案

10.5.2.2 双轴式并联混合动力系统

双轴式结构中(图10-11)可以有两套机械变速器:内燃机和电机各自与一套变速机构相连,然后通过齿轮系进行复合。在这种结构中,可以通过调节变速机构调节内燃机、电机之间的转速关系,使发动机的工况调节变得更灵活,当采用行星差动系统作为动力复合机构时,行星差动动力复合机构有两个自由度,可以实现两个输入部件的转速复合,以确定输出轴的转速,而各个部件间的转矩保持一定的比例关系,这种功率复合形式称为速度复合。双轴式并联混合动力系统,结构十分复杂是一个很大的缺点。

并联式混合动力电动汽车具有如下特点。

① 发动机通过机械传动机构直接驱动汽车,无机械能-电能转换损失,因此发动机输出能量的利用率相对较高,如果汽车行驶工况能保证发动机在其最佳的工作范围内运行时,并联驱动系统的燃油经济性比串联的高。

② 当电机仅起功率"调峰"作用时,电机、发动机的功率可适当减小,电池的容量也可减小。

③ 在繁华的市区低速行驶时,并联式混合动力电动汽车也可通过关闭发动机,以纯电动方式运行实现零排放行驶,但这就需要有功率足够大的电机,所需电池容量也相应要大。

④ 发动机与电机并联驱动时,还需要动力复合装置,因此,并联驱动系统的传动机构较为复杂。

⑤ 并联驱动系统与车轮之间直接机械连接,发动机的运行工况会受车辆行驶工况的影响,所以车辆在行驶工况频繁变化的情况下运行时,发动机有可能不在其最佳工作区域内运行,其油耗和排放指标可能不如串联式混合动力系统。并联式驱动系统最适合于汽车在中、高速工况下(如高速公路)稳定行驶。

此外,并联混合驱动系统不适合采用燃料电池作动力源的动力系统。

图 10-12 所示的结构是一种称为"轻混合"或"发动机增力"式的并联混合动力驱动系统。它是在内燃机飞轮处(用带或齿轮)安装一个小型的电机,以实现内燃机的停机启动、低速增加转矩及制动时的能量回馈功能。

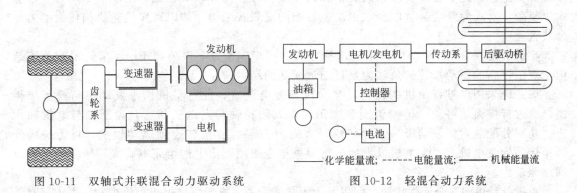

图 10-11 双轴式并联混合动力驱动系统　　图 10-12 轻混合动力系统

图 10-13 所示的结构主要用于 MPV 等需要全轮驱动的混合动力车型上。它有两个独立的驱动系统,其中一个以内燃机为主,另一个为电机驱动,两个系统分别驱动前轮和后轮。这种结构也可以根据使用条件,选择不同混合度(微混合、轻混合及全混合)的并联系统去优化驱动和制动回馈性能,从而达到节能、降低排放以及合理的成本。

10.5.3 混联式混合动力电动车

混联式驱动系统可以在串联混合模式下工作,也可以在并联混合动力模式下工作,即两种模式的综合。这就要求有两个电机、一个比较复杂的传动系统和一个智能化控制系统。

混联式驱动系统的结构见图 10-14。其工作原理如下:发动机发出的功率一部分通过功率分流装置,经机械传动系统至驱动桥,另一部分则驱动发电机发电,发出的电能输送给电机或蓄电池,电机的力矩同样也可通过传动系传送给驱动桥。混联式驱动系统的控制策略是:在汽车低速行驶时,驱动系统主要以串联模式工作;当汽车高速稳定行驶时,则以并联工作模式为主。

混联式驱动系统的结构形式和控制方式充分发挥了串联式和并联式的优点,能够使发动机、发电机、电机等部件进行更优化的匹配,在结构上保证了在更复杂的工况下使系统工作

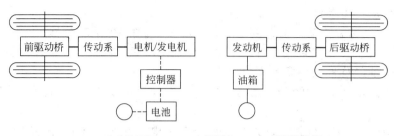

——化学能量流;------电能量流;——机械能量流

图 10-13 前后轮分别驱动的混合动力系统

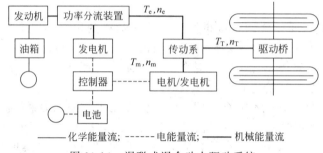

——化学能量流;------电能量流;——机械能量流

图 10-14 混联式混合动力驱动系统

在最优状态,因此更容易实现排放和油耗的控制目标。与并联式相比,混联式的动力复合形式更复杂,对动力复合装置的要求更高。目前的混联式结构一般以行星齿轮机构作为动力复合装置。

丰田公司在 Prius 车型中采用了这种方案。图 10-15 为丰田公司 Prius 车的驱动系统结构示意图,它的驱动系统被公认为是目前最成功的结构。

该系统采用单排行星机构作为功率分配与复合装置,此行星机构中发动机与行星架相连,通过行星齿轮将动力传给齿圈和太阳轮,太阳轮轴与发电机相连,齿圈轴与电机轴相连。功率分配装置将发动机一部分转矩(大约为 70%)直接传递到驱动轴上,将另一部分转矩传送到发电机上。发电机发出的电将根据指令或用于给电池组充电,或用于驱动电机以增加驱动力。

单排行星机构三个元件转速之间以及力矩之间的关系推导,许多机械原理教科书中都有叙述,现列出其计算公式,先看一下转速之间的关系:

$$N_m + N_g(Z_s/Z_r) = (1 + Z_s/Z_r)N_e \tag{10-2}$$

式中 N_m——电机转速;

N_g——发电机转速;

N_e——发动机转速;

Z_s——太阳轮齿数,为 30;

Z_r——齿圈齿数,为 78。

由式(10-2)可知,这三个元件的转速之间存在线性关系,如图 10-16 所示。

图 10-16 中三条垂直虚线,从左至右分别代表发电机(太阳轮)、发动机(行星架)、电机(齿圈)的转速坐标。

由式(10-2)可知,N_g、N_m、N_e 三个转速中有两个确定后,第三个也就知道。因此图中在

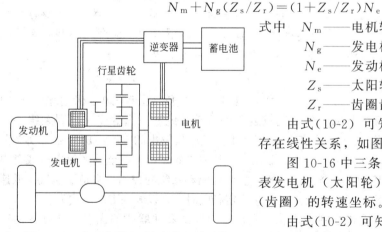

图 10-15 丰田公司 Prius 车的驱动系统

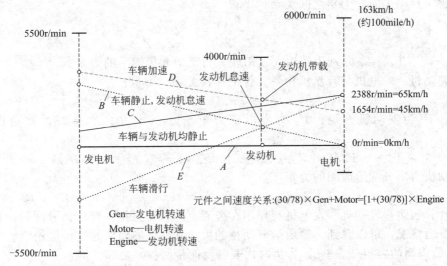

图 10-16 发动机、电机和发电机转速之间的关系

两个垂直坐标上确定两点,将其连线与第三轴相交所得之点就是要求的转速。水平线 A 表示车辆静止不动,发动机、电机、发电机也都静止,转速为零。当要启动发动机时,发电机兼作启动马达的作用,使发动机启动,如直线 B,同时马上使电机工作以引起车辆运动。C 说明一般行驶情况下,发动机提供的功率足够,不需要发电机产生电力。当车辆从巡航车速开始加速,发动机转速提高,发电机转速也增高,发电机输出增加,同时电机对驱动桥给出额外的功率以帮助车辆加速,如 D 线。该系统可以通过控制发电机转速来改变发动机转速。此外,发动机输出功率的一部分,经发电机给电机用于额外的加速功率,因而不需要传统的变速箱系统。当车辆滑行时,不需要发动机功率,同时发电机反转如 E 线。这种结构可以有非常灵活的控制策略,因此可以实现对混合动力能量和功率流的最优控制。

为了给读者一个概念,图 10-17 给出了 Prius 车中发动机-发电机-电机三者的转速范围与车速的关系。

从式(10-2)和图 10-16 可以看到,当齿圈转速(也就是电机转速或车辆速度)确定时,通过调节发电机转速来调节发动机转速,因此,发动机转速不受车辆行驶条件的制约,发动机工作点可以通过发电机来调节。

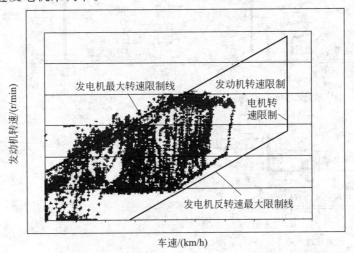

图 10-17 发动机-发电机-电机的转速与车速关系

不考虑机械损失时,力矩之间关系如下:

$$T_s = -T_c/(1+Z_r/Z_s) \tag{10-3}$$

$$T_r = -T_c(Z_r/Z_s)/(1+Z_r/Z_s) \tag{10-4}$$

式中,T_s、T_c、T_r 分别为作用在太阳轮、行星架和齿圈上的力矩。

根据发动机、发电机与行星机构各元件的连接关系,可得:

$$T_c = T_e, T_s = T_g$$

式中,T_e 为发动机力矩;T_g 为发电机力矩。当 $Z_s=30$,$Z_r=78$,发动机力矩为 100% 时有:

$$T_g = -T_e/(1+Z_r/Z_s) = -100\%/(1+78/30) = -27.8\%$$

由发动机力矩分配给齿圈的力矩 T_r 为:

$$T_r = -T_e(Z_r/Z_s)/(1+Z_r/Z_s) = -100\% \times (78/30)/(1+78/30) = -72.2\%$$

以上计算表明,发动机、发电机与作用在齿圈上的力矩是按一定比例分配的。最后单独考察齿圈受力情况,可以看到,输出给驱动桥的力矩 T_w 是发动机通过行星轮给齿圈的力矩 T_r 和电机给齿圈的力矩 T_m(T_m 为负时代表制动能量回收)之和。即:

$$T_w = T_r + T_m$$

$$T_w = -T_e(1+Z_r/Z_s)/(Z_r/Z_s) + T_m \tag{10-5}$$

由此可知,已知发动机和电机的力矩特性后,驱动桥得到的力矩特性也就确定,这样进行车辆牵引特性计算也就不难。

前面提到过与太阳轮相连的发电机还兼作发动机的启动机,若此时它产生 100% 的力矩,则经行星机构传动后启动发动机的力矩为:

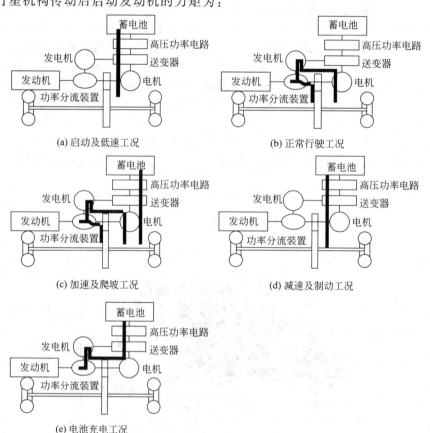

(a) 启动及低速工况   (b) 正常行驶工况

(c) 加速及爬坡工况   (d) 减速及制动工况

(e) 电池充电工况

图 10-18 功率流的不同路径

$$T_e = T_g(1+Z_r/Z_s) = 100\% \times (1+78/30) = 360\%$$

也就是说，放大了 3.6 倍后去带动发动机启动。

图 10-18 给出几种工况下功率流的不同路径。

① 启动及低速工况　从静止起步到车速低于某一车速，如 30km/h 时，车辆由驱动电机驱动，为纯电动工况。

② 正常行驶工况　此时发动机功率通过行星系统分为两条路线：一条是通过齿圈直接传到变速器；另一条是驱动发电机发电，给电池充电或者驱动电机。

③ 加速及爬坡工况　此时电机从蓄电池获得能量，发动机和电机同时驱动车辆，此时系统工作在混合模式。

④ 减速及制动工况　在踩下制动踏板后，齿圈轴反拖电机轴旋转，电机作为发电机发电，向蓄电池充电，同时产生制动转矩。

⑤ 电池充电工况　在需要时发动机可以仅驱动发电机向蓄电池充电。

10.6　混合动力电动车的能量管理与控制策略

控制混合动力电动车在行驶过程中不同的工况时各组成部件（发动机、电机、蓄电池、传动装置等）之间能量流的大小和流向，称为能量管理。进行能量管理时，不管采取什么样的管理策略，其目的都是为了使所设计的车辆具有以下特点。

① 最佳的燃油经济性和最好的排放指标。这通常是通过对发动机工作点、工作线或工作区域的优化设计来实现。

② 根据行驶工况对能量的需要，合理分配来自发动机和蓄电池的能量流。

③ 在复杂的行驶工况下，尽可能减小发动机工作转速的波动和关闭与启动的次数，以及避免发动机在低于某个转速和负荷时运行（当低于某个转速时应将发动机关闭）。

④ 保证蓄电池始终有合适的荷电状态（SOC）以及蓄电池的电压在安全的范围之内，使蓄电池有良好的使用寿命。

10.6.1　串联式混合动力系统的工作模式

串联式混合动力系统有三种基本工作模式。

① 主要利用电池来驱动车辆，仅当电池 SOC 降低到最小限值时，内燃机才开机。同时使内燃机在最高效率区以输出恒定功率的方式工作，当 SOC 回升到最大限值时内燃机关机。这种策略的主要缺点是内燃机的接通和关断会贯穿于车辆出行的整个过程，由于内燃机每次关机期间，内燃机和催化转换装置的温度降低，而导致它们的效率降低。这种模式也称为"恒温器式控制"。

②"负荷跟随"控制模式，保持电池的 SOC 在规定的范围之内，内燃机带动发电机工作并尽可能地供应接近车辆行驶所需的电能，电池只起负荷调节装置的作用。这种模式电池的充放电量较小，能量损失最小。这种模式的缺点是内燃机不能工作在最佳转速和负荷下，因此其排放可能变差、效率降低。

③ 上述两种模式（或控制策略）的一个折中方案。在电池的 SOC 较高时，主要用纯电动模式。而当电池的 SOC 降低到设定的范围内时，内燃机带动发电机工作，考虑到内燃机的排放和效率，将其输出功率严格限制在一定的变化范围内。如果能预测到车辆行程内的总能量需求，则一旦电池中储存了足够的能量，在剩余的行程中车辆就可转换为纯电动模式，到了行程终点正好耗尽电池所允许放出的电能。这种模式或策略也称为最佳串联混合动力模式。

10.6.2 并联式混合动力系统的工作模式

并联式混合动力系统主要有两种基本工作模式。

① 内燃机辅助混合动力模式 主要利用电池-电机系统来驱动车辆,仅当以较高的巡航速度行驶、爬坡和急加速时才使内燃机开机。这种控制策略的优点是,大多数情况下车辆都是用电池的电能来工作,车辆的排放和燃油消耗减少,同时,启动马达可以取消而利用车辆的运动来启动内燃机。这种策略的缺点是,由于内燃机每次关机期间,内燃机和催化转换装置的温度降低,而导致它们的效率降低,尾气排放增加。

② 电机辅助混合动力模式 主要利用内燃机来驱动车辆,电机只在两种状态下使用:一是用于瞬间加速和爬坡需要峰值功率时,可使内燃机工作在最高效率区间,以降低排放和减少燃油消耗;二是在车辆减速制动时电机被用来回收车辆的动能(再生制动)对电池进行充电。该模式的主要缺点是车辆不具备纯电动模式,以及在行驶过程中若经常加速,电池的电能消耗到最低限度,则会失去"电机辅助"能力,驾驶员会感到车辆性能有所降低。

10.6.3 混合动力系统的能量管理策略

下面以电机辅助并联式混合动力系统为例(图 10-19)来介绍其工作原理和能量管理策略的一些规则,之所以采用这种表达方式,是便于以后设计控制器时,用计算机语言来描述。

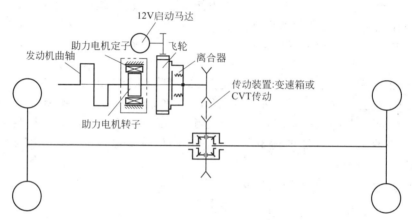

图 10-19 并联式混合动力系统结构

图 10-20 是一种并联混合动力系统的结构。其中永磁交流助力电机的转子与发动机曲轴连接在一起,其周围是固定的定子。而飞轮又与该助力电机的定子连在一起,离合器则固定在飞轮上。助力电机由 144V 电池组供电,此电池组通过一只马达驱动模块内的 DC/AC 变换装置,与助力电机连接。当车辆需加速或爬坡时,助力电机对发动机助力,以增加车辆驱动功率。当车辆处在制动工况时,车辆带动助力电机发电,发出的交流电经 AC/DC 变换后对 144V 电池组充电。车辆在启动状态时通常是由助力电机来启动发动机,它能迅速使发动机转速达到 1000r/min 以上,有利于改善低速启动发动机时的排放指标。

任何一种复杂的行驶循环,都可以看成是由五种基本的车辆工作状态(或模式)组成,即:启动与重新启动、加速与爬坡、巡航、减速与制动、急速停车。各工作模式下,都可以找出相应的能量管理规则。下面以加速与爬坡工作模式为例,介绍车辆相应的控制规则。

当车辆要加速或需爬坡助力时,则进入加速/助力模式,此时车辆由发动机和动力电池一起驱动,并按下列加速/助力模式的规则工作。

① 如果动力电池 SOC 较高,与节气门阀全开,则助力电机全功率助力;或者,如果动力电池 SOC 较高,与节气门阀开得较大,则助力电机部分功率助力。

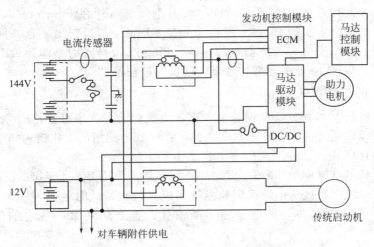

图 10-20　并联混合动力的控制电路

② 如果动力电池 SOC 低，与节气门阀全开，则助力电机小功率助力；如果动力电池 SOC 降至最低水平，与节气门阀全开或部分开，则不允许助力电机助力，但允许助力电机转换成发电机状态并对动力电池充电。

在车辆上，为通过计算机控制来实施这些规则，首先要命令计算机去采集分布在车辆各处的各种相关信息（如车速、发动机转速、电池 SOC、电压与电流、节气门阀开度、离合器接合还是分离、制动主缸内的压力或制动踏板位置、驾驶员的操作指令及变速箱挡位、时间、各种温度等），并根据这些信息或信息的组合，判断车辆处于何种工作模式或状态，然后根据相应的规则发出动作指令，实现对能量流的管理以及车辆故障分析（由此可知，混合动力电动车辆系统里不但存在能量流，而且存在信息流，有关车辆中信息的管理、通信、收集、分析、判断以及控制器的开发等详细内容，将在第 12 章叙述）。

10.7　插电式混合动力汽车（PHEV）

10.7.1　PHEV 的发展背景

可外接充电式混合动力汽车的英文是：Plug-in Hybrid Electric Vehicle，缩写为 PHEV。这种混合动力汽车单独依靠电池就能行驶较长距离，但需要时仍然可以像通常的全混合动力汽车一样工作。例如，有一辆可以靠电池行驶 50km 的 PHEV 在实际运行中，开始的 50km 可以完全采用电池的能量，超过 50km 后则转入通常的混合动力模式。到了旅程终点，则再插入外接电源对电池充电。

PHEV 的主要优点如下。

① 具有纯电动汽车的全部优点，可利用晚间低谷电对电池充电，改善电厂发电机组效率，节省能源；降低对石化燃料的依赖，减少石油进口，增加国家能源安全；减少温室气体和各种有害物排放。

② 如果在一周工作时间内上下班距离较短，可用纯电动模式驾车上下班，不需使用汽油，周末仍可以利用内燃机为主的混合动力模式作长途旅游。

③ 可利用外部公用电网对车载电池组进行充电，减少去加油站加油的次数，用电比石油便宜，可降低车辆使用成本。

由于这些优点，使 PHEV 成为混合动力汽车的重要发展和研究方向。在美国一些民间组织和电力集团的推动下，PHEV 受到政府、社会和企业的广泛关注。美国总统布什 2006

年多次发表讲话,支持发展 PHEV。2006 年 2 月下旬,布什在 Johnson Controls 公司(一家电池制造商)的讲话中谈到 Plug-in 混合动力技术时说:"现在出乎意外地,开始看到这项重要技术对我们国家安全与经济安全的影响,Plug-in 混合动力是能源策略的一个重要部分,美国政府将提供 3100 万美元来加速研究这项先进技术。"

10.7.2 PHEV 的工作模式

如上所述,PHEV 可用外部电网充电,比普通混合动力汽车有较长的纯电动行驶距离,但需要时仍然可以像通常的混合动力汽车一样工作。其电池组的工作模式如图 10-21 所示。

(1) 电量消耗模式

在电池组充满电(SOC=100%)后的初期行驶阶段和车辆预订要完成行驶任务即将返回阶段,车辆可以纯电动或从电池组消耗能量的模式行驶,此时电池组的 SOC 可能有些波动,但其平均水平不断减少,即电量在不断消耗,直至达到某一规定的值,如图 10-21 所示。

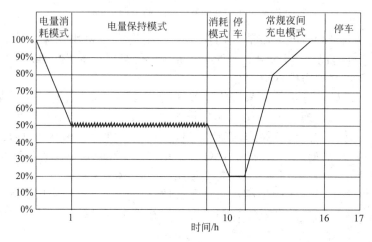

图 10-21 PHEV 的电池组工作模式

(2) 电量保持模式

在电池组的能量消耗到一定程度(例如 SOC=50%)时,为了保证车辆性能和电池组的安全性,车辆进入混合动力模式,发动机和电机-发电机共同工作,电池组 SOC 可以有波动,但其平均值保持在某一水平上,即切换到电量保持模式,如图 10-22 所示。

10.7.3 PHEV 的研发现状

正因为 PHEV 具有许多优点,其研发、示范及商业化进展很快,下面介绍几款目前仍处于研发、试验运行和商业化之中的车型。

(1) Daimler Chrysler 15 座原型 PHEV 客车

分别在洛杉矶、纽约和德国等地方进行试验运行(图 10-23)。车辆的主要性能参数如下:

① 蓄电池,镍氢电池或锂离子电池(14kW·h),纯电动设计行驶里程 20mile;
② 电机功率,连续 72kW,峰值 91kW;转矩,130~180N·m,峰值 275N·m;
③ 发动机,汽油机 2.7L 或柴油机 2.3L。

对该车还应说明:

① 电机连续功率和峰值功率较小,主要是考虑在城区使用,如果高速行驶,功率应大于 125kW;

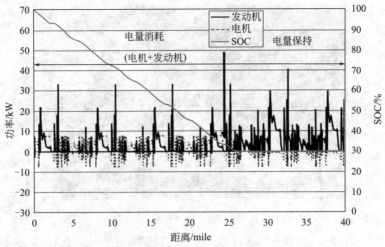

图 10-22　发动机参与工作策略（1mile=1609.344m）

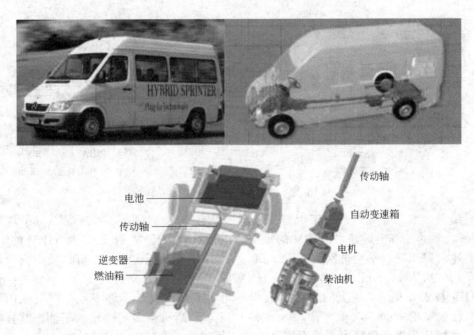

图 10-23　Daimler Chrysler 15 座的商用车原型 PHEV

② 纯电动行驶速度限制在 50km/h 以下，电池 SOC 限制在 100%～20%之间；

③ 使用镍氢电池时，电气设备附加质量为 350kg；如采用锂离子电池，附加质量可减少到只有 160kg。

(2) Prius PHEV

此车型是美国加州萨克拉门多市政管理区 2006 年年初委托 Energy CS 公司改装的（图 10-24），主要的改造部分如下：

① 电池组由原先的 1.3kW·h 镍氢电池组更换为锂电池组，并加装了 Energy CS 公司具有专利权的电池管理系统软件，可用能量从 0.4kW·h 增加至 6.5kW·h；

② 安装了输入电压 110V，1.1kW 的车载充电器。

通过这些改造，Prius PHEV 的纯电动行驶里程可达 60km（44mile）。2006 年 6 月 9 日～2006 年 9 月 7 日，这辆改造过的 Prius PHEV 与 2005 年度 Prius 进行了全城市街道、

图 10-24　改装的 Prius PHEV

城市与公路组合及高速公路三种行驶工况下的燃油经济型对比试验，试验结果见图 10-25。

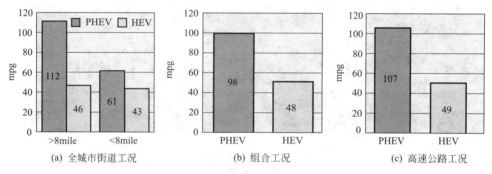

(a) 全城市街道工况　　(b) 组合工况　　(c) 高速公路工况

图 10-25　燃油经济型对比试验结果

试验结果表明，全城市街道工况且行驶路程大于 11km（8mile）情况下（平均每次为 12.2mile），燃油经济型最好，PHEV 的每加仑汽油行驶英里数（mpg）是 HEV 的 2.4 倍；其次是高速公路工况（平均每次为 12.2mile），PHEV 是 HEV 的 2.2 倍；城市与公路组合工况（平均每次为 14.8mile），PHEV 是 HEV 的 2 倍。

PHEV 技术在军用车辆上的应用与试验：此项工作已进行了许多年，在美国国防部和海军研究办公室的资助下，开发了"Shadow RST-V"高机动多用途轮式车辆。其样车正在被评估，并被认为将会取代现有的军用高机动多用途轮式车辆，见图 10-26。

图 10-26　"Shadow RST-V"高机动多用途轮式车辆

该车的混合动力驱动系统有三种工作模式：
① 纯电动秘密行动模式（全部动力由电池提供）；
② 发动机、电机混合驱动模式；
③ 发动机单独驱动模式。

在纯电动模式下，静音、无热痕迹，主要用于战场侦察和监视。在要求迅速加速和要求有最大驱动力矩爬坡时，以混合驱动模式工作，此时利用柴油发动机输出的功率工作，电池则根据需要给出能量或储存能量；当电池组不起作用或不能使用时，以发动机单独驱动模式工作，驱动车辆行驶。

Shadow RST-V 采用串联混合动力系统，车载一台额定功率 114kW、排量 2.5L 的 4 缸柴油机。发动机直接驱动 110kW 的永磁发电机。车辆由安装在车轮内的 4 号 50kW 的电动轮驱动。这种结构取消了车辆传统的传动装置，可使内部空间布置有更多的灵活性。

车辆配备 20kW·h 的锂离子电池组。电动轮、内燃机、电池组三个主要部分见图 10-27。通过试验，车辆的最高车速为 112km/h，纯电动行驶里程为 32km，车载燃油箱容积为 95L，在 50km/h 车速下可行驶 785km。

(a) 永磁轮毂电机（连续转矩 3030N·m，峰值转矩 3660N·m，模块化设计）
(b) 共轨直喷柴油机 (DDC TD DI-4V, 2.5 L，最大功率 105kW/3800r/min, 增压, 中冷)
(c) Saft 锂离子电池（两个电池包，约 234V，峰值功率 60kW）

图 10-27　电动轮、内燃机、电池组三个主要部分

（3）PHEV 专用车

例如，接送中小学生的校车、垃圾车等大型车辆方面也有不少例证。如图 10-28 所示为美国 Enova 公司与校车制造厂 IC Corporation 合作开发的 PHEV 并联混合动力系统原型校车。图 10-29 所示为 PHEV 串联式混合动力垃圾收集车。该车采用 Cummins West-port 公司的 CNG 发动机，铅酸电池组容量为 50kW·h，希望使用 PHEV 工作时，每英里成本是原来单独使用 CNG 成本的 50%。

图 10-28　PHEV 并联混合动力系统原型校车

图 10-29　PHEV 串联式混合动力垃圾收集车

(4) 雪佛兰 Volt

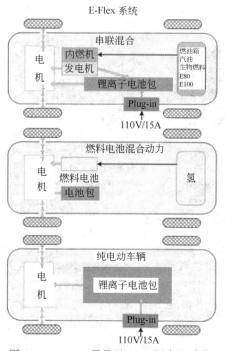

图 10-30　2007 雪佛兰 Volt 概念电动车

美国 GM 公司的 PHEV 概念车——雪佛兰 Volt 是值得关注的 PHEV 车型，它是基于"未来汽车必须能够使用各种能源"的理念而开发的新一代混合动力驱动系统。通用汽车公司称该系统为"E-Flex"系统。这种系统除了可使用传统燃料外，还可使用来自电网的电、乙醇燃料 E85、生物柴油燃料以及氢（燃料电池）等。雪佛兰 Volt 概念电动车，采用的是类似串联混合动力的 PHEV 系统，发动机（可以是内燃机也可以是燃料电池）的动力不直接驱动车轮，只用来发电，车轮是由电动机带动，见图 10-30、图 10-31。纯电动行驶里程 64km（40mile）。采用锂离子电池容量在 16kW·h 以上，是丰田现有混合动力车 Prius 的 12 倍以上。油箱可以装 12 加仑的燃料，约可行驶 1020km（624mile）。

10.7.4　当前 PHEV 研究的主要问题

当前 PHEV 的研发面临的主要问题有以下 3 个方面：

① 根据市场和用户需要确定的整车结构、成本、控制策略、纯电动里程的大小、电池能量和功率的选择等；

② 满足 PHEV 需要的电池及其管理系统的开发；

③ PHEV 充电基础设施的建设。

下面分别加以介绍。

(1) PHEV 需要的电池性能

① 保证 PHEV 有必要的动力性能指标和纯电动行驶里程，又不增加太多的车辆重量，因此电池必须要有足够高的能量密度和功率密度。

② PHEV 经常要采用纯电动模式行驶，因此与 HEV 不同，电池要能在 SOC 100%～20% 深放电工作时，仍保证有很长的循环寿命。

③ PHEV 上采用的电池，以纯电动模式行驶，当电池 SOC 已降到较低时，应仍能大电流放电；当电池 SOC 高时，应能接收大功率充电，以回收制动能量。

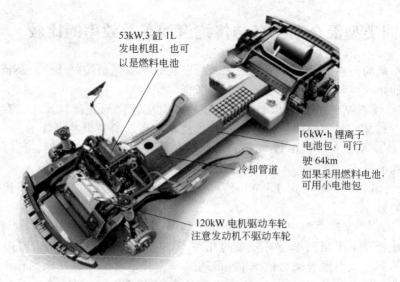

图10-31 2007雪佛兰Volt概念电动车布置

④ 电池成本要低,以降低整车成本,锂离子电池成本必须降低50%左右。

⑤ 安全性要好,在短路、过充、过放、高温、碰撞、着火等条件下必须确保使用的安全性。

从表10-2几种电池的性能比较可以看出,锂离子电池在比能量、比功率等性能方面都优于其他电池,被普遍认为是适合PHEV用的电池。

表10-2 几种电池的性能比较

电池类别	放电形式	能量密度/(W·h/kg)	功率密度/(W/kg)	成本/[$/(kW·h)]
铅酸	能量型	35	200	150
	功率型	25	315	200
镍氢	能量型	65	200	600
	功率型	45	800	800
锂离子	能量型	120	500	600
	功率型	75	1300	700

(2) PHEV对充电基础设施的要求

对于PHEV的充电,还有以下问题需要考虑。

① 根据美国联邦政府能源部(DOE)的研究报告,美国的电网晚上低谷电可以满足1.48亿辆PHEV的充电需要,占美国现有车辆2.2亿辆车的67%,但从供电方来看,要保证在晚上最佳充电时间充电,需要有电网与车辆之间的通信连接,以便控制充电时间和分配必需的功率,另外还需补充专用的计费电表。对中国电网的低谷电利用情况,各个不同供电区域能支持多少辆PHEV充电等问题尚需进一步研究。

② 大多数中国城市居民都居住在没有独立汽车库的楼房里,需进一步研究如何解决充电的方案;但是,中国各机关单位的公务车、公交车、特种车都有专用的停车地点或停车库,可以安装充电设备。

③ 需进一步研究的问题还有:PHEV的充电时间多长才是合理的以及需要制定包括功率、通信、控制等的接口标准。

10.8 不同类型混合动力车与传统汽油车总效率的比较

在比较车辆的效率时，不仅要考虑车辆的燃料效率（燃料箱-车轮），而且要考虑获得燃料和将燃料加注到燃料箱这一过程的效率，即全周期效率。

① 车辆总效率 WTW（Well To Wheel） 考虑从燃料的获得、加工、存储、运输、加入燃料箱，直到其能量被转换后传送到车轮，使车辆运动的整个过程效率。

② 燃料效率 WTT（Well To Tank） 从燃料的获得、加工、存储、运输直到加入燃料箱的整个过程的效率。

③ 车辆效率 TTW（Tank To Wheel） 车辆燃料箱中燃料的能量被转换到车轮使车辆运动过程中的效率。

$$车辆总效率 WTW = 燃料效率 WTT \times 车辆效率 TTW$$

现在来比较一下丰田汽车公司公布的几种车的总效率（图 10-32）。图中第二行是使用汽油的传统车辆与油电混合动力汽车 Prius 的效率比较，它们都是用汽油作燃料，故其燃料效率 WTT 是一样的，为 88%。对于传统汽油车辆 TTW 效率是 16%，总效率 WTW 是 14%；对丰田汽油混合动力车 Prius 的 TTW 效率是 37%，总效率 WTW 是 32%。图中第三行是纯燃料电池汽车 FCV 和混合动力燃料电池汽车 FCHV 效率的比较，它们都是用天然气提取氢，并以压缩氢的方式存储，其燃料效率 WTT 为 58%，纯燃料电池车的车辆效率为 38%，而采用混合动力燃料电池的车辆 FCHV，其效率 TTW 为 50%，它比纯燃料电池车辆 FCV 方案高；FCHV 的总效率 WTW 为 29%，比纯燃料电池车 FCV 的总效率 22% 为高。但是，用天然气提取氢，并以压缩氢存储的 FCHV 的总效率，不如油电混合动力车 Prius 高。图中第四行是燃料电池混合动力汽车应该实现的目标，即 WTT 应达到 79%，TTW 应达到 60%，此时，WTW 为 42%，是传统汽油汽车总效率的 3 倍，目前还没有实现，是要努力追求的目标。到目前为止，可以说还没有找到好的储氢方法，但储氢问题如果不能很好解决的话，就会极大地制约燃料电池车辆的发展。

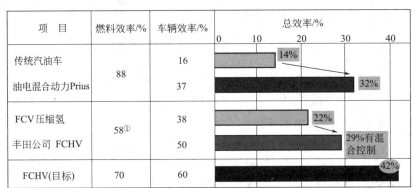

图 10-32　传统汽油车与丰田公司混合动力车的总效率

参 考 文 献

[1] 李槟，陈全世. 开展混合动力电动汽车的研究刻不容缓. 汽车技术，1997，(5).
[2] 李源，金约夫. 洞察"Insight"——本田因塞特（Insight）混合动力汽车技术特征. 汽车世界，2000，(1).
[3] Kozo Yamaguchi, Yoshinori Miyaishi. Dual System-Newly Developed Hybrid System. EVS13(Conference paper).
[4] Antoni Szumanowshi. Advanced More Efficient Compact Hybrid Drive. EVS-14（Conference paper）.

[5] Schroder D, Seiler J. Hybrid Vehicle Operating Strategies. EVS-15 (Conference paper).
[6] Stephane Rimaux, Michel Delhom, Emmanuel Combes. Hybrid vehicle powertrain: modeling and control. EVS-16 (Conference paper).
[7] 杜兴山. 并联式混合动力电动汽车动力系统的建模与仿真: [硕士论文]. 北京: 清华大学, 2000.
[8] 麻友良, 陈全世. 混合动力电动汽车的发展. 公路交通科技, 2001, (1).
[9] 刘立. 串联混合驱动系统最优控制的研究: [硕士论文]. 北京: 清华大学, 1999.
[10] Annex VII: Hybrid Vehicles Overview Report 2000 Chapter 2: Hybrid drivetrain configurations Worldwide developments and activities in the field of hybrid road-vehicle technology. Authors: Richard T. M. Smokers, Arjan J. J. Dijkhuizen and Rob G. Winkel, TNO Automotive, the Netherlands.
[11] Hybrid Electric Vehicle Technology Assessment: Methodology, Analytical Issues, Interim Results. Center for Transportation Research Argonne National Laboratory and Operated by The University of Chicago, under Contract W-31-109-Eng-38, for the United States Department of Energy.
[12] Operational Characteristics of the First Mass-Produced HEV -The Toyota Prius. M. Duoba Argonne National Laboratory Transportation Technology R& D Center Workshop on Hybrid Electric Vehicles Albany, NY May 26-27, 1999.
[13] A gasoline-electric hybrid-by Tara Mello 1/3/2000 www.thecarconnection.com/.
[14] Lightweight Electric/Hybrid Vehicle Design. By Ron Hodkinson & John Fenton ISBN: 0-7680-0824-7, June 2001.
[15] Toyota Hybrid System Operation. TOYOTA NEW ZEALAND.
[16] Energy Management Strategy and Parametric Design for Cell Family Sedan. SAE 2003-01-1147.
[17] 朱家琏. 质子交换膜燃料电池大客车基础知识 (内部培训与参考版). 北京: 清华大学汽车安全与节能国家试验室电动车辆研究室, 2004.

第 11 章 燃料电池汽车

正如第 6 章所述，燃料电池用于车辆的动力驱动系统，为全球能源短缺和环境污染问题提供了有效的解决方案。随着燃料电池技术的不断发展，如何将燃料电池应用于车辆系统，解决其与车辆众多复杂子系统之间的匹配等问题摆到了面前。本章将主要介绍燃料电池在车辆应用技术的发展和各国、各大公司的燃料电池车辆的研究情况。

11.1 燃料电池汽车的基本结构

燃料电池汽车的基本结构多种多样。按照驱动形式分可分为纯燃料电池驱动和混合驱动两种形式。按照能量来源可分为车载纯氢和燃料重整两种方式。由于燃料电池电动汽车正处在研究的初期阶段，所以各种技术竞相试用并各有优缺点。

纯燃料电池汽车只有燃料电池一个动力源，汽车的所有功率负荷都由燃料电池承担。其主要缺点有：燃料电池的功率大，成本昂贵；对燃料电池系统的动态性能和可靠性提出很高要求；不能进行制动能量回收。基于这些不利因素，目前的燃料电池汽车主要采用的是混合驱动形式，即在燃料电池的基础上，增加了一组电池或超级电容作为另一动力源。

图 11-1 是采用"燃料电池＋蓄电池"(FC＋B) 混合驱动形式的燃料电池汽车的动力系统结构。考虑到目前燃料电池系统自身的一些特殊要求，例如，在燃料电池启动时空压机或鼓风机需要提前工作，电堆需要预加热，氢气和空气需要预加湿等，这些过程都需要提前向燃料电池系统供电；同时为了能够回收制动能量，因而将蓄电池和燃料电池系统组合起来形成混合动力驱动系统。该系统降低了对燃料电池的功率和动态特性的要求，同时也降低了燃料电池系统的成本，但却增加驱动系统的复杂性以及重量和体积，增加了蓄电池的维护、更换费用。

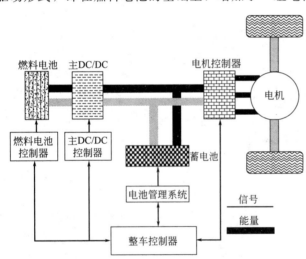

图 11-1 "FC＋B"燃料电池汽车混合动力系统结构

根据燃料电池所提供的功率占整车总需求功率的比例不同，燃料电池混合动力汽车可分为能量混合型和功率混合型两大类。

在燃料电池汽车开发的早期，由于技术水平的限制，燃料电池的功率较小，还难以满足车辆的功率需求。在车辆行驶过程中燃料电池只能提供整车功率需求的一部分，不足的部分还需要其他动力源如电池来提供，采用这种混合驱动形式即为能量混合型燃料电池汽车。能量混合型燃料电池汽车为了满足一定的性能指标，往往需要配备较大容量的蓄电池组，从而导致整车的自重增加，动力性变差，布置空间紧张。能量混合型燃料电池汽车的燃料电池可以经常工作在系统效率较高的额定功率区域内。但每次运行结束后，除了要加注氢燃料外，还需要用地面电源为蓄电池组充电。

随着燃料电池技术的不断成熟，燃料电池性能的逐渐提高，燃料电池所提供的功率比例越来越大，这样就可以减少蓄电池的容量，从而减轻车重，提高动力性能。为了回收制动能量，还需要一定数量的蓄电池，但蓄电池组只提供整车所需功率中的一小部分。燃料电池作为主动力源，蓄电池为辅助动力源，车辆需要的功率主要由燃料电池提供，蓄电池只是在燃料电池启动、汽车爬坡和加速时提供功率，在汽车制动时回收制动能量。采用这样的混合驱动形式即为功率混合型燃料电池汽车。

由于镍氢电池或锂离子电池比能量及比功率较高，从而可以减少电池组的体积和重量，现在越来越多地被用于燃料电池混合动力汽车的辅助电池。但是，由于目前这些电池的价格仍非常昂贵，同时使用过程中电池的工作电压、电流、温度等变化与其安全有很密切关系，所以往往需要配备专门的电池管理系统。

目前燃料电池混合动力汽车的驱动形式多种多样，除了上面介绍的"FC+B"外，近年来，在功率混合型燃料电池汽车上开始出现"FC+C"的驱动形式，即采用燃料电池与超级电容相组合，完全摒弃了寿命短、成本高和使用要求复杂的蓄电池。采用超级电容的突出优点是寿命长和效率高，希望能大大降低使用成本，有利于燃料电池汽车的商业化推广和应用。图 11-2 所示为采用"燃料电池+蓄电池+超级电容"（FC+B+C）驱动形式的燃料电池汽车的系统结构。该形式是在动力总线上再并联一组超级电容，用于提供/吸收加速和紧急制动时的峰值电流，从而减轻蓄电池的负担，延长蓄电池的使用寿命。

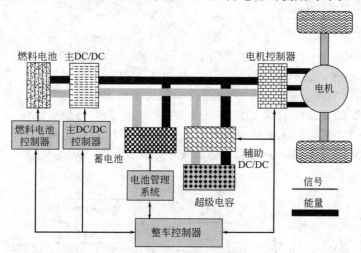

图 11-2 "FC+B+C" 燃料电池汽车的系统结构

燃料电池汽车不同动力驱动系统构型的分析和比较见表 11-1。

表 11-1 燃料电池汽车不同动力驱动系统构型的分析和比较

动力系统构型	FC 单独驱动	FC+B_DC/DC （功率混合型）	FC_DC/DC+B （能量混合型）
结构特点	结构最简单 无蓄电池，无法实现制动能量回馈	结构较复杂 蓄电池的重量、体积较小	结构较复杂 蓄电池的重量、体积较大
燃料经济性	最差	较优	最优
燃料电池寿命与安全性	当汽车功率需求较大时，燃料电池易发生过载，燃料电池要完全满足动态响应要求，难度很大 燃料电池系统寿命短	当汽车功率需求较大时，燃料电池发生过载的概率较小 燃料电池系统寿命较长	当汽车功率需求较大时，燃料电池可控制在最高效率点恒功率输出，不发生过载 燃料电池系统寿命长
整车动力性	能够满足整车动力性设计需求	能够满足整车动力性设计需求	能够满足整车动力性设计需求

11.2 燃料电池汽车动力系统的参数匹配方法

燃料电池汽车动力驱动系统的参数匹配是一个比较复杂的优化问题，只有在建立精确完整的仿真模型基础上，经过反复的寻优计算才能达到最佳的效果。燃料电池汽车动力驱动系统的不同构型方式、参数匹配以及整车控制策略，是影响车辆动力性和经济性的三个重要因素，三者之间关联度很大、相互影响，同时优化难度很大，且针对不同构型方式、采取不同的控制策略及参数匹配，整车的性能往往差异显著。因此，为完成整车动力驱动系统的参数匹配，有必要对三者进行解耦。

本章介绍的动力系统参数匹配思路是：首先针对某种给定的动力驱动系统构型，选择一种基本的能量分配策略；然后在已知整车参数、目标工况以及基本能量分配策略的条件下，以满足车辆动力性为前提，燃料经济性最优为目标，进行整车及动力驱动系统的参数匹配；最后，改变构型方式，完成每种构型下的参数匹配。这样，就完成了构型方式、参数匹配以及控制策略三者间的解耦。

11.2.1 理想的动力驱动系统的参数优化匹配方法

燃料电池客车（FCBUS）的参数匹配，实质是一个约束非线性优化问题。其数学模型的一般描述为：

$$\min z = f(X) \tag{11-1}$$

$$\text{s. t. } g_i(X) \leqslant 0, i=1,2,\cdots,m \tag{11-2}$$

其中，X 为该问题的设计变量，在本命题中即为整车及部件的参数，有 $X=(X_1,X_2,\cdots,X_n)^T$。$f(X)$ 则是模型的目标函数，此处可理解为整车的能量消耗，用于表征整车燃料经济性。$g_i(X) \leqslant 0$ 是系统的约束条件，取决于整车动力性指标、整车与部件的约束条件以及目标工况的要求。只满足式（11-1）的解 X 称为可行解，同时满足式（11-1）、式（11-2）的解 $X=X^*$ 称为最优解，对应的 $f(X^*)$ 为系统的最优函数值，即整车燃料经济性最优时的能量消耗。图 11-3 所示为参数匹配的示意图。

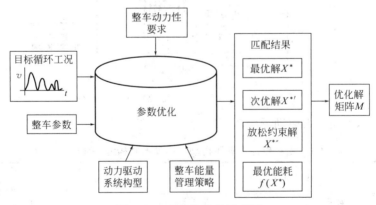

图 11-3 参数优化的示意图

如图 11-3 所示，系统的输入部分是目标循环工况、整车参数以及整车动力性要求。根据动力系统的不同构型以及整车能量管理策略，可以对车辆系统参数进行求解，得到最优解 X^* 和最优能耗 $f(X^*)$。考虑到在实际当中，很多情况下并不能达到约束的边界条件，同时出于降低成本的考虑，可以适当降低参数要求，修正约束条件，这样即可得到相应的次优解 $X^{*'}$ 以及放松约束解 $X^{*''}$。对应不同的目标工况，存在不同的车辆参数的最优解、次优解和放松约束解，最终可得到一组对应于不同工况的 X_j^*、$X_j^{*'}$ 和 $X_j^{*''}$（$j=1,2,\cdots$,

p)。从而得到一个优化解矩阵 M,用于分析车辆系统各参数变化对最终能量消耗的影响,从而实现整车及动力驱动系统参数匹配的全过程。

上述过程中,需要考虑到的设计变量 X_n 主要包括:

X_1——电机的额定功率; X_2——电机的最大功率;
X_3——电机的最大转矩; X_4——电机的最高转速;
X_5——主减速比; X_6——变速箱速比;
X_7——直流总线电压; X_8——燃料电池的额定功率;
X_9——蓄电池容量; X_{10}——蓄电池的串联模块数。

此外,蓄电池的初始 SOC 虽然不是设计变量,但对于整车的经济性和功率分配,也有较大影响。因此,可取不同初值进行讨论。

参数匹配中还应考虑到设计常量、动力性要求和目标工况等影响因素。

设计常量:即整车参数,主要包括汽车的整备质量、满载质量、迎风面积、风阻系数、轴距、重心高度、车轮半径、滚动阻力系数等因素。

动力性要求:即整车的动力性指标,主要包括最高车速、最大爬坡度、加速能力等。

设计行驶工况:包括行驶工况下的最高车速、平均车速、加速性能以及车辆功率需求等信息。

各部件的参数匹配,应根据理论、经验模型以及试验给出的约束条件,结合仿真结果综合进行。部件的约束条件主要包括:

① 电机驱动系统对于输出功率、工作转矩和转速范围的限制;

② 动力源(包括燃料电池、蓄电池或超级电容)自身对于输出电压、输出功率和工作电流范围的限制;

③ 出于燃料电池系统安全性及寿命的考虑,限制燃料电池的功率变化率(dP_{FC}/dt)在一定范围之内;

④ 出于蓄电池系统安全性及寿命的考虑,限制蓄电池的 SOC、蓄电池的充放电电流在一定范围内变化。

除此之外,结构方面的优化设计,包括采用单电动机还是多电动机驱动、固定速比传动还是可变速比传动、主 DC/DC 的性能、主 DC/DC 位置的影响等,也是可以考虑的设计因素。在设计过程中,传动比的设计、直流总线电压的设计以及动力源(燃料电池和蓄电池)之间的混合比设计,还会涉及加速性能、爬坡能力和续驶里程之间的折中问题,应根据不同的设计需求进行相应的参数匹配。同时,设计中应尽可能降低参数要求,以降低系统成本。

11.2.2 实用的动力驱动系统的参数优化匹配方法

燃料电池汽车动力系统的参数优化策略及优化变量的选取比较复杂,需要考虑的影响因素很多,优化必须在大量仿真试验的基础上才能完成,实现难度较大。因此,在充分借鉴其思路的基础上,本文采取了一种更为实用的参数匹配方法,对主减速比等实际当中不能随意设计的参数进行合理选择。图 11-4 所示为该匹配方法的示意图。

该方法实现参数匹配的基本步骤是:车辆需求功率及功率谱的分析→驱动电机功率、转矩及转速的选择→传动系速比的选择→直流总线电压的设计→燃料电池系统的参数确定→蓄电池系统的参数匹配→能量管理策略参数的确定。

其中有些参数的设计需要前后协调考虑或在设计后期通过仿真试验加以验证。

为叙述方便,将燃料电池汽车的动力驱动系统分为动力源和动力驱动系统两部分,如图 11-4 所示。动力驱动系统的参数匹配,主要考虑的因素包括驱动电机的额定功率与最大功率、电机的最大转矩、电机的最高转速、变速器速比、主减速比以及直流总线电压等。其主

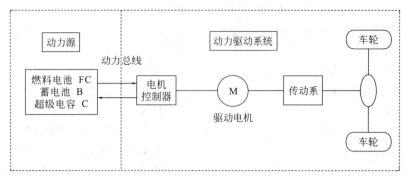

图 11-4 燃料电池汽车动力驱动系统示意图

要目标是满足整车的动力性指标和可靠性。

动力源（包括燃料电池系统、蓄电池组和超级电容组等）的参数匹配，涉及动力源之间的混合方式以及混合比问题。动力源的不同构型主要目的是为了实现整车燃料经济性最优和制造成本最低。动力源参数优化主要考虑的因素包括燃料电池的额定功率、蓄电池的容量、蓄电池的串联模块数以及蓄电池的初始 SOC。

与优化设计的方法类似，动力驱动系统的参数匹配也要充分考虑各主要部件的约束条件。采用该方法，对不同构型 FCBUS 进行动力源参数匹配的思路如下。

① 针对每种构型，分别确定一种基本的能量分配策略。

② 针对每种构型，在特定的能量分配策略下，根据不同额定功率的燃料电池系统，选择与之匹配的蓄电池组串联模块数的最优组合。此时，重点考虑的不是整车的经济性，而是整车动力性、部件的约束条件、动力源之间功率的分配关系、蓄电池功率谱/电流谱的设计等因素，即部件安全性、寿命与成本的考虑。

③ 在选定每种构型下，不同额定功率燃料电池与蓄电池组的最优组合后，比较该构型多种组合之间的整车燃料经济性。通过仿真试验，确定该构型下，燃料电池和蓄电池之间的最佳混合比，并尝试从中归纳出设计规律。

④ 通过上述理论分析及仿真试验，对不同动力系统构型的优缺点进行全面剖析与比较。此时的分析，不能局限于各构型最优匹配的经济性比较，而应全面比较车辆动力性、经济性以及部件的成本、寿命、安全性等因素。最终给出根据不同目标工况，如何进行系统选型设计的方法和建议。

实现上述的参数匹配过程，具体可采用以下几种方式。

① 根据给定的整车参数和动力性指标要求，运用汽车理论的相关公式进行推导计算，得到各动力总成的参数。

② 工况分析法，工况分析的内容主要包括典型工况、特征工况以及工况适应性分析。典型工况是指针对所设计车辆的典型使用循环工况进行分析。本章所讨论的燃料电池城市客车，作为城市公交车，其典型工况可选择为：纽约公交（NewYork Bus）、北京城郊、北京城区等循环工况；特征工况分析包括最高车速、最大爬坡度以及起步加速性能要求等工况分析；而工况适应性分析则是指设计车辆对除典型工况之外的其他工况要求的适应性分析，从而判断该车辆是否具有更广泛的使用用途，本文中的燃料电池城市客车，可选择 UDDS 等工况来进行工况适应性分析。工况分析法的目的在于获得车辆的动力和功率需求信息，从而得到整车对各总成的动力性能和系统能量的最低需求。

③ 仿真分析法。常见的方法是借助于 Advisor、Matlab/Simulink 等仿真软件平台，针对车辆的整体设计要求与部件信息，搭建整车及各部件的仿真模型，并编制相应的程序和输

入数据文件，通过仿真研究的方法来确定各部件参数对整车性能的影响，从而进行各总成参数的设计与匹配，具体方法参照本书第12章。仿真分析法的输入信息中应包含目标工况，其工况选择可参照工况分析法。

11.2.3 整车参数、动力性指标与目标工况

目前的燃料电池城市客车研究，通常是从某一种成熟的常规车型出发，按照既定的整车设计目标对其动力系统进行改造和重新设计。而参数匹配的初始条件就包括了从原车型和设计目标获得的整车参数。表11-2所示为燃料电池城市客车整车参数的目标值。

表 11-2 燃料电池城市客车的整车参数

整车整备质量/kg	12600	空载(前桥/后桥)/kg	4200/8400
整车满载总质量/kg	17150	满载(前桥/后桥)/kg	6400/10750
厂定载客数/人	70	长×宽×高/mm	12000×2500×3350
轴距/mm	5980	前悬/后悬/mm	2650/3370
迎风面积/m^2	7.95	风阻系数	0.7
轮胎滚动半径/m	0.51	滚动阻力系数	$f=0.012$
传动系统效率	0.92		

根据燃料电池城市客车样车的设计要求，其整车各项动力性指标应满足如下要求：
① 最高车速为80km/h；
② 最大爬坡度不小于20%；
③ 0～50km/h全力加速时间不超过40s。

不同的目标工况，对电机的功率需求和动力系统的参数设计提出不同要求；同时，采用不同动力系统参数的FCBUS，其提高燃料经济性的效果对工况也有较强的依赖性。因此，选取适当的目标工况对FCBUS的参数匹配非常重要。

燃料电池城市客车在城市内行驶和在城郊公路（或市内快速路）上行驶是两种比较典型而又差异较大的行驶状态，以此为基础可得到两种基本的循环工况。这两种循环工况在FCBUS的参数匹配及系统构型分析中都应予以考虑。同时，还应考虑到国外客车的一些典型循环工况的设计需求，因此本章选用了北京城郊工况、北京城区工况、ECE工况、New YorkBus工况和UDDS工况等典型循环工况进行分析。

11.3 燃料电池汽车燃料经济性的计算

为完成整车燃料经济性最优的设计目标，首先要确定燃料经济性计算的方法。对燃料电池城市客车而言，燃料经济性的计算应从燃料电池系统的氢气消耗量以及考虑蓄电池折算后的整车等效氢气消耗量两方面出发。

11.3.1 燃料电池系统氢气消耗量的计量方法

燃料电池氢气消耗量的计量方法主要有直接计量法和间接推算法。其中直接计量法包括称重法、流量计法等；间接推算法包括生成水法、PVT法、电流法、工况推算法等。

11.3.1.1 直接计量法

（1）称重法

称重法是通过测量始末罐内氢气质量的变化得到耗氢量的方法。为了得到准确的测量结果，在测量过程中对电子秤的放置环境有严格要求。由于车在行驶过程中产生的振动会严重

影响测量精度，因此不适用于实车测量。不过这种方法可以用来验证其他方法测量结果。

（2）流量计法

流量计法是使用流量计来测量氢气消耗量的方法。流量计法适合在振动比较小的环境中测量，目前在燃料电池台架试验中广泛使用，但是在汽车上由于振动较大，目前尚未见到在实车上应用的实例。

11.3.1.2 间接推算法

（1）生成水法

生成水法是通过测量产生的水量来推算消耗的氢气量，但是没有参加反应的氢气未被计算在内，而且加湿反应气体时带入的水也会影响测量精度。

（2）PVT法

PVT法是根据测得的罐内温度T、压力P和已知的罐容积V计算得到罐内剩余气体质量的方法，适合于计算某个行驶过程的氢消耗量。

在PVT法中，由气体的温度、压力、体积来计算气体质量的方法有多种，但是计算高压气体，最简单实用的两种方法是Vander Waals方程法和压缩系数法。用Vander Waals方程计算高压气体（10MPa以上）的质量时误差偏大。相比之下，压缩系数法更适合于高压气体的计算。因为压缩系数是试验结果，在使用时需要通过有限点的试验数据进行插值计算，从而得到在一定范围内任意点的压缩系数。

Vander Waals方程计算氢气消耗量的方法如式(11-3)所示。

$$\left(P+\frac{M^2 a}{m^2 V^2}\right)\left(V-\frac{M}{m}b\right)=\frac{M}{m}RT \tag{11-3}$$

式中，a、b为修正系数；对于氢气而言，$a=2.488\times 10^{-8}$ MPa·m^6/mol^2，$b=2.662\times 10^{-5}$ m^3/mol。

采用压缩系数法的计算公式如式(11-4)所示：

$$PV=Z\frac{M}{m}RT \tag{11-4}$$

式中，P为气体压力，MPa；V为气体的体积，m^3；M为气体质量，kg；m为气体的摩尔质量，氢气为2.016g/mol；R为普适气体常数，$R=8.3145\times 10^{-6}$ MPa·m^3/(mol·K)；T为绝对温度，K；Z为压缩系数，取值由气体压缩系数（表11-3）插值得到。

表11-3 气体压缩系数

P/MPa \ T/K	248.15	273.15	298.15	323.15	348.15
0.10133	1.001	1.001	1.001	1.000	1.001
1.01325	1.007	1.006	1.006	1.006	1.006
3.03975	1.0199	1.019	1.0182	1.0173	1.0166
5.06625	1.0334	1.0319	1.0303	1.0288	1.0274
10.1325	1.0688	1.0649	1.0613	1.0579	1.0548
15.19875	1.1056	1.099	1.0929	1.0875	1.0825
20.265	1.1435	1.1338	1.1252	1.1175	1.1106
25.33125	1.1823	1.1693	1.1579	1.1479	1.1389
30.3975	1.2218	1.2053	1.1909	1.1783	1.1673
35.46375	1.2619	1.2415	1.2241	1.2091	1.1958
40.53	1.3022	1.278	1.2574	1.2398	1.2243

上述两种方法中，一般建议采用压缩系数法。表11-3给出了常用的温度、压力范围内的气体压缩系数。根据已知数据插值即可得到压力在0.1~40MPa、温度在250~350K范围

内任意点的压缩系数,从而可以根据式(11-4)计算得到对应的氢气质量。

压缩系数法可以通过测量高压气罐内的温度、压力得到罐内剩余气体的质量。该结果可以用来提示驾驶员及时加注氢气,也可以通过始末罐内气体质量的差值得到在整个行驶过程中的氢气消耗量。

(3) 电流法

电流法是根据生成电流的多少计算行车过程中消耗的氢气量。但不能计量没有参加反应被排出的氢气量。

根据燃料电池反应的方程式:

$$2H_2 + O_2 \longrightarrow 2H_2O$$

即 2mol 氢需要 1mol 氧,产生 4F 电荷。反应所需要的氢气流量为:

$$Q_{H_2} = 1.05 \times 10^{-8} \frac{P_s}{U_{cell}} \quad (kg/s) \tag{11-5}$$

式中 P_s——整个燃料电池堆的功率,W;

U_{cell}——单节燃料电池的平均电压,一般为 0.6～0.7V。

理论上讲,只要已知某一工作点对应的电堆输出功率以及单节燃料电池的平均电压,即可由式(11-5)计算求得该时刻对应的氢气流量,再对整个行驶过程中的氢气流量进行积分,即可得到该行程的燃料电池系统氢气消耗量。

该方法简单可靠,适合用于计算机仿真求解。但要求必须明确所用燃料电池的单节平均电压,而且该理论公式没有考虑到实际过程中的排气损失,因此计算结果可能略低于实际耗氢量。

(4) 工况推算法

工况推算法类似于发动机油耗试验法,是指在燃料电池试验台架上,测量其在不同工况或负载下的电堆输出电压、输出功率、输出电流以及实际燃料消耗率等数据。根据测量结果可得到燃料电池氢消耗率与以上工作参数的对应关系表。在使用工况推算法时,根据试验过程中各工作点的参数,用查表的方法获取对应的氢气消耗率,再通过积分得到整个行驶过程中的氢气消耗量。

尽管工况推算法中采用的对应关系表是基于稳态数据获得的,未考虑燃料电池系统的动态变化,但仍然是比较接近真实结果的一种计算方法。工况推算法还适合用于计算机的仿真计算。

11.3.2 蓄电池等效氢气消耗量的折算

如果蓄电池系统在燃料电池城市客车的一个行驶周期中充、放电总能量的代数和不为零,则称为其电能平衡值不为零。此时需要对蓄电池组的电能平衡值进行等效折算,将其转化为电能平衡值(或电量平衡值)为零时的等效氢气消耗量。由于蓄电池存储的电能与氢气燃料的化学能不同,目前关于蓄电池等效燃料的计算还没有一个公认的折算方法,在相关文献当中,采用了若干种不同的蓄电池等效氢气消耗量折算公式,比较典型的有以下几种。

(1) 基于 ΔSOC 的等效氢气消耗量计算

该折算方法主要是根据循环工况结束时相比初始状态的蓄电池组荷电状态变化量 ΔSOC 来进行折算,采用的整车等效氢气消耗量计算公式如式(11-6)和式(11-7)所示。

充电时: $$M_{H_2} = M_{H_2\_fc} - \frac{\Delta SOC \times C_{max} \times V_{bat\_avg} \times 3600}{\lambda \rho \eta_{fc} \eta_{dc}} \eta_{charge} \tag{11-6}$$

放电时: $$M_{H_2} = M_{H_2\_fc} - \frac{\Delta SOC \times C_{max} \times V_{bat\_avg} \times 3600}{\lambda \rho \eta_{fc} \eta_{dc}} \times \frac{1}{\eta_{discharge}} \tag{11-7}$$

式中 $M_{H_2\_fc}$——燃料电池系统的氢气消耗量，kg；
   ΔSOC——试验循环过程中蓄电池 SOC 的变化量；
   C_{max}——蓄电池的最大容量，A·h；
   V_{bat_avg}——蓄电池组在整个循环过程中的平均电压，V；
   λ——氢气的低热值，一般取 1.1986×10^8 J/kg；
   ρ——氢气密度，一般取 0.089 kg/m³；
   η_{fc}——发电工况下，燃料电池的平均工作效率；
   η_{dc}——主 DC/DC 的平均工作效率；
   η_{charge}——蓄电池充电过程的平均效率，一般取为 0.905，在蓄电池模型中，已经考虑到充电效率的影响；
   $\eta_{discharge}$——蓄电池放电过程的平均效率，一般取为 0.99。

根据上述折算公式以及仿真模型的输出信息，即可计算得到 FCBUS 的整车等效氢气消耗量。需要注意的是，式中的燃料电池平均工作效率 η_{fc} 一般用单节燃料电池的平均工作电压 U_{cell} 来表示，其表达式为：

$$\eta_{fc} = \frac{U_{cell}}{const} \tag{11-8}$$

其中，U_{cell} 与式（11-5）中一致，一般取 $0.6 \sim 0.7$ V；const 为常数，取决于燃料电池自身的性能，在不同文献中，取值略有不同，一般在 $1.48 \sim 1.56$ 之间。

（2）利用 NEC（Net Energy Calculation）折算

NEC 的计算是对车辆在整个试验循环过程中，蓄电池充放电的电压、电流，按照公式进行积分运算，以准确确定车辆行驶过程中蓄电池净能量的改变量。为保证精度，NEC 的计算必须在试验过程中通过专用的计算机数据采集系统以不低于 20Hz 的频率连续进行测量获得。其计算公式如下：

$$NEC = \int IU dt \tag{11-9}$$

式中 NEC——蓄电池组净能量的改变，J；
   I——输入或输出动力蓄电池总线的电流，A；
   U——动力蓄电池两端的电压，V；
   t——时间，s。

将计算得到的 NEC 再转化为等效的氢气消耗量，方法如下。

$$M_{H_2\_bat} = \frac{NEC}{\lambda \eta_{fc}} \tag{11-10}$$

式中 λ——氢气的低热值，1.1986×10^8 J/kg；
   η_{fc}——发电工况下，燃料电池的平均工作效率；
$M_{H_2\_bat}$——蓄电池等效氢气消耗量，kg。

整车等效氢气消耗量 M_{H_2} 即为燃料电池系统耗氢量 $M_{H_2\_fc}$ 和蓄电池等效氢气消耗量 $M_{H_2\_bat}$ 的代数和，即 $M_{H_2} = M_{H_2\_fc} + M_{H_2\_bat}$。

（3）美国汽车工程学会——SAE 标准

在 SAE J2572（Recommended Practice for Measuring the Exhaust Emissions, Energy Consumption and Range of Fuel Cell Powered Electric Vehicles Using Compressed Gaseous Hydrogen）标准中，给出了一个燃料电池汽车等效氢气消耗量的折算标准：

$$M_{H_2} = M_{H_2\_fc} \left(1 + \frac{\int_0^T I_{bat} U_{bat} dt}{\int_0^T I_{stack} U_{stack} dt} \right) \tag{11-11}$$

式中 I_{bat}——输入或输出动力蓄电池总线的电流，A；
I_{stack}——燃料电池发动机输出的电流，A；
U_{bat}，U_{stack}——动力蓄电池两端的电压和燃料电池的输出电压，V。

在上述三种折算方法当中，方法（1）是基于 ΔSOC 的变化。由于只涉及始末两种状态的 SOC，计算相对简单，但由于折算公式中采取的多是试验循环中的平均电压或平均效率值，无法准确反映循环过程当中的动态变化情况，因此精度相对较低。方法（2）采用 NEC 折算，这一过程充分考虑了每一个细微时间段的蓄电池充、放电变化情况，精度相对较高，但燃料电池的平均工作效率由式(11-8)决定，不易精确取值，而且不同取值对经济性折算结果影响较大，可能会影响到参数匹配和构型分析的结果，因此不推荐采用。方法（3）相当于是将蓄电池净能量的变化量换算为该目标工况下燃料电池净能量的变化量，再由此计算相应的等效氢气消耗量。这一折算方法的优点在于考虑到了实际的目标循环工况，经济性评价结果跟工况相关度很大，因此是比较合理的。综上所述，本文最终选取方法（3）的 SAE 标准进行燃料电池城市客车整车等效氢气消耗量的计算。

必须指出，SAE 标准的折算方法在蓄电池放电状态下是合理的。而在蓄电池充电状态下，没有考虑到实际的充电效率和此后的放电效率，从理论上讲是有一定误差的。但在本文的蓄电池仿真模型中，已经考虑到了蓄电池充电效率对蓄电池实际充入能量的影响，而蓄电池放电效率又比较高，一般在 99% 左右，因此，本文认为采用 SAE 标准的等效氢气消耗量计算方法是适合本文的仿真运算和实车燃料经济性折算的。

根据汽油燃料与氢气燃料的有关折算公式 $V_{汽油}=3.78M_{H_2}$ 可知，燃烧 1kg 氢气所释放的能量相当于燃烧 3.78L 汽油释放的能量。

11.4 燃料电池汽车动力驱动系统的参数匹配举例

本节以燃料电池城市客车（FCBUS）为例，叙述燃料电池汽车动力驱动系统的参数匹配方法和步骤。

合理地选择动力驱动系统的参数，才能充分保证燃料电池城市客车的整车动力性要求。在车辆设计初期，首先从设计的总体要求出发，通过理论分析和工程计算，辅以适当精度的仿真校验来进行燃料电池城市客车电力驱动系统的参数匹配。

FCBUS 动力驱动系统参数匹配中非常重要的一环是驱动电机的参数选择。电机驱动系统参数的选择主要考虑整车动力性要求，即车辆的功率需求，同时要兼顾其效率和整车经济性。因此，对车辆行驶需求功率以及功率谱进行分析是非常必要的。

11.4.1 车辆行驶需求功率及功率谱分析

（1）整车动力性指标对应的车辆功率需求分析

根据汽车理论，汽车的功率平衡关系应满足如下的方程式：

$$P_V=\frac{1}{\eta_T}\left(\frac{mgf_r}{3600}v_a+\frac{mgi}{3600}v_a+\frac{C_DA}{76140}v_a^3+\frac{\delta m}{3600}v_a\frac{du}{dt}\right) \quad (11-12)$$

式中，P_V 为车辆行驶需求功率，kW；η_T 为传动系效率；m 为整车质量，kg；f_r 为滚动阻力系数；i 为道路坡度；C_D 为风阻系数；A 为迎风面积，m^2；δ 为旋转质量换算系数；$\frac{du}{dt}$ 为行驶加速度，m/s^2；v_a 为车速，km/h。

在上式中代入整车参数，即可计算出整车动力性指标对应的车辆功率需求。

在国标 GB/T 18385 中规定，电动汽车的最高车速包括持续 30min 最高车速和持续行驶

1km 最高车速两种定义，分别对应电机的稳定持续最大输出功率（额定功率）和短时最大输出功率（1~5min 峰值功率）。FCBUS 的动力性指标中，有关最高车速为 80km/h 的要求是指持续 30min 最高车速，对应车辆需求功率的计算公式可简化为式(11-13)。

$$P_{V1} = \frac{1}{\eta_T}\left(\frac{mgf_r}{3600}v_{max} + \frac{C_D A}{76140}v_{max}^3\right) \tag{11-13}$$

式中，v_{max} 为最高车速，km/h。

最大爬坡度对应的车辆需求功率计算公式如式(11-14) 所示，此处认为爬坡时的车速为 10km/h。

$$P_{V2} = \frac{1}{\eta_T}\left(\frac{mgf_r\cos\alpha_{max}}{3600}v_a + \frac{mg\sin\alpha_{max}}{3600}v_a + \frac{C_D A}{76140}v_a^3\right) \tag{11-14}$$

式中，α_{max} 为最大爬坡角，(°)。

加速时间用来表征汽车的加速性能，如果在平直的路面测量加速时间，根据汽车行驶方程式可得式(11-15)。由此可以得到加速度曲线，再采用分段积分的方法，可得到各个速度区间的加速时间，累加后即可得到原地起步加速到指定车速的全力加速时间 T，见式(11-16)。该式既可以用来计算给定电机输出功率的加速时间，又可以用来计算给定全力加速时间要求下的车辆功率需求 P_{V3}。

$$a = \frac{du}{dt} = \frac{1}{\delta m}(F_t - F_f - F_w) = \frac{1}{\delta m}\left(\frac{P_{vx}\eta_t}{v_a} - \frac{mgf_r}{3600} - \frac{C_D A}{76140}v_a^2\right) \tag{11-15}$$

$$T = \int_0^t dt = \int_0^{v_x} \frac{du}{a} \tag{11-16}$$

需要指出，式(11-15) 中的 P_{vx} 指的是全力加速时电机对应于车速 v_a 的实际输出功率。根据驱动电机工作的外特性，可采取分段处理的方法，得到恒转矩区每一车速对应的电机输出功率 P_{vx} 以及恒功率区的电机输出功率 P_{v3}，进而由式(11-15) 和式(11-16) 求得全力加速时间。

针对本文举例的 FCBUS，利用上述公式，可得到最高车速（30min 最高车速）、最大爬坡度以及全力加速时间对应的车辆功率需求，见表 11-4。

表 11-4 整车动力性指标对应的车辆功率

动力性指标	性能要求	计算的功率需求
最高车速	80km/h	满足最高车速行驶 30min，电机提供的持续输出功率不小于 $P_{v1}=98.7$kW
最大爬坡度	≥20%	满足以 10km/h 的速度爬 20%的坡，对应的车辆功率需求为 $P_{v2}=91.8$kW
0~50km/h 加速时间	≤40s	满足全力加速时间条件的最小车辆功率需求为 $P_{v3}>65$kW

（2）典型循环工况对应的车辆功率谱分析

本节中用于分析的目标循环工况包括 ECE 工况、NewYork Bus 工况、北京城区工况、北京城效工况和 UDDS 工况共 5 种工况。根据式(11-12)，可分别求得每种工况对应的车辆需求功率谱。各工况及其对应的车辆功率谱如图 11-5~图 11-9 所示。图中功率为负值时，表示制动状态理论上可通过电机回馈的最大功率，考虑到蓄电池的容量和安全性，实际中通常只能回收制动能量的一部分。

从图 11-5 中可看出，ECE 循环对应的车辆最大功率需求为 152.3kW，最大回馈制动功率需求为 100.5kW。这说明如果要完全满足 ECE 循环工况的行驶要求，电机提供的峰值功率应不低于 155kW。各种工况对应的车辆功率需求主要集中在 0~50kW 之间，超过 100kW 的功率需求很少。表 11-5 列出了上述各种典型工况对应的车辆最大功率需求和最大回馈制动功率需求的数值。

第 11 章 燃料电池汽车

表 11-5 典型循环工况对应的车辆极限功率需求

目标循环工况	最大功率需求/kW	最大回馈制动功率需求/kW
ECE 工况	152.3	100.5
NewYork Bus 工况	201	195
北京城区工况	124.5	120
北京城郊工况	176	176
UDDS 工况	228	153

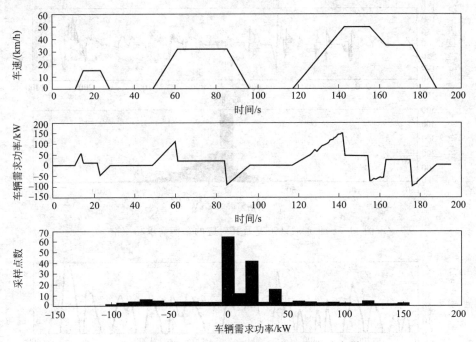

图 11-5 ECE 工况及其对应的车辆需求功率谱

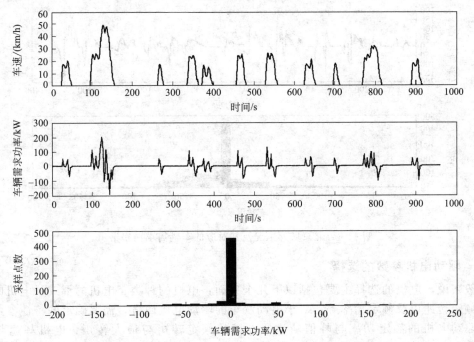

图 11-6 NewYork Bus 工况及其对应的车辆需求功率谱

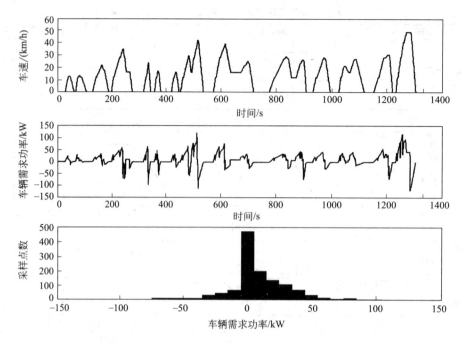

图 11-7 北京城区工况及其对应的车辆需求功率谱

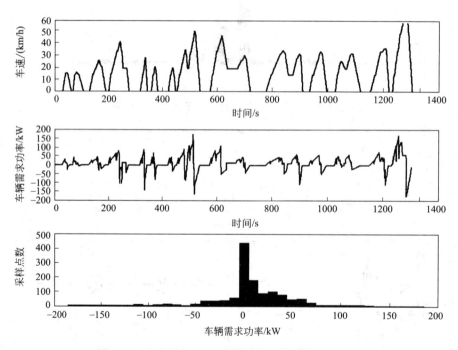

图 11-8 北京城郊工况及其对应的车辆需求功率谱

11.4.2 驱动电机参数的选择

一般来说,电机的选择主要包括以下几个方面:电机的种类、电机的形式、电机的额定电压、额定转速以及额定功率等。对于电动汽车的驱动电机而言,需要确定的特性参数主要包括:驱动电机的额定功率与峰值功率、电机的额定转矩与最大转矩、电机基速与最高转速。

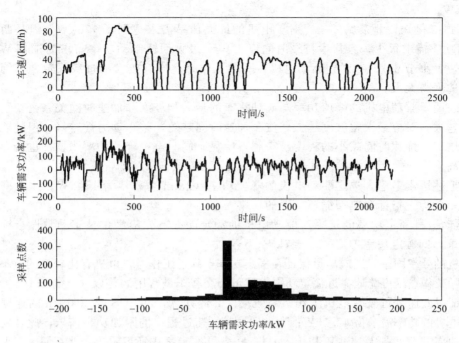

图 11-9　UDDS 工况及其对应的车辆需求功率谱

(1) 驱动电机峰值功率和额定功率的选择

电动机额定功率和峰值功率的选择一般可分为以下三步。

① 计算负载功率，此处即指车辆的需求功率。

② 根据负载功率和使用条件，预选电动机的额定功率及其他参数。

③ 校核预选的电动机。一般先校核温升，再校核过载倍数，必要时可以校核启动能力。若校核均通过，可以确定预选电机参数。否则，从②重新开始设计，直至校核通过。

如第 3 章所述，电动汽车用驱动电机的技术性能与常规的工业驱动电机略有差别。前者要求有 3~5 倍的过载以满足瞬时加速行驶与最大爬坡度的要求，而后者一般只要求有 2 倍的过载即可。此外，车用驱动电机的最高转速要求达到恒功率时基速的 3~5 倍，而工业驱动电机只要求达到基速的 2 倍。因此，在设计电机参数时，应考虑其功率需求是在电机的稳定持续工作区，还是在短时工作区或瞬时工作区。一般来说，电动汽车整车动力性指标中最高车速对应的为持续工作区，即电动机的额定功率；而最大爬坡度和全力加速时间对应的则是短时工作区（1~5min），即电动机的峰值功率；瞬时工作区则对应持续时间非常短（秒级）的瞬时加速功率需求。在本文中，为统一起见，额定功率是指电机持续工作 1h 对应的最大输出功率（即 1h 功率），而峰值功率是指电机持续工作 2min 所能达到的最大输出功率（即 2min 功率）。

① 驱动电机峰值功率的选择　由使用要求可知，电机的峰值功率必须同时满足整车动力性指标当中最高车速、最大加速度和 0~50km/h 加速时间三者的要求，即峰值功率 $P_{peak} \geqslant \max(P_{V1}, P_{V2}, P_{V3})$，由表 11-4 可知，$P_{peak}$ 至少应高于 98.7kW。

此外，驱动电机的峰值功率应能满足 FCBUS 在典型使用循环工况下的车辆功率需求。由表 11-5 可知，北京城区工况对应的车辆最大功率需求为 124.5kW，最大回馈制动功率需求为 120kW；而 ECE 循环工况对应的车辆最大功率需求为 152.3kW，最大回馈制动功率需求为 100.5kW。这两种工况是燃料电池城市客车作为城市公交车运行时最经常使用的工况，电机的峰值功率必须能够完全满足这两种工况的功率需求。因此，电机峰值功率 P_{peak} 不能低于153kW。

由表11-5可知,北京城郊工况对于电机的最大功率需求达到了176kW,但是两者超过130kW的功率需求很少,且最大持续时间仅为5s;最大回馈制动功率需求为120kW,持续时间也很短(小于6s)。考虑到驱动电机在瞬时工作时允许有较大的过载系数,其峰值功率没有必要选择得太大。

研究表明,驱动电机的峰值功率与电动汽车的最大爬坡度和加速时间关系密切,电机的峰值功率越大,对应最大爬坡度越大,汽车加速时间越短,整车动力性越好。但随着电机峰值功率的增加,加速时间减小的程度越来越不明显,同时电机峰值功率的增加也会导致整车成本的提高。

综合上述因素考虑,选定驱动电机的峰值功率(2min功率)为180kW。此功率能够满足上述整车动力性指标和典型循环工况的功率需求。

② 驱动电机额定功率的选择 驱动电机的额定功率首先应满足整车动力性指标中最高车速的要求,即额定功率 $P_{\text{rated}} \geqslant 98.7\text{kW}$。

在电机的效率图中,还应尽量保证在额定功率点附近工作时,电机有比较高的效率,并使电机的实际工作点尽可能地靠近额定功率。城市公交客车最常用的是以25~50km/h的速度行驶,应保证以此速度行驶时电机工作于高效率区。经计算,FCBUS以50km/h的速度匀速行驶时,对电机的功率需求为42.5kW;考虑到短时加速过程中的附加功率需求,此常用行驶区间的最大功率需求可高达150kW以上;从图11-7和图11-8中还可看出,北京城区工况和城郊工况的功率需求主要集中在-50~60kW之间。额定功率的设计应充分考虑上述要求。

综合考虑,选定驱动电机的额定功率为100kW。

(2) 驱动电机转矩和转速的确定

在选定了电机的峰值功率和额定功率之后,接下来的问题就是如何选择电机的额定转速、额定转矩、最大转矩以及最高转速。异步电机具有低速、大转矩的特点,FCBUS利用这一特点可以获得很好的低速加速性和爬坡能力。电机的最大转矩至少应大于负载可能出现的最大转矩且电机的最大转矩越大,越有利于汽车的原地起步加速和爬坡。但过大的电机转矩不仅会对电机及其支撑的机械强度、电机及控制器的电流提出更高要求,增大了功率变换器硅钢片的尺寸和损耗,也增大了驱动轴转矩和传动部件的应力;对于使用多挡变速器的FCBUS,过大的电机转矩还可能会导致低挡驱动力超过车辆的附着极限,驱动力得不到充分利用。因此,电机最大转矩的选取应以满足车辆动力性要求,特别是低速最大爬坡度为目标,同时应与传动系最大传动比协调考虑。

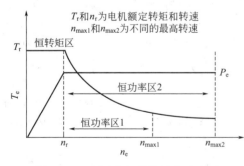

图11-10 驱动电机外特性的示意图

车用异步电机一般采用矢量控制技术,通过正确控制电机电压和频率,使得电机在基速以下恒转矩输出,基速以上恒功率输出。如图11-10所示,在恒转矩区,转矩恒定不变,而输出功率随转速的提高线性增加;而在恒功率区,功率恒定,转矩则随转速的提高呈双曲线递减。相同额定功率、相同额定转矩的电机,若其最高转速从 $n_{\text{max}2}$ 降低到 $n_{\text{max}1}$,则电机的恒功率范围将从恒功率区2减小到恒功率区1。

事实上,比较大的恒功率区对车辆行驶是有利的,它可以改善车辆的动力性,在兼顾低速最大爬坡度的同时提高最高车速。对电动机本身而言,额定功率相同的电机额定转速越高,体积越小,质量越小,造价越低;而且电机功率恒定时,随着电机额定转速和最高转速的增加,电机的最大转矩会减小,从而避免造成转矩过大的不利影响。因此，FCBUS 选择高速电机是比较有利的。但当电机转速超过一定程度后，其转矩降低幅度明显减小。此外，电机最高转速过高，将导致电机及减速装置的制造成本增加。

电机转速的选择既要考虑负载的要求，又要考虑电机与传动机构的经济性等因素。综合上述各种因素，根据车用驱动电机的特点并参考实车上采用的电机，本文选定驱动电机的额定转速为 1800r/min，最高转速为 6000r/min。根据式(11-17)，可计算电机的额定转矩和最大转矩。

$$P_{rated} = \frac{T_r n_r}{9550} = \frac{1}{\lambda} \times \frac{T_{max} n_r}{9550} = \frac{P_{rated}}{P_{peak}} \times \frac{T_{max} n_r}{9550} \tag{11-17}$$

式中，T_r 和 T_{max} 分别为额定转矩和最大转矩，N·m；P_{rated} 和 P_{peak} 分别为额定功率和峰值功率，kW；n_r 为额定转速，r/min。

经计算，电机的额定转矩为 531N·m，最大转矩为 955N·m。

最终确定的驱动电机参数如表 11-6 所示。

表 11-6 FCBUS 驱动电机的参数选择

电机种类	三相异步交流电机	额定电压	360V
峰值功率	180kW(2min)	额定功率	100kW(1h)
最大转矩	955N·m	额定转矩	531N·m
额定转速	1800r/min	最高转速	6000r/min

11.5 传动系速比的选择

由于电机的转速比较高，实际的车轮角速度比较低，所以电动汽车的动力驱动系统中必须包含变速器和主减速器。因此，进行包括变速器速比和主减速比在内的传动系速比设计，是非常有必要的。传动系速比的设计必须遵守以下原则：必须保证实现预期的最高车速；必须保证汽车的最大爬坡度要求；当汽车以最常用的速度区间行驶时，应尽可能地使电机工作于高效率区。

电动汽车的变速箱设计，通常分为单速传动和多速传动两类。前者采用固定速比齿轮变速传动，后者采用离合器和变速器的多级齿轮变速传动或无级变速传动。无级变速器在轿车型电动汽车中有所应用，优点是能够有效地减少电机铜耗和方便地调整电机参数，从而更好地满足车辆驱动要求，同时具有起步平稳、操作简便、乘坐舒适性好等优点。但其结构相对复杂，传动效率较低、成本也较高，因此在燃料电池城市客车的研发中未被采用。本文重点讨论固定速比齿轮变速传动和可变速比齿轮变速传动两种方式的参数设计。

对于固定速比变速传动，设计的电动机要求既能在恒转矩区提供较高的瞬时转矩（额定值的 3～5 倍），又能在恒功率区提供较高的运行速度（基速的 3～5 倍）。可变速比齿轮变速传动的优点是：低挡位可获得较高的启动转矩，高挡位可获得较高的行驶速度，提高了汽车的加速与爬坡能力，便于调整电机参数并减少电机铜耗；但其缺点在于质量和体积较大，成本较高，结构相对复杂。

表 11-7 给出了固定速比和可变速比齿轮变速传动的比较结果。实际上，两者在燃料电池城市客车当中均有应用，各有利弊，而可变速比齿轮传动中一般均采用两挡设计。

表 11-7 固定速比与可变速比齿轮变速传动的对比

项 目	固定速比	可变速比	项 目	固定速比	可变速比
电机参数调整	较困难	较方便	体积/质量	较小	较大
电机额定值	较高	较低	系统效率	较低	较高
系统成本	较低	较高	操作方便性	好	差

11.5.1 传动系最小传动比的选择

设传动系的传动比为 i，变速器的两挡传动比分别为 i_{g1} 和 i_{g2}，主减速比为 i_0，则有 $i=i_g i_0$。最小传动比 $i_{\min}$ 应从满足汽车行驶最高车速的要求出发，根据汽车理论知识可知：

$$v_{\max}=\frac{0.377 r n_{\max}}{i_{\min}} \tag{11-18}$$

式中，$v_{\max}$ 为最高车速，km/h；r 为轮胎滚动半径，m；$n_{\max}$ 为电机的最高转速，r/min；$i_{\min}$ 为最小传动比。

电机的最高转速为 6000r/min，轮胎滚动半径为 0.51m，要满足最高车速不低于 80km/h，传动系的最小传动比应满足 $i_{\min} \leqslant 14.4202$。对于两挡变速箱而言，$i_{\min}$ 即为变速箱 Ⅱ 挡传动比 i_{g2} 与主减速比 i_0 的乘积。故当 i_0 已知时，可根据传动系最小传动比确定变速器 Ⅱ 挡传动比。参考现有燃料电池城市客车的设计，选取合理的主减速比为 5.74，则变速箱 Ⅱ 挡传动比应满足以下条件：$i_{g2} \leqslant 2.5122$。

11.5.2 传动系最大传动比的选择

确定传动系最大传动比时，应考虑两方面问题：最大爬坡度以及地面附着率。最大传动比 $i_{\max}$ 是变速器 Ⅰ 挡传动比 i_{g1} 与主减速器传动比 i_0 的乘积。当 i_0 已知时，确定传动系最大传动比也就是确定变速器 Ⅰ 挡传动比。同样根据汽车理论知识可得：

$$i_{\max} \geqslant \frac{r}{\eta_T T_{\max}}\left(mgf_r\cos\alpha_{\max}+mg\sin\alpha_{\max}+\frac{C_D A}{21.15}v_a^2\right) \tag{11-19}$$

式中，$\alpha_{\max}$ 为最大爬坡角，(°)；v_a 为爬坡时的最低车速，取 10km/h；η_T 为传动系效率；$T_{\max}$ 为电机最大转矩。

代入相关数据计算可得，传动系最大传动比 $i_{\max} \geqslant 17.6527$。同样，选取主减速比为 5.74，则有变速器 Ⅰ 挡传动比 $i_{g1} \geqslant 3.0754$。

如前所述，城市公交客车最常用的是以 25~50km/h 的速度区间行驶，应保证以此速度行驶时驱动电机工作于高效率区。从电机的效率图（图 11-11）可以看出，电机在接近中等偏低的转速时效率比较高。变速箱工作在 Ⅱ 挡时，应尽量使 FCBUS 在常用速度区间行驶时，电机工作在中等偏低的转速范围。

初选 $i_{g2}=2.445$，则当汽车速度为 25~50km/h 时，对应的电机转速范围为 1825~3650r/min。由图 11-11 可知，在此范围内工作时，电机的效率是比较高的。

根据研究，变速器相邻两挡间的传动比比值不宜大于 1.7~1.8，否则会造成换挡困难。同时，Ⅰ 挡传动比取值较大时，可以减小对电机的最大转矩需求，有利于减小过载，延长电机寿命。综上所述，选择 Ⅰ 挡传动比为 3.569，Ⅱ 挡传动比为 2.445，此时两挡传动比比值为 1.46。仿真得到的最高车速为 82.2km/h，Ⅰ 挡最高车速为 56.3km/h，最大爬坡度为 27.1%，0~50km/h 全力加速时间为 21.46s。可见，动力驱动系统的参数设计能够满足整车的动力性指标要求。

综上所述，传动系速比选择如下：$i_0=5.74$，$i_{g1}=3.569$，$i_{g2}=2.445$。

11.5.3 固定速比齿轮传动系的传动比选择

固定速比齿轮传动系的设计要求也要满足前述的三项原则。设其传动比为 i_f，变速箱速比为 i_g，由于设计车辆必须同时满足最高车速和最大爬坡度的要求，因此 i_f 的取值必须同时满足式(11-18) 和式(11-19)，即要求由式(11-18) 求得的 $i_{\min}$ 应大于或等于由式(11-19) 求得的 $i_{\max}$。可见，如果不改变 11.4.2 节中计算出的驱动电机参数设计结果，这一要求是无法满足的。为满足固定速比齿轮传动的设计要求，应将表 11-6 中给出的参数加以适当调整，扩大其功率过载系数(峰值功率与额定功率之比)及恒功率区系数(最高转速与额定转速之比)。

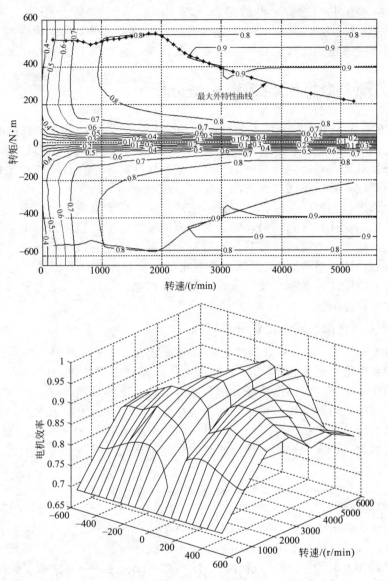

图 11-11 驱动电机效率的 MAP 图及最大外特性曲线

设电机的额定功率和额定转速均不变,峰值功率改为 200kW,最高转速设计为 7200r/min,则相应的最大转矩变为 1061N·m。如此即可得到一组新的驱动电机参数,见表 11-8。为方便比较,仍取主减速比为 5.74 不变,则此时由式(11-18)和式(11-19)分别计算得到 $i_{\min} \leqslant 17.3043$,$i_{\max} \geqslant 15.8875$。所以,此时的固定速比齿轮传动系的传动比应满足 $15.8875 \leqslant i_f \leqslant 17.3043$,即 $2.7678 \leqslant i_g \leqslant 3.0147$。

表 11-8 固定速比齿轮传动系对应驱动电机的参数选择

电机种类	三相异步交流电机	额定电压	360V
峰值功率	200kW(2min)	额定功率	100kW(1h)
最大转矩	1061N·m	额定转矩	531N·m
额定转速	1800r/min	最高转速	7200r/min

在此区间内,选择 $i_g = 2.93$,则有当汽车速度为 25~50km/h 的常用行驶区间时,对应

的电机转速范围为2187~4374r/min。此工作范围恰好在电机的中等偏低转速范围,对应电机的效率较高。此时,仿真得到的最高车速为82.3km/h,最大爬坡度为24.6%,0~50km/h全力加速时间为23.7s。可见,该参数设计能够满足整车的动力性要求。

综上所述,对固定速比齿轮传动系而言,其传动比选取如下:$i_0=5.74$,$i_g=2.93$。

11.6 动力源参数匹配与系统构型分析

在完成FCBUS电力驱动系统参数匹配的基础上,对动力源部分的燃料电池系统和蓄电池系统进行合理的参数匹配,从而在特定目标工况输入及给定整车动力性要求的前提下,实现整车的经济性最优,对指导燃料电池城市客车的设计是非常有意义的。燃料电池城市客车动力源的参数匹配,针对不同构型的动力驱动系统而言不尽相同。

在对动力源进行参数匹配时,还应该考虑到整车能量管理策略的影响,尤其是能量管理策略中控制参数的设计。仿真结果表明,对于不同系统构型,甚至同一构型下动力源混合比不同的组合,其能量管理策略及控制参数对整车燃料经济性的影响都是相当显著的。

下面将重点讨论不同构型FCBUS中燃料电池系统和蓄电池系统如何进行参数匹配,并确定能量管理策略中的若干重要设计参数。在此基础上,进行不同动力驱动系统构型结构和性能优缺点的对比分析。

11.6.1 双动力源之间的基本能量分配策略

对于FCBUS而言,能量管理策略的核心问题是功率分配。可用于功率分配的决策输入量有很多,如蓄电池荷电状态(SOC)、总线电压、车速、驾驶员功率需求等。按照是否考虑这些变量的历史状态,可以把功率分配策略分为瞬时策略与非瞬时策略两大类。所谓瞬时策略,就是当前的决策输出量只和系统的当前状态有关,与历史状态无关;非瞬时策略的决策输出量是和系统的历史状态有关的。瞬时策略中常见的有电压控制法、电流控制法、功率跟随法、目标函数法、人工智能法等;非瞬时控制策略则可采用平均功率法、自适应法、全局最优法等。

针对不同系统构型,动力源之间的能量分配策略是不同的。

FC系统单独驱动构型,只有燃料电池一个动力源,因此不涉及能量分配的问题。参数匹配应重点考虑燃料电池的输出功率能否满足整车动力性要求,尤其是动态特性能否满足汽车的行驶需求,或者可进一步分析不同额定功率的燃料电池汽车能达到的极限动力性能。

"FC+B"构型,其能量分配由设计阶段的参数匹配决定。一旦完成了该构型动力源之间的参数匹配,针对不同功率需求,两者间的能量分配关系即已基本确定。此时,动力源参数匹配的好坏,就成为协调整车能量分配以及实现整车燃料经济性最优的关键所在。其实质是根据不同的电机功率需求,设计和确定合理的直流总线工作电压,进而选定最优的动力源混合比。

"FC_DC/DC+B(能量混合型)"构型和"FC+B_DC/DC(功率混合型)"构型,则分别对应多种不同的功率分配策略,每种策略对于不同工作点的功率分配关系以及燃料经济性都有或多或少的影响。

本节的重点并非讨论不同控制策略对燃料经济性的影响,因此对每种构型仅选择一种基本的能量分配策略进行控制,在此基础上实现动力源参数的匹配。下文将分别介绍"FC+B_DC/DC"构型和"FC_DC/DC+B"构型的能量分配策略。

11.6.2 "FC+B_DC/DC(功率混合型)"构型的能量分配策略

"FC+B_DC/DC"构型的能量分配策略有多种,比较常见的一种是根据燃料电池和蓄电池工作的外特性曲线,通过双向DC/DC(Bi-DC/DC)内部的控制逻辑来实现两者之间的能量分配,目前 FCBUS 样车上采用的即为此种控制方式。其基本控制思想如下。

双向 DC/DC 采用主动控制模式的控制策略。升压控制采用蓄电池输出功率自动跟踪燃料电池实际输出功率的功率自动跟踪控制模式,燃料电池实际的功率输出能力以其输出电压曲线为依据判定。蓄电池放电对应的升压控制策略见图 11-12。

功率跟踪模式控制策略描述如下。

当燃料电池电压在额定功率电压参考点(S_1)以上(即>365V)时,升压电路停止工作,禁止蓄电池放电;当燃料电池电压在额定功率电压参考点(S_1)以下(即≤365V)时,升压电路开始工作,进入自动跟踪燃料电池输出功率状态,蓄电池输出功率随燃料电池电压的降低而增大。当燃料电池电压降到最大功率参考电压点(S_2,约341V)时,蓄电池输出功率达到最大值(50kW)。此时,若不考虑双向 DC/DC 的效率,则动力源的总输出功率为180kW。

蓄电池充电时,双向 DC/DC 进行降压控制,此时采用典型的恒压限流充电模式,充电电流和充电电压均可调整。开始充电时,蓄电池端电压较低,充电电流较大;随着电池端电压的回升,充电电流逐渐减小,直至充电电流小于 5A 时,停止充电。蓄电池允许的最大充电功率为 20kW。

可见,双向 DC/DC 升压、降压以及关闭状态三者之间的切换,都是通过对燃料电池系统输出电压和蓄电池组端电压的不同值域,采取相应的控制策略来实现的,即基于动力源端电压值域的双向 DC/DC 控制。图 11-13 给出了控制策略的示意图。该图针对的控制对象是额定功率为100kW 的 FC 系统和允许最大放电功率为 50kW、标称电压为 192V 的 80A·h 镍氢蓄电池系统组成的燃料电池城市客车。如果燃料电池的额定功率或蓄电池的串联模块数及蓄电池容量发生变化,能量分配策略的控制参数也需相应调整。

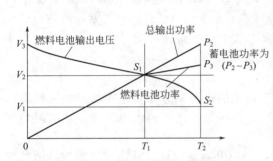

图 11-12 蓄电池放电对应的升压控制策略

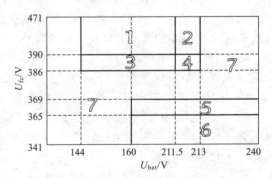

图 11-13 基于动力源电压分区域控制的示意图

图 11-13 中,横坐标为蓄电池组的端电压。蓄电池组的端电压最大值为 240V,最小值为 168V,蓄电池的正常工作电压不允许超出这一限值范围,否则,会因为过充或过放而导致蓄电池组发生安全事故或影响其使用寿命。

图 11-13 中,纵坐标为燃料电池系统的输出电压,其工作范围为 341~471V。燃料电池电压为 365V 时,对应燃料电池的额定输出功率。燃料电池为 386V 时,对应燃料电池的输出功率约为 70% 负荷。为避免 DC/DC 频繁开关,同时保证 DC/DC 从降压切换到升压至少需要一段时间(约2s),蓄电池的充电和放电都采取了相应的"防振"处理,将电压的门限值由固定值变为一个可调区间。

根据蓄电池工作状态的不同,该控制策略可分为以下 7 个区域。

区域 1——蓄电池充电区。该区域内燃料电池电压在 390~471V 之间,蓄电池电压在 144~211.5V 之间,燃料电池通过双向 DC/DC 给蓄电池系统充电(根据蓄电池端电压不同,其充电电流为 100~5A)。

区域2——小电流恒流充电区。燃料电池电压在390～471V之间，蓄电池电压在211.5～213V之间。燃料电池通过DC/DC以恒定的小电流给蓄电池系统充电。

区域3——蓄电池组充电或空载区。当燃料电池系统升压超过386V进入区域3时，DC/DC保持空载状态，蓄电池既不充电也不放电；当燃料电池系统电压低于390V进入区域3时，燃料电池通过双向DC/DC给蓄电池系统充电（根据蓄电池端电压不同，其充电电流为100～5A）。

区域4——小电流恒流充电或空载区。当燃料电池系统电压超过386V进入区域4时，DC/DC保持空载状态，蓄电池既不充电也不放电；当燃料电池系统电压低于390V进入区域4时，燃料电池通过双向DC/DC以恒定的小电流给蓄电池系统充电。

区域5——蓄电池放电或空载区。当燃料电池系统电压超过365V进入区域5时，进入蓄电池小功率放电模式；当燃料电池降压低于369V进入区域5时，DC/DC保持空载状态，蓄电池既不充电也不放电。

区域6——蓄电池放电区。燃料电池电压在341～365V之间，蓄电池电压在160～240V之间，蓄电池处于放电状态（根据燃料电池输出电压的不同，放电功率为50～2kW）。

区域7——空载区。该区域既不允许给蓄电池充电，也不允许其放电，DC/DC保持空载状态。

特别要指出，前述的控制策略是当电机需求功率超过FC系统的额定功率后，才允许蓄电池放电。从理论上讲是可行的。但考虑到实际当中超过100kW的功率需求并不是很多，蓄电池的利用率会相对较低；同时需求功率超过100kW时，会要求燃料电池过载工作，对于燃料电池的寿命不利。因此，在实车以及本文的仿真模型中，将允许蓄电池放电对应的燃料电池输出功率参考点适当降低。在仿真模型中，将该功率值由额定100kW调至80kW，相应参考点电压也由原365V变为约381V，即总线电压低于381V时，允许蓄电池放电。

除此之外，"FC+B_DC/DC"构型还可以采用基于蓄电池SOC和需求功率变化的功率跟随型控制策略，以获得较好的经济性。其设计出发点如下：

① 尽量保证燃料电池工作在高效区；

② 当蓄电池SOC不低于设定下限时，采用蓄电池启动车辆并在功率需求较小时始终由蓄电池工作，功率需求增至一定程度（如15kW）时，再切换成燃料电池工作，从而避免燃料电池工作在低效点；

③ 需求功率较大时（如超过80kW或100kW），再开启蓄电池，从而保证提供峰值功率并尽量避免燃料电池系统过载，这一设计思想和前述方法是一致的；

④ 整个行驶过程中，蓄电池SOC应控制在一定范围之内，避免发生过充或过放。

本控制策略的优点在于可以尽量保证燃料电池工作在高效区，理论上经济性要比基于燃料电池和蓄电池输出电压的控制策略有所改善。但实际上，对燃料电池系统而言，在低负荷时虽然效率比较低，但是由于输出功率也比较小，因此对应的系统氢气消耗率（g/s）也是比较小的。正常行驶时，只要车辆不是长期处于怠速工况，本控制策略对燃料经济性的影响甚微，仿真试验也证明了这一点。

11.6.3 "FC_DC/DC+B（能量混合型）"构型的能量分配策略

"FC_DC/DC+B"构型的控制策略种类很多，目前应用比较广泛的有电压控制和功率跟随两种。电压控制型策略主要以总线电压作为决策变量，优点是蓄电池SOC具有自动维持的能力，缺点是对燃料电池的动态性能要求很高，难以定量地控制FC的输出功率。功率跟随型策略主要以需求功率和SOC为决策变量，优点是可定量地控制燃料电池的输出功率，能有效保护燃料电池，缺点是蓄电池功率调峰的作用不明显。

本节主要采用电压控制策略来进行"FC_DC/DC+B"构型的研究。其功率分配特点为：在小功率需求时，能量主要由燃料电池提供，同时 FC 会给蓄电池以一定电流充电，即进行恒压控制；当需求功率超过燃料电池的额定功率时，进入恒功率模式，FC 保持额定功率输出，不足的功率需求由蓄电池系统提供。

11.6.4 燃料电池系统的特性参数

目前燃料电池城市客车上实际采用的燃料电池系统，有额定功率为 60kW 和 100kW 两类。根据其台架试验数据，进行插值计算，可分别得到相应的伏安特性曲线和"功率-电流"曲线，如图 11-14、图 11-15 所示。对应不同输出功率的燃料电池系统效率和氢气消耗率曲线也可在图中给出。

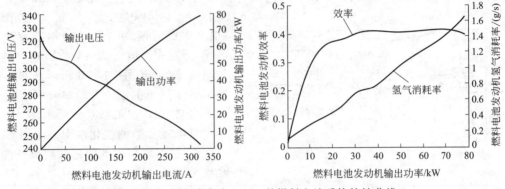

图 11-14 额定功率为 60kW 的燃料电池系统特性曲线

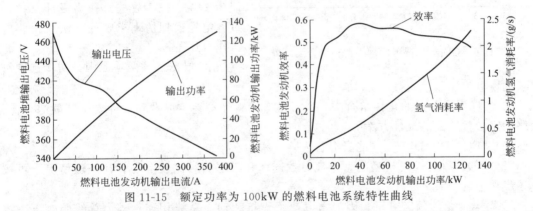

图 11-15 额定功率为 100kW 的燃料电池系统特性曲线

根据上述两种燃料电池系统的台架试验数据以及物理特性，得到其在燃料电池城市客车上应用的关键参数取值范围，如表 11-9 所示。

表 11-9 不同额定功率燃料电池系统的特性参数

额定功率/kW	最大功率/kW	电压范围(DC)/V	电流范围/A	额定电压(DC)/V	额定工作点效率
60	78	243~324	0~324	267	0.4071
100	130	341~471	0~380	365	0.521

11.6.5 蓄电池系统的参数选择

对于不同动力驱动系统构型、不同燃料电池系统功率和不同燃料电池与蓄电池的混合比，最佳的蓄电池参数选择是不同的，现分别加以论述。

(1) "FC+B_DC/DC（功率混合型）"构型

本节将以额定功率为 100kW 的燃料电池系统为例，说明"FC+B_DC/DC"构型应如何根据燃料电池系统参数，进行蓄电池系统的参数选择和优化匹配。

仿真研究选取的目标工况共计三组，分别为北京城区工况、北京城郊工况和UDDS工况。为使本文的参数匹配论述更接近燃料电池城市客车的实际应用，将动力源（燃料电池＋蓄电池）的最大输出功率之和确定为180kW。

如前所述，额定100kW的FC系统，允许最大输出功率为130kW。因此，蓄电池的允许最大放电功率为50kW。再根据蓄电池瞬时充、放电电流不宜超过3C（240A）的设计要求，即可得到蓄电池的工作电压范围，进而初步选定蓄电池的串联模块数。经计算，可选蓄电池模块数为16个，电池组额定电压为192V。

动力源功率分配的控制策略是：当电机需求功率超过80kW时，蓄电池开始放电，其放电功率随燃料电池输出功率的增大而增大。当燃料电池输出功率到达上限值130kW时，蓄电池也同步到达允许的最大放电功率50kW，此时两动力源总输出功率达到极限值180kW。仿真结果与控制策略的预期结果完全吻合。图11-16所示为该组合在UDDS工况下的动力源功率分配情况。

"FC＋B_DC/DC（功率混合型）"构型蓄电池参数的优化匹配方法如下。

① 根据燃料电池的部件约束条件选取允许蓄电池放电的最大功率。

② 以允许蓄电池瞬时最大充、放电电流为240A（3C放电）作为设计条件，通过蓄电池模型仿真求解的方法获得相应的工作电压范围。

③ 根据上述两项原则，初步选取符合

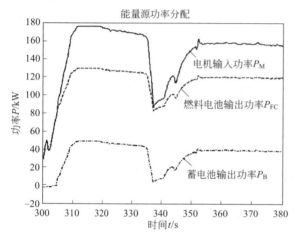

图11-16　UDDS工况下的动力源功率分配结果

要求的蓄电池串联模块数。

④ 在步骤③得到的几种组合中，通过整车燃料经济性、成本和部件安全性的综合比较，最终确定参数匹配的最优方案。

（2）"FC_DC/DC＋B（能量混合型）"构型

"FC_DC/DC＋B"构型的蓄电池参数选择和匹配相对比较容易。在一般情况下可按照下述步骤进行。

① 蓄电池组的额定电压。因为蓄电池组直接和动力总线相连，动力总线的电压决定了蓄电池组的额定电压，也就决定了蓄电池组的模块数。

② 蓄电池组的容量和功率范围。以满足整车动力性指标为条件，根据燃料电池的外特性——电压、电流和功率特性，选择蓄电池应提供的功率范围。以蓄电池允许的瞬时最大放电电流（3～10C倍率放电）为依据，通过计算初步求得蓄电池的最低容量。

③ 通过对整车燃料经济性、成本、部件寿命以及安全性等方面的综合比较，最终确定蓄电池组的参数匹配方案。

11.7　国外燃料电池汽车的研究进展

11.7.1　总体进展情况

燃料电池及燃料电池汽车技术近年来在商业化进程中取得的进展大致如下。

① 燃料电池及整车成本显著下降,燃料电池汽车的成本已经从2002年的275美元/kW降至2012年的47美元/kW,有望在2017年达到30美元/kW的DOE目标。

此外,自2005年以来昂贵的铂催化剂含量减少了80%。目前小于0.2g/kW,但离DOE的目标0.125g/kW还有一定距离。

② 其耐久性基本可以达到商业化要求,如丰田承诺其Mirai燃料电池元件担保8年或100000 mile(160000km),目前系统的耐久性一般水平为2500h,距离5000h的商业化目标还任重道远。燃料电池汽车要与内燃机汽车竞争,PEMFC的成本和耐久性必须达到与内燃机相当的水平,这包括PEMFC在实际车况下寿命必须达到5000h左右,在这期间必须能承受30000次启停循环和300000次负载周期循环,实现-40℃启动。

③ 车用燃料电池技术目前取得的其他技术进展可概括如下。

- 能量效率提高。Hyundai-Kia公司开发的燃料电池发动机能量效率(25%额定功率)达到60%。
- PEMFC模块的功率密度大幅提升。丰田"Mirai"车用PEMFC模块的功率密度达到3.1kW/L。英国Intelligent Energy的新一代EC200-192模块的功率密度达到5kW/L;日产2011-model PEMFC模块的比功率达到2kW/kg。
- 低温启动性能大幅度提高。丰田燃料电池汽车实现-37℃启动,本田燃料电池也实现了-30℃启动。
- 车载储氢能力和加氢速度大幅度提高。本田2016年量产版燃料电池汽车采用一个70MPa的储氢罐,在3~5min内加注燃料可实现约700km的续航距离。

虽然通过全球氢能科研工作者的努力,车用PEMFC技术取得了以上成就,但燃料电池系统的耐久性和成本仍然没达到商业化目标。

④ 燃料电池商业化示范深入开展,加氢站建设加速进行。全球投入商业化示范运行的燃料电池汽车数量累计超过1000辆,世界范围内的加氢站累计已有200余个。

⑤ 2012年美国有3061项清洁能源技术专利获得美国专利和商标办公室(PTO)批准,同比增长31.3%。同时,2002~2012年,燃料电池技术仍然是十年来全球清洁能源技术知识产权热门的发展区域,2012年获得PTO批准专利数量高达1024项,远超过位居第二的太阳能领域获批专利数量(862项)。燃料电池汽车仍然是未来电动汽车技术研究的发展方向。

据统计,2012年日本丰田汽车公司获得了数量最多的美国燃料电池授权专利,高达144项;其次是通用汽车(GM)、日本本田汽车、韩国三星电子、日本松下、日产汽车,获得授权的燃料电池专利数量分别为99项、83项、76项、37项、28项。此外,2002~2012年,通用汽车、本田汽车和丰田汽车公司的燃料电池专利授权量远超过其他公司,这表明该阶段上述企业在燃料电池电动汽车领域的研发水平非常强劲。如2002~2012年,通用汽车公司获得的美国燃料电池授权专利数量高达614项,而本田汽车、丰田汽车、三星电子等获得的美国燃料电池授权专利数量分别为590项、420项、366项。

⑥ 从2005年以来,SAE全球大会(SAE World Congress)不断举办有关燃料电池车辆的商业化专题小组会。但是,2015年,丰田、现代、本田首次宣布用户可以买到燃料电池汽车。在过去几年里,有8家汽车制造商宣告要发展燃料电池电动汽车,其中结成伙伴关系的有:宝马-丰田,通用汽车-本田、现代-戴姆勒、福特-日产。

为了准备燃料电池车辆市场的到来,三个主要地区欧洲(德国、法国、英国)、美国(主要在加利福尼亚州)和日本一直在推出氢基础设施,这三个地区到2016年有大约50个站和到2020年计划扩大累积到数百个站,此后十年达到数千个站。在这些地区,工业气体供应商也参与建造加氢站,它们有Linde(林德)、Air Products(空气产品)、Air Liquide（法国液化空气公司）、Iwatani（岩谷）等。其他公司如 H₂ Logic（氢气逻辑）、First Element（第一元素）和 Hydrogen Frontiers（氢前沿）也在积极创建燃料电池汽车加氢站。

以下简要介绍几个跨国汽车公司的燃料电池汽车技术和产业发展动向。

11.7.2 日本丰田汽车公司的燃料电池汽车

2014 年 12 月，日本丰田汽车公司正式发售了燃料电池汽车 Mirai（译名：未来），如图 11-17 所示。目前 Mirai 的价格约合 38 万元人民币，这是首次投放市场的量产燃料电池车。Mirai 的动力系统被称为 TFSC（Toyota FC Stack），即丰田燃料电池堆，是以燃料电池堆为核心组件的混合动力系统。TFSC 没有变速器，原发动机舱内是电动机及其控制单元，电动机功率是 113kW，峰值扭矩 335N·m。在其后桥上方布置的是 1.6kW·h 的镍氢动力电池组，这个电池组基与 Prius 混合动力系统（HEV）的电池组功能完全一样，在整车负载低的时候可以单独用它供电带动车辆前进。与此同时，燃料电池系统发出来的电可以给电池充电，起到能量缓存装置的作用。

图 11-17　丰田汽车公司的燃料电池汽车 Mirai 外形

在驾驶舱底部布置的燃料电池堆是整套系统的核心，在车身后桥部分放置前后两个高压储氢罐（见图 11-18），总容量是 122.4L，采用 70MPa 的气压储存，可以容纳约 5kg 的氢气，续驶里程可以达到 650km。

图 11-18　丰田 Mirai 核心结构布置

Mirai 的燃料电池堆是由 370 片薄片燃料电池组成的，最大可以输出 114kW 的功率，而体积仅有 37L，质量为 56kg（见图 11-19）。发电效率达到 3.1kW/L，相比 2008 年的技术提升了 2.2 倍。

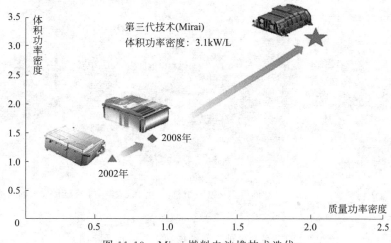

图 11-19　Mirai 燃料电池堆技术迭代

由于燃料电池堆栈中每片电池发电的电压在 0.6～0.8V 之间，整体也不会超过 300V 电压，所以，为了更好地驱动电动机，还需要安装一个 DC/DC 变换器，将电压提升到 650V。燃料电池堆外部细节及主要参数见图 11-20，燃料电池汽车结构和工作原理示意图见图 11-21。

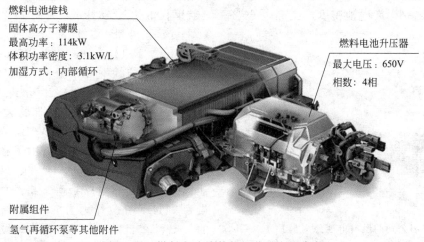

图 11-20　燃料电池堆外部细节及主要参数

丰田汽车公司在 2005 年名古屋世博会上应用的燃料电池大客车 FCHV-BUS2（见图 11-22）的主要特点是：燃料电池为 2 个 90kW 的模块，输出功率提高到 180kW。驱动系统采用双电机驱动方式。表 11-10 列出了 FCHV-BUS2 的主要技术参数。

表 11-10　FCHV-BUS2 的主要技术参数

项目	技术参数	项目	技术参数
外形尺寸：长×宽×高/mm	10515×2490×3360	驱动电机	永磁同步电机 80kW×2
乘客人数/人	60	储氢方式	高压储氢最高压力 35MPa
最高车速/(km/h)	80	氢镍电池	4×6.5A·h×240（288V，4 组并联）
一次充氢续驶里程/km	250		
燃料电池（PEMFC）	丰田 90kW×2		

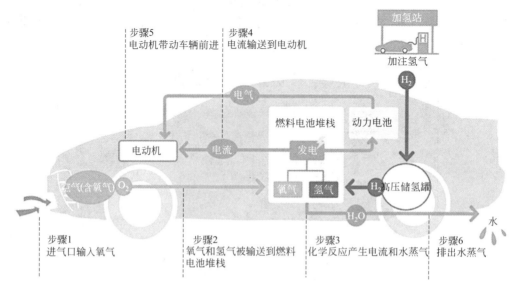

图 11-21　燃料电池汽车结构和工作原理示意图

11.7.3　日本本田汽车公司的氢燃料电池车

本田公司在不断强化汽油和柴油车型产品线的同时，不断进军新能源车细分市场。本田对换代车型 Clarity Fuel Cell（简称 Clarity FC）氢燃料电池车进行了升级，新车电池组体积缩小了三分之一，而电池密度却提高了 60%，续航里程可达到 482km，见图 11-23。

图 11-22　丰田公司的燃料电池公交车 FCHV-BUS2

该车外形尺寸为：长 4915mm、宽 1875mm、高 1480mm，轴距 2750mm，是与雅阁尺寸相仿的中级车型，车重 1890kg。它所搭载的电机具备最大输出功率 130kW，转矩 300N·m。燃料电池堆最大输出功率 103kW，功率密度为 3.1kW/L，配备了锂离子二次电池。Clarity FC 沿用了插电混动版雅阁的部分部件，包含 DC-DC 转换器、电池单元及逆变器电路板等。搭载的储氢罐容量为 141L，充气压力为 70MPa，使用 5.0kg 的氢燃料在日本 JC08 测试中，续航里程达到了 750km。图 11-24 所示为本田换代车型 Clarity FC 的燃料电池发动机。

图 11-23　本田的换代车型 Clarity FC

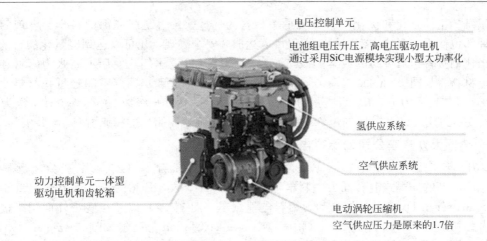

图 11-24　本田换代车型 Clarity FC 的燃料电池发动机

本田在 2016 年 3 月 10 日正式宣布，名为"CLARITY FUEL CELL"的燃料电池车（FCV）正式开始以租售的形式上市。目前在日本市场，含税售价为 766 万日元，约 44.3 万元人民币。而在海外市场的起售价约为 6 万美元。

预计在 2016 年度，Clarity FC 租售约 200 辆，并且回收用户们的意见及反馈。但未来针对个人用户销售的行为，至少要等到一年多之后才能进行。目前新平台车型是否为未来量产的车型目前还不确定，但根据本田社长的想法，将会有 PHEV 等新车型诞生于此平台，希望在各式车型中推出 FCV 产品。本田换代车型 Clarity FC 的结构示意图见图 11-25。

图 11-25　本田换代车型 Clarity FC 的结构示意图

该车采用了本田全新开发的平台，这一新平台被预计用于电动车型（EV）及插电混合动力车型（PHEV）等一系列未来的环保车型。采用了从车头至车尾的一体化构造，提升了结构的抗冲击性和保护性。前部发动机舱位置可配置发动机、电动机以及传动系统，地板下方可以配置储氢罐或蓄电池。新结构主要强化的是底盘部分的保护性，FCV 车型上配备了储氢罐、驱动用锂离子电池等常规动力车型所不具备的部件，因此需要采用这些部件在冲撞中不会受到冲击的结构。

新的底盘为了提升后方碰撞的吸能效果，在车后方设置了副车架，并且采用了车身前部侧车架及副车架至车身后部侧车架及副车架直线连接的结构，大大提升了冲击发生时车辆的吸收能量和分散能量的能力。车辆中央地板下方的锂离子电池是利用主车架保护，而安置于后座下方和后备厢前部的储氢罐，则主要通过主车架及后副车架保护。

除了结构上的强化和优化,车身所采用材料的选择,一直是门高深的科学。合理的选择是:关键部位使用需要的高密度材料不仅可以达成高安全表现,还可以达到轻量化的目的,同时不至于让消费者担负过高的成本。该车车身有55%(重量比例)使用了高张力钢材和等量的铝合金材料。与同级别的常规动力雅阁相比,车身重量降低15%(雅阁轻量化材料使用率为29%),具体比例为1.5GPa级高张力钢材占到10%、980MPa级约20%、780MPa级为5%,其中还有15%的铝合金和5%的包含GFRP(玻璃纤维强化树脂)的树脂材料。

11.7.4 德国大众汽车公司的燃料电池汽车

在2014年广州车展及洛杉矶车展之际,奥迪和大众品牌一共展示了三款氢燃料电池车——结构创新的插电式混合动力燃料电池汽车奥迪A7 Sportback h-tron quattro(图11-26)、高尔夫Sportwagen HyMotion混合动力燃料电池汽车(图11-27)以及在展馆外面用来接送媒体和记者的帕萨特Passat HyMotion(帕萨特Passat HyMotion与高尔夫Sportwagen HyMotion驱动结构一模一样,见图11-28)。因为都是属于一个集团的技术,所以三者采用的氢燃料电池技术也是同宗同源,都采用了大众集团自主研发的第四代100kW低温质子交换薄膜技术(PEM)的燃料电池堆栈。虽然目前还没有投放量产市场,但人们由此能看到大众的燃料电池技术储备已经进入了第四代,并且第五代技术正在研发当中。

图11-26 奥迪A7 Sportback h-tron quattro

图11-27 高尔夫Sportwagen HyMotion

图 11-28　Golf Sportwagen HyMotion 结构

从亮相的三款车来看，大众其实已经准备好将燃料电池技术应用在能够大批量销售的畅销车型上，而不是像丰田 Mirai 那样是个孤立的新车型。大众集团负责燃料电池研发的乌尔里希·哈根伯格博士称，燃料电池最大的劲敌实际上是长续航的纯电动车，目前还没法确定究竟哪种技术更为适合大规模普及。

对于新能源的技术路线选择以及车型平台的选择，折射出大众集团明显的意图，那就是将模块化平台的潜力发挥到极致，比如大众采用 MQB 平台而奥迪采用 MLB 平台。这样设计的终极目标是实现大众集团高层理想的超级柔性生产——同一辆车在同一个生产线上能够生产出汽油型、柴油型、天然气型、插电式混合动力型、纯电动型以及最新的燃料电池型号。

燃料电池堆：大众的燃料电池是由 300 片相互独立的"单体"一个挨着一个排列组成的堆。每一片单体都有一个独立的聚合物薄膜与两片的铂金催化剂板。取决于能耗负载的不同，每一片电池都能产生 0.6~0.8V 的电压，整个电池堆一共输出 230~360V 电压。奥迪 A7 Sportback h-tron quattro 结构如图 11-29 所示。

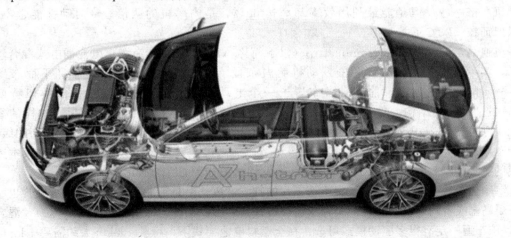

图 11-29　奥迪 A7 Sportback h-tron quattro 结构

除了基本的结构之外,燃料电池堆还需要一个涡轮增压器来强制输送空气进入电池中、一个用来循环多余氢气以提高利用效率的风扇和一个冷却用的泵。这些组建都由电力驱动并且直接从燃料电池堆中取电。奥迪 A7-h-tron 结构如图 11-30、图 11-31 所示。

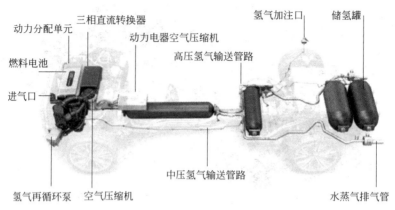

图 11-30　奥迪 A7-h-tron 结构(一)

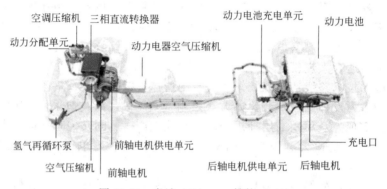

图 11-31　奥迪 A7-h-tron 结构(二)

燃料电池组外部还有一个额外的冷却循环系统,用来冷却燃料电池。一个热交换器和一个自动调节的电加热器用来充当暖风系统。燃料电池工作温度在 80℃,对冷却系统要求比内燃机严格一些,但是能量利用效率却高达 60%,是内燃机的两倍。冷启动性能也不错,可以保证在 -28℃ 正常工作。

奥迪 A7 Sportback h-tron quattro(以下简称 A7 h-tron)作为燃料电池插电式混合动力汽车,实际结构相当复杂。它的发动机舱内布置了一个燃料电池堆,后备厢下面布置了 8.8kW·h 的锂电池组。前后轴各布置了一个电动机,形成了前后双电机的类似特斯拉 P85D 的"四驱"结构。每个电机都有 85kW 的功率和 270N·m 的峰值转矩,这样的组合搭配一共可提供 170kW 的功率输出,将燃料电池车的性能指标提高到一个性能更高的级别。由于双电机转矩输出由控制单元实现无级调节,无需机械变速器,这是传统燃油车根本无法实现的。奥迪 A7 Sportback h-tron quattro 发动机舱如图 11-32 所示。

一个值得注意的问题是:燃料电池工作的唯一"废气"是纯净水蒸气,所以排气管也不用考虑耐高温或者耐腐蚀,直接采用轻量化塑料管路就可以实现,减重不少。既然称为"混合动力",该车型一定有很多驱动模式可选,在全燃料电池模式下,行驶 100km 大约需要 1 kg 的氢气,从能量角度换算成汽油的话,大概是 3.7L/100km。而储氢罐在 70MPa 气压下可以储存 5kg 的氢气,所以理论上支持 500km 的续航里程是很容易的。如果加上 8.8kW·h 锂离子电池

图 11-32 奥迪 A7 Sportback h-tron quattro 发动机舱

组的电力,还能额外增加 50km 纯电里程,而这个电池是可以通过动能回收和充电装插电来补充电量,所以被称为插电式混合动力燃料电池汽车。

氢气的加注也与加油类似,加满氢气只需 3min 的时间,比纯电动车的充电时间快上数十倍。而这辆车只需 7.9s 就能够完成静止到 100km/h 的加速,最高车速 180km/h。另外一个值得注意的问题是:为了在质量分布上做到一个平衡,当然还有其他结构性的考虑因素,奥迪 A7 h-tron 在后轴之前以及车身中央通道共设计了 4 个储氢罐。为了保证高压下的安全,储氢罐采用铝合金外壳并在外围包裹一层碳纤维强化塑料的保护壳,与宝马 i3/i8 的车身采用的是同一种材料。小结如下:从 2013 年开始,奥迪就启用了一个氢气工厂,通过风能发电来电解水,产生氢气和氧气;所以,理论上氢燃料电池也能够像纯电动车那样,完全做到能源可再生并且零排放。一个更明显的优势是,加氢站的建设,可以通过加油站的技术升级来改造完成,所以在理论上,快速充电站的建设成本和技术可行性更合理。

目前世界各国政府以及各大汽车厂商都纷纷投入巨资进行 PEMFC 电动车的研究与开发,其中影响最大的开发项目有两个:①由美国能源部组织的国家 PEMFC 研究计划;②是以巴拉德动力系统公司的技术为依托,由戴姆勒-克莱斯勒、福特汽车公司等跨国公司投资合作的 PEMFC 电动汽车项目。

11.7.5 通用汽车公司的最新概念车"自主魔力"

在 2002 年北美国际车展上,美国通用汽车公司的燃料电池概念车"自主魔力"(Autonomy)亮相(见图 11-33),它运用了当时世界最尖端的技术和革命性的设计理念。

"自主魔力"是第一款从零开始的全新设计,使用燃料电池驱动系统的车型,也是第一款将燃料电池与线传操控(X-By-Wire)电子控制技术相结合的车型。

线传操控电子控制系统由计算机进行管理,可以通过软件下载进行升级来提高汽车的运行性能。还可以对汽车进行定制,以调整特定的品牌特征、车身类型以及适应客户偏好。

从安全性的角度看,"滑板式"底盘的重心非常低,具有出色的操控性;同时还能够很好地防止翻滚事故,即使在采用最高车身的情况下也同样如此。如果发生碰撞事故,车厢底

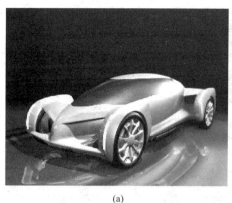 

(a)　　　　　　　　　　　　　　(b)

图 11-33　自主魔力外形示意图

部坚固的底盘将能够吸收绝大部分冲击力，使乘客舱免于因碰撞而内陷；它比目前采用的内燃机、操纵杆和脚踏板的传统车型更能降低人身伤害事故的发生概率。通用汽车已为之申请 24 项专利，范围涉及商业模式、技术和制造等各方面。

继推出"自主魔力"概念车 8 个月后，在 2002 年 9 月的巴黎车展上，美国通用汽车公司发布了可以驾驶的采用线传操控（X-by-Wire）技术的燃料电池车"Hy-wire"（见图 11-34）。其原型就是在 2002 年 1 月于美国底特律车展上发布的概念车"自主魔力"（Autonomy）。

图 11-34　通用公司 Hy-wire 燃料电池电动车

该车的主要技术参数如下：

底盘尺寸：　　　　　4300mm（长）×1670mm（宽）×280mm（高）
整车总质量：　　　　1898kg（4185 磅）
最高车速：　　　　　160km/h（100mile/h）
燃料电池功率：　　　94kW（连续），129kW（峰值）
燃料电池电堆电压：　125～200V

11.8　国内燃料电池汽车的研究进展

中国一贯重视燃料电池汽车的技术研发和示范运行，国家"十五"863 电动汽车重大专项、"十一五"节能与新能源汽车 863 重大项目中都重点资助燃料电池系统，以及燃料电池汽车的研发和示范运行工作，取得了一定的科技成果，与国外发达国家的差距在缩短。

在国家"十二五"（863计划）现代交通技术领域电动汽车关键技术与系统集成（一期）重大项目课题申请指南中，对燃料电池汽车技术研发提出了2项攻关课题，体现了燃料电池汽车技术的发展方向。

11.8.1 燃料电池轿车动力系统技术平台与整车研发

（1）研究目标

掌握燃料电池轿车动力系统与整车集成技术，提高可靠性、耐久性、安全性；形成轿车批量制造能力，开展示范运行。基于先进燃料电池系统、电池与电机，突破先进燃料电池轿车动力系统与整车核心技术。

（2）主要研究内容

① 动力系统技术平台。研究故障诊断和容错控制技术，提高动力系统与关键部件可靠性、耐久性和环境适应性，研究批量生产制造工艺与测试评价技术；基于高性能先进燃料电池、电池与电机技术，研究动力系统匹配优化、热管理、故障诊断、容错控制与电磁兼容技术，复合制动与一体化底盘协调综合控制技术，氢-电结构耦合安全技术，70MPa车载供氢系统技术。

② 整车。开发燃料电池轿车整车集成和匹配技术，研制燃料电池轿车示范样车，进行小规模示范运行；研究整车可靠性、耐久性、安全性，研究整车生产工艺与制造技术、试验评价分析技术；基于新一代先进燃料电池轿车动力系统技术平台，研究整车结构轻量化技术，整车主动与被动安全性技术，车身造型与空气动力学优化技术。

（3）主要考核指标

① 面向示范的燃料电池轿车与动力系统技术平台。

燃料经济性≤1.2kg/100km；环境适应性（含低温启动）为-10~45℃；平均无故障里程不低于4000km；动力性能达到国际先进水平；安全性、电磁兼容性、噪声满足国家标准。

② 下一代燃料电池轿车与动力系统技术平台。

下一代燃料电池轿车与动力系统技术平台见表11-11。

表11-11 下一代燃料电池轿车与动力系统技术平台

项目	2013年	2015年
燃料经济性/(kg/100km)	≤1.3	≤1.2
续驶里程/km	>400	>500
环境适应性/℃	-10~45	-20~45
动力性能达到国际先进水平，安全性、电磁兼容性、噪声满足国家标准		

11.8.2 燃料电池客车动力系统技术平台与整车研发

（1）研究目标

优化整车与动力系统集成匹配，研制燃料电池城市客车示范样车，建立批量生产制造能力，进行燃料电池城市客车的小规模示范运行；突破新一代燃料电池客车电动化底盘与安全关键技术，研制先进燃料电池城市客车动力系统与整车样车，为示范用燃料电池城市客车的开发提供系统核心技术支撑。

（2）主要研究内容

① 动力系统技术平台。优化燃料电池客车动力系统的集成匹配，完善整车故障诊断和容错控制，研制面向示范应用的燃料电池城市客车动力系统，重点验证动力系统与关键部件的可靠性、耐久性、环境适应性与安全性，进一步优化实用性能；研究电动化底盘、燃料电

池长寿命应用与评价、氢-电耦合安全、制动能量回收、车载发电系统、车载供氢系统等关键技术，完成新一代燃料电池城市客车动力系统的集成。

② 整车。基于动力系统平台的整车集成与结构优化技术，整车主动与被动安全性技术，整车可靠性、耐久性、舒适性和安全性研究与考核，研究生产工艺与制造技术与测试技术，研制燃料电池城市客车样车并完成示范运行考核；基于新一代先进燃料电池客车动力系统技术平台，研究整车集成、结构优化、安全性等技术。

(3) 主要考核指标

① 面向示范的燃料电池客车与动力系统技术平台。

燃料经济性≤8.5kg/100km；环境适应性（含低温启动）为－10～45℃；平均无故障里程不低于2500km；动力性能达到国际先进水平；安全性、电磁兼容性、噪声满足国家标准。

② 下一代燃料电池客车与动力系统技术平台。

下一代燃料电池客车与动力系统技术平台见表11-12。

表11-12 下一代燃料电池客车与动力系统技术平台

项目	2013年	2015年
燃料经济性/(kg/100km)	<8.5	<8.0
续驶里程/km	>300	>350
环境适应性/℃	－10～45	－20～45
动力性能达到国际先进水平，安全性、电磁兼容性、噪声满足国家标准		

参 考 文 献

[1] 陈全世，仇斌，谢起成. 燃料电池电动汽车 [M]. 北京：清华大学出版社，2005.
[2] 齐占宁. 燃料电池混合动力汽车实时仿真与系统优化研究：[博士学位论文]. 北京：清华大学，2004.
[3] 陈全世，胡卫华，谢起成等. 质子交换膜燃料电池. 清华汽车发展研究文集，2001：77-82.
[4] 林成涛. 电动汽车用镍氢电池组的建模与管理技术研究：[博士学位论文]. 北京：清华大学，2006.
[5] 陈清泉，孙逢春. 现代电动车技术 [M]. 北京：北京理工大学出版社，2002.
[6] 曹建荣. 混合动力电动车若干关键技术的研究 [D]. 北京：清华大学，2004.
[7] 李宗华. 燃料电池城市客车控制策略研究：[硕士学位论文]. 北京：清华大学，2006.
[8] 孙鸿航. 燃料电池城市客车动力驱动系统的构型分析和参数匹配：[硕士学位论文]. 北京：清华大学汽车工程系，2006.6.
[9] 户岛和夫，久保馨. 丰田汽车公司EHV技术部. 2000年丰田汽车技术讲座资料，2000.12.
[10] Do Yang Jung, Baek Haeng Lee, Sun Wook Kim. Development of battery management system for nickel-metal hydride batteries in electric vehicle applications. Journal of Power Sources 109 (2002) 1-10.
[11] Sabine Piller, Marion Perrin, Andreas Jossen. Methods for state-of-charge determination and their applications, Journal of Power Sources 96 (2001) 113-120.
[12] Ahmad A. Pesaran, Steve Burch, and Matthew Keyser. An approach for designing thermal management systems for electric and hybrid vehicle battery packs. For presentation at The Fourth Vehicle Thermal Management Systems Conference and Exhibition. 24-27 May 1999. London. UK.

第 12 章 整车控制与系统仿真

电动汽车动力系统各部件的工作由整车控制系统统一协调。对纯电动汽车而言，电机驱动和制动能量回收的最大功率都受到电池放电/充电能力的制约。对于油电混合动力汽车（Hybrid Vehicle）和燃料电池混合动力汽车（Fuel Cell Hybrid Vehicle）而言，由于其具有两个或者两个以上的动力源，增加了系统设计和控制的灵活性，使得汽车可以工作在多种模式下以适应不同行驶工况的需求，获得比传统汽车更好的燃料经济性，降低有害物排放。为了实现这一目标，首先需要针对给定的车辆参数和使用条件，选择合适的动力系统构型，完成动力系统的参数匹配和优化，在此基础上，建立整车控制系统来协调汽车工作模式的切换和多个动力源/能量源之间功率/能量流的在线优化控制。

整车控制系统由整车控制器、通信系统、部件控制器以及驾驶员操纵系统构成，其主要功能是根据驾驶员的操作和当前的整车和部件工作状况，在保证安全和动力性要求的前提下选择尽可能优化的工作模式和能量分配比例，以达到最佳的燃料经济性和排放指标。

整车控制器是整车控制系统的核心部件，和其他电控单元一样，其开发遵循 V 开发模式。整车通信系统主要采用 CAN、TTCAN 或者 FlexRay 总线。由于纯电动汽车的整车控制问题在混合动力汽车中都会涉及，本章主要介绍混合动力汽车和燃料电池混合动力汽车的整车控制器开发、系统仿真、控制策略优化、通信系统以及容错控制系统。

12.1 整车控制系统及其功能分析

12.1.1 控制对象

混合动力电动汽车和燃料电池电动汽车驱动系统包括几种不同的能量源和储能元件（燃料电池、内燃机或其他热机、动力电池和/或超级电容），在实际工作过程中包括了化学能、电能以及机械能之间的转化。图 12-1 和图 12-2 分别为一种汽油机混联式动力系统和燃料电池串联式混合动力系统示意图。

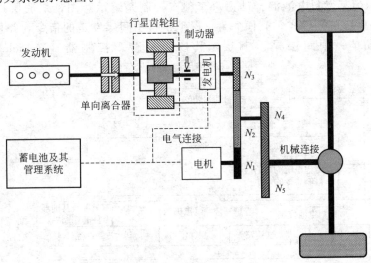

图 12-1 福特公司混联式驱动系统示意图

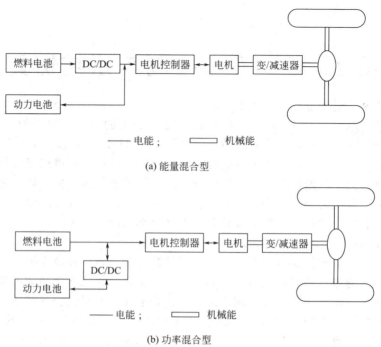

(a) 能量混合型

(b) 功率混合型

图 12-2 燃料电池混合动力系统示意图

混合动力系统部件多、结构复杂、工作模式多样，需要整车控制系统从全局的角度协调控制汽车各部件的工作状态，从而达到比较优良的汽车性能。

12.1.2 整车控制系统结构

混合动力系统的部件都有自己的控制器，为实现分布式分层控制系统提供了基础。分布式分层控制可以实现控制系统的拓扑分离和功能分离。拓扑分离使得物理结构上各个子控制系统分布在汽车不同的位置上，从而减少相互之间的电磁干扰，功能分离使得各个子部件完成相对独立的功能，从而可以减少子系统之间的相互影响并且提高了容错能力。功能的分离有利于提高汽车设计的灵活性和扩展性，每个子系统都很容易进行独立的技术更新换代。

图 12-3 所示为某燃料电池混合动力汽车整车控制系统示意图，最底层是执行层，由部件控制器和一些执行单元组成，其任务是正确地执行中间层发送的指令，并且有一定的自适应和极限保护功能；中间层是协调层，其核心是整车控制器（Vehicle Control Unit,

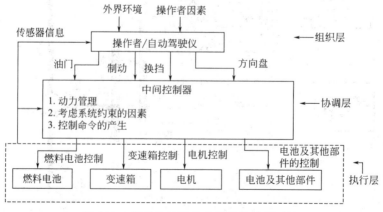

图 12-3 燃料电池汽车分层结构控制系统

VCU），它一方面根据驾驶员的各种操作和汽车当前的状态解释出驾驶员的意图；另一方面根据执行层的当前状态，做出最优协调控制；最高层是组织层，由驾驶员或者自动驾驶仪来实现车辆控制的闭环。

整车控制系统对车辆性能的影响体现在以下几个方面。

(1) 动力性和经济性

整车控制器决定发动机和电机的转矩输出，直接关系到汽车的动力性能、影响驾驶员的操纵感觉；混合动力电动汽车和燃料电池电动汽车能量源可以有2个或2个以上，在汽车实际行驶过程中，整车控制器实时控制能量源之间的能量输出分配，从而实现整车能量的优化，获得较高的燃料经济性。

(2) 安全性

混合动力电动汽车和燃料电池电动汽车上包括氢气瓶、动力电池等能量储存单元和动力总线、电机及其控制器等强电环节，除了原有的车辆安全性问题（比如制动和操纵稳定性）之外，还增加了高压电安全和氢安全等新的安全隐患。整车控制器必须从整车的角度及时检测各部件的工作状态，并对可能出现的危险进行及时处理，以保证乘员和车辆的安全。

(3) 驾驶舒适性及整车的协调控制

采用整车控制器管理汽车上各部件的工作，可以整合汽车上各项分功能，如自动巡航、ABS、自动换挡等，实现信息共享和全局控制，改善驾驶舒适性。

实际实现的燃料电池整车控制系统如图12-4所示。整车控制器根据驾驶员操作信号进行驾驶意图解释、根据各个部件和整车的工作状态进行整车安全管理和能量分配决策，通过CAN总线向部件ECU发送控制命令，并通过硬件资源驱动整车安全操作和仪表显示。

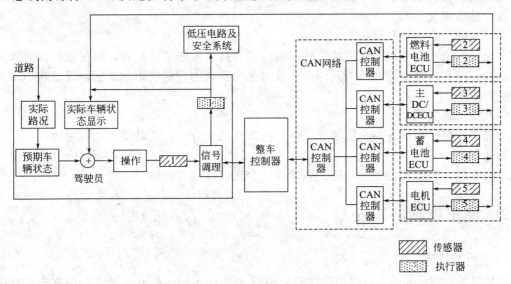

图12-4 燃料电池汽车整车控制系统

12.1.3 整车控制器功能

整车控制器是控制系统的核心，承担了数据交换、安全管理和能量分配的任务。根据重要程度和实现次序，其功能划分如下（图12-5）。

(1) 数据交换管理层

整车控制器要实时采集驾驶员的操作信息和其他各个部件的工作状态信息，这是实现整车控制器其他功能的基础和前提。该层接收CAN总线的信息，对直接馈入整车控制器的物理量进行采样处理，并且通过CAN发送控制命令，通过I/O、D/A和PWM提供对显示单

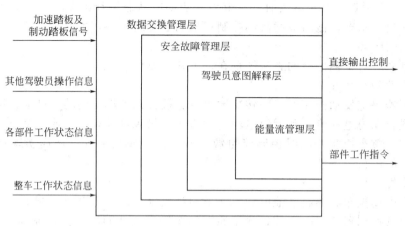

图 12-5 整车控制器功能划分

元、继电器等的驱动信号。

(2) 安全故障管理层

实车运行中,任何部件都可能产生差错,从而可能导致器件损坏甚至危及车辆安全。控制器要能对汽车各种可能的故障进行分析处理,这是保证汽车行驶安全的必备条件。对车辆而言,故障可能出现在任何地方,但对于整车控制器而言,故障只体现在从第一层中继承的数据中。对继承的数据进行分析判断将是该层的主要工作之一。在检测出故障后,该层会做出相应处理,在保证车辆足够安全性的条件下,给出部件可供使用的工作范围,以便尽可能满足驾驶员的驾驶意图。

(3) 驾驶员意图解释层

驾驶员的所有与驱动驾驶相关的操作信号都直接进入整车控制器,整车控制器对采集的驾驶员操作信息进行正确的分析处理,计算出驱动系统的目标转矩和车辆的需求功率来实现驾驶员的意图。

(4) 能量流管理层

该层的主要工作是在多个能量源之间进行需求功率分配,这是提高燃料电池汽车经济性的必要途径。

要实现整车控制器的上述功能,必须设计合理的硬件和软件。

12.2 整车控制器开发

12.2.1 开发模式

在传统的控制单元开发流程中,通常采用图 12-6 所示的串行开发模式,即首先根据应用需要,提出系统需求并进行相应的功能定义,然后进行硬件设计,使用汇编或是 C 语言进行面向硬件的代码编写,随后完成软硬件和外部接口集成,最后对系统进行测试和标定。

目前,研发工程师所面临的问题越来越复杂,而开发时间却要求尽可能缩短。如果采用传统的开发方法,则在系统调试过程中发现的由于硬件电路原因造成的问题就必须通过重新进行硬件设计来解决,然后再对软件做修改。这就使得控制系统参数的修改必须花很长时间才能得到验证,导致开发周期过长,延误项目的正常进行。

为了解决这一问题,现在的 ECU 开发多采用如图 12-7 所示的 V 模式开发流程。软硬件技术的不断发展,为并行开发提供了强有力的工具。例如德国 dSPACE 公司开发的基于

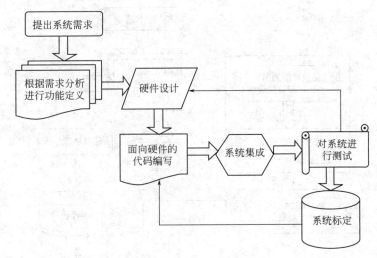

图 12-6　串行开发模式

Power PC 和 Matlab/Simulink 的实时仿真系统，就为控制系统开发及半实物仿真提供了很好的软硬件工作平台。采用 dSPACE 并行开发的工作流程如图 12-8 所示。

第一步是功能定义和离线仿真。首先根据应用需要明确控制器应该具有的功能，为硬件设计提供基础；同时借助 Matlab 建立整个控制系统（包括控制器和被控对象）的仿真模型，并进行离线仿真，运用软件仿真的方法设计和验证控制策略。

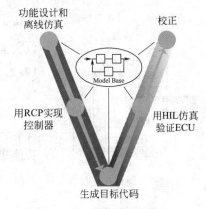

图 12-7　V 模式开发流程

第二步是快速控制器原型（Rapid Controller Prototype，RCP）和硬件开发。从控制系统的 Matlab 仿真模型中取出控制器的模型，并且结合 dSPACE 的物理接口模块（A/D、D/A、I/O、RS232、CAN）来实现与被控对象的物理连接，然后运用 dSPACE 提供的编译工具生成可执行程序，并下载到 dSPACE 中。dSPACE 此时作为目标控制器的替代物，可以方便地实现控制参数在线调试和控制逻辑调节。这一过程称为快速控制原型。

在进行离线仿真和快速控制器原型的同时，根据控制器的功能设计，同步完成硬件的功能分析并进行相应的硬件设计、制作，并且根据软件仿真的结果对硬件设计进行完善、修改。

第三步是目标代码生成。前述的快速控制原型基本形成了满意的控制策略，硬件设计也形成了最终物理载体 ECU，此时运用 dSPACE 的辅助工具 TargetLink 生成目标 ECU 代码，然后编写目标 ECU 的底层驱动软件，两者集成后生成目标代码下载到 ECU 中。

第四步是硬件在环（Hardware In the Loop，HIL）仿真。其目的是验证控制器电控单元 ECU 的功能。在这个环节中，除了电控单元是真实的部件，部分被控对象也可以是真实的零部件。如果将 Matlab 仿真模型中的被控对象模型生成代码并下载到 dSPACE 中，则 dSPACE 可用于仿真被控对象的特性，如图 12-9 所示。

第五步是调试和标定。把经过硬件在环仿真验证的 ECU 连接到完全真实的被控对象中，进行实际运行试验和调试。

并行开发流程包括从系统定义到系统标定的完整过程。先进软硬件工具的使用，使得开发的重点可以集中到控制策略的构思，不必在程序编写、硬件调试上花费大量时间，从而可

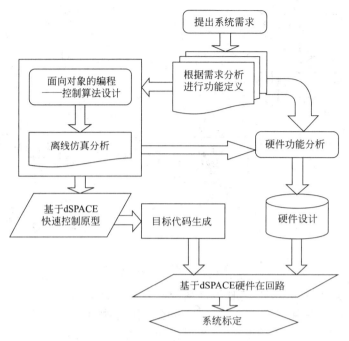

图 12-8 基于 dSPACE 的并行开发模式

以大大加速实际控制单元 ECU 的研究和开发。

12.2.2 硬件在环开发系统

12.2.2.1 功能需求

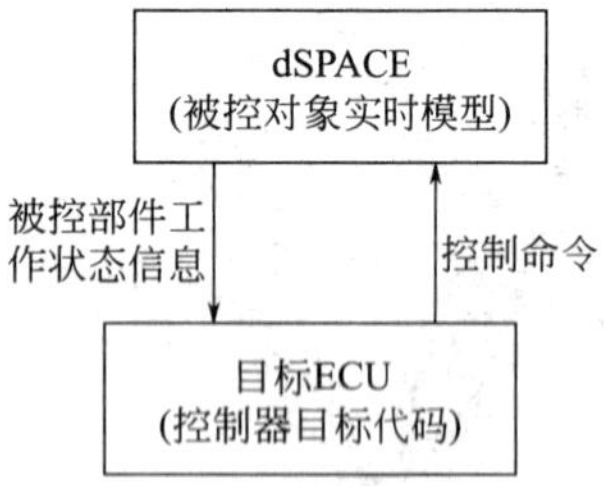

和部件 ECU 相比,整车控制器的被控对象更为复杂,而且有些部件的特性难以用模型来描述,因而其开发和调试需要功能更为强大的支持平台。为了满足前述并行开发的要求,该平台应该具有如下的一些功能。

(1) 整车及关键部件的实时前向仿真

图 12-9 硬件在环仿真

为了充分模拟被控对象的特性,平台的仿真过程必须与汽车行驶时各部件的实际工作过程一致,并且其计算速度能够满足控制的需要。前向仿真的示意图见图 12-10,驾驶员模型作为仿真的起点,由其感知系统和环境的各项参数并跟随给定的行驶工况,输出油门踏板和制动踏板信号,仿真循环的数据流方向与实际系统的能量流动方向相同。

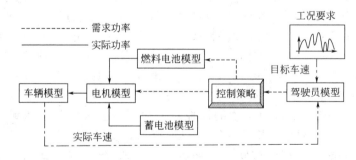

图 12-10 前向仿真的示意图

前向仿真模型还应该可以集成硬件在环仿真和驾驶员在环仿真,从而更真实地模拟系统运行状态和逻辑结构,方便整车控制器的开发和调试。

(2) 整车控制器（VCU）在环仿真

平台应该提供接口以支持快速控制器原型和目标 VCU 的开发和调试。平台的数据交换方式，包括 VCU 所有输入、输出的模拟量和开关量信号的物理特性，网络环境和通信协议，以及执行部件的控制方式都应该和实车一致。

(3) 部件在环仿真

控制策略的研究，需要各个部件的精确特性。但是某些部件比较复杂，难以建立精确的模型，比如动力电池就具有强时变的非线性特性。对于此类部件，平台应该采用硬件在环的仿真方法以获得部件的实时特性。

(4) 驾驶员在环仿真

汽车处于人-车-路的闭环系统之中，驾驶员行为对整车控制器的运行与操作影响很大，但是每个驾驶员的驾驶习惯都不一样，难以建立统一的模型来描述，因此有必要采用驾驶员在环仿真的方法。这样可以在真实驾驶过程中对控制策略进行验证，也可以研究驾驶员操作习惯对控制策略的影响。

(5) 模块化和可扩展

平台应该具有模块化和可扩展的能力，以便根据研究和开发的需要接入不同的真实部件，比如 ABS 系统，对局部的控制算法做深入研究。

12.2.2.2 分布式硬件在环仿真平台

为了研究和开发整车控制系统，需要建立满足上述要求的分布式硬件在环仿真平台。平台包括虚拟车辆、VCU 及其监控、动力电池在环、驾驶员操作和显示模拟环境以及 CAN 总线及其监控五个部分，如图 12-11 所示。

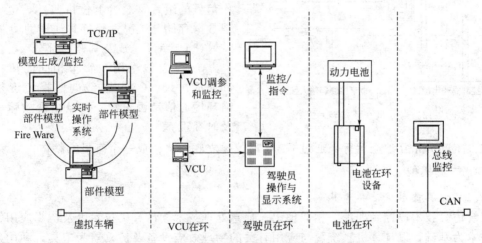

图 12-11 分布式硬件在环实时仿真平台示意图

各部分功能简要介绍如下。

(1) 虚拟车辆部分

按照 RT-Lab 的系统方案进行构建。承担整车动力学及部件特性的实时仿真计算，在控制策略开发和 VCU 的调试过程中作为虚拟的被控对象；也可以包括 VCU 的模型，用于离线仿真。

(2) VCU 及其监控部分

执行整车控制器的功能，可以接入快速控制器原型如 dSPACE 或者是开发的目标 VCU，实现 VCU 的测试、标定和在线调参等功能。

(3) 动力电池在环部分

动力电池的充放电过程涉及电池内部的固液气三相反应，充放电特性受到 SOC 状态、环境温度以及时间历程的综合影响,表现为多变量时变非线性系统特征。另外,由于动力电池组采用模块串联的方式,模块参数的不均匀性会随着工作时间的延长而不断加剧,并进而影响电池组的整体特性。

通过专用的电池在环设备,可以实现真实的电池模块或电池组在环仿真。用模型计算得到的动力电池充放电电流值对接入的电池进行充放电,同时实时采集电池的温度、电压等信息,并通过通信系统返回仿真平台。

(4) 驾驶员操作和显示模拟环境部分

该部分提供了仪表、踏板、钥匙门、挡位和其他开关等与实车类似的驾驶员操作环境。除此之外,还具有诸如目标车速等辅助信息显示、驾驶员操作信息记录等功能。在整车控制器容错能力测试中,还能手动或程序控制灵活设定驾驶员的操作信号。

驾驶员接口结构框图如图12-12所示,主要具有以下功能。

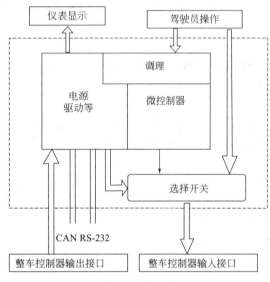

图 12-12 驾驶员在环接口示意图

① 驱动仪表显示。驾驶员接口采集与仪表相关的信息,包括整车控制器的输出信号,然后通过驱动电路实现仪表显示。

② 产生驾驶员操作信号。驾驶员操作信号有两种产生方式,一种是通过操作面板直接产生;另一种是微控制器按照程序产生。

③ 上位机监控。驾驶员接口通过串行通信与上位机相连。上位机的监控功能配合由程序产生的驾驶员操作信号,实现丰富的操作信号的组合。通过上位机监控,也可以实现数据存储、工况选择等其他辅助功能。

(5) CAN 总线及其监控部分

CAN 总线采用与实车相同的拓扑结构和通信协议。CAN 总线的监控负责整个网络环境通信是否正常,一旦出现故障可进行及时处理。

这五个部分相互独立运行,通过CAN通信建立联系,构成一个有机的整体。

12.2.3 仿真模型

12.2.3.1 仿真技术及仿真工具

系统仿真技术以控制理论、相似理论、信息处理技术、计算机技术以及仿真应用领域的专业技术为基础,以计算机系统、与应用有关的物理效应设备及仿真器为工具,利用系统模型对真实或假想的系统进行试验,从而对系统的特性进行分析研究。仿真技术已经广泛应用于航空、航天、电力、化工、汽车等领域。

按照参与仿真的模型种类不同,可将系统仿真分为物理仿真、数学仿真及物理-数学仿真(又称半物理仿真或半实物仿真)。半实物仿真,即硬件在环仿真,是指将系统的一部分以数学模型描述,并把它转化为仿真计算模型;另一部分以实物方式引入仿真回路。硬件在环仿真不仅能更准确地反映真实系统的特性,而且保持了数学仿真成本低、重复性好等优点。硬件在环仿真实现了物理硬件和软件模型的互换,从而可以在原型车不存在的情况下进行部件或整车的试验。

按照仿真实验中所取的时间标尺 τ(模型时间)与自然时间标尺 T 之间的关系,可将仿真分为实时仿真和非实时仿真两大类。实时仿真是指两者完全对应,即 $\tau = T$。$\tau/T > 1$ 称为超实时仿真，$\tau/T<1$ 称为亚实时仿真或非实时仿真。

燃料电池电动汽车和混合动力电动汽车属于多学科交叉领域，涉及机械、电力电子、化学、自动控制等多个学科，对仿真软件提出了更高要求。随着计算机技术和建模理论与算法的迅速发展，出现了一批通用或者专用的仿真软件。按照建模方法的不同，可以把这些软件分为因果的（Causal）和非因果的（Non-causal）两大类。

采用因果的方法进行建模时，描述物理对象的方程必须以显式方程来表示，才能确定数据流的方向。因果方法一般只适合解常系数微分方程（Ordinary Differential Equation，ODE）问题。由于 ODE 方程组与物理对象之间没有结构相似性，阻碍了模型的模块化和重用性。

而非因果方法主要描述被建模系统的各个部件之间的互联关系，可以采用隐式微分和代数方程（Differential Algebra Equation，DAE）对系统进行描述。DAE 方程组与物理对象之间有结构相似性，可以很好地支持模块化和重用性。

因果方法目前应用比较普遍，例如通用仿真软件 Matlab/Simulink 采用的就是该方法。

采用 ODE 方程建立的模型一般都可进行定步长仿真（这是实时仿真的基本要求），并且能保证仿真精度；而采用 DAE 方程建立的模型一般要采用变步长的仿真方法才能保证足够的精度。

按照适用的领域不同，仿真软件有通用和专业之分。用于混合动力电动汽车的专业软件主要有：ADVISOR，V-ELPH，PSAT，VehProp，EASY5，CRUISE 等；通用软件的典型代表是 Matlab/Simulink，它已经成为控制系统开发和实时仿真领域事实上的工业标准。很多专业仿真软件都与 Matlab/Simulink 留有接口，有些就是在 Matlab 平台上做的二次开发。

12.2.3.2 被控对象模型

被控对象包括整车和动力系统各个部件。本小节主要介绍模型结构、轮胎纵向特性模型和 SOC 估计方法。

（1）输入输出关系定义

使用 Simulink 建立仿真模型时，代数环（Algebraic Loop）是经常出现的问题。代数环是由直接馈入（Direct-feed Through）模块如 Sum、Gain 等首尾相连造成的，其实质就是隐式的代数约束方程。Simulink 一般要通过迭代的方法进行求解，这不仅会大大降低仿真的速度，甚至造成仿真程序陷入死循环。

有代数环的 Simulink 仿真模型是不能用于实时仿真的。为了建立实时仿真模型，就必须消除代数环。为消除代数环主要有如下的方法：

① 在含有代数环的路径上加入 Memory、Unit Delay 等非直接馈入（Non Direct-feed Through）模块，从而将原代数方程转化为初值的递推关系，但这样做有时会改变原有模型的内在结构关系；

② 代数环的形成往往是由于部件建模时的模块化分割造成的，建模时尽可能以状态量作为输出，可有效地避免代数环的形成；

③ 理顺变量递推关系，尽量将隐式代数方程转化为显式代数方程。

以图 12-2(a) 中的燃料电池混合动力系统为例，整车与动力系统中各部件的输入输出因果关系如图 12-13 所示，其中各变量的含义见表 12-1。

表 12-1 模型的输入输出定义

部件	输入	输出
燃料电池	P_{fc}：需求功率 I_{fc}：燃料电池电流	U_{fc}：燃料电池电压
主 DC/DC	I_{dc}^*：需求电流 U_{fc}：燃料电池电压 U_{bus}：总线电压	I_{dc}：DC/DC 输出电流 I_{fc}：燃料电池电流

续表

部件	输入	输出
动力电池	I_{bat}：动力电池电流	U_{bus}：总线电压
电机/控制器	T_e^*：需求转矩 U_{bus}：总线电压 ω_e：电机转速	I_m：电机输入端电流 T_e：电机输出转矩
变速器	Gear：目标挡位 T_e：电机输出转矩 T_t：传动轴转矩	ω_e：电机转速 ω_t：变速器输出轴转速
轮胎	T_t：传动轴转矩 T_b：机械制动转矩 v：车速	ω_w：轮毂转速
车辆	F_t：驱动力	v：车速
驾驶员	v^*：目标车速 v：实际车速	Acc：加速踏板位置 Brake：制动踏板位置
工况	无输入	v^*：目标车速
整车控制器	Acc,Brake,系统状态	$P_{fc}, I_{dc}^*, T_e^*, T_b$, Gear

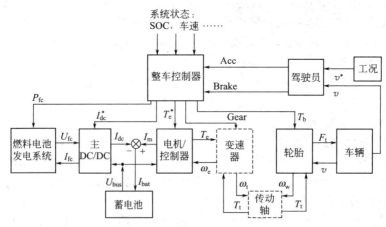

图 12-13 系统仿真模型的输入输出结构

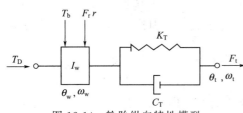

图 12-14 轮胎纵向特性模型

(2) 轮胎实时仿真模型

将轮胎的纵向特性简化为"惯性质量＋弹簧＋阻尼"的二阶系统，如图12-14所示。

图中，T_D 为驱动转矩，N·m；F_t 为纵向牵引力，N；T_b 为机械制动转矩，N·m；F_r 为滚动阻力，N；r 为车轮半径，m；θ_w 为轮毂转角，rad；ω_w 为轮毂角速度，rad/s；θ_t 为轮胎胎面的转角，rad；ω_t 为轮胎胎面的角速度，rad/s；I_w 为车轮的转动惯量，kg·m^2；K_T 和 C_T 分别为轮胎的切向刚度和阻尼系数。

纵向牵引力

$$F_t = \mu(s_x) F_z \tag{12-1}$$

式中，F_z 为垂直载荷；$\mu(s_x)$ 为纵向附着系数。

纵向滑移率 s_x 的定义如下

$$s_x = \frac{\omega_t r - V}{V} \tag{12-2}$$

μ 与 s_x 的关系可以由试验获得，如图12-15所示，可通过 Pacejka "魔术公式" 进行拟合。

设 $u=(\theta_w-\theta_t)r$，则有

$$\dot{u}=r\omega_w-Vs_x-V \tag{12-3}$$

考虑"弹簧+阻尼"结构，有以下约束关系

$$F_t=(K_T u+C_T \dot{u})/r^2 \tag{12-4}$$

由轮毂的力矩平衡可得

$$I_w\frac{d\omega_w}{dt}=T_D-T_b-F_r r-F_t r \tag{12-5}$$

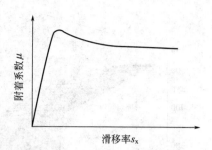

图 12-15 纵向附着系数 μ 与纵向滑移率 s_x 的关系

式(12-3)、式(12-4) 和式(12-1) 分别对时间求导可得

$$\ddot{u}=r\dot{\omega}_w-\dot{V}s_x-V\dot{s}_x-\dot{V} \tag{12-6}$$

$$\dot{F}_t=(K_T \dot{u}+C_T \ddot{u})/r^2 \tag{12-7}$$

$$\dot{F}_t=\dot{\mu}(s_x)\dot{s}_x F_z+\mu(s_x)\dot{F}_z \tag{12-8}$$

式(12-8) 中第二项相对于第一项可以忽略，从而有

$$\dot{F}_t=\dot{\mu}(s_x)\dot{s}_x F_z \tag{12-9}$$

联立式(12-6)、式(12-7) 和式(12-9) 解得：

$$\dot{s}_x=\frac{K_T(r\omega_w-V-Vs_x)+C_T(r\dot{\omega}_w-\dot{V}-\dot{V}s_x)}{\dot{\mu}(s_x)F_z r^2+C_T V} \tag{12-10}$$

于是轮胎模型可以表示为：

$$I_w\frac{d\omega_w}{dt}=T_D-T_b-F_r r-F_t r$$

$$\dot{s}_x=\frac{K_T(r\omega_w-V-Vs_x)+C_T(r\dot{\omega}_w-\dot{V}-\dot{V}s_x)}{\dot{\mu}(s_x)F_z r^2+C_T V} \tag{12-11}$$

$$F_t=\mu(s_x)F_z$$

(3) 动力电池 SOC 的估计

SOC 的估计方法在本书的第4章已有详细论述。本节只讨论仿真模型中的处理方法。不论是采用电池模型还是电池在环仿真，都必须进行 SOC 估计，常用的方法有开路电压法、安时计量法和负载电压法。

① 开路电压法　开路电压在数值上接近电池电动势，电池电动势是电解液浓度的函数，而电解液浓度随电池放电成比例降低，所以用开路电压可以比较准确地估计电池 SOC。但是开路电压法需要长时间静置以使电池电压稳定，只能适于电动汽车驻车状态，而不能连续提供 SOC 的估计值。

② 安时计量法　电池的充放电电量与电流大小直接相关，所以计算电量的方法最为直观。如果充放电初始状态为 SOC_0，那么当前状态的 SOC 为：

$$SOC=SOC_0+\frac{1}{C_N}\int_0^t (I_{bat}-I_{loss})d\tau \tag{12-12}$$

式中，C_N 为额定容量；I_{bat} 为工作电流；I_{loss} 为损失电流。

如果采用动力电池在环仿真方法，电流的测量是比较准确的，但是考虑到电流充放的损失，高温状态和电流波动很大的情况下安时计量法误差较大。

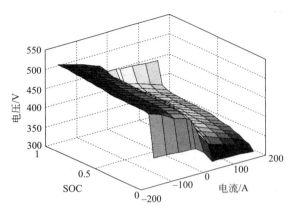

图 12-16 SOC-放电电流-电池组电压曲线

③ 负载电压法 负载电压与放电电流基本呈线性的关系，不同的放电倍率，放电曲线的斜率不同。所以，负载电压与电池放电电流关系是一个多线性关系的组合。采用电池在环仿真时，电压和电流能够精确测出，所以只要根据 SOC-放电电流-电池组电压的关系曲线，就能够通过查表得到电池的 SOC。此方法需要做大量试验，采集和存储大量的数据。

仿真模型中 SOC 的估计可以综合运用开路电压法与负载电压法，用开路电压法估计初始 SOC，用负载电压法实时计算 SOC。

通过试验得到某电池组的 SOC-放电电流-电池组电压关系，如图 12-16 所示。

12.2.3.3 控制器模型

如 12.1.3 节所述，整车控制器的功能包括数据交换、安全管理、驾驶员意图解释和能量分配四个方面。本节介绍安全管理和驾驶员意图解释，能量分配的详细介绍见 12.3 节。

(1) 汽车工作模式转换和安全管理

以图 12-2(a) 中的燃料电池混合动力汽车为例，讨论汽车的工作模式转换和故障处理过程。

除了能量分配算法之外，控制器仿真模型还必须包括汽车启动时的系统初始化、紧急处理等模式。这对整车安全和正常行驶起至关重要的作用。整车控制器根据系统自检的情况，判断车辆的工作模式，主要包括：初始化模式、系统准备就绪模式、初始化出错模式、驱动模式、轻微故障模式和紧急处理模式。在驱动模式下，根据驱动功率需求和能量源可提供输出功率的比较结果，可分为功率充足和功率不足两种状态，并将状态信息输出到仪表板给驾驶员提供参考。

图 12-17 为汽车工作模式切换示意图，显示了实现汽车工作模式切换的输入、输出参数关系。

图 12-18 是模式转换的程序框图。在汽车行驶过程中，必然处于其中的某一个模式。

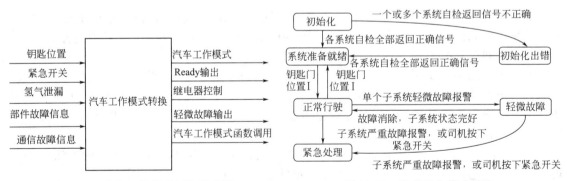

图 12-17 汽车工作模式切换示意图　　图 12-18 汽车工作模式转换

在汽车正常行驶模式下，又可细分为三个子模式：向前行驶模式、停车模式和向后行驶模式。这三个子模式的切换主要依靠加速踏板、制动踏板、汽车车速和挡位信息来判断。

在实际行车过程中，除了汽车工作模式的转换之外，还包括各部件工作模式的控制转换。比如燃料电池的工作模式由四个工作模式组成：正在启动模式、正常工作模式（启动成功模式）、正在关闭模式和关闭成功模式。正在启动模式和正在关闭模式中包含了安全性管理的内容。

在燃料电池汽车行驶过程中，车上部件繁多，可能出现各种各样的故障和不安全状态。其中一些不影响汽车的正常行驶，比如动力电池工作电流稍高、温度稍高等，对于这些问题，可以采取一些措施减小动力系统工作负荷，从而使汽车工作状态恢复正常。但是有一些错误可能影响到汽车的行驶安全，必须将汽车停下来进行故障检修，方可继续行驶，像氢气泄漏、CAN 通信错误等。这些错误的处理可以在汽车工作模式中的错误模式中进行控制。

汽车工作模式转换和安全管理是整车控制器功能的重要组成部分，其中每个 Stateflow 程序模块都要经过测试，从而实现相应的程序设计目的。

(2) 驾驶员意图解释

驾驶员意图解释功能主要是根据驾驶员的操作信息也就是加速踏板和制动踏板信号，计算出电机转矩命令。在此，主要依据电机转速和加速踏板信号和与之相应的驾驶员需求转矩曲线查表所得。

图 12-19 为电机工作特性曲线。在曲线中可知，电机的工作特性主要分为三个区域。在低转速区是恒转矩工作，在中高转速区是恒功率工作；而在电机最高转速区，由于电机弱磁原因，随着转速的升高，功率有所降低。

参考电机工作特性曲线，制定了燃料电池汽车上所用的驾驶员转矩命令，如图 12-20 所示。当转速不变时，加速踏板踩得越深，输出转矩越大，而当加速踏板位置不变时，转速越大，输出转矩越小。这也符合城市客车行驶驱动转矩的需求特性，在低转速加速行驶或是爬坡的时候转矩需求大，在高速匀速行驶时转矩需求小。

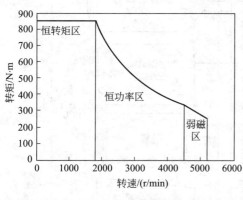

图 12-19　电机工作特性曲线

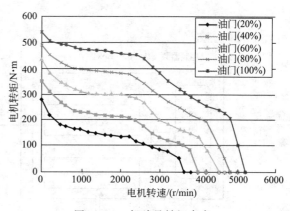

图 12-20　驾驶员转矩命令

图 12-21 为驾驶员意图解释的 Simulink 程序框图。根据输入电机转速、加速踏板位置，按照 MAP 图插值计算得到所需电机输出驱动转矩。

12.2.4　快速控制器原型

快速控制器原型运用 dSPACE 提供的软件和硬件工具将离线仿真得到的控制算法下载到 dSPACE 的硬件中，和被控对象联调可以进一步优化控制算法并且为硬件设计提供参考。其过程如图 12-22 所示。

下面以燃料电池城市客车整车控制器为例说明其实现过程。整车控制器结构框图见图 12-23。

图 12-23 表明，整车控制器仿真模型仅仅包括了控制算法，要实现和物理硬件的联系，还需要建立和硬件联系的物理通道。dSPACE 拥有丰富的内部资源，实际的应用中，还需要一套物理接口将外部信号输入转换成 dSPACE 需要的信号。因而最终的控制器原型硬件应包括运行算法的 ECU（dSPACE）和外部接口两部分。外部接口包括 CAN 通信接口以及

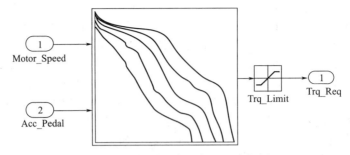

图 12-21　驾驶员意图解释程序框图

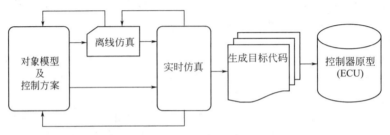

图 12-22　快速控制器原型过程

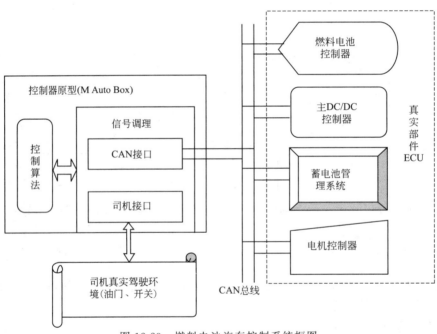

图 12-23　燃料电池汽车控制系统框图

和驾驶员操作平台对应、直接由控制器输入输出信号的物理接口。

根据对驾驶员可能的操作分析，控制器原型应包括如下信号采集接口电路，见表 12-2。

表 12-2　驾驶员操作物理接口定义

物理意义	电气属性	备注
燃料电池开关	数字输入量 1	
紧急开关	数字输入量 2	
R 挡（倒挡）	数字输入量 3	

续表

物 理 意 义	电 气 属 性	备 注
Ⅰ挡	数字输入量4	
Ⅱ挡	数字输入量5	
N挡(空挡)	数字输入量6	
钥匙处在ON位置	数字输入量7	表示进入真正的驱动状态
氢气泄漏	数字输入量8	
加速踏板	模拟输入量1	踏板信号设置三重冗余
制动踏板	模拟输入量2	踏板信号设置三重冗余
汽车车速信号	脉冲输入	
水温过热报警	数字输出量1	
Ready信号	数字输出量2	
Ⅰ级故障	数字输出量3	整车故障分等级向仪表盘显示
Ⅱ级故障	数字输出量4	
水温温度	模拟输出量1	量程:0~4.5V,表示−20~100℃
电机转速	模拟输出量2	量程:0~4.5V,表示0~5400r/min

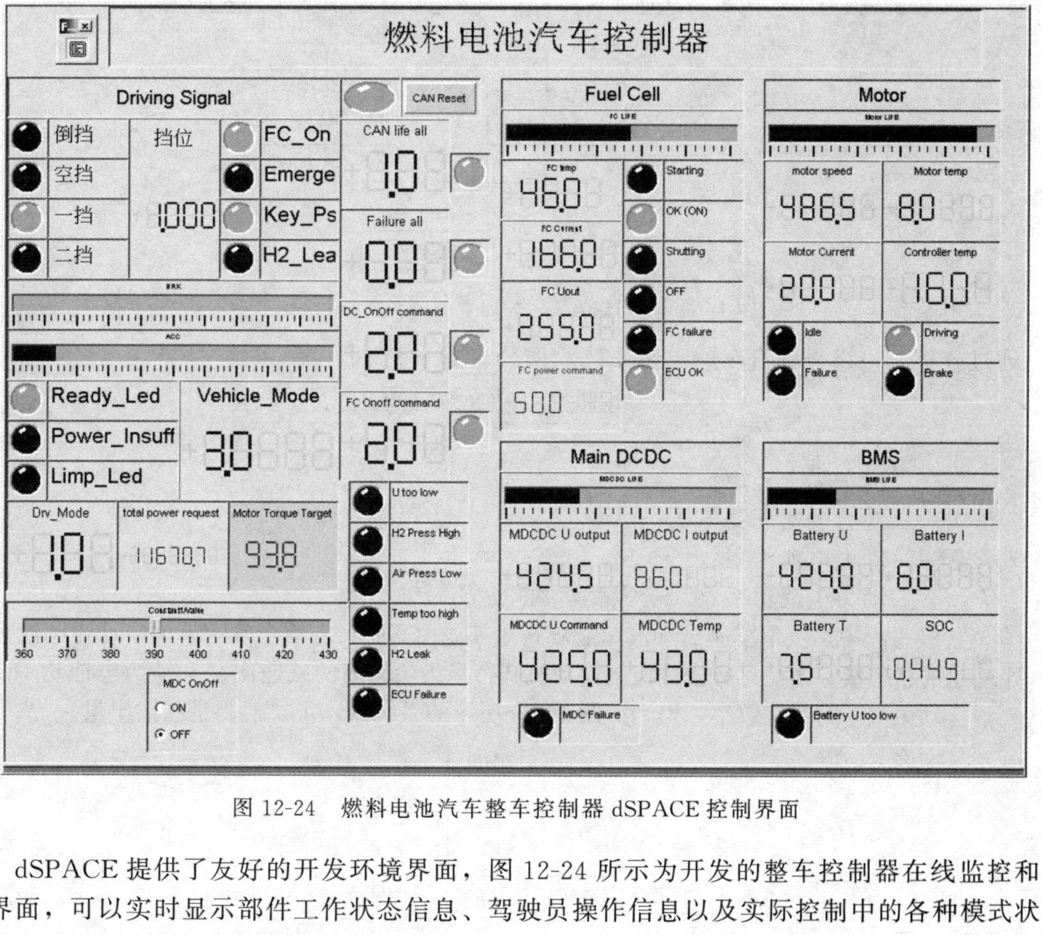

图 12-24 燃料电池汽车整车控制器 dSPACE 控制界面

　　dSPACE 提供了友好的开发环境界面,图 12-24 所示为开发的整车控制器在线监控和调试界面,可以实时显示部件工作状态信息、驾驶员操作信息以及实际控制中的各种模式状态信号,还可以实现控制参数的在线调节。

12.3 能量管理策略及其优化

　　能量管理策略的核心问题是动力系统工作模式选择和功率分配算法。具体来说,混合动力汽车能量管理的控制策略分为两个层次。第一个层次是建立随行驶工况而改变工作模式的切换规则。第二个层次是解决每一种工作模式下能量的优化分配问题。

本节分别以图 12-1 和图 12-2(a) 所示的系统为对象，介绍能量管理策略及其优化方法。

12.3.1 混联式混合动力系统

12.3.1.1 系统效率及优化

图 12-25 给出了图 12-1 所示混合动力汽车的功率和能量流框图。图中电机和发电机两者均可以工作在电动状态或发电状态。系统的输入功率 P_{in} 来自发动机；T_e 为发动机的输出转矩；ω_e 为发动机转速；η_e 为发动机的效率；T_g 为发电机转矩；ω_g 为发电机转速；T_m 为电机转矩；ω_r 为齿圈的转速；T_{ring} 为发动机传到齿圈上的转矩；T_{res} 为汽车阻力折算到齿圈处的阻力矩；J'_r 为齿圈、各齿轮、电机、主传动轴、驱动轴和轮胎等转动惯量折算到齿圈处的等效转动惯量；P_{bat} 为蓄电池功率（大于零为放电）；P_{gloss} 为发电机的功率损失；P_{Mloss} 为电机的功率损失。寻找最佳的汽车燃油经济性等效于获取最高的混合动力汽车系统效率。

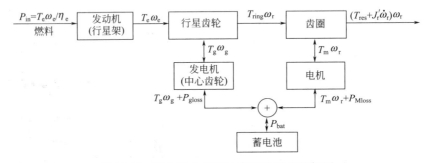

图 12-25 混合动力汽车功率和能量流的框图

通过分析，可以得到汽车的总体系统效率公式如下。

$$\eta_{total} = \eta_e \left[\frac{T_{req}\omega_r}{T_e\omega_e} - \frac{(OCV - \sqrt{OCV^2 - 4P_{bat}R_{bat}})OCV}{2R_{bat}T_e\omega_e} \right] \tag{12-13}$$

式中　T_{req}——汽车需求转矩；

　　　OCV——动力电池开路电压；

　　　R_{bat}——动力电池内阻；

　　　P_{bat}——动力电池功率（大于零表示放电）。

车辆行驶过程中，汽车车速 v 和汽车需求转矩 T_{req} 由驾驶员的需求确定下来。动力电池 SOC 是一个确定的状态量，因此只有通过控制发动机到行星齿轮齿圈的减速比 γ 和动力电池功率 P_{bat} 来提高混合动力汽车的系统效率，得到如图 12-26 所示的系统输入量、控制量和输出量。

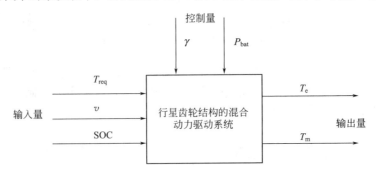

图 12-26 系统的输入量、控制量和输出量

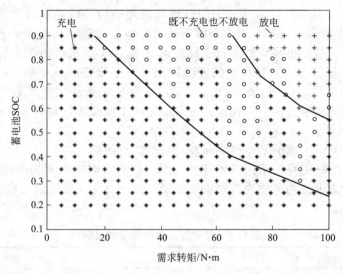

图 12-27 不同需求转矩和动力电池 SOC 下的最佳动力电池功率

采用优化算法对每一种汽车状态下的系统效率进行逐点优化计算，最终可以得到动力电池功率和减速比的最佳控制值，同时也可以得到对应的发动机转矩等其他信息。以汽车车速为 50km/h 时的情况为例给出最优控制量，如图 12-27 所示。图中，"*"表示动力电池功率为负值（充电）；"○"表示动力电池功率为零（既不充电也不放电）；"+"表示动力电池功率为正值（放电）。可以将该图分为三个区域，左下方表示的是动力电池 SOC 很小或者需求转矩很小或者动力电池 SOC 比较小且需求转矩也比较小的情况；右上方表示动力电池 SOC 很大且需求转矩也很大的情况；中间的数据区域表示动力电池 SOC 很大且需求转矩比较大或者动力电池 SOC 比较大且需求转矩很大的情况。由此，可以得到电池功率控制的一般规律。

采用不同的行驶工况作为动态规划计算的目标车速可以得到混合动力汽车动力系统的最佳工作模式切换序列，进而可以总结和提炼出相应的宏观规律，作为建立控制规则的基础。

12.3.1.2 基于规则的能量管理策略

能量管理策略包括模式切换和功率分配两部分内容。

工作模式的切换可以采用基于规则的控制策略。将动态规划得到的纯电动工作模式和混合动力模式对应的汽车状态点集中到一个图中，得到图 12-28。其中图 12-28(a) 为所有工况下系统效率最优时纯电动模式的情况。图 12-28(b) 则是采用混合动力模式的情况。

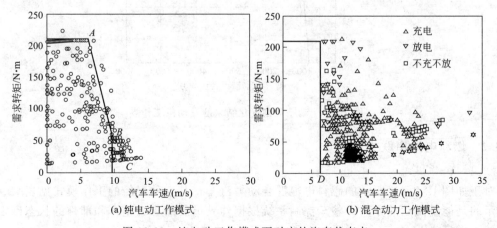

(a) 纯电动工作模式   (b) 混合动力工作模式

图 12-28 纯电动工作模式下对应的汽车状态点

可以看出，在图12-28(a)、(b)中都有比较清楚的边界线，这为汽车工作模式切换提供了依据。由图12-28(a)可知，当汽车状态从边界线左边进入边界线的右边时，应该进入混合动力工作模式。这个边界线的参数主要是由A点、B点和C点的坐标决定，初步的A点、B点和C点坐标值可以通过作图的方法得到，对于给定的系统和工况，则可以在试验台上进一步标定和优化。由图12-28(b)可知，当汽车状态从边界线右边进入边界线左边时，汽车动力系统就从混合动力工作模式进入纯电动工作模式，当然，其前提是动力电池的SOC大于给定的临界值。

功率分配包括动力电池的功率确定和发动机工作点的确定。

动力电池功率的确定可以采用模糊规则。用驾驶员需求功率和当前动力电池SOC作为模糊输入变量，动力电池功率作为模糊输出变量，基于对优化结果的归纳总结建立模糊控制规则表，见表12-3。

表12-3 功率分配的模糊控制规则

条　件	结　论
(需求转矩是大)and(SOC是高)	蓄电池功率是正大
(需求转矩是大)and(SOC是中)	蓄电池功率是正小
(需求转矩是大)and(SOC是低)	蓄电池功率是零
(需求转矩是中)and(SOC是高)	蓄电池功率是正小
(需求转矩是中)and(SOC是中)	蓄电池功率是零
(需求转矩是中)and(SOC是低)	蓄电池功率是负小
(需求转矩是小)and(SOC是高)	蓄电池功率是零
(需求转矩是小)and(SOC是中)	蓄电池功率是负小
(需求转矩是小)and(SOC是低)	蓄电池功率是负大

发动机工作点的确定则可以参照动态规划得到的结果，如图12-29所示。

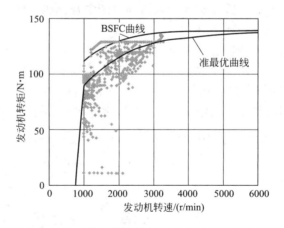

图12-29 动态规划优化结果的发动机工作点

12.3.2 燃料电池串联式系统

12.3.2.1 工作模式

对于如图12-2(a)所示的燃料电池混合动力汽车，其6种可能的工作模式见表12-4，箭头表示的是能量流动的方向。整车控制系统根据驾驶员的需求、整车和部件的状态确定当前最佳的工作模式。

表 12-4　燃料电池电动汽车工作模式

序号	能量流向示意图	工作模式	适用工况
1	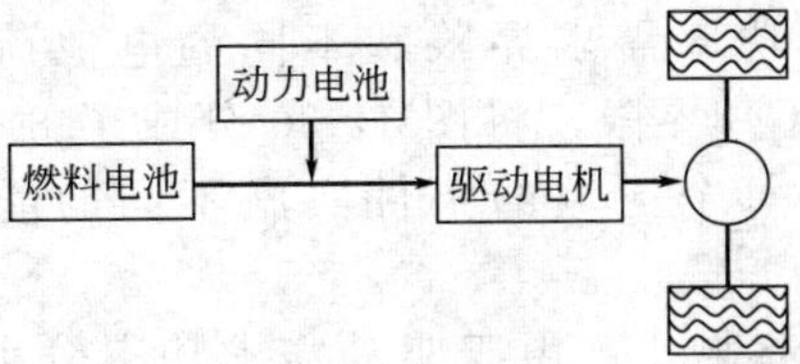 燃料电池→驱动电机，动力电池→驱动电机	双动力源驱动模式	在汽车启动、加速、爬坡等燃料电池功率供应不足的时候，或者是汽车负荷需求变化剧烈的时候，为防止燃料电池的效率降低，需要采用燃料电池与动力电池双功率源驱动模式
2	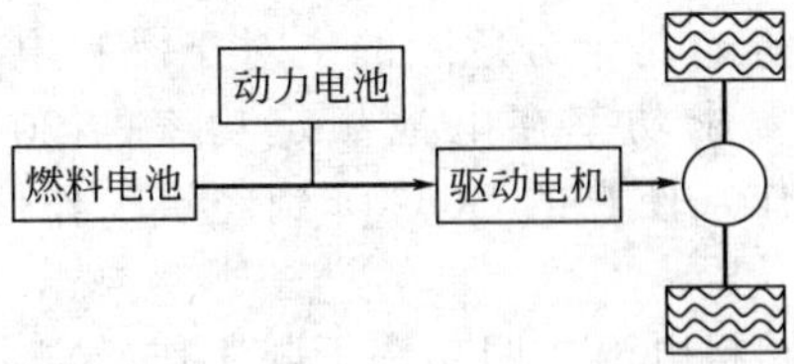 燃料电池→驱动电机	单动力源驱动模式（燃料电池）	在汽车以适当的速度匀速行驶时，其驱动功率可完全由燃料电池提供，此时负荷比较稳定，燃料电池的效率比较高，动力电池不参与驱动
3	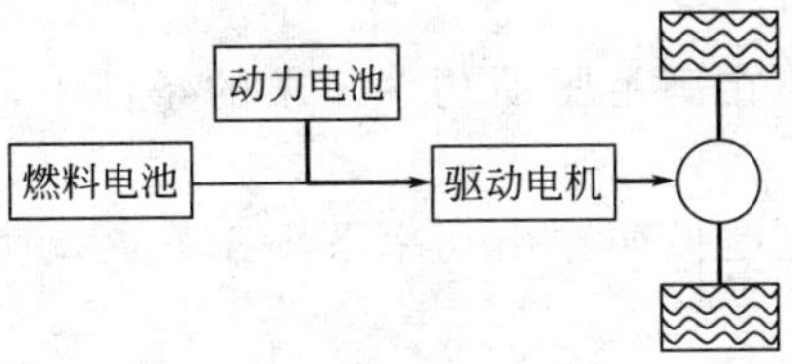 动力电池→驱动电机	单动力源驱动模式（动力电池）	在燃料电池未启动，或是在动力电池的 SOC 值高过设定值时，可以纯电动模式行驶，由动力电池驱动汽车行驶
4	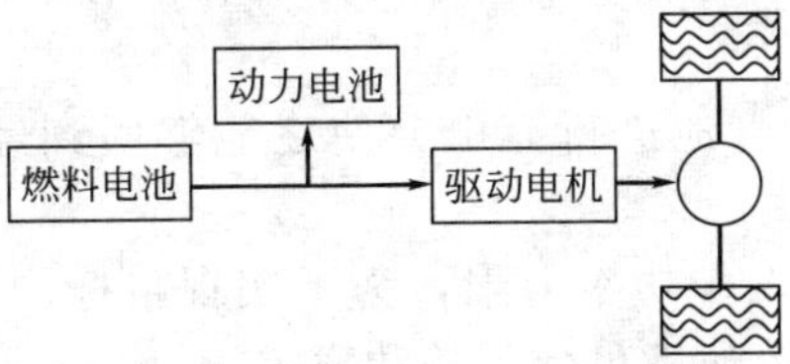 燃料电池→动力电池，燃料电池→驱动电机	驱动且充电模式	在驱动负荷需求不是很高（比如车速较低），同时电池的 SOC 降到了最低设置值以下时，由燃料电池为动力电池提供充电功率并且为驱动电机提供驱动功率
5	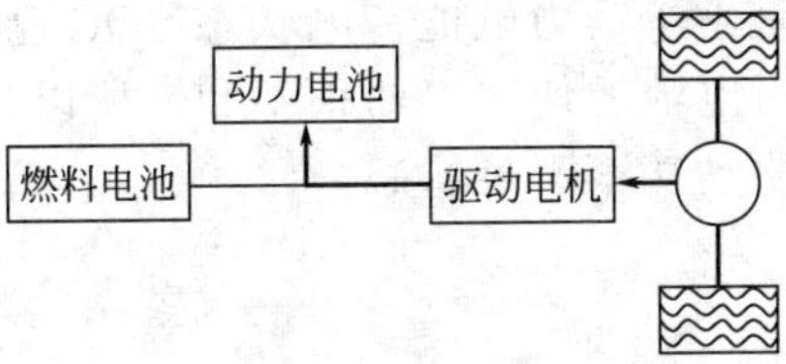 驱动电机→动力电池	减速及制动回馈模式	汽车在减速和制动时，将回收的汽车动能经发电机转换成电能充入动力电池，这将显著提高整车的能量利用率
6	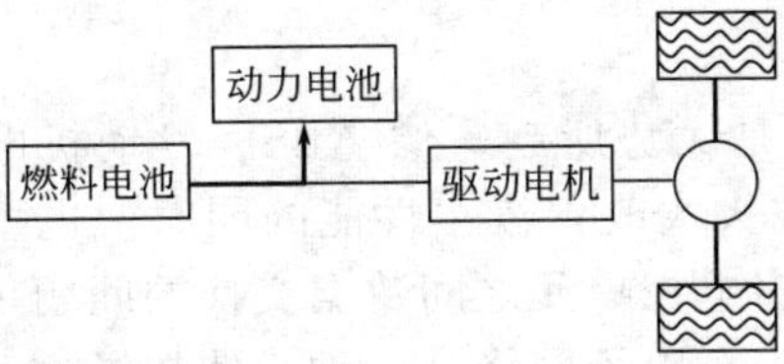 燃料电池→动力电池	纯充电模式	当汽车停车而动力电池的电量不足时，燃料电池继续为动力电池充电，使之达到要求的设置值，为下一次汽车启动作准备

12.3.2.2　能量分配

表 12-4 所示的 6 种工作模式中，模式 2~6 都属于单能源驱动模式或是单支路能量流动模式，不能进行能量分配，只有模式 1 属于双能源驱动模式。在双能源驱动条件下，整车控制系统通过调节主 DC/DC 的输出电压来协调两者之间的能量分配，实现比较理想的汽车性能。

根据对部件特性的分析可知，燃料电池在中低负荷区的效率比较高，而动力电池在荷电状态（SOC）中等区域能量效率比较高，由此可以得到基于经验的控制规则，如图 12-30

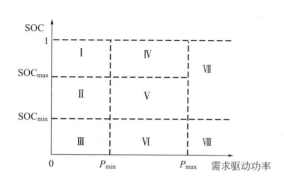

图 12-30 燃料电池汽车能量分配规则

图 12-30 中横坐标是汽车需求驱动功率,纵坐标是电池荷电状态(SOC)。根据不同的驱动功率需求界限和不同的电池荷电状态(SOC)界限,将图 12-30 分成了 8 个区域,根据每个区域的条件实施不同的能量分配原则。

区域Ⅰ:由于驱动需求功率较小,同时动力电池的 SOC 较高,在此条件下,对动力电池充电是十分危险的。对于燃料电池来说,由于需求功率在电池额定功率的 20% 以下,处于工作低效区,所以应尽量保证动力电池放电工作,使它的 SOC 降到经济工作区,而燃料电池怠速或者自动关断。

区域Ⅱ:由于动力电池处于经济工作区,设定燃料电池按照功率下限工作,富余功率对动力电池充电。

区域Ⅲ:由于动力电池的 SOC 过低,燃料电池在满足驱动功率需求的条件下,对动力电池进行充电。

区域Ⅳ:动力电池 SOC 较高,首先控制燃料电池按照输出功率下限工作,动力电池输出功率满足余下的功率需求。

区域Ⅴ:此区域对于燃料电池和动力电池都处于经济区域,此时保证燃料电池满足功率需求,动力电池根据当时条件可小电流充放电。

区域Ⅵ:燃料电池满足功率需求并能够对动力电池进行充电,使之能够回到经济工作区域。

区域Ⅶ:在此区域驱动需求功率大于燃料电池工作功率上限,为了实现目标动力性能,此时保证燃料电池按照功率上限工作输出,由动力电池满足余下的功率需求。

区域Ⅷ:在此区域虽然驱动功率需求很高,但是由于动力电池荷电状态 SOC 已经很低,继续让动力电池输出功率很可能导致电池过放,这对电池的使用寿命很不利,所以只控制燃料电池输出功率,动力电池不输出功率,此时处于驱动功率不足状态。

按照以上规则所建立的程序如图 12-31 所示。

12.4 整车通信系统

随着对车辆控制要求的不断提高,汽车电子化是大势所趋,像 ABS、发动机电控等系统中,都要有专门的电控单元(ECU)。电控系统在大大改善汽车性能的同时,也增加了信号采集和数据交换的复杂程度。为了解决汽车上众多电控单元之间数据交换的问题,采用基于串行总线传输的网络结构,实现多路传输,组成汽车电子网络是一种必然选择。

BOSCH 公司在 20 世纪 80 年代率先提出了 CAN(Controller Area Network)总线技术。目前 CAN 总线得到广泛应用,国际标准化组织(ISO)已经制定了 CAN 总线通信规范的国际标准。

在采用 X-By-Wire 技术的下一代汽车中,CAN 总线已经不能满足需求,尤其是涉及安全的分布式控制系统对通信确定性和可靠性的要求。在这样的背景下,出现了一些数据传输速率高、可靠性高、通信时间离散度小并且延迟固定的车用网络协议,这些协议或规范都支持时间触发通信方式。到目前为止,典型的网络协议或规范有 FlexRay、Byteflight、TTP/

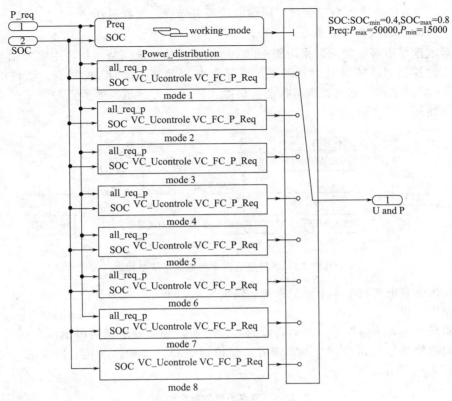

图 12-31 控制策略程序图

C 和 TTCAN 等。

本节将以燃料电池城市客车为应用对象,介绍 CAN、TTCAN 和 FlexRay 的技术特点及应用。

12.4.1 CAN 总线及其应用

12.4.1.1 技术特点

CAN 属于总线式串行通信网络,由于采用了一系列独特的设计,其数据传输具有较好的可靠性、实时性和灵活性,其特点包括以下方面。

① CAN 采用多主工作方式,网络上任一节点都可以在任何时刻主动向网络请求发送报文,不分主从。另外,节点还可以通过远程请求方式,要求某些节点发送相关报文。

② 采用非破坏性的总线仲裁技术,当多个节点同时向总线发送报文时,按照显位(Dominant,逻辑值为 0)覆盖隐位(Recessive,逻辑值为 1)的原则决定报文优先级,优先级低的节点自动退出发送,而优先级最高的节点可不受影响继续发送。

③ 通过报文滤波即可实现点对点、一点对多点甚至全局广播的通信,不必专门"调度"。当报文发送到网络上后,网络上所有节点通过报文滤波,均可选择接收或是拒绝。

④ 采用短帧结构,减小传输时间,从而降低传输过程中受干扰的概率。差分方式的数据传输,具有较强的抗干扰能力。另外,CRC 校验及其他检错措施,减小网络中的漏检率。

⑤ 节点在错误严重的情况下具有自动关闭的功能,减小错误节点对总线上其他节点的影响。

⑥ 节点数取决于总线驱动电路,最大可达 110 个,报文标识符可达 2032 种(CAN2.0A),而扩展标准(CAN2.0B)的报文标识符几乎不受限制。

⑦ CAN 的通信介质可为双绞线、同轴电缆或者光纤，选择灵活。

12.4.1.2 通信系统结构及实现

以燃料电池城市客车为例，采用图 12-32 所示的通信系统网络结构，主要包括整车控制器、燃料电池控制器、辅助电池管理系统、超级电容及其 DC/DC 控制器、燃料电池 DC/DC 控制器、驱动电机控制器、汽车状态收集器、信息报警显示器等节点并预留了接口以备可能的扩展使用。

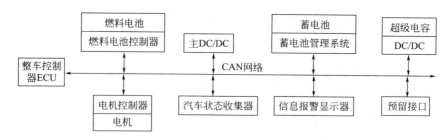

图 12-32 燃料电池汽车的通信系统结构

为了实现燃料电池汽车车上通信系统，需要完成以下三个主要任务。

（1）制定协议

为了实现车上各个电控单元之间高效的信息交换，必须确定燃料电池汽车用通信协议，协议的确定原则是尽量和 SAE J1939 兼容，使协议更趋开放和标准化。协议统一设定节点地址，如表 12-5 所示。

表 12-5 节点地址与报文编号

节点名称	地址	节点名称	地址
整车控制器	158	电机控制器	162
汽车状态收集器	166	动力电池控制器	163
燃料电池控制器	165	超级电容控制器	161
燃料电池 DC/DC 控制器	164	显示报警单元	160

根据整车控制的需要以及各个参数采集等实际使用情况，规定了网络中参数的比例因子和偏移量等，如表 12-6 所示。

表 12-6 参数分辨率及偏移量

数据类型	比例因子	数字量范围	偏移量	字节数	物理量范围
电压	0.1V/bit	0～10000	0	2Byte	0～500V
电流	0.1A/bit	−10000～40000	−10000	2Byte	−100～400A
转矩	1N·m/bit	−32000～32255	−32000	2Byte	−850～850N·m
转速	0.5r/(min·bit)	0～32127.5	0	2Byte	0～5200r/min
温度	1℃/bit	−40～210	−40	1Byte	−40～200℃
压力	0.1MPa/bit	0～210	0	1Byte	0～20MPa
SOC	0.4%/bit	0～100%	0	1Byte	0～1
踏板信号	0.1%/bit	0～100%	0	2Byte	0～1

协议中还需要确定不同的物理参数在 CAN 通信信息中 8 个字节的数据量分配，形成一定的规约。按照这一协议，对网络通信中的数据进行解包就可以得到相应的控制命令和部件工作信息。

（2）硬件和软件实现

硬件实现的方案有两种，其一是将 CAN 通信功能嵌入每个部件 ECU 中；其二是将 CAN 通信功能从各个部件 ECU 中独立出来，开发专用的 CAN 通信模块，通信模块与部件

ECU 的数据交换通过双口 RAM 实现，由各个通信模块组成一个 CAN 通信网络集中处理通信任务。方案二的网络结构见图 12-33。

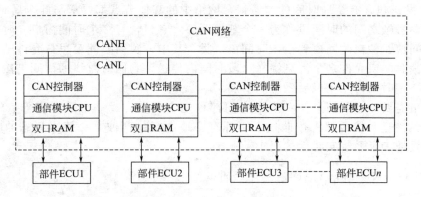

图 12-33 独立的 CAN 网络结构框图

采用方案二设计、研制 CAN 总线通信网络有以下优点：

① 节省时间 在多个单位合作开发的项目中，使用方案二可以避免由于 CAN 通信问题造成的延误，大大加快整个项目的进程；

② 提高通信系统工作可靠性 把 CAN 通信的功能从复杂的系统中分离出来，不但能降低各个部件 ECU 的工作量，还可以集中对通信网络进行电磁兼容性处理，提高通信系统的工作可靠性；

③ 方便系统管理 由于 CAN 通信网络独立出来，可以方便地实现 CAN 网络的统一协调管理，包括网络协议的修改和完善。

方案二所对应的通信板程序流程如图 12-34 所示。

(3) 系统调试

由于 CAN 通信是部件与部件之间信息交换行为，单一部件无法完成通信过程，因而部件通信功能在上车之前，应该在试验室内进行必要测试，在保证性能和可靠性的前提下，才可以上车使用。

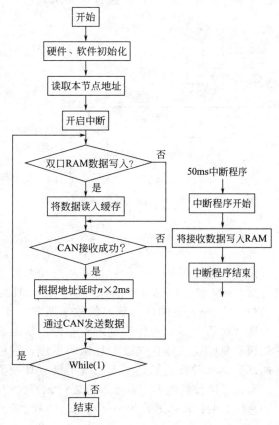

图 12-34 通信板程序流程

12.4.2 TTCAN 协议及通信实时性分析

12.4.2.1 TTCAN 协议简介

在一些对实时性要求很高的控制系统中，传统的事件触发（Event-Triggered）型 CAN 协议已经无法满足控制要求。1996~1998 年，Esprit 的 TTA(Time Triggered Architecture) 项目和 Brite-Euram 的 X-By-Wire 项目促进了时间触发（Time-Triggered）型通信协议的发展。2000 年 12 月，由国际标准化组织将 TTCAN (Time-Triggered CAN) 标准化作为 ISO 11898 协议的一部分，即 ISO 11898-4。

TTCAN中消息的发送和接收都是基于时间过程来完成的。

TTCAN存在一个主节点（Master Node），它基于自己的时间控制器（Time Controller）发送包含有全局时间的参考帧，网络中的其他节点都要求与此全局时间同步。

每两个参考帧之间的时间段称为一个基本循环，它包含有多个时间窗口。时间窗口可以分为独占时间窗、仲裁时间窗和空闲时间窗三类。其中，独占时间窗里只允许某个特定的消息发送；仲裁时间窗允许多个消息帧在这段时间内传送，它们对总线的访问仍然基于优先级仲裁完成；空闲时间窗用于以后系统的扩展。

整个网络需要传输的消息帧和发送时间都预先定义，构成一个系统矩阵（System Matrix）。消息的发送和接收都将按照这个矩阵有序地进行。这种方法使得消息的响应时间大大缩短，有效地满足系统实时性的要求。

12.4.2.2 TTCAN和标准CAN的延迟时间模型

TTCAN和标准CAN采用了相同的数据链路层和物理层，其通信延迟时间都可以划分为四个部分（图12-35）：生成延迟、队列延迟、传输延迟和接收延迟。

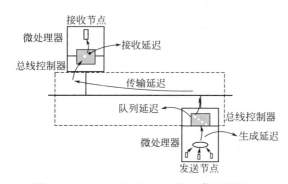

图12-35 CAN和TTCAN的通信延迟构成

生成延迟是从发送节点处理器接收到本节点的请求到它将准备好的数据写入缓存队列里的时间。队列延迟是从消息帧进入发送缓存到消息帧获得总线控制权的时间。传输延迟是从消息帧占据总线到消息帧脱离总线的时间。接收延迟是从消息帧脱离总线到将其中的有效数据提供给接收节点微处理器中目标任务的时间。

按照现在微处理器的速度，生成延迟和接收延迟可以忽略不计，因而延迟时间（R_m）用队列延迟（t_m）加传输延迟（C_m）来表示：

$$R_m = t_m + C_m \tag{12-14}$$

由于传输延迟只与消息帧长度和总线参数有关，所以可以直接建立其数学模型。下面重点分析CAN和TTCAN消息帧的队列延迟时间。

(1) CAN消息帧队列延迟的数学期望

队列延迟可以分为仲裁延迟和非仲裁延迟两部分。仲裁延迟指两帧消息同时发送时，高优先级消息帧造成低优先级消息帧的延迟，它包括在节点内部的仲裁延迟和总线上的仲裁延迟两部分。非仲裁延迟是由于总线上已有其他消息帧传输，造成该消息帧的延迟。

首先考虑仲裁延迟，对于理想缓存无穷大的CAN控制器来说，可以将节点内部的仲裁延迟和总线上的仲裁延迟合为一体考虑。直接利用优先级排序理论获得仲裁延迟的数学期望：

$$t_{arbi} = \sum_{\forall j \in h(m)} \left(\frac{t_m + J_j + \tau_{bit}}{T_j} \right) C_j \tag{12-15}$$

其中，$h(m)$表示优先级比m高的消息帧的集合。T_j代表周期型消息帧j的传送周期；对于事件型传送的消息，T_j代表的是这个消息帧两次传送时间间隔的最小值。因为消息帧j不可能是非常严格地按照时间周期T_j产生，所以用J_j代表消息帧j产生的最大周期误差。C_j为消息帧j的传输延迟，本节后面介绍。τ_{bit}代表在传输介质上传送一个数据位（bit）所需要的时间，对于波特率为250kbit/s的网络，τ_{bit}的值为$4\mu s$。

任意一帧消息在总线上的某一时间发送的概率密度为$\rho = 1/T_j$，考虑m在其占据总线

后发送的情况,得到非仲裁延迟的数学期望:

$$t_{\text{nonarbi}} = \sum_{\forall j \neq m} \int_0^{C_j} (C_j - t) \rho dt = \sum_{\forall j \neq m} \frac{C_j^2}{2T_j} \quad (12\text{-}16)$$

由于两部分相互独立,相加后得到 CAN 消息帧队列延迟的数学期望:

$$t_m = t_{\text{arbi}} + t_{\text{nonarbi}} = \sum_{\forall j \neq m} \frac{C_j^2}{2T_j} + \sum_{\forall j \in h(m)} \left(\frac{t_m + J_j + \tau_{\text{bit}}}{T_j} \right) C_j \quad (12\text{-}17)$$

(2) TTCAN 消息帧队列延迟的数学期望

按照 TTCAN 协议的规定,周期型消息和事件型消息分别在独占时间窗和仲裁时间窗中发送。周期型消息帧的发送不受其他消息帧的影响,队列延迟为 0ms;事件型消息帧的队列延迟与标准 CAN 消息帧的队列延迟类似,不过还需要另外考虑 TTCAN 中独占时间窗对事件型消息帧造成的影响。

假定在整个系统矩阵中,事件型消息帧 m 的生成时刻是平均分布的,则任一时间点生成的概率密度 ρ 为:

$$\rho = \frac{1}{QT} \quad (12\text{-}18)$$

式中,Q 表示系统矩阵中的基本循环的个数;T 表示基本循环的周期。

假设任意两个独占时间窗之间,独占时间窗与自由时间窗之间,都是不连续的(这符合 TTCAN 系统矩阵布置特点)。当事件型消息帧 m 在某个独占时间窗 i 内生成时,它必须要延迟到随后的某个仲裁时间窗才可能发送,由此引起延迟时间的数学期望记为 g_i,则由概率论可以得到:

$$g_i = \int_0^{W_i + C_m} (W_i + C_m - t) \rho dt = \frac{1}{2} \rho (W_i + C_m)^2 \quad (12\text{-}19)$$

代入式(12-18),可得:

$$g_i = \frac{(W_i + C_m)^2}{2QT} \quad (12\text{-}20)$$

消息帧 m 受到独占时间窗和自由时间窗影响而造成的延迟时间的数学期望值 G_m 为:

$$G_m = \sum_{i=1}^{Z} g_i = \sum_{i=1}^{Z} \frac{(W_i + C_m)^2}{2QT} \quad (12\text{-}21)$$

式中,Z 表示系统矩阵中独占时间窗和自由时间窗的个数;W_i 是独占时间窗(或自由时间窗)i 的时间长度。

因而 TTCAN 事件型消息帧 m 队列延迟的数学期望为:

$$t_m = \sum_{\forall j \neq m, j \in E} \frac{C_j^2}{2T_j} + G_m + \sum_{\forall j \in h(m), j \in E} \left(\frac{t_m + J_j + \tau_{\text{bit}}}{T_j} \right) C_j \quad (12\text{-}22)$$

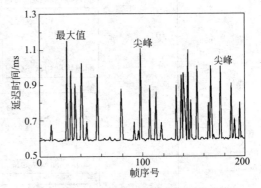

图 12-36　30%网络负载下的延迟时间

12.4.2.3　TTCAN 和 CAN 的实时性试验分析

在试验室条件下,可以方便地实现不同的通信协议和通信参数,从而可以分析 CAN 和 TTCAN 通信协议下网络负载和帧优先级对延迟时间的影响,并且验证前述模型的正确性。

图 12-36 为某试验得到的延迟时间,试验结果整理得到表 12-7 和表 12-8。

表 12-7　周期型消息延迟时间试验结果

	CAN				TTCAN		
网络负载	数学期望/ms	最大值/ms	尖峰数	网络负载	数学期望/ms	最大值/ms	尖峰数
10%	0.614	1.143	7	10%	0.593	0.606	0
20%	0.626	1.165	16	20%	0.590	0.604	0
30%	0.635	1.151	25	30%	0.595	0.613	0

表 12-8　事件型消息延迟时间试验结果

	CAN				TTCAN		
网络负载	数学期望/ms	最大值/ms	尖峰数	网络负载	数学期望/ms	最大值/ms	尖峰数
10%	0.623	1.950	15	10%	0.823	2.264	24
20%	0.700	2.721	25	20%	0.877	2.419	44
30%	0.803	3.779	31	30%	1.051	3.241	53

从表中可以发现，随着负载的升高，CAN 消息帧的尖峰数量越来越多，说明该消息帧与其他消息帧发生碰撞的次数增加，延迟时间数学期望值增加。而 TTCAN 消息帧的延迟时间很稳定，给实时分布系统的设计带来很大方便。

随网络负载升高，CAN 和 TTCAN 事件型消息帧延迟时间的数学期望值、最大值和尖峰数都会增大。而同样负载下，TTCAN 的尖峰更多，这是由于增加了独占时间窗而到导致的事件型消息帧延迟时间增大。

从上述试验结果可以看出，TTCAN 的周期型消息帧没有队列延迟，其延迟时间是确定的并且不受网络负载的影响；但是其事件型消息帧延迟时间比 CAN 协议大，并且随负载的增加而明显增加。

12.4.3　FlexRay 总线及其应用

为了满足未来的车内通信需求，各大汽车及半导体公司联合成立了 FlexRay 协会，制定了 FlexRay 通信协议以实现高性能的网络通信。宝马公司在其新一代 X5 系列上已经将 FlexRay 技术用于悬架系统的控制，并将在不久的将来应用于发动机和底盘控制。

12.4.3.1　FlexRay 技术特点

FlexRay 网络上一个节点由微控制器、通信控制器、总线监控、总线驱动器（发送/接收驱动器）和电源系统 5 个部分组成，如图 12-37 所示。通信功能主要由通信控制器、总线

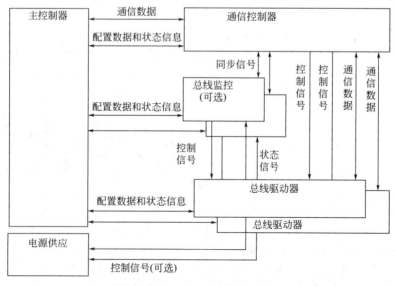

图 12-37　FlexRay 的节点示意图

监控及驱动器以及这些部分与主机的接口完成。

为了保证高的数据传输量和可靠性，FlexRay 在设计上有如下特点：
① 支持静态时间和动态事件驱动的两种通信机制；
② 高的数据传输速率和网络使用效率；
③ 灵活的容错能力，支持单通道和双通道操作；
④ 可靠的错误检测功能，包括时域的总线监测机制和数字 CRC 校验；
⑤ 满足汽车环境要求和质量要求的控制器和物理层；
⑥ 可采用多种网络拓扑结构，包括总线结构、星型结构以及多星型结构。

12.4.3.2 FlexRay 网络协议

FlexRay 遵循开放系统互联结构模型 OSI（Open System Interconnection）。FlexRay 使用了其中 4 层（图 12-38），分别是物理层、数据链路层、传输层和应用层。

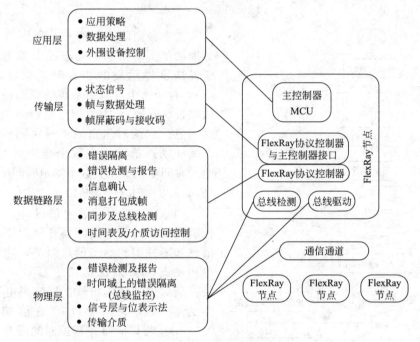

图 12-38 FlexRay 协议各层功能

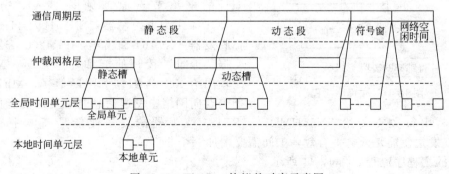

图 12-39 FlexRay 协议的时序示意图

FlexRay 的通信调度分为 4 层（图 12-39），分别为通信周期层（Communication Cycle Level）、仲裁网格层（Arbitration Grid Level）、全局时间单元层（Macrotick Level）和本地时间单元层（Microtick Level）。每个通信周期由静态段（Static Segment）、动态段（Dynamic

Segment)、符号窗（Symbol Window）和网络空闲时间（Network Idle Time）构成。

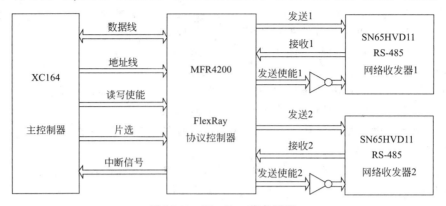

图 12-40　FlexRay 节点原理

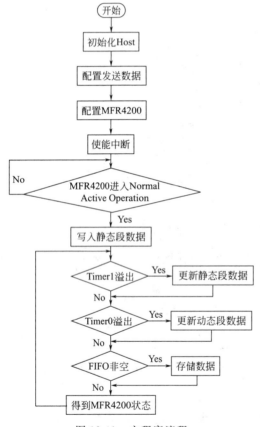

图 12-41　主程序流程

静态段由静态槽组成，负责传输控制参数等周期型实时信息；动态段由动态槽组成，用于发送事件触发的非实时信息（如诊断数据等）；符号窗中可包括系统的状态信息（如正常或报警状态等），为通信控制器调度网络活动提供信息；空闲时间则用于时间同步。其中，静态槽和动态槽都由整数个全局时间单元组成。全局时间单元又由整数个本地时间单元组成。

12.4.3.3　FlexRay 的应用

FlexRay 应用层的协议设计，首先要根据控制需要，将各节点的信息分为周期型的静态消息和事件型的动态消息两类，然后针对静态段和动态段分别优选协议参数，完成消息封装，最后得到具体协议。以燃料电池城市客车作为应用对象，设计的通信协议周期为 0.57ms，可以满足整车控制的需要。

以最早量产的 MFR4200 为协议控制器设计的网络节点原理见图 12-40，节点采用 XC164 作为主控制器，SN65HVD11 作为网络收发器。XC164 输出给 MFR4200 信号包括数据、地址、读写使能和片选信号，MFR4200 输出给 XC164 数据和中断信号，MFR4200 在需要向网络中发送信息时，发送使能信号作用的同时，将串行数据传给 SN65HVD11。RS485 收发器的发送使能是高电平有效，而 MFR4200 发送使能是低电平有效，中间需要增加一个非门。

节点的主程序流程如图 12-41 所示。

12.5　整车容错控制系统

所有的线控系统（X-By-Wire）都必须考虑容错问题，电动汽车的整车控制系统也不例外。在实际的电动汽车上,部件可能出现故障或失效状态;驾驶员可能出现误操作;CAN 总线通信系统可能出现故障;整车控制器也会出现错误和故障。因而,从安全角度出发,需要提高整车对某些故障的容忍能力,使得故障发生时,车辆仍能在保证安全的情况下,正常或降低性能行驶。

目前车用控制系统的容错技术基本设计思想包括以下几个方面。

① 模块化 把系统分解成若干个模块。如果一个模块出现故障,可以用相同的新模块来替换。在汽车中,系统被分为"最小可替换单元 SRU(Smallest Replacable Unit)"。在 SRU 出现故障后,等到汽车进入安全状态,可以用同样的 SRU 来替换。

② 失效隔离 失效隔离的元件只有两种工作状态:完全正常和完全不工作。模块若工作不正常,就需要立即停止工作。

③ 故障孤立 模块在发生故障时,它不会将错误传播给其他元件,不影响其他元件的正常工作。

④ 冗余与快速修复 系统配备有多余的备用模块,一旦某个模块发生故障,备用模块可以立即代替它工作。在系统继续工作期间,失效模块可以脱机进行维修。

12.5.1 容错单元及容错控制系统

12.5.1.1 容错单元

图 12-42 为 By-Wire 系统容错单元的结构。容错单元作为网络上的站,采用成对的节点与其他节点在双重冗余的总线上进行数据交换。当然,同一站内的两个节点也能实现总线通信。每个节点都被设计成失效隔离单元(Fail-Silent Unit,FSU),一旦出现故障就对外界总线、执行器不再响应。一个容错单元(Fault-Tolerant Unit,FTU)由两个以上这样的作用完全相同的单元组成。

12.5.1.2 容错控制器

整车控制器的微控制器失效可能导致严重后果,为了实现容错功能,可以在硬件设计上采用双微控制器的结构,即一个主微控制器(MCU A)和一个备份微控制器(MCU B)。备份微控制器随时监测主微控制器的工作状态,在主微控制器失效时,暂时取代主微控制器的工作,接管整车控制;同时主微控制器可以采取重新启动等方式从故障中恢复并且重新接管控制功能。这样整车控制器就具备了"失效安全(Fail-Safe)"功能。其结构如图 12-43 所示。

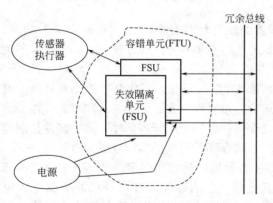

图 12-42 容错单元结构

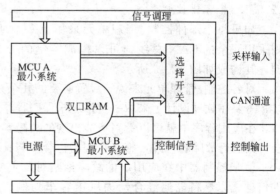

图 12-43 双 MCU 整车控制器硬件框图

整车控制器的所有输入信号经过信号调理后,进入主微控制器采样单元,同时,部分与驱动驾驶有关的信号也连接入 MCU B 最小系统。这样,两个最小系统都能通过输入数据,计算出控制指令以供输出。由于整车控制器对外只可能有一套输出接口,因此,可控选择开关会决定选择输出何组控制指令。选择开关决定的输出指令也会先经过信号调理，调整电气特性，然后输出给"执行器"。在两个最小系统之间设置有双口 RAM 进行数据交换。这样，两个最小系统的采样、计算都存在一定的冗余且能进行比较，增强了系统的故障检测能力。

MCU B 的主程序流程如图 12-44 所示。

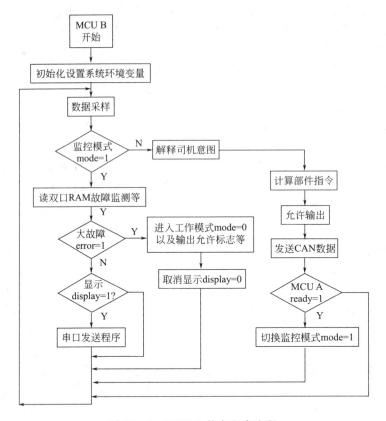

图 12-44　MCU B 的主程序流程

这种失效-安全结构也可以用于部件控制器。

12.5.1.3　容错控制系统

如果每个部件控制/管理单元采用上一节所述的硬件结构使其具有"失效安全"功能，则采用冗余的 CAN 总线，可以构成容错的分布式整车控制系统。以燃料电池城市客车为例，其构成如图 12-45 所示。

对各控制/管理单元来说，设置必要的冗余是实现容错的基础。当控制软件比较复杂的时候，需要在软件设计上采取一定措施来保障程序运行的可靠性。有了冗余资源和可靠软件的支持，在应用程序中就可以针对可能出现的故障实现诊断和处理。对于各部件，除了部件控制器会对其进行故障管理外，整车控制器也会参与其中，联合部件控制器实现分层次的管理。

整车控制器中在应用层的故障诊断对象主要是驾驶员的操作信号和来自 CAN 总线的部件信息。以燃料电池混合动力城市客车为例，其控制量包含：READY、FC 开关指令、电机目标转矩和主 DC/DC 控制电压。READY 信号在整车控制器检测到所有部件控制器都初始化完毕后给出，控制高压回路的通断。一旦 READY 信号使高压回路接通后，除特殊情况（紧急开关有效等）外，不能断开回路，否则会对部件造成损伤。FC 开关指令通过 CAN 网络送出，控制燃料电池的启动与关闭。由于燃料电池不能频繁开启关断，因此整车控制器实际上通过灵活调整电机目标转矩和主 DC/DC 控制电压来实现安全处理。

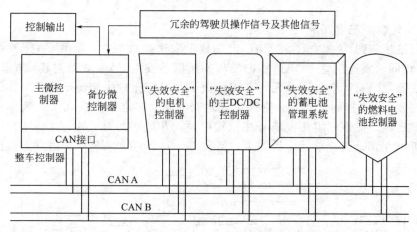

图 12-45　整车控制系统容错结构

12.5.2　容错的 CAN 通信系统

12.5.2.1　CAN 总线错误处理机制

在 CAN 总线协议中，定义了 5 种不同的错误类型：位错误（Bit Error）、填充错误（Stuff Error）、CRC 错误（CRC Error）、格式错误（Format Error）和应答错误（Acknowledgment Error）。检测到出错条件的节点通过发送错误标志来标识错误。

CAN 总线节点具有三种状态：错误主动（Error Active）、错误被动（Error Passive）和总线关闭（Bus Off）。错误主动的节点可以正常参与总线通信。在检测到错误后，会发送主动错误标志来标识错误。错误被动的节点也能参与总线通信，但发送被动错误标志来标识错误。由于被动错误标志符由连续隐位组成，按照"显位覆盖隐位"原则，被动错误标志符并不影响其他节点的通信工作。错误被动节点在发送被动错误标志符后，会处于等待状态，直到该节点的下一次发送初始化开始。总线关闭的节点不容许对总线有任何影响，直至节点恢复后进入错误主动状态。

节点的三种状态由错误计数器来界定。每个节点都设置有两个计数器：发送错误计数器和接收错误计数器。发送或接收期间检测到错误，会导致相应的计数器增加，而成功发送或接收到数据，会使相应计数器减小。当发送错误计数器或是接收错误计数器大于 127 时，节点进入错误被动状态，而两者都小于 128 时，节点则再次进入错误主动状态。当发送错误计数器大于 255 时，节点进入总线关闭状态，此时若不采取其他措施，只有当节点监测到 128 次 11 个连续隐位后，总线关闭节点才会重置两个错误计数器为 0，节点进入错误主动状态。状态切换如图 12-46 所示。

错误主动节点能够检测到所有接收和发送错误，且要求总线做出相应反应。错误被动节点在检测到错误时，由于被动错误标志符为连续隐位，不对总线造成影响，总线会忽略与该节点相关的错误。因此，错误被动状态也是一种不安全状态，而总线关闭则是彻底丧失通信功能。

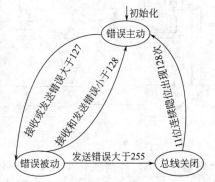

图 12-46　CAN 节点三种状态的切换

12.5.2.2　CAN 总线容错方案

通信系统中的故障或错误可能出现在不同部位。针对不同的故障，需要采用不同方案来解决。

(1) CAN 控制器三重冗余

容错节点结构如图 12-47 所示。CPU 向总线上发送帧数据时，3 个 CAN 控制器同时收到来自 CPU 相同的发送信息。CAN 控制器将发送信息按照 CAN 规范封装成位流。在 CAN 控制器与收发器之间有冗余管理单元对三组位流信号进行比较决定输出位流。由于比较是逐位进行的。因此，3 个控制器和冗余管理单元之间的同步非常重要。冗余管理单元采用可编程逻辑器件实现，以保证三组位流信号在比较中是同步的。另外，由于 CAN 在发送时也对总线进行监听，在冗余管理单元中设置 Rx1＝Rx2＝Rx3＝Rx 来响应三组发送位流。

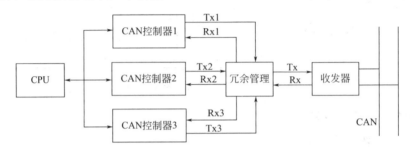

图 12-47　CAN 控制器三重冗余容错节点结构

CAN 控制器三重冗余方案主要在于解决 CAN 控制器内部的错误，随着 CAN 控制器芯片的成熟，该方案的实际应用价值不是很大。

(2) 部分冗余法

部分冗余法是针对总线机械损伤等故障的一种方法。该方法只对总线通道进行了静态冗余，两条总线同时处于工作状态。其节点结构如图 12-48 所示。每个节点采用两个总线驱动收发器，通过一个判断电路分别连接到一条总线上。但节点只有一个 CAN 控制器，因此，该节点不具备器件级的冗余。在收发器与 CAN 控制器之间设置有判断电路，负责完成报文来源的取舍。

该法实现简单，能及时检测并定位总线故障，是解决总线机械故障等的一种行之有效的方法。但是有效通道的基本结构仍与典型 CAN 节点类似，因此无法应用于实时控制领域。

(3) 节点冗余法

节点冗余法对 CAN 节点进行全局冗余，如图 12-49 所示 CPU A (B)、CAN 控制器 A (B)、

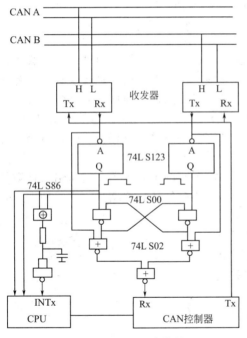

图 12-48　部分冗余结构

收发器 A (B) 各组成一个独立完整的网络节点。该冗余模式属于动态冗余，一条总线为工作总线，另一条为备份总线。在工作总线被判定"失效"后，备份总线被激活替代原有工作总线，原工作总线在原备份总线工作时进行自我恢复。总线切换时机可以根据用户灵活决定。由于节点错误被动状态也是一种非安全状态，因此，一般切换在节点即将进入错误被动时进行。另外，由于 CPU 冗余，也可以增强节点故障检测能力。

节点冗余法是 By-Wire 容错节点结构的简化，理论上基本能够解决通信中非安全因素，是一种非常典型且行之有效的冗余通信结构。由于 CPU 的主要任务是实现用户应用程序，

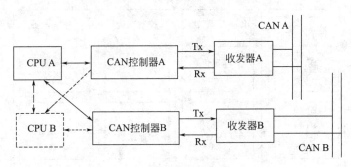

图 12-49 节点冗余结构

因此在某些应用中,也可以取消 CPU B,利用一个 CPU A 控制两个 CAN 控制器。这种结构由于取消了两个 CPU 之间的协调关系,实现上也相对容易。

12.6 汽车驾驶新技术——自动驾驶、高级驾驶员辅助系统和车联网

12.6.1 自动驾驶

12.6.1.1 自动驾驶的概念

中国电动汽车百人会在 2016 年第 3 期研究报告中指出:"目前关于自动驾驶的概念尚不明晰,国内车企对自动驾驶的定义各自不一。在实际情况中根据驾驶员介入程度不同也有不同的说法,如自动驾驶、智能驾驶、无人驾驶等。概念的不明确容易导致企业发展的定位不明确。"

美国加州机动车辆管理局对自动驾驶车辆定义如下:自动驾驶车辆是指具备不需要有自然人的肢体控制或监测,就能操作或驱动车辆能力之技术的任何车辆。不论该技术是否被启用,不包括车辆上具备一个或多个增强安全性或提供驾驶员辅助系统,但仍要有自然人的肢体控制或监测,才能有操作或驱动车辆的能力。

需要说明的是,上述定义中所提的"不论该技术是否被启用"是因为当前自动驾驶车辆通常不但要求装有"自动驾驶技术"系统,而且还应装有"全手动控制"系统(fully-manually controlled,即完全由人肢体来控制),以备一旦"自动驾驶技术"系统失灵,仍可启用(切换到)"手动控制"系统来操控车辆。虽然从逻辑上来讲,自动驾驶车辆是不需要配置传统的驾驶操作系统,例如方向盘、油门和制动踏板等,但按照加州道路交通法规,自动驾驶车辆应配置这些系统,以保证需要时能手动控制车辆。

12.6.1.2 自动驾驶车辆的组成

自动驾驶车辆借助各种传感器(如全球定位系统 GPS、接收器、摄像机、雷达和激光雷达等)、数据信息处理器,使车辆躲避危险并遵守交通标志,以行驶到目的地。自主车辆的功能框图示于图 12-50。

该功能框图中包含下列子系统:车辆推进系统、传感器系统、控制系统、各种外围设备(peripherals)以及动力供应、计算机系统、用户接口等。下面分别加以介绍。

① 传感器系统包括配置有感测车辆环境信息的传感器。

a. 全球定位系统(GPS)用来提供车辆与地球的位置信息。

b. 惯性测量单元 IMU 用于感测车辆的位置和方向变化,如加速度计和陀螺仪或其组合。

c. 雷达系统利用无线信号感测车辆所在当地环境中的物体,还可检测物体的速度和/或移动路径、方向。与此类似,激光测距仪或激光雷达也是用来感测车辆所处周围环境中的物体。

图 12-50 自主车辆的功能框图

d. 摄像机或照相机用来捕获车辆所处周围环境的动静态图像,传感器系统中的麦克风用来捕捉车辆环境中的声音。

② 控制系统用来控制车辆及其部件的运行,包括转向装置、油门、制动装置、传感器融合算法、计算机视觉系统、导航/路径系统和避障系统。

a. 转向装置用来调整车辆的航向与路径;油门则控制发动机/马达的运行速度,进而控制车辆的速度。

b. 制动装置包括使辆减速的几种措施的组合,如摩擦制动,以及将车辆的动能转换为电流的再生制动等措施。

c. 传感器的融合算法。自动驾驶车辆中通常需要输入多个不同传感器检测到的数据,这些输入被组合在一起,有助做出更加准确的决策并识别危急情况。例如,危险探测需要对来自多个摄像机的数据流进行集成和分析,如果要用在全天候条件下,还必须采用雷达数据。因此,"信息融合"将是自动驾驶车辆的核心技术,传感器融合算法包括卡尔曼滤波器、贝叶斯网络或其他算法等。传感器融合算法可以根据来自传感器系统的数据,进一步提供各种评估,根据实施方案,评估可以包括对车辆所处环境中的单个物体和/或特征的评价,以及对特定情况的评估,或者根据特定情况可能造成影响的评估,或一些其他评估。

d. 计算机视觉系统用来处理和分析摄像机捕获的图像,以鉴别车辆所处环境中的物体和/或特征,可能包括交通信号、道路边界和障碍等。计算机视觉系统可能采用对象的识别算法、运动结构算法(从运动信息中恢复三维场景结构的算法)、视频跟踪和其他计算机视觉技术。在一些实施案例中,计算机视觉系统可另外配置环境地图绘制、跟踪目标、目标速度估计等;导航和路径系统用来确定车辆行驶路径系。此外,导航和道路系统也可以动态更新运行车辆的行驶路径,在一些实施案例中,导航和道路系统配置可以并入来自传感器融合算法、GPS和一个或多个预定地图的数据,以确定车辆的行驶路径。避障系统用以识别、评估和避免或车辆所处环境中其他要通过的潜在障碍。

③ 外围设备允许车辆和外部传感器、其他车辆、其他计算机系统和/或用户之间交互作用。外围设备可包括无线通信系统、触摸屏、麦克风和/或扬声器。

a. 无线通信系统可以直接或通过通信网络与一个或多个设备进行无线通信。例如,可以使用3G蜂窝通信,也可以与无线局域网沟通,还可能采用其他如各种车载通信系统等无线协议。

b. 麦克风用来接收来自车辆使用者的音频(例如,声音命令或其他音频输入)。同样,扬声器用于对该车辆使用者输出音频。触摸屏则可以向用户提供车辆信息。在图12-50所示框图中的"用户接口"里,通过触摸屏接收来自用户的输入。

④ 电源可以为车辆的各个组成部分提供能量或动力,一般为可充电电池。

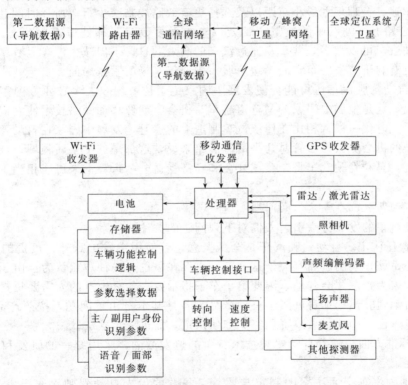

图12-51 控制自动驾驶车辆的计算机系统

⑤ 计算机系统。车辆的许多功能由计算机系统控制,见图12-51。计算机系统主要完成各种传感器、数据采集系统所收集到信息的接收、存储、处理以及向各个执行系统(如转向、制动、加/减速、停车等)发出指令,控制车辆的各种动作和行为。相对于人大脑的功能。

⑥ 用户接口界面用于向车辆用户提供信息或接收来自车辆的用户输入。

12.6.1.3 自主车辆带来的社会、经济效益

目前,自动驾驶技术仍然处于早期开发阶段,可能还要十几年或更长时间才能进入实际应用,但它正在颠覆人们对汽车和交通方式的认知。一旦自动驾驶汽车得以产业化应用,所带来的社会、经济效益将非常显著。

① 减少交通伤亡事故。驾驶员操作失误是当前交通事故的主要原因之一。2011年美国酒驾造成的交通事故占交通事故总量的39%。无人驾驶汽车解放了人的双手,汽车的安全性也得到大大提升。

② 减少交通堵塞。根据对交通状况的数值模拟,在整个道路上,不同车辆的加速不同步,当一条路排满车的时候,即使行驶速度有一点点的波动,也会被逐渐放大,"波浪式"地影响整个车队的行驶,这种现象被称为"幽灵堵塞"现象(phantom traffic jam)。自动驾驶汽车预留的车间距较大,并能感知前方路况的变化,车辆加/减速都是经过一系列计算决定的。不同于由驾驶员操作会经常超车或者猛踩刹车,自动驾驶汽车在车流比较密集的时候,会保留一定的车距,减少突然刹车的次数,从而减少对后方车辆的影响,避免引起"波浪式"加/减速,缓解"幽灵堵塞"现象。研究表明,即使车流中有很少的自动驾驶汽车,例如2%的自动驾驶汽车,也能通过调节自身的行驶速度,来避免整个车流陷入拥堵,减少50%的走走停停的情况。

③ 燃油消耗量下降,节省因交通拥堵的时间和能源浪费。自动驾驶汽车还会通过缓解拥堵、提高车速、合理规划最小车距以及选择更有效路线来减少行车所耗时间和能源。

④ 减少公路上行驶汽车的数量。私人汽车绝大多数时间都处于闲置状态,理论上讲,一辆自动驾驶汽车可以被多人共享,通过汽车的高效共享,不但减少汽车保有率,降低对汽车的需求,也有利于节省停车空间,缓解城市中心停车场的紧张局面。

⑤ 发展自动驾驶汽车还可能会使发展中国家免于仿效现今大多数西方国家以汽车为中心的公共建设,这是发展中国家的"弯道超车"机会,就像移动网络技术使它们跳过固定电话直接进入手机时代一样。相比在传统汽车制造上的追赶,发展中国家在自动驾驶汽车技术领域取得突破的机会更大,尽管对几乎所有国家来说,这都是一个全新领域。

总而言之,自动驾驶汽车将令全球社会和经济受益——折算下来可能相当于每年数万亿美元。

12.6.1.4 自动驾驶汽车带来的新问题

自动驾驶汽车的发展势头引起人们对下列问题的关注。

① 事故责任认定。自动驾驶汽车是全新概念,若使用中发生意外,负责的应该是车子的拥有人,还是该车辆制造商?关于这一点一直存在争论。一种观点认为:由于自主车辆终究还是要得到人为指示才会开动,因此给予车子指示要去什么地点的人需要负责。另一种观点则认为:自动驾驶汽车本身就属于一种产品,若是其本身出了问题,按照产品责任追究,则制造商就有责任。因此,事故责任究竟如何认定,需进一步立法。

② 技术标准方面。随着自动驾驶技术竞争的愈发激烈,采用统一的研发和使用标准变得越来越必要。

③ 自动驾驶汽车交通法案的制定与监管。谷歌的无人自动驾驶汽车已安全行驶超过50万千米,欧盟已选定5座代表性城市于2014年2月正式启动无人自动驾驶出租车示范项目。为了适应这些发展,美国一些州及欧盟已经开始进行测试并制定关于自动驾驶汽车的初步法案。

有观点认为,早期的监管可能落后于技术发展,过严的监管可能制约自动驾驶汽车发展,也不利于今后建立统一的监管标准。一旦自动驾驶汽车的表现与人工驾驶汽车的平均表现相当就应当放行,而不必等到其技术达到完美状态。

在交通法规方面,既然人已经从方向盘上解放,那么诸如在行驶过程中不许打手机等法规应逐步废除。

④ 隐私保护方面。自动驾驶汽车将产生大量隐私数据,比如人的行踪等,监管层应做好隐私保护工作。

12.6.2 先进驾驶员辅助系统

12.6.2.1 概述

驾驶汽车是一项需要专注的工作，驾驶员在驾驶汽车时他的眼睛一刻也离不开，随时观察道路交通状况，时刻都要考虑危险时刻快速采取的措施，一旦"疏忽大意和注意力分散"，就有可能造成安全事故，但是，车辆驾驶具有驾驶和各种非驾驶的多任务的特点，驾驶的基本任务是保持车道行驶和监控道路危险，次要任务通常有与同行旅伴聊天、照看同车儿童、听收音机、查看地图、打手机，或者驾驶员被车内外事物和活动吸引等，以致使注意力从基本驾驶任务转移，从而对行车安全构成威胁。

因此，采用一系列控制系统是十分必要的。例如，基于雷达的自适应巡航控制系统（ACC）负责控制与前车的距离；基于摄像头的紧急制动系统，持续监控周围环境并即时做出反应。这类负责完成某项特定任务的先进驾驶员辅助系统，通过安装于车上各样传感器（如雷达、视频和/或超声波），在车辆行驶过程中时时刻刻收集车内外的环境数据，进行静、动态物体的辨识、侦测与追踪等技术上的处理，当出现突发情况时，若这些辅助系统检测到驾驶员没有做任何转向、刹车或加速动作时，系统就会自动采取措施，逐级加强对驾驶员的提醒力度。如果驾驶员仍未做任何反应，系统就会自动采取紧急措施，某些时候，例如当行人突然闯入道路时，系统没有时间警告驾驶员，需要毫不迟疑地获取车辆的控制权，不经提醒，立即自动启动紧急措施，为驾驶员提供最佳的辅助，避免事故发生。

因此，与自动驾驶车辆不同，先进驾驶员辅助系统的目的是为驾驶者提供更加安全、轻松、舒适、便捷的驾驶环境。大多数交通事故都是由于驾驶员的错误驾驶行为导致的，而驾驶辅助系统能够在需要做出快速安全操作的紧急情况下，为驾驶员提供支持，避免人们在驾驶过程中遇到诸如疲劳驾驶、分神等各种突发状况引发的车道偏离、追尾、碰撞等事故，这对确保驾车出行安全有着直接影响。先进驾驶员辅助系统越来越受到重视，成为企业研究和推广的技术之一。

目前大多数先进驾驶辅助系统（ADAS），根据所采用的传感器技术类型的不同，如雷达、摄像头、超声波、光照检测或测距等，以实现特定的功能，基本上是功能自有独立的系统，彼此之间相互独立。每个系统有其自己的用途，或者显示信息，或者执行一项操作。但是，随着技术的不断向前发展，多个不同传感器输入的应用将变得越来越普遍。

由于成本高昂，先进驾驶辅助系统（ADAS）功能最先用于某些豪华/高档汽车。由于消费者和汽车制造商对驾驶安全的关注度不断提高。整车企业清醒地认识到，完全的自动驾驶汽车离真正实现还较遥远，但实现"零事故"愿望的辅助驾驶系统是非常合乎逻辑的下一步技术，辅助驾驶系统的重要性正在不断提高。一些 ADAS 系统已经在国内外快速增长，其中包括自适应巡航控制、变道辅助、盲点检测和自动泊车系统等。驾驶辅助系统的快速发展，将有助于车辆逐步实现并最终达到自动驾驶的目标。

目前，世界各大汽车厂商和零部件供应商都在不遗余力地研发辅助驾驶系统，并已经拥有包括摄像头、雷达，具备启停功能的自适应巡航系统、车道保持系统、自动泊车/遥控泊车等最新的主动安全技术。

未来随着更先进的辅助驾驶系统广泛应用和车联网的普及，"零事故率"和"自动驾驶"将不再是遥不可及的梦。

12.6.2.2 先进驾驶员辅助系统类型

先进驾驶员辅助系统即 ADAS（Advanced Driver Assistance System），是一种在车辆行驶过程中全程帮助驾驶员的主动安全辅助系统，它们可以从不同角度来分类，如按系统执行的基本功能和按系统控制车辆的方法分类。

① 执行自动完成枯燥、困难或重复任务的系统：如自适应巡航控制、自动停车、平行泊车辅助等。

② 执行改善驾驶员获得重要信息的系统：如自适应前照灯、盲点检测、车道偏离等。

③ 执行有助于预防事故发生和减少事故严重性的系统：如紧急制动辅助、驾驶疲劳检测、防撞系统。

④ 按系统控制车辆的方法分类：包括横向控制，主要是转向控制，以保持车辆在所选车道上行驶，如车辆偏离警告系统、车道保持辅助系统以及平行泊车辅助等。

12.6.3 车联网

所谓车联网（Internet of Vehicle，IOV）并无严格定义。简单地说，就是将汽车作为信息网络中的节点，通过无线通信等手段实现人-车-路及环境的协同交互，实现智能交通。或者说，车联网系统是指利用先进传感技术、网络技术、计算技术、控制技术、智能技术，对道路和交通进行全面感知，实现多个系统间大范围、大容量数据的交互，对每一辆汽车进行交通全程控制，对每一条道路进行交通全时空控制，以提供交通效率和交通安全为主的网络与应用。

车联网是智能交通的组成部分，更多表现在汽车基于现实中的场景应用。"车联网"的关键概念是"联结"，这些联结有一个统称叫V2X，V是指汽车（Vehicle），X可以代表人和各种设备汽车，包括行人（Pedestrian）、路旁设置的通信基础设施（Infrastructure）及电网（Grid）等。当车与之互联，则取首字母命名为V2V、V2P、V2I及V2G。

最早的车联网始于车载信息系统，也就是车与移动网络的打通，车机自带的地图导航与路况报告等功能就是一个基础案例。伴随着车联网兴起，V2V、V2P、V2M、V2I功能被逐步开发，被广泛应用于汽车主动安全（ADAS）领域。电动汽车在市场普及，闲时可转换为移动电站为其他设备供电的（V2G）技术，也开始在全球范围推进。

车联网中作为基础通信联网入口分为两种：其一是将手机和车机端口打通，借助手机流量实现联网；其二是主机厂和运营商合作，采用前装内置上网卡的方式完成联结。总体来看，上面提到的安全类技术的实现，对于掌握硬件的主机厂更有优势，后装市场通过有限的外接接口也有不小的生存空间。

从我国汽车行业来看，所谓的车联网产品还停留在导航和娱乐系统的基础功能阶段，在主动安全和节能领域还有大片空白。车与车联网，车与物联之间联网，这些到现在为止还远远没有达成。

然而，自诞生之日起，车联网始终面临缺乏统一管理主体的局面，即主导缺失，与智能电网、安防等领域相比，车联网并不是最成熟、最接近实际应用的物联网应用，但凭借其战略高度和庞大的消费级市场，仍然赢得了强烈关注。

车联网的出现，为汽车制造、营销服务和移动通信等领域带来产业升级机遇：一方面促使汽车行业从单纯硬件销售转为与服务内容捆绑的新模式；另一方面又让运营商和服务商得以迅速定位高端客户群体，便于提供产品和服务。此外，国家对新能源汽车"必须具备远程监控能力"的要求，也让车联网横跨两大战略性新兴产业。

基于不同人站在不同的角度，车联网有不同的讲法。但是，在智能交通系统（ITS）框架中，车联网应当是车-路协同的含义，是交通信息化发展到一定阶段产生质变后的产物。真正的车联网应该是多个信息系统一体化的，人-车-路-环境之间的信息是互通的，基于物联网技术的车联网。现在相关标准没有出台，基本上可以说尚未迈入应用阶段。但是，首先应肯定车联网在日后汽车产业中的特殊地位，"连接必然成为一个最基础的功能"，尚需深入开发。

科技人员预测：到 2025 年道路 60% 的汽车将会联网；到 2040 年 75% 的汽车将实现自动驾驶。互联网连接将成为未来汽车的标配，这将是汽车行业发展 100 多年来经历的规模最大、最强的变革。我们早已熟练使用的 GPS，其实只是汽车联网的第一步。当一个完善的汽车运行智能监控系统建立起来，"自动驾驶"的汽车时代就离我们不远了。

参 考 文 献

[1] 齐占宁. 燃料电池汽车多能源动力系统的优化控制：[博士学位论文]. 北京：清华大学汽车工程系，2004.
[2] 赵立安. 燃料电池城市客车整车控制器仿真与样机实现：[硕士学位论文]. 北京：清华大学汽车工程系，2003.
[3] 连长震. 柔性动力系统设计及匹配标定：[硕士学位论文]. 北京：清华大学汽车工程系，2001.
[4] 朱元. 混合动力汽车能量管理策略的四步骤设计方法：[博士学位论文]. 北京：清华大学汽车工程系，2003.
[5] 周伟波. 燃料电池城市客车整车控制系统容错研究：[硕士学位论文]. 北京：清华大学汽车工程系，2005.
[6] 李宗华. 燃料电池客车分布式硬件在环实时仿真及控制策略研究：[硕士学位论文]. 北京：清华大学汽车工程系，2006.
[7] 孙鸿航. 燃料电池城市客车动力驱动系统构型分析与参数匹配：[硕士学位论文]. 北京：清华大学汽车工程系，2006.
[8] 李佳. FlexRay 网络设计及实时性分析：[硕士学位论文]. 北京：清华大学汽车工程系，2006.
[9] Galdi V, Ippolito L, Piccolo A, et al. Multiobjective optimization for fuel economy and emissions of HEV using the goal-attainment method, In Proceedings of 18th International Electric Vehicle Symposium, Berlin, October, 2001.
[10] Delprat S, Paganelli G, Guerra T M, Santin J J. Algorithmic optimization tool for evaluation of HEV control strategies. In Proc. of EVS16, Beijing, October 12-16, 1999.
[11] Stephane Rimaux, Michel Delhom, Emmanuel Combes. Hybrid Vehicle Powertrain: Modeling and Control. In: Proc. of EVS16, Beijing, 1999.

第 13 章 充电装置与氢系统基础设施

13.1 充电装置与电动汽车

广义上的电动汽车充电装置泛指将公共电网或发电装置的电能转变为车载动力电池组中的电化学能的各种形式的变流装置的总称。充电机、充电桩、充电站、车载充电机，电机驱动系统中的能量回收装置，燃料电池汽车动力系统中双向 DC/DC 变换器的充电部分等都应纳入电动汽车充电装置的范畴。但是，本节所论述的充电装置是指前者，即用公共电网的交流电能为车载动力电池组充电的装置。

充电装置相当于燃油汽车的加油站，是电动汽车的重要基础支撑系统。充电装置的性能和建设布局，直接影响到电动汽车的性能和使用方便性。没有与电动汽车的车载电池系统匹配的充电装置，电动汽车将难以实现商业化。

充电设备对电动汽车的主要影响可归纳为以下几个方面。

(1) 充电装置与电动汽车及电池系统的安全性

事实表明，影响电动汽车安全性的主要因素仍首推动力电池的充电过程。近年来，国内发生的电动汽车和电池组起火燃烧事故，许多都是在充电过程中发生的。例如：

案例一：某研究单位在进行 Ni-MH 电池组的试验中，在充电结束并已经关闭充电机数分钟后，电池组突然燃烧而被烧毁。此次事故的直接原因是，对 Ni-MH 电池在充电过程中热失控问题的严重后果认识不足，虽然充电电压没有超过应用规范，但个别电池单体的温升过高，超过了允许的最高温度而发生了热失控而燃烧。若采用能有效控制电池温度、温升和电压的充电系统，类似事故是完全可以避免的。

案例二：某单位在对维修中的锂离子电池组进行充电过程中，充电机显示界面各种参数完全正常，充电总电压尚未达到设定值，充电过程在"正常"进行中。但是，充电机操作人员在巡视电池组时感觉到有非正常的热源出现，立即对充电中的锂离子电池组进行检查，发现个别电池单体温度已经超过正常温度，电压也超过允许的最高充电电压。虽立即采取了关闭充电机和强制冷却等紧急措施，但仍没有能避免部分电池被烧毁的结果。

技术状态离散性大是各类电池共有的基本特征之一。电池技术状态离散性的表观特征主要表现在容量误差和内阻误差两个方面。由数十个到数百个电池单体组成的电动汽车电池组，容量和内阻差异将直接影响到充电过程中各电池单体的端电压和温升的差异，尤其在充电后期，由于容量的差异，虽然电池组总端电压没有超过额定充电电压，但是个别电池单体的端电压有可能超过额定电压。锂离子电池对电压更为敏感，一般锂离子电池若单体电池电压超过 5V，就有可能发生燃烧或爆炸的恶性事故。

用于电动汽车的充电装置，必须具备防止发生电池系统单体电压和温度超过允许范围的技术措施，以提高电动汽车充电过程安全性。

(2) 充电装置与电池组使用寿命和电动汽车的运行成本

电池的使用寿命极大地影响电动汽车的运行成本。电池寿命仍是制约电动汽车发展的关键因素之一。

电池寿命除与电池制造技术、制造工艺和电动汽车电池系统设计中合理选型有关外，充电装置的性能对电池寿命也有重大影响。选用对电池不会造成伤害的充电控制策略和性能稳定的充电装置，是保障电池使用寿命达到设计指标、防止发生电池早期损坏、降低运营成本的重要技术措施之一。越来越多的电动汽车研究人员已经将充电控制策略和充电装置列入各类电动汽车系统关键技术之中。

（3）充电装置和电动汽车的能耗指标

电动汽车能耗量是以充电装置从电网获得的电能计量的，充电装置的效率是电动汽车系统效率的一部分，对运行能耗和能源费用有重大影响。充电装置的效率主要体现在有功电能变换效率和功率因数两个方面。

若采用电能转换效率高的高频变流类充电装置，效率可以达到98%以上。实际电能消耗可以比相控变流类充电装置下降25%以上，经济指标十分可观。

不同类型充电装置电能转换效率存在巨大差别，若采用有源功率因数补偿或无源功率因数补偿，功率因数很容易达到90%以上。此外，还应充分考虑充电装置所产生的谐波对供电系统供电质量的影响，基于对充电装置高功率因数和低谐波污染的考虑，有人便提出"绿色充电站"的理念。

（4）充电设备的自动化与运行管理成本

电动汽车充电装置功率大、运行和安全要求高，从降低管理成本考虑，充电设备必须具有智能化、高安全性及易操作特性，这样可以提高运行效率和安全性并降低运行管理成本。

充电设备对电动汽车的发展具有重大影响，因此，应将电动汽车充电技术和充电装置的研究，纳入电动汽车产业化的总体构架体系范围内综合考虑，这样将对电动汽车总体发展具有重要意义。

13.2 电动汽车充电装置的分类

电动汽车充电装置的分类有不同方法。若按电路结构进行划分，可以分为工频相控类和高频开关电源类。

根据用途，可分为车载充电装置和地面充电装置两大类，见图13-1。

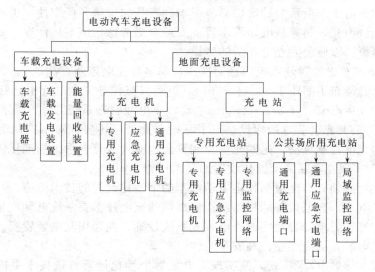

图 13-1 电动汽车充电机的分类

（1）车载充电装置

泛指安装在电动汽车上的，可采用地面交流电网电源对车载电池组进行充电的装置。其主要特点是：

① 体积和重量受到严格限制，所以功率不允许过大，一般在5kW以下，并具有根据目

标应用电动车的个性化量身定做的专用机特征。

② 受到充电电源（一般是非动力电源）的限制，我国大多数地区非动力用交流电输入额定电压为 220V，最大输入电流在 AC 16A 以内。

③ 为了保证充电安全，充电机必须与电池检测系统建立良好的信息交换通道，并具有适应特定电动车用电池系统特点的充电控制策略。

④ 操作简单，一般仅需正确连接和接通电源即可自动完成安全充电过程。

非接触的感应无线电力传输充电装置也应该归入车载充电机范畴。

（2）地面充电装置

主要包括专用充电机、专用充电站和公共场所用通用充电机及充电站等。

专用充电机、专用充电站是指针对特定目标的电动汽车、电池系统和车队充电需求而设计的，个性化特征鲜明，具有控制功能相对简单、适用范围单一、监控系统独立并自成体系的特点。

在地面充电设施中一般都配备应急充电装置，其目的是电动汽车在行驶过程中由于种种原因使电池组电量不足，需要短时间内补充一定量的电量而设置的。其特点是充电装置输出功率大，可大电流充电，在短时间内（一般不超过 30min）补充电池组 40%~60% 的容量。

公共场所用通用充电机及监控网络主要用于社会化电动汽车群的公共充电网络系统。此类充电装置与专用充电装置的主要区别如下。

① 能适应多种类型的电池系统。

目前电动汽车用动力不但有传统铅酸类电池，还有 Ni-MH 和锂离子电池，而且根据车型的不同，电池组的容量、电压等级也不完全统一。公共场所的充电装置必须具有适应多种类型电池系统的能力，具有多种类型电池的充电控制算法，可与各类电动汽车上的不同电池系统实现充电特性匹配。

② 能适应多种电压等级的电池系统。

公共场所的充电装置，必须能适应进入市场的各种电压等级的电动汽车。从技术范畴考虑，充电装置可以设计出能适应任何电压等级的产品。但电压等级过宽将大大增加充电装置设计的复杂性，并由于复杂系数的增加必将影响到产品的价格和可靠性，由此影响到充电系统运行的经济性。因此，国家从电动汽车行业发展全局考虑，应该从标准上尽可能规范动力电池组的电压等级，以便公共充电系统的建设。

③ 有与电动汽车电池管理系统信息交换接口和多种充电控制算法。

最近国家已经颁布了 GB/T 20234—2011《电动汽车传导充电　充电连接装置》的国家标准以及汽车行业标准 QC/T 842—2010《电动汽车电池管理系统与非车载充电机之间的通信协议》，这就为公共充电装置的建设奠定了基础。此外，还要针对不同制造厂商的电动汽车，具有不同的充电控制算法，这些充电控制算法也应列入充电系统标准化体系。

④ 具有易于实现充电装置个性化设置的技术措施。

公共充电装置必须具有能根据特定电动汽车的个性化设置的技术措施：对于进入充电系统的每一台电动汽车，充电机都能根据制造商提供的充电技术要求或电动汽车电池组当前技术状态对充电的特殊要求，自动完成充电装置系统设置，使通用充电装置实现特定的、个性化鲜明的专用充电装置的高性能、高安全特性。

采用接触或非接触 IC 卡模式，是实现充电装置个性化设置首选技术手段之一。充电装置的初始化设置和充电设备的启动过程，完全由 IC 卡操作模式实现。

⑤ 具有方便的电量计量收费装置和智能化安全保障措施。

准确的电量计量是实现商业化运作计费收费的基础。为此，充电装置必须设置满足商业计费要求的电量计量收费装置，包括可对峰-谷电价分别计费的系统。此外，也便于采用智能化安全保障措施。最近，北京市质量技术监督局已经颁布了北京市标准化指导性技术文件

DB11/Z 802—2011《电动汽车电能供给与保障技术规范 计量系统》，规定了电动汽车充电站计量系统的构成与分类、功能和技术要求，可供参考。

13.3 电动汽车充电技术和充电装置

随着国内外电动汽车技术的快速发展，在国家"十五"863电动汽车重大专项的推动下，电动汽车充电技术研究和充电装置研发引起了相关科技人员和产业界的高度关注并取得了重要进展。

充电装置实质上是充电控制装置与变流电路的结合体。各类变流电路拓扑已经相当成熟。在变流技术成熟的条件下，影响充电装置性能的主要因素是充电控制技术。

随着电力电子技术和变流控制技术的飞速发展、高精度可控变流技术的成熟和普及，分阶段恒流充电模式已经基本被充电电流和充电电压连续变化的恒压限流充电模式取代。若参数选择正确，恒压限流充电模式的充电电流最接近电池理论可接受充电电流曲线（见图13-2）。直到当前，主导充电工艺的仍首推恒压限流充电模式。

传统的恒压限流充电模式是基于假设充电过程中各单元的充电电压和充电接受能力相同为基础的。由于电池性能不一致的绝对性，传统的恒压限流充电模式只能应用在一致性好、串联数量少和允许一定程度过充电的电池系统中，如能够承受较大过充电的铅酸类电池。对于电动汽车采用的耐过充电能力十分有限的阀控密封电池（VRL）、锂离子和

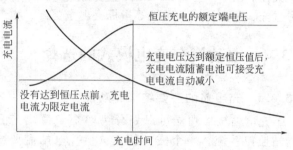

图13-2 恒压限流充电模式示意图

Ni-MH类新型动力电池，传统的恒压限流充电模式是无法保障电池系统的充电安全和不受伤害的。VRL类电池的过充电虽无发生恶性安全事故的风险，但会对电池造成严重伤害。锂离子和Ni-MH类电池的过充电，则可能发生温度失控和燃烧爆炸的恶性事故。因此，传统的恒压限流模式不能简单应用于电动汽车充电装置。

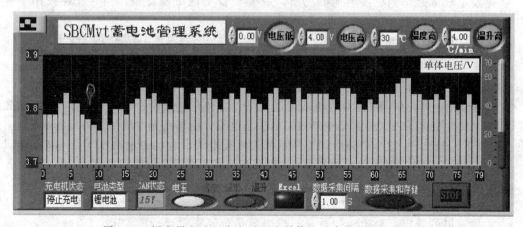

图13-3 锂离子电池组充电过程中单体电池参数状态监测记录

考虑到电池不一致性的客观存在，而且随着电池运行过程中的性能衰退，不一致性会加剧（如图13-3所示），近年出现的"基于典型单体电池参数"的安全充电技术路线和控制算法，为电动汽车充电过程中的安全管理、高效使用和延长寿命提出了一个简单、有效的充电控制技术路线。

"基于典型单体电池参数"的安全充电技术的实质是对传统恒压限流模式的深化和完善。此项技术仍然遵循恒流限压的基本模式,但对充电过程中的充电电流和充电电压的调整,不是仅依赖于电池组的端电压,而是优先依据电池组中典型单体的参数,即电压最高、温度最高、温升最快等参数适时调整充电电流和充电电压,以此确保在充电过程中处于极端状态的电池单体电压、温度不超过规定值,使电池组充入最大的电量,又确保充电过程的安全。

在充电过程中,对充电电流和充电电压的调整遵循以下原则。

对电压敏感类电池(代表是锂离子电池):主要考虑电池单体的最高电压和电池单体的最高温度值;以电池组的端电压作为参考。

对温度敏感类电池(代表是 Ni-MH 电池):主要考虑电池单体(或模块)的最高温度、温升和电池单体的最高电压值;而以电池组的端电压作为参考。

通过监视充电过程和充电结束时电池组的端电压与额定充电电压差值的变化以及典型单体电池的参数变化,可以准确判断电池组整体性能变化情况以及落后电池准确定位和更换时机。

电动汽车电池系统,尤其是充电过程的安全问题已经引起社会和电动汽车设计人员的高度关注。出于安全考虑,国家主管部门、汽车行业通过制定标准、法规对电动汽车用电池的耐过充、耐高温、一致性等指标提出了更高、更严格的要求和制定更科学的检测规范。

13.4 电动汽车充电模式的选择

13.4.1 充电站的主要结构和功能

充电站按照功能可以划分为四个子模块:配电系统、充电系统、电池调度系统、充电站监控系统。一个完整的充(换)电站需要配电室、中央监控室、充电区、更换电池区和电池维护间五个部分。

① 配电室为充电站提供所需的电源,不仅给充电机提供电能,而且要满足照明、控制设备的用电需求,内部建有变配电所有设备、配电监控系统、相关的控制和补偿设备。

② 中央监控室用于监控整个充电站的运行情况,并完成管理情况的报表打印等。

③ 充电区主要完成电池充电功能。

④ 更换电池区是车辆更换电池的场所,需要配备电池更换设备,同时应建设用于存放备用电池的电池存储间。

⑤ 在电池维护间进行电池重新配组、电池组均衡、实际容量测试、故障的应急处理等工作。

13.4.2 电动汽车的充电方式

充电站给电动汽车充电一般分为普通充电、快速充电和电池组快速更换三种方式。

① 普通充电,就是所谓的常规充电或慢速充电。这种充电模式为交流充电方式,由外部电网提供 220V(或 380V)交流电源给电动汽车车载充电机,由车载充电机给动力蓄电池充电,充满电一般需要 5~8h。一般小型纯电动汽车、可外接充电式混合动力电动汽车(Plug in Hybrid Electric Vehicle,PHEV)多采用此种方式,这种充电方式主要由充电桩来完成。

a. 常规充电的优点:充电桩成本低、安装方便;可利用电网晚间的低谷电进行充电,降低充电成本;充电时段充电电流较小、电压相对稳定,保证动力电池组安全和延长使用寿命。

b. 常规充电的缺点:充电时间过长,难以满足车辆紧急运行的需求。

② 快速充电(即应急充电)的充电电流要大一些,这就需要建设快速充电站,它并不要求把电池完全充满,只满足继续行驶的需要就可以了,这种充电模式下,在 20~30min 的时间里,只为电池充电 50%~80%。这种充电方式为直流充电,地面充电机直接输出直流电能给车载动力蓄电池充电,电动汽车只需提供充电及相关通信接口;这种充电方式主要

由充电站内的大电流充电机来实现。

a. 快速充电的优点：充电时间短，充电站场地更换快，节省停车场面积。

b. 快速充电的缺点：充电效率较低，充电机制造、安装和工作成本较高；充电电流大，对充电的技术和方法要求高，对电池的寿命有负面影响；易造成电池异常，存在安全隐患，且大电流充电会对公用电网产生冲击，可能会影响电网的供电质量和安全。

③ 电池组快速更换。通过直接更换电动汽车的电池组来达到充电的目的。由于电池组重量较大，更换电池的专业化要求较高，需配备专业人员并借助专业机械来快速完成电池的更换、充电和维护。

a. 快速更换电池的优点：解决了充电时间长、续驶里程短等难题；提高了车辆的使用效率，方便用户的使用；更换下来的蓄电池可以在低谷时段进行充电，降低了充电成本，提高了车辆运行的经济性；便于电池组的维护、管理，提高了电池的使用寿命；有利于废旧电池的集中回收和再利用。

b. 快速更换电池的缺点：建设换电站和购买备用电池组成本较高，对于电池与电动汽车的标准化、电动汽车的设计改进、充电站的建设和管理以及电池的流通管理等有严格的要求。

13.4.3 几种电动汽车充换电模式简介

在现有技术条件下，为了解决动力电池比能量低、成本高、成组后一致性差、充电时间长、循环寿命短以及充电过程中的安全性问题，促进电动汽车的商业化，许多志士仁人创造了适应不同车辆、不同使用条件、不同使用对象的电动汽车充换电系统模式。

（1）上海（北京）电巴新能源科技有限公司的充换电站

上海（北京）电巴新能源科技有限公司开发的动力电池快速更换系统，就是为了解决电动公交客车因电池一次充电续驶里程不足、充电时间过长导致运行效率太低，从而影响电动汽车大规模推广应用的难题。该公司建设并运行的北京奥运会北土城充换电站、上海世博充换电站、广州大学城亚运公交充换电站都是采用该模式，如图 13-4 所示。

图 13-4 充换电站工作照片

① 主要特点：采用原地回转、双侧分箱同步自动更换，自动化程度高，对场地要求条件较宽松。

② 系统基本组成部分为：设置于固定地点给电池组充电的充电站以及动力电池组快换装卸装置；充电站与快换装置分别装备有控制系统和通信装置；装备有可更换动力电池组和车载控制系统的电动公交车。

③ 系统控制流程

a. 基本控制流程：快换装置控制系统、车载控制系统与充电站控制系统可相互通信；当控制系统监控并接收到即将返回充电站的电动公交车车载控制系统发出的信号时，装卸装置预先定位到充电站相应位置前等待；当电动公交车到达充电站相应位置时，装卸装置执行更换动力电池组作业，从而实现电动公交车的连续在线运营。

b. 车载控制系统：动力电池组箱体上设置有采用销孔连接方式的定位装置和锁紧装置，用于与电动公交车专用底盘之间的定位及锁紧，当装卸装置完成电池组的更换作业后，车载控制系统完成动力电池组的锁定及整车电连接。

c. 动力电池组充电控制：当动力电池组放电深度在 60%～80% 之间（理想的状态是约 70%）时，电动公交车更换电池组。充电装置包括充电机和放置动力电池组的充电架以及电网峰谷差自动跟踪装置。充电站控制中心根据电网峰谷差自动跟踪装置随时扫描各分时段的电网电压数据，控制充电机在电网用电低谷时段给电池组充电，并在其余时段保持为电池组进行保养性浮充。

充电架上还设有动力电池组容量显示装置、温度测量及控制装置和烟雾报警装置。可按照预先设定的电池种类、型号调节充电架内的温度，以保证充电过程安全、高效。

d. 动力电池组更换装卸控制：装卸装置控制系统包括至少一台 PLC 工控机，用于控制装卸装置完成更换电池组作业。装卸装置控制系统、车载控制系统与充电站控制系统可相互通信，以保证更换过程安全、高效。更换机械臂上设置有用于检测电动公交车位置和充电架上待取出的已充电电池组位置的传感器，在机械臂垂直举升方向与充电架上不同位置对应设有传感器，可使动力电池组托盘在垂直方向各充电层位准确定位。

e. 控制中心：控制中心由中心服务器系统（包括电动汽车数据转发和数据存储子系统）、动力电池快换装置系统、充电站管理系统以及电动汽车 GIS 监控系统等子系统构成。中心控制系统还包括调度与紧急救援系统。

上海（北京）电巴新能源国家有限公司在北京、上海和广州开发的纯电动公交客车充换电系统分别从 2008 年、2010 年开始运行，取得了显著的效果，对在城市公交系统推广应用纯电动客车起到了支撑作用。

(2) 电动汽车无线充电技术

近些年，电动汽车无线充电技术（Wireless Charging Technology，WCT）得到了越来越多的关注。无线充电的优点在于：无线充电系统不含外漏端口，无需人工操作，不占据地上空间，能够实现静止状态和行进状态充电，因而其相对于有线充电方式，具有运行安全、充电智能、方案配置灵活等优点。

无线充电技术能够实现一定空间距离的高效非直接接触电能传输。1893 年科学家 Nikola Tesla 在哥伦比亚世博会上首次采用无线电能传输方式，点亮了磷光照明灯；其后，无线电能传输技术在交通领域成为研究热点。美国劳伦斯伯克利国家实验室在 1976 年和 1992 年开展了两项无线充电研究工作，分别测试了功率 8kW 和 60kW 的可移动式充电汽车，虽然未能真正商业化应用，但其技术研发工作在汽车行业得到迅速发展。2008 年无线充电联盟"Qi"标准的制定，标志着无线充电技术真正进入商业化运营模式。车用无线充电技术最早出现于 20 世纪 90 年代，由通用及其旗下子公司 Delco 研发，但第一个通过 ETL 认证并得以推广应用的，是美国 Evatran 公司的 Plugless L2 系统，已经在雪佛兰 Volt 和日产 Leaf 上安装使用，日产是第一个宣布量产无线充电系统的厂商。

在国内，东南大学、重庆大学、哈尔滨工业大学和中科院电工研究所等，也开展了适用于电动汽车的千瓦级功率需求的无线充电装置设计与研发工作。

电动汽车无线充电系统通常分为供电和受电两部分，其系统结构如图 13-5 所示。

电动汽车无线充电技术属于无线电能传输技术，在技术需求方面具有以下特殊性。

① 功率等级。几千瓦到几十千瓦，且充电时间较短，因此要求充电系统容量较大。

② 充电间距。垂直方向15～45cm，水平方向偏移量应大于15cm，倾斜方向应保证侧倾角裕度达到15°。

③ 充电效率。通常来讲，电网到车载电池的充电效率需大于85%才具有实用价值。

④ 系统尺寸与质量。考虑到汽车底盘体积、承载能力、轮距，以及无线充电系统比功率等因素，系统横向尺寸应在40～80cm之间，质量应该在50kg以内。

⑤ 数据通信：为了实现充电系统的自动运行和充电参数的智能调节，同时配合自动泊车等辅助驾驶技术的实现，系统应具有数据通信功能。

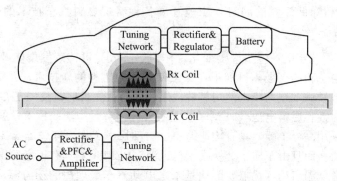

图13-5 电动汽车无线充电系统结构

供电部分：AC Source—交流电源；Rectifier & PFC & Amplifier—整流、功率因数校正与功放电路；Tuning Network——次侧调谐电路；Tx Coil—发射线圈；

受电部分：Rx Coil—接收线圈；Tuning Network—二次侧调谐电路；Rectifier & Regulator—整流和车载能量管理电路；Battery—蓄电池

无线充电系统存在以下问题。

① 充电效率不高。峰值效率为90%左右，而传统充电的效率在95%左右。

② 传递功率不够大。以目前技术大多数传递功率一般在10kW以下，在电动车辆上无线充电一般为慢充。这个功率是满足需求的。另外，随着技术发展，这个功率也会不断提升。

③ 安全性问题。由于电动汽车无线充电系统工作在高频下，电能与场能不断交替转化，在周边区域激发高频交变电磁场。因此，其电磁辐射水平是否对生物安全产生影响，对于该项技术的推广应用至关重要。

④ 未形成统一的标准。与有线充电技术一样，标准化也是阻碍无线充电技术发展的障碍之一。

⑤ 成本与电网负荷。成本与普及之间永远存在着典型的"鸡与蛋"的问题，尤其目前的无线充电设备，为了保证传输效率，所采用的线圈尺寸均较大，成本均较高，维修费用也大。

13.5 电动汽车充电装置的展望

电动汽车产业化进程在国家"十五"863重大专项、"十一五"节能与新能源汽车863重大项目的推动下，取得了举世瞩目的重大进展，向电动汽车的产业化和商业化推进了一大步。国内电动汽车充电装置的研发也取得了重大进展，出现了多种具有特色的电动汽车充电装置。高效、节能、非接触式充电方式也在研发和试验中。电动汽车的产业化进程离不开充电站等基础设施建设的支撑。现阶段电动汽车充电装置和充电系统的开发还适应不了电动汽车商业化的需要。要尽快将电动汽车充电装置纳入电动产业化项目的总体规划中，促使电动汽车充电装置的研究与电动汽车产业化进程有序、协调地发展，电动汽车充电装置研发和电动汽车充电基础设施研发必将滞后于电动汽车产业化进程的快速推进，拉大与国际先进水平的差距。

若将电动汽车充电基础设施纳入电动汽车产业化进程,统一规划、协调发展,使我国电动汽车充电装置及充电基础设施建设处于国际先进水平是完全有希望的。

13.6 燃料电池汽车和氢能

经过一个多世纪的发展,汽车已经成为对社会发展产生巨大影响的产品,汽车工业成为一个国家物质文明和科学技术水平的重要标志。但是汽车在带给人们方便、快捷和舒适的同时,也带来了日趋严重的环境污染和潜在的能源危机。基于此,各国政府和科技工作者在控制汽车污染物排放和降低油耗的同时,积极开展各种替代燃料汽车技术的开发和应用。

13.6.1 燃料电池和氢能

在 20 世纪的最后几年里发生了许多变化,作为解决人类可持续发展能源的方案之一,人们对燃料电池技术产生了新的兴趣,目前正在探索使用氢为燃料的新技术,并期望从 21 世纪中期开始,有可能在运输领域,逐渐步入使用氢替代燃料的时代。目前,我国正在开展燃料电池汽车的研究,其中质子交换膜燃料电池(PEMFC)是近几年研究最广泛、技术发展最为迅速的燃料电池。由于其电解质采用高分子膜,具有构造简单、启动快、工作温度较低等优势,最适宜为汽车等交通工具提供动力。而且由于质子交换膜燃料电池(PEMFC)具有很高的比能量和比功率,可以实现零排放,具有低温启动等优点,因此是未来电动汽车最理想的动力源。在 PEMFC 中,氧是燃料电池中常用的氧化剂,它能很方便地从空气中获取。氢气是燃料电池常用的燃料气,而在地球周围单质氢是极少的,在地壳中的某些特定条件下虽然也有氢气存在,但都难以开采与收集。因此正如 FORD 公司的一名高级技术研究人员指出的,解决氢源的问题比解决燃料电池本身更有意义,未来大规模推广使用燃料电池必须要解决氢源问题。

本节主要介绍氢气的制取、储存、运输和加注。

13.6.2 氢的基本性质

氢是自然界最丰富的元素之一。在地球上,氢主要以化合态形式存在于水和化石燃料中。氢的单质——氢气是一种无色、无味的气体,在 1 个标准大气压和 273K 状态下,密度为 0.089g/L,是最轻的气体。

氢气有气、液、固三态,氢的临界点温度很低,所谓临界点,代表物质的这样一类特性:气态物质在温度高于其本身的临界温度时,无论施加多么大的压力也是不能液化的,只有当温度达到或低于临界温度时,加压才能液化。氢气的临界温度是 -239.96℃(33.19K),远远低于常温 25℃(298.15K),所以在常温下氢气是一种永恒气体,氮气和氧气也是属于临界温度远低于常温的气体,很难液化。而临界温度高于常温的气体很容易液化,因为在常温下给它加压就液化了,如水、氨气、二氧化硫等就属于易液化气体。因此氢液化时,往往不能依靠直接降温(因为低温源不容易得到),而只能够通过高压气体的绝热膨胀来获得所需要的超低温,然后才能液化。盛液态氢的容器必须是略有出口的,允许少部分液态氢蒸发逸失来保持液态氢的低温。这样就给液态氢的使用带来许多麻烦,逸散的氢气容易与空气混合,在与空气形成的混合气体中氢气的体积浓度为 4.0%~75%时,就构成爆炸性的混合物,有引爆的潜在危险。

临界点除临界温度外,还有临界压力和临界体积,氢的临界压力为 12.98 标准大气压,即在临界温度-239.96℃(33.19K)时,施加 12.98 标准大气压的压力,氢气便可液化。而在 1 个标准大气压下,氢的液化温度为 -252.75℃(20.4K),此时液氢的密度为 71g/L,在同样条件下氢气的凝固温度为 -259.25℃(13.9K),固态氢的密度为 89g/L。临界体积是指在临界点时,每摩尔物质所占的体积。因此氢气经液化或固化之后,其质量密度和能量密度都大大提高,这对提高储存、运输和使用的效率比较有利。

总之，氢的各种性质决定了它是一种非常好的能量载体，具有如下特点：能量密度高，使用方便；资源丰富，制取方法多，可获取性大；可以大量存储和长距离运输；是清洁能源。因此氢不仅可用作固定动力厂和生活用的能源，还可以用作各种交通运输工具的能源。

13.7　氢的制取

氢作为一种"载能体"，可通过多种途径制得，目前在车辆上主要是以气态（少数液态）储存。氢作为车用替代燃料，通过燃料电池产生电能，副产物是水，是一种环境友好的过程，但各种氢燃料生产、使用过程的全生命周期，对环境和能量效率的影响，尚需进一步做出评估。

人们正在研究的制氢方式多种多样，既可通过化学方法对化合物进行重整、分解等方式获得，也可利用产氢微生物进行发酵或光合作用来制得氢气。本文主要针对比较实用的三种制氢方法——电解水、天然气重整和外供氢——进行分析，就制氢成本和根据这三种方法建立加氢站的成本进行分析。

目前，燃料电池汽车技术还处于研究、开发和示范运行阶段，在车辆系统技术、加氢设施、车载储氢、制造成本、运行经验、标准和法规等方面，还有大量问题需要系统地考虑和解决。另外还需要政府、企业、研究机构之间紧密合作，对示范性加氢站建设等相关技术方案、法规进行研究。

要将氢作为车用替代燃料，还面临许多挑战，首先是大规模、低成本的氢来源问题。同时氢也难以储存和分发，至今还没有找到理想的储氢方法。与汽油、甲醇等液态燃料相比，单位体积的气态氢所含的能量较小，液态氢虽有较高的能量密度，但它必须在低温高压下储存，要想得到液氢，必须将它冷却到$-253℃$，这要消耗掉它自身所含能量的$25\%\sim30\%$，冷却$0.45kg(1lb)$氢需要$5kW\cdot h$的电能。若使用压缩氢气，消耗的能量比获得液氢所需能量少得多，但储氢压力要达到$25\sim35MPa$以上，在运送压缩氢时，氢要储存在高压容器中，而这种高压容器价格昂贵。

建设用于支持燃料电池车辆的示范试验用的加氢站方案，首先要考虑的是加氢站用的氢来自何处，这取决于以下因素。

① 所在地的资源和能源状况。
② 氢燃料的生产成本，氢的纯度要达到燃料电池制造商的要求：大于99.999%。
③ 日供氢量和建站投资。
④ 运输和储存的安全性。

人们正在研究各种制氢方法（光电化学处理制氢、生物制氢、热水分裂制氢、太阳能制氢等），如图13-6所示。

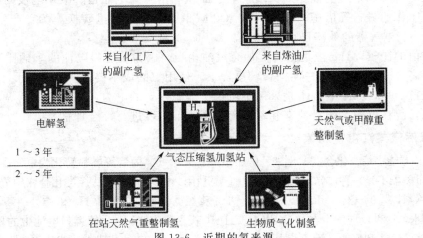

图13-6　近期的氢来源

目前，为燃料电池汽车提供氢的比较经济实用的途径主要有三种。

① 电解水制氢。

② 天然气蒸汽重整制氢。

③ 来自焦化厂、氯碱工厂或石油精炼厂的副产品氢。有条件的地方，将焦化厂、氯碱工厂或原油精炼时的副产品氢，作为氢燃料，对于用氢量相对较小的示范应用来说，应是一种首选的方案，但是必须充分评估氢的纯度及其提纯问题。

13.7.1 电解水制氢

这有两种方案：利用普通发电厂的电来制氢和利用再生能源产生的电来制氢，如图13-7所示。其中利用再生能源产生的电去制氢，是一理想的方案。用于电解水的电力，其初级能源具有多样性，可以是水力能、太阳能、风能、地热等，这些是可再生能源。如果采用可再生能源制氢，那么从氢燃料的产生到FCB的运行，整个运输链是无污染、零排放的。

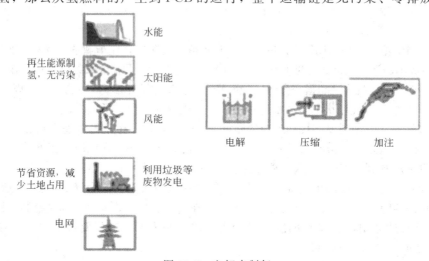

图 13-7 电解水制氢

电解1mol水所需最小的电量（在25℃时）是65.4W·h，产生$1m^3$的氢大约要4.8kW·h的电。用电解方法制取1kg氢需要9kg水。

加拿大一家有五十年生产制氢设备历史的公司Stuart Energy曾宣布，他们要制造当前目标成本为2.5\$/kg的电解水制氢装置。其措施是：通过减少两电极间流过电流的电阻，以降低所需的电压；采用电催化剂、增大电极面积和内部导电通道、减小电极间隔以及采用可在高温下工作的材料等措施，来提高效率和减少能耗。其能量转换率为：产生$1m^3$氢耗电3.5kW·h。电解器的效率已可达90%。

基于热值的比较，1kg氢近似与1加仑汽油相当，因为装燃料电池的车辆比装内燃机的车辆效率要高2~3倍，所以在同样行驶里程下，使用氢的成本要低一半左右。

需要注意的是，如果电解水是采用不可再生能源生产的电力，如用煤发电等，有温室气体排放问题，故在价格、能量效率和对环境的影响上，要进行综合评估。

13.7.2 天然气蒸汽重整制氢

利用重整器能将烃类化合物，例如乙醇、甲醇、天然气、丙烷等燃料转化为氢，供燃料电池使用。但是，重整器不是一种非常理想的装置，它要利用热能才能将氢从烃类化合物中分离出来，这会产生余热和除氢以外的气体。重整反应的第一步是将烃类化合物分解为H_2和CO，然后再将CO转变为CO_2和水，这种反应发生在200℃以上。H_2中若含有CO，则会使燃料电池中的催化剂中毒，降低燃料电池的性能和寿命。为了获得较纯净的氢，还需采用各种装置去清洁从重整器得到的氢。

天然气重整是目前最方便的制氢方法，担负了全世界超过 90% 的氢产品制取任务，其氢供应过程如图 13-8 所示。

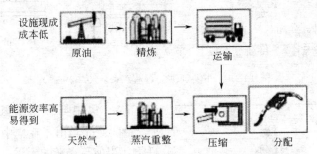

图 13-8 天然气蒸汽重整制氢及石油精炼的副产品氢

天然气重整制氢过程如图 13-9 所示。首先要清除天然气中的硫化物，然后和水蒸气混合，并送入内部有镍-氧化铝催化剂的管状反应器，同时要从外部加热，反应器里产生 CO 和 H_2。接下来通过水-气转移反应将 CO 和水转化成 H_2 和 CO_2。然后提纯氢气，清除最后剩下的 CO、S 等有害物质。

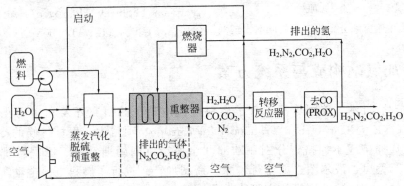

图 13-9 天然气重整制氢过程

吸热重整反应是：
$$CH_4 + H_2O + 206kJ/kg \longrightarrow CO + 3H_2 \tag{13-1}$$

通常的放热变换反应是：
$$CO + H_2O \longrightarrow CO_2 + H_2 + 41kJ/kg \tag{13-2}$$

总反应是：
$$CH_4 + 2H_2O + 165kJ/kg \longrightarrow CO_2 + 4H_2 \tag{13-3}$$

用天然气重整制取 1kg 氢，需 2kg CH_4、4.5kg 水，同时制氢过程中能量效率比电解制氢高。

13.7.3 来自焦化厂、氯碱工厂或石油精炼厂的副产品氢

氢是氯化钠或氯化钾电解的副产品，电解产生氯气和氢氧化钠或氢氧化钾：
$$NaCl + H_2O \longrightarrow \frac{1}{2}Cl_2 + NaOH + \frac{1}{2}H_2 \tag{13-4}$$

$$KCl + H_2O \longrightarrow \frac{1}{2}Cl_2 + KOH + \frac{1}{2}H_2 \tag{13-5}$$

氯气是世界上最普通的化工产品之一，它被大量生产。

氢是汽油催化重整的副产品，也是用于乙烯生产的烃类蒸汽裂化的副产品。

对于有条件的地方，将焦化厂或原油精炼时的副产品氢作为氢燃料，对小规模的应用来说是一种比较好的办法。这时氢的供应过程如图 13-8 中上图及图 13-10 所示。

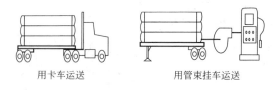

图 13-10　外供氢供应过程（1scf＝0.028m³）

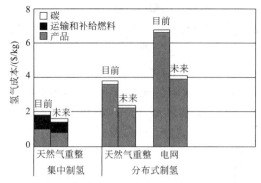

图 13-11　集中制氢和分布式制氢的成本比较

13.7.4　集中与分布制氢的氢成本比较

图 13-11 给出了在集中制氢和分布式制氢条件下，当前与未来的天然气重整和电解制氢的成本比较。图中给出了集中制氢时，氢成本由氢生产成本、运输成本和二氧化碳收集与处理成本组成，而分布式制氢其成本可省去运输成本这一项，但是分布式制氢其成本明显高于集中式制氢，由于其是电解制氢（来源：California Hydrogen Highway Hydrogen Reporters Briefing Berkeley，CA August 30，2005）。

13.8　加氢站构成与系统方案

至今，欧洲、日本、美国等都进行了燃料电池电动车的研究开发和实用化示范运行试验。欧洲在 CUTE（Clean Urban Transport for Europe）项目中，根据气候的冷热、平原或多坡地形及交通拥挤或不拥挤，分别在欧洲 9 个城市（阿姆斯特丹、巴塞罗那、汉堡、伦敦、卢森堡、马德里、波尔图、斯德哥尔摩、斯图加特）进行了燃料电池电动车的示范运行并建立了加氢站。在这项大规模的实用化示范试验活动中，每个城市都有 3 辆燃料电池公共汽车参与，同时都建有一个加氢站，氢也以不同方式生产。该项目已于 2006 年 5 月结束，其积累的经验、获得的各种数据，可供参考。日本在 JHFC（Japan Hydrogen & Fuel Cell）示范项目中，在多个城市间设立了燃料电池电动车示范运行路线并在相应的地方建立了加氢站，其中在 2005 年日本爱知县世博会会场建立了两个加氢站，共对 8 辆燃料电池大客车进行了示范运行。美国也在加州阳光车道（SunLine）运输公司等数处地方，进行了燃料电池大客车示范运行和建设加氢站。因此，本节重点介绍欧洲 CUTE 项目中各加氢站，详细介绍日本爱知县世博会期间燃料电池大客车示范运行的相关数据和加氢站建设及加氢情况；同时也介绍美国阳光运输公司在示范运行中的加氢站情况。

13.8.1　加氢站组成

压缩氢气加氢站与天然气加气站很类似，它由下列部分组成：中间储氢罐、压缩机、高压开关阀、高压储氢容器、分配阀、加氢机，如图 13-12 所示。

① 中间储氢罐。对集中制氢、运送供氢的情况，中间储氢罐的容量要保证够 FCB 几天的充气用量。而对现场制氢，储氢罐可以很小，因为它的容量只要保证制氢设备（电解、重整）与压缩机的缓冲即可。

② 压缩机。它用于将低压氢压入高压储氢容器，以便对 FCB 充气，压缩机的工作几乎是连续的。

③ 高压开关阀。通过该阀组的开关，可使氢气流向高压储气容器或流向加氢机。

④ 高压储氢容器。该容器装有高压氢，当对 FCB 充氢时，此容器通过加油管与车上的储氢箱连接。由于此容器内的压力大于车上储氢罐的压力，因此氢会自动流入车上的储氢箱，直至充满为止。

⑤ 加氢机。它类似普通加油站的加油机，设计加氢机时要考虑加氢时与燃料电池汽车能安全、快速地连接。

⑥ 压力阀。加氢站系统中还有若干个压力阀，它们用于加氢站系统安装或维修时，安全地切断各组成部分的连接。

图 13-13 是欧洲几个城市的加氢站外景。

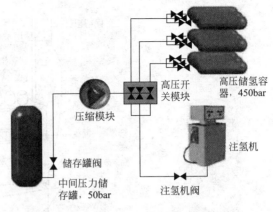

图 13-12 加氢站基本设施

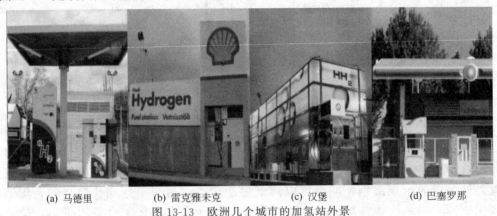

(a) 马德里　　(b) 雷克雅未克　　(c) 汉堡　　(d) 巴塞罗那

图 13-13 欧洲几个城市的加氢站外景

13.8.2 加氢站系统类型

压缩氢气加氢站的系统可分为自溢流加氢系统和增压加氢系统两种方案，见图 13-14。

自溢流加氢系统中的高压储氢容器压力必须大于被加车辆储氢罐内压力，如车载储氢罐内压力为 35MPa 时，加氢站高压储存罐内压力需达 45MPa 以上，系统中只需采用一台高压压缩机。

增压加氢系统的储氢罐压力比较低，如车载储氢罐内压力为 35MPa 时，加氢站高压储存罐内压力可以是 25MPa，因此系统中除压缩机 1 外，储氢罐与加氢机之间还要另有一台增压用的压缩机 2，见图 13-14(b)。欧洲 CUTE 示范项目的加氢站多数都具有增压加氢系统。

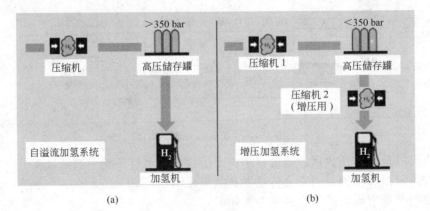

图 13-14 两种加氢站系统方案

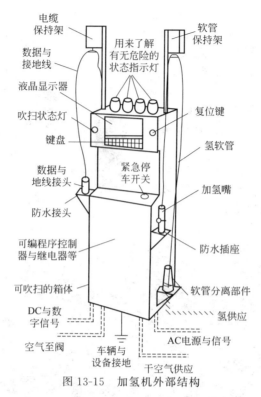

图 13-15 加氢机外部结构

采用自溢流加氢系统的优点是加气速度快，站的利用率高；而增压加氢系统可以降低加氢站储氢罐的耐压级别，同时可以降低加注成本。但为了达到快速加气，压缩机的容量要求更高，当系统维修保养时，要么停止加气，要么增加1台备用机组，使设备投资大大增加。

13.8.3 加氢机

加氢机是氢源与待加氢车辆之间的接口，其外形很像现代加油机，如图13-15所示，其内部结构如图13-16所示。加氢机内装有可编程序控制器，不管是否有车辆来加油，它都连续地监控加氢站的状态，控制软件的目标如下。

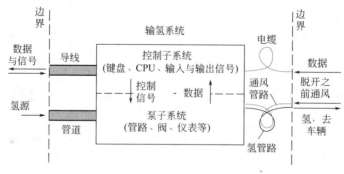

图 13-16 加氢机内部结构

① 经串行通信口传送数据；通过显示屏上的仪表指示引导整个加氢过程。
② 监控加氢站和车辆上的安全传感器和状态指示器。
③ 需要时使所有设备处于火情安全关闭模式。
④ 如果出现问题，使报警灯光、声响、安全指示显示器工作。

⑤ 监控加氢过程，加满时自动停止。
⑥ 防止未经许可的人加氢。

在车辆设计和制造时就要考虑如何与加氢机配合，如启动氢燃料输送之前，首先要有信号给氢源，告知车辆已经到位，接着在加氢之前要确认车辆的状态是否为变速箱在空挡停车位置以及车辆是否已接地。一切没有问题后，显示屏显示车辆储氢罐状况，最后车辆操作人员给出个人身份信息，确认后即可自动完成加氢。

13.8.4 加氢站建设成本

根据 2004 年 11 月 14 日加氢站成本与经济分析公众会议（H_2 Fueling Station Costs and Economic Analysis Public Meeting）TIAX LLC、Stephen Lasher 提供的数据，近期（2005年）建设加氢站成本在(0.3～5)百万美元，与氢供应的途径有关，见图 13-17，其中采用外供氢并用管束拖车运输的方案成本最低；随着技术进步和生产量增加将会减少（中期指2015 年以后，长期指 2030 年以后）。表 13-1 给出用于加氢站的几种设备的参考成本。

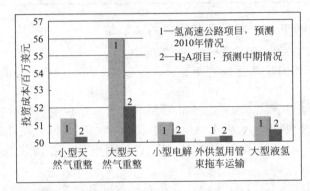

图 13-17　建设加氢站成本［近期加氢站投资成本在（0.3～5）百万美元之间，随着技术进步和生产量增加，将会减少］

表 13-1　用于加氢站几种设备的参考成本

来源	设备	能力/规格		费用/美元	进口税
苏州电解槽（中国）	电解槽	$20m^3/h$	1.7kg/h	99000	
制造商（美国）	蒸汽甲烷重整器	100kg/d	4.2kg/h	420000	
制造商（美国）	往复式压缩机		4.2kg/h	51000	含
NK（韩国）	储氢罐	9个罐，每个$0.765m^3$，432bar，每个 21.4kg	193kg	180000	含
CPI（美国）	储氢罐	6个罐，每个$0.754m^3$，432bar，每个 21.13kg	127kg	135000	含
CPI（美国）	管束拖车	$3575m^3$，200bar，300kg	300kg	170000	含

对五种类型不同存储量和压缩机容量的加氢站（见表 13-2）进行了成本分析，结果见表 13-3。

表 13-2　五种不同存储量和压缩机容量的加氢站

加氢站类型	容量/(kg/d)	高峰燃料需求量/kg	高峰持续时间/h	存储量/kg	压缩机工作能力/(kg/h)
天然气蒸汽重整	100	40	3	135	42
	300	120	3	406	13
电解	30	12	3	39	1.3
外供氢	150	60	3	71	13
	300	120	3	142	26

表 13-3　五种加氢站的估计成本　　　　　　　　　　1000 $

项目	加氢站类型				
	天然气蒸汽重整(100kg/d)	天然气蒸汽重整(300kg/d)	电解(30kg/d)	外送氢(150kg/d)	外送氢(300kg/d)
制氢设备	417	806	99	含在运输费内	含在运输费内
提纯	77	134	—	100	134
存储系统	250	820	65	125	264
压缩机	68	120	36	122	176
加氢机	60	120	43	60	120
附加设备	49	49	67	70	70
安装费用	94	94	45	64	64
不可预见费用	87	193	29	45	72
总投资	1120	2336	384	586	900

13.8.5　全球主要燃料电池大客车示范项目的加氢站

1994～2006 年 FCB 的示范运行已有 12 年历史。

① 1994～1995 年美国联邦运输署 FTA/乔治敦 100kW、9m（30 英尺）燃料电池大客车试验。

② 1998～2000 年巴拉德 205kW、12m 燃料电池大客车在温哥华、芝加哥的示范。

③ 2000～2001 年燃料电池大客车（巴拉德 200kW 燃料电池）在加州 Sunline 的示范。

④ 2002～2003 年 9m 燃料电池大客车（UTC 燃料电池）在加州 Sunline 及 AC 运输公司的示范。

⑤ 2003～2005 年欧洲 CUTE、ECOST 及澳洲 STEP 共 33 辆，世界最大规模燃料电池大客车的示范。

⑥ 2003～2004 年日本东京地区燃料电池汽车示范项目。

⑦ 2005 年 3 月 25 日～2005 年 9 月 25 日 8 辆丰田燃料电池大客车在日本爱知县世博会期间的示范，该示范在一个城市内，参加示范的车辆数量属世界第一。

⑧ 2004～2006 年美国能源部的 HFCIT 项目，其中分别采用巴拉德和 UTC 堆的 12m（40ft）燃料电池大客车在加州 VTA 公司、AC 运输公司和 Sunline 运输公司的示范。

⑨ 2006 年至今北京 GEF/UNDP 燃料电池大客车示范。

所有这些示范项目都建立了相当数量的氢基础设施，下面主要介绍欧洲 CUTE 项目、日本 JHFC 项目中东京与爱知县世博会示范以及美国 Sunline 示范项目的加氢站。

13.8.5.1　欧洲用于燃料电池大客车示范的主要加氢站

(1) CUTE/ECUTE 项目参加国的加氢站与氢来源

欧洲 CUTE 项目涉及欧洲七国九城市：阿姆斯特丹（荷兰）、巴塞罗那（西班牙）、汉堡（德国）、斯图加特（德国）、伦敦（英国）、卢森堡、马德里（西班牙）、斯德哥尔摩（瑞典）、波尔图（葡萄牙），欧盟给予 CUTE 计划 1850 万欧元的财政资助。生态城市运输系统项目（ECTS）仅涉及冰岛的首都——雷克雅未克（Reykjavik）。这项大规模的示范活动，每个城市有 3 辆燃料电池大客车参与，同时每个大客车总站都将建一加氢站，氢也以不同方法生产，见图 13-18。通过示范活动，增加对燃料电池大客车和氢基础设施的认识，同时积累使用经验，并获得各种数据，以便进一步分析、比较，该项目已于 2006 年 5 月结束。

(2) CUTE 项目九城市加氢站参数

表 13-4 为 CUTE 项目九城市加氢站参数。

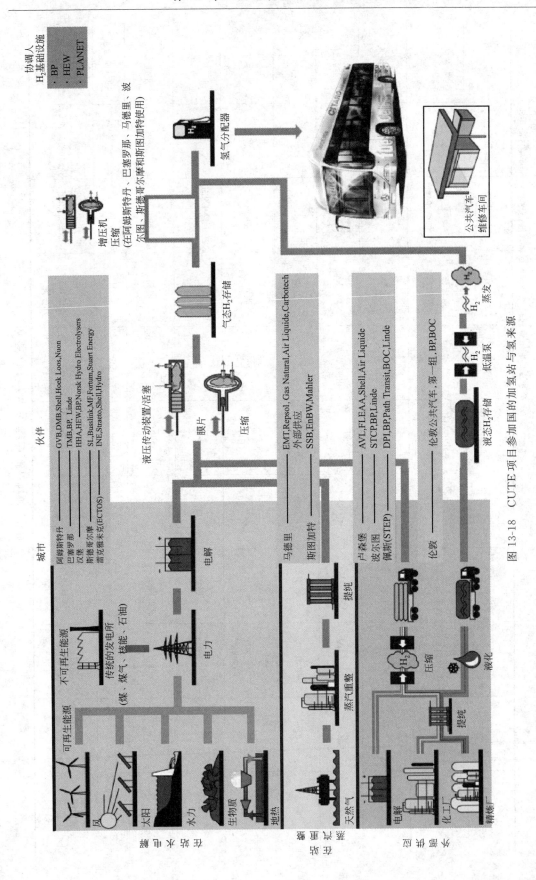

图 13-18 CUTE 项目参加国的加氢站与氢来源

表 13-4 CUTE 项目九城市加氢站参数

项目 城市	制氢途径	技术提供商	压气机类型	压气机额定容量(标准状态)/(m³/h)	压气机制造商	氢气存储容量/kg	补给燃料类型	分配器供应商	最大充满时间/min	两辆车的间隔
阿姆斯特丹	电解	Hoek Loos	液压	300	Linde	490	溢流+增压机	Linde	15	0
巴塞罗那	电解	Linde	液压	300	Linde	170	溢流+增压机	Linde	20	在第三辆之前:60
汉堡	电解	Norsk Hydro Electrolyzers	膜片	62	Hofer	400	溢流	Brochier	<10	0②
伦敦	外部①	BOC	低温泵	900	ACD Cryo	3200	加压 LH$_2$ 的蒸发	Fueling Technologie Inc	30	0
卢森堡	外部	Air Liquid	膜片	60	Burton Corblin	500	溢流	Air Liquid	10	0
马德里	蒸汽重整+外部	Air Liquid	膜片 2 台	50 和 2400	PDC Machines Inc	360	溢流+增压机	Air Liquid	10~15	0
波尔图	外部	Linde	液压	300	Linde	172	溢流+增压机	Linde	12~15	0
斯德哥尔摩	电解	Hydrogenics Systems	1 台活塞 1 台液压	525	PDC and Hydropac	95	溢流+增压机	Fueling Technologie Inc	20~35	0③
斯图加特	蒸汽重整	Mahler IGS	液压 2 台	100 和 5380	Idro Meccanica	282	溢流+增压机	Brochier	<15	0

① 当 2004 年示范项目开始时,计划用液氢供应系统,但目前是压缩氢气。
② 当加注最大容量时需要 120min。
③ 由于有限的存储容量,在第二辆车和第三辆车之间要间隔 8h。

(3) 从 CUTE 项目的加氢站示范验证中学到的经验

① 氢的供应基础设施基本上是可行的、可靠的，所选择的性能指标可以用来定量地说明氢供应基础设施的特性。

② 蒸汽重整器表现得不尽如人意，表现在启动-停止、负载适应性、催化剂的耐久性等方面；电解槽表现得很好；压缩机导致了气体的不纯净和不规律的停机时间。

③ 制氢部件、压缩机、存储装置和加氢机等的系统优化集成仍然是很大的问题，接口的标准化十分重要。

④ 加氢站的工程建设要求布局紧凑、占地面积小、部件模块化、便于集成在现有的公共汽车站，同时不影响该汽车站的正常营业。

⑤ 加氢过程要简单、容易处理，每辆车的加氢时间不超过 30min。

⑥ 从在站制氢或从挂车来的氢的入口开始，沿着供应链的各处，直到加氢枪，氢的品质都不会受到污染。

13.8.5.2 日本的燃料电池汽车加氢站

2005 年世博会在日本爱知县举行。日本爱知世博会有两个会场，连接两个会场的交通工具除了缆车之外，还有燃料电池和蓄电池混合动力大客车。在两个会场各设一个加氢站，所需氢由东邦气体、新日铁和太阳日酸 3 家负责供应。

(1) 日本爱知县濑户北加氢站（EXPO2005 Hydrogen Refueling Station/Seto-North）

该加氢站（图 13-19）位于爱知县内，是一个离站制氢型（Off-site）的加氢站。氢燃料是在新日本制铁名古屋制铁所中通过纯化焦炉煤气（Coke Oven Gas）获得的副产品氢气，通过罐装车运输到该加氢站供车辆加氢。加氢站参数见表 13-5，结构如图 13-20 所示。

图 13-19　日本爱知县濑户北加氢站

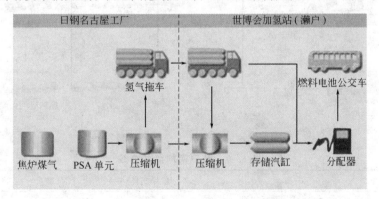

图 13-20　濑户北（世博会）加氢站结构

表 13-5　濑户北加氢站参数

建造者	新日本制铁(株)、太阳日酸(株)
原料	焦炉煤气(Coke Oven Gas,COG)
氢制造方法	焦炉煤气提纯(PSA 方式)
氢制造能力	9.0kg/h[100m³/h(标准状态)](PSA)

续表

建造者	新日本制铁(株)、太阳日酸(株)
压缩设备	9.0kg/h[100m³/h(标准状态)](PSA)
氢存储设备	3600L(40MPa)
氢气纯度	99.99%以上
加注能力	35MPa(从轻型汽车到公交车都可以)
特点	4组系统:一辆氢运输车和三组氢存储设备 可以抑制快速加注时产生的燃料容器温度的上升

(2) 日本爱知县濑户南加氢站（EXPO2005 Hydrogen Refueling Station/Seto-South）

该加氢站是日本首家混合式氢站（见图13-21）。它的大部分氢来自在站内重整城市煤气制备，同时混合和利用离站运输来的副产品氢（氢制备和供应过程如图13-22所示），通过双重氢能来源，保证了氢能供应的高度可靠性。另外，由于使用辅助的离站氢源，使站内重整城市煤气制备氢能的生产设备得以高效运转，其结构参数见表13-6。

图13-21 日本爱知县濑户南加氢站

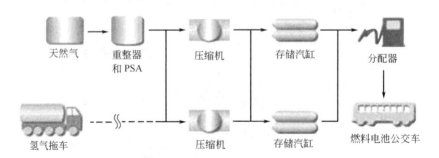

图13-22 城市煤气重整制氢供氢过程

表13-6 濑户南加氢站参数

建 造 者	东邦气体(株)、太阳日酸(株)
原料	天然气(城市煤气)
氢制造方法	水蒸气重整+PSA纯化
氢制造能力	8.9kg/h[100m³/h(标准状态)]
压缩设备	8.9kg/h[100m³/h(标准状态)]
氢存储设备	6000L(40MPa)
氢气纯度	99.99%以上
加注能力	35MPa
特点	日本国内最大等级的加氢站[氢供给能力达到1100m³/日(标准状态)]

13.8.5.3 美国用于燃料电池大客车的主要加氢站

阳光运输公司（Sunline）采用两种制氢方法：一种是利用太阳能电解水方法；另一种是天然气重整方法。由于库齐拉山谷具有丰富的风能，所以对利用风力发电来电解水制氢极感兴趣。氢制备、储存、分发的基础设施，是由下列几个主要部分组成。

① 有三个单独产生氢的系统。两个是电解水系统，另一个是天然气重整系统（图13-23）。在两个电解水系统中，一个为公司的高尔夫球车及社区用电动车（Neighborhood Electric Vehicle）提供氢。另一个为燃料电池FCB和天然气+氢气混合燃料（Hythane）车提供氢。

② 一个管状拖车和若干个ASME储气罐，用于储存大约118000m^3（标准状态）压缩氢。

③ 两个软管加氢站，一个用来分发压缩氢，另一个用Hythane燃料的混合。

电解水系统的成套设备（包括氢发生器、储存、分发各项设备）全部由Stuart能源公司提供（见图13-24）。电解水系统所需动力，是由阳光运输公司的平面排列的太阳能电池列阵产生，总功率约有40kW。电解产生的氢经干燥、提纯、压缩后储存。

图13-23 天然气重整器

图13-24 Stuart能源公司的模块式压缩氢站

13.9 氢安全

氢是易燃、易爆的气体，氢的相对分子质量最小，最容易泄漏，在高压储存时泄漏的危险更为严重。逸散的氢气很容易与空气混合，在与空气形成的混合气体中氢气的体积浓度为4.0%~75%时就构成爆炸性的混合物，有引爆的潜在危险。因此，氢安全问题在氢气的制取—储存—运输—加注和使用的全过程中，都应该引起足够的重视。

(1) 氢泄漏监测系统

该系统由安装在可能发生氢泄漏的所有部位，例如制氢、氢气压缩、储存、运输、加注、燃料电池汽车等处的氢检测传感器和一套监控器组成。传感器实时检测各部位的氢浓度，当有任何一只传感器检测到的氢浓度超过氢爆炸下限（空气中的氢浓度为4%体积浓度）的10%、30%和50%时，监控器会分别发出Ⅰ级、Ⅱ级、Ⅲ级声光报警信号，同时通知安全报警处理系统采取相应的安全处理措施。

(2) 氢安全标准和规范

虽然氢燃料电池汽车的研究和开发工作主要是最近十几年的事，但国际上有关燃料电池汽车氢安全技术标准和规范的工作非常活跃。因此，有关燃料电池汽车氢安全的研究工作必须引起重视，以适应氢燃料电池汽车研究和推广应用不断发展的迫切需求。

国际上有关燃料电池汽车氢安全技术标准和规范的组织有：

国际标准化组织（International Standardization Organization，ISO）；

国际电工委员会（International Electrotechnical Committee，IEC）；
美国汽车工程学会（Society of Automobile Engineering，SAE）。
ISO 相关标准、规范（或讨论稿）如下：
ISO/DIS 13985 液氢-车用燃料罐；
ISO/WD 15866 气态氢混合物和氢燃料-加氢站；
ISO/CD 15869 气态氢混合物和氢燃料-车用燃料罐；
ISO/WD PAS 15916 氢系统安全基本要求；
ISO/AWI 17268 气态氢-车用加氢连接装置；
ISO 6469 道路电动车辆安全细则。
SAE 相关标准（或建议稿）如下：
J2578 燃料电池汽车总体安全操作建议；
J2579 燃料系统安全操作规程建议；
J2600 高压氢加注连接装置。

例如，IEC TC 105（燃料电池动力系统安全总则）和 SAE J2578（燃料电池汽车总体安全操作建议）中，都对通风提出以下要求：通风速率的设计原则是保证可燃气体的浓度低于最低燃烧极限的 25%；强制通风时，要有开启通风气流和关闭燃料源的互锁装置等。

参 考 文 献

[1] 张继桓. 电工常用手册. 长沙：湖南科学技术出版社，1981.
[2] DFevⅡ电动汽车充电机的相关资料及充电站构架方案相关资料. 机械科学研究院北京机电研究所.
[3] CUTE Final Brochure (Electronic Version). http://www.fuel-cell-bus-club.com/index.
[4] Producing Hydrogen：Learnings from CUTE. http://cute-hamburg.motum.revorm.com/.
[5] Hydrogen, Fuel Cells & Infrastructure Technologies Program，Multi-Year Research, Development and Demonstration Plan Planned program activities for 2003-2010. http://www1.eere.energy.gov/hydrogenandfuelcells/.
[6] CUTE Brochure "Hydrogen Supply Infrastructure and Fuel Cell Bus Technology". http://www.fuel-cell-bus-club.com/.
[7] Annual Progress Reports for the Hydrogen, Fuel Cells & Infrastructure Technologies Program and the Transportation Fuel Cell Power Systems project. http://www1.eere.energy.gov/hydrogenandfuelcells/annual_reports.
[8] STEP EcoBus Newsletter Issue 2. http://www.fuel-cell-bus-club.com/modules/.
[9] DETAILED SUMMARY OF ACHIEVEMENTS，CUTE Fuel CellBus Project in Europe 2001-2006. http://ec.europa.eu/energy/.
[10] Hydrogen Refueling Station Costs in Shanghai，Jonathan X. Weinert Joan M. Ogden，Institute of Transportation Studies，UC Davis，Year 2006. http://repositories.cdlib.org/.
[11] HYDROGEN INFRASTRUCTURE DEVELOPMENT Pathways for Development of Hydrogen Fuel Infrastructure，Presentation to California Energy Commission Ad Hoc Integrated Energy Policy Report Committee Workshop On Transportation Fuels，TIAX，LLC Acorn Park Cambridge，Massachusettsm 02140-2390. http://repositories.cdlib.org/cgi/viewcontent.
[12] Freedom CAR and Fuel Partnership Plan -March 2006. http://www.eere.energy.gov/vehiclesandfuels/.
[13] PEM Fuel Cell Cost Status - 2005 Cost Status. http://www.fuelcellseminar.com/.
[14] Thomas，C. E. et al，"Affordable Hydrogen Supply Pathways for Fuel Cell Vehicles，"（Directed Technologies，Inc.），International Journal of Hydrogen Energy，Vol. 23 No. 6，P. 507-516，1998. http://www.fuelcells.org/info.
[15] Prof. Joan Ogden，Hydrogen as an Energy Carrier，Institute of Transportation Studies University of California，Davis. http://www.its.berkeley.edu/itsreview.
[16] Decision Makers' Workshop Progress in Hydrogen Infrastructure. http://www.greenfleet.com.au/uploads/.
[17] SunLine Test Drives Hydrogen Bus. http://www.osti.gov/bridge/.
[18] 日本 JHFC 氢及燃料电池实用化验证项目 Japan Hydrogen & Fuel Cell Demonstration Project. http://www.jhfc.jp/e/station.
[19] DOE's Fuel Cell Report to Congress. http://www1.eere.energy.gov/hydrogenandfuelcells/congress_reports.
[20] 欧洲将开创世界最大规模燃料电池大客车示范. http://www.ev-sae-china.org/.

[21] 美国南加州圣拉印公交公司（Sunline Transit Agency）访问小结. http://www.ev-sae-china.org/.
[22] 燃料电池大巴在温哥华和芝加哥市实际运行小结. http://www.ev-sae-china.org/.
[23] 加氢站建设的经济性，UNDP-GE 加氢站设备选型. 江西科学，2004（1）.
[24] 蔡夏英. 燃料电池汽车加氢站示范工程建设技术方案研究. 上海市城市交通管理局. www.newenergy.org.cn/html/. 2006.
[25] 陈全世，仇斌，谢起成. 燃料电池电动汽车. 北京：清华大学出版社，2005.
[26] 陈卫刚. 纯电动商用车动力电池快换技术概述. 上海电巴技术资料. 2012.
[27] 周江龙. Better Place 和中国 2011. 研究报告.

第14章 电动汽车标准与规范

国家科技部在"十五"期间将"标准、专利和人才"确定为科技工作三大战略。国家标准化委员会的文件中指出,技术标准是经济运行的基石、产品质量的保证、公平贸易的准绳、国际竞争的门槛;标准也应规范技术、产品和市场,为新技术、新产品实现产业化服务。电动汽车要从研发走向市场,技术标准和规范是必不可少的重要支撑条件。本章主要介绍国内外在电动汽车技术标准和规范制定方面的最新进展。

14.1 我国电动汽车标准的制定

为规范与推动我国各类电动车辆的研制、生产与示范运行工作,1998年在全国汽车标准化技术委员会下就成立了电动车辆分技术委员会,具体负责电动车辆标准制定工作。该分技术委员会对国外电动车辆标准化工作做了充分的分析和研究,在此基础上制定出中国电动车辆标准体系(图14-1),同时开展电动车辆标准的调查研究、起草和制定工作,已经取得一定的成果,为电动汽车的进一步发展初步搭建了这方面的技术平台。自21世纪初,为了适应氢燃料车辆发展的需要,有关单位起草了氢燃料电池车辆标准体系,并开始制定燃料电池车辆的有关标准,现已发布了七项国家标准和一项行业标准。

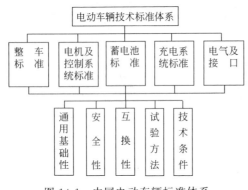

图 14-1 中国电动车辆标准体系

全国汽车标准化委员会电动汽车分技术委员会针对"九五"期间电动汽车开发项目的需要,组织并完成了16项急需的标准制订工作。这16项推荐性国家标准(GB/T)或国家标准化指导性技术文件(GB/Z)包括整车、蓄电池、电机及其控制器、充电器四大方面。其中:属于整车的有7项,属于电机及其控制器的有2项,属于电池的有4项,属于充电系统的有3项(见附录1)。

在"十五"期间科技部将电动汽车列为"国家高新技术发展计划(863)"的重大专项,大大推动了电动汽车研究开发与关键技术的发展。有关电动汽车标准的研究与制定也立了专项课题,随着国家科技计划的实施,各类电动汽车和关键技术的研发都取得了阶段性成果。有些样车或产品已准备批量生产或上路示范运行,迫切需要国家和行业在政策及标准法规方面的支持、引导和规范。全国汽车标准化委员会电动车辆分技术委员会抓紧组织国内的骨干企业和单位的相关专家与技术人员进行标准的研究与制定工作。到2006年8月,又完成了10项国家标准和4项汽车行业标准的制定,以及5项国家标准的修订工作。

首先,为规范统一电动汽车方面相关的词汇、术语的含义或定义,2005年初发布了基础标准——电动汽车术语(GB/T 19596—2005)。新制定了3项电动汽车共用的零部件标准,同时对原2001年版5项标准进行补充和修订。

2005年发布了6项混合动力汽车标准,其中3项是试验方法、规程方面的共用标准。另外3项是针对以最大设计总质量3.5t为界区分的轻型、重型混合动力汽车的能量消耗量试验方法和污染物排放测量方法。

为使电动汽车的关键部件——动力电池系统有更符合当前需要的评价产品水平的技术依据，2006 年完成了 6 个汽车行业标准（见附录 1）。

近年来，在电动汽车充电设备与接口方面又制定了多项国家标准和行业标准，推进和规范电动汽车的应用和示范运行的开展。

经过十几年的努力，我国制定了涵盖电动汽车研发、生产、应用各方面的四十多个国家标准和十几个汽车行业标准，初步建立了电动汽车的研发和产业化的技术规范平台，这必将促进我国电动车这个新兴产业更健康有效地向前发展。

读者如需要这些标准，可与全国汽车标准化委员会电动汽车分技术委员会秘书处（天津市中国汽车技术研究中心标准化研究所）和中国汽车工程学会电动汽车分会（北京清华大学汽车工程系电动汽车研究室）联系。

截至目前已经发布的国内电动汽车的标准（国标及汽车行业标准）见附录 1。

14.2　国外电动车辆标准化组织及所制定的标准简介

20 世纪 70 年代，美国、欧洲、日本等发达国家和地区先后成立了一些组织和机构，开展电动车辆标准的研究和制定工作。下面介绍这些组织和机构研究制定电动汽车标准的情况。

14.2.1　国际标准化组织

国际标准化组织（ISO）成立于 1947 年，是世界上最大的具有民间性质的标准化机构。它的主要活动是编制 ISO 标准，协调世界范围内的标准化工作，报道国际标准化的交流情况，以及同其他国际性组织进行合作，共同研究有关标准化问题。我国是 ISO 创始国之一，现在以中国标准化协会名义参加 ISO，为正式成员。

ISO 按专业性质设立技术委员会（TC），负责起草各种标准。各技术委员会根据工作需要可设若干分技术委员会（SC）和工作组（WG）。当前负责制定电动道路车辆和氢能源燃料电池车辆相关标准的两个技术委员会分别是 TC22/SC21 和 TC179，其制定标准工作的情况介绍如下。

14.2.1.1　国际标准化组织/道路车辆技术委员会/电动道路车辆分技术委员会（ISO/TC22/SC21）

（1）SC21 的工作重点

SC21 是专门负责电动道路车辆标准制修订工作的分技术委员会，委员会的专家是由各国国际标准化组织指定的，主要工作研究重点有以下方面：

① 电动道路车辆技术要求和能量消耗量的测量方法；
② 电动道路车辆行驶安全性和对乘员的保护；
③ 电动道路车辆操纵条件；
④ 电动道路车辆的能量储存；
⑤ 电动车辆的充电系统。

目前有下面两个工作组在开展工作：
① WG1　电动车辆运行条件、行驶安全和储能装置的安装；
② WG2　电动车辆的术语和定义、动力性能和能量消耗量的测量方法。

（2）制定标准的情况

TC22/SC21 已公布了电动道路车辆方面包括术语、安全要求和整车性能试验规程等十几个标准。

电动道路车辆安全要求的标准包括三个部分。第一部分规定了车载储能装置（动力蓄电池组等）在制造、使用和发生碰撞时的安全技术要求。第二部分是关于操作安全和故障防护的要求。第三部分是防止人员触电方面的对于电压分级、触电防护方式和防水方面的安全要求。

关于燃料电池道路车辆安全要求的标准是 2006 年发布的，包括汽车功能安全、对以压缩氢为燃料的车辆氢伤害防护和人员电气伤害防护三个部分。

在整车性能要求和检测试验规程方面，有电动车辆道路操纵特性、电动车辆和燃料电池车辆各自的能源消耗量检测规程、燃料电池道路车辆的最高车速检测方法的标准。对混合动力电动车已制定的标准有排放污染物和燃料消耗量的测量规程以及充电均衡检测方法指南。

14.2.1.2　国际标准化组织/氢技术委员会（ISO/TC179）

燃料电池电动汽车关于氢技术、氢安全方面的标准由国际标准化组织/氢技术委员会（ISO/TC179）负责制定。

1999 年首先针对氢燃料产品质量和液氢加注接口发布了标准；关于氢系统的安全，TC179 在 2004 年发表了氢系统安全基础问题的技术报告。

燃料电池地面车辆的燃料箱有装"气态氢/混合氢"与"液态氢"两种，TC179 针对这两种燃料箱的设计、制造、检查、试验、安装和保养以及不同材料和结构的燃料箱的特殊要求，制定了标准，明确提出了各方面的技术要求。

2006 年发布了关于压缩氢气车辆加注连接装置的标准，以促进各国车辆这部分零部件的标准化和通用性。

2008 年对于氢燃料站和电解水氢气发生器等方面的问题，TC179 也发布了技术规范和标准。

14.2.2　国际电工委员会（IEC）

国际电工委员会（IEC）成立于 1906 年，是世界上最早的国际性电工标准化专门机构。IEC 负责有关电子工程、电气工程领域的国际标准化工作。IEC 也设有技术委员会（TC）、分技术委员会（SC）和工作组（WG）负责起草 IEC 标准。

我国以国家标准局的名义参与 IEC 的活动并被选入执行委员会。

20 世纪 70 年代，出于对电动车辆在解决环境问题、节约能源等方面的期望，于 1970 年成立了国际电工委员会下属的电动道路车辆和电动工业用载货车技术委员会（IEC/TC69），后来又成立了燃料电池技术委员会（IEC/TC105）。

IEC 技术委员会主要任务是制定国际标准，同时发布三种类型的技术报告。其中的第一和第二类技术报告在发布三年内，要经审查后，再决定是否可转化为正式的国际标准，而第三类则不一定要审查。

(1) 国际电工委员会/电动道路车辆和电动工业用载货车技术委员会（IEC/TC69）的工作重点

① 电能-化学能的储存系统。

② 电子部件的保护。

③ 提供给车辆的外部电源。

④ 电机和控制系统特性测量方法及其定义。

⑤ 外部充电器。

(2) 现正在开展工作的 4 个工作组

① WG2：车辆系统。

② WG3：车辆储能系统。

③ WG4：充电器及电动车辆用连接器。

④ WG5：混合动力车辆。

(3) IEC/TC69 与 ISO/TC22/SC21 的关系

电动车辆技术，实际上是车辆制造技术与电力牵引和控制技术的综合，一方面，它是道路车辆；另一方面，它又是一台电气设备。那么，谁来负责制定这些标准，就是一个问题。现在世界上开展电动车辆标准化工作的国际性组织实际上有两个，即国际标准化组织（ISO）和国际电工委员会（IEC）。他们已经对这方面的标准化工作的分工达成了协议：ISO 主要考虑电动车辆整车方面的标准，包括性能要求、测量方法、车上的非牵引装备等；IEC 主要考虑电动车辆的电器零部件，包括电力牵引系统、控制和充电装置等。

(4) 国际电工委员会（IEC）制定的电动道路车辆标准

从 1984 年起，电动道路车辆和电动工业用载货车技术委员会（IEC/TC69）发布了电动道路车辆的电机、控制器、线束和连接器、仪表的标准。在电动道路车辆的牵引电机与辅助电机标准中，规定了设计、安装与试验的一般规程，并简述其技术要求和试验条件。控制器的标准提出了对其构造、环境条件、运行与测试要求。线束和连接器的标准制定了车上所有外部电缆和连接器的通用规则，包括环境条件、安全规则、电线、电缆与连接器的选择、试验。

此后，IEC/TC69 又制定与发布了关于车用电池试验、车载充电器及其与电源的连接装置、电动车辆传导充电系统等一系列标准，电动车辆传导充电系统的标准提出了对充电系统的一般要求和所用设施（交流和直流电动车辆充电站等）的结构、电气和性能要求以及测试要求。2009 年针对混合动力电动车用的双层电容器的电气特性和试验方法制定了标准。

氢技术委员会（IEC/TC105）从 2005 年起，发布了关于燃料电池术语以及多项各种燃料电池安全、技术要求和性能试验方法的标准。

这些标准为各国结合本国情况制定相关的标准，研究开发电动汽车和车用电池及电气件，进行电动汽车运行所需的基础设施建设提供了技术依据。

14.2.3 欧洲标准化技术委员会/电驱动道路车辆技术委员会

欧洲标准化技术委员会/电驱动道路车辆技术委员会（CEN/TC301）建立于 1992 年，其主要工作范围是负责纯电动汽车和混合动力汽车领域的标准化工作，主要解决这两种车辆上路行驶所需的标准问题。

该组织有以下 4 个工作组在开展工作：
① WG1　性能测量方法；
② WG2　安全-再生制动；
③ WG4　车辆与充电站之间的通信协议等；
④ WG5　安全-其他方面。

1995 年 CEN/TC301 发布了电动汽车制动的建议，提出了再生制动系统的不同设计方案，以后所编制的各项标准主要包括车辆结构安全要求和故障及触电的防护，车辆性能的测量（车速、加速性能、爬坡性能、能耗及续驶里程、混合动力车的排放等），车辆-电源方面的要求（充电站、车载充电器噪声等）。

14.2.4 联合国世界车辆法规协调论坛（UN/WP29）

联合国世界车辆法规协调论坛（UN/WP29）是目前我国汽车行业参加的主要国际标准组织之一，其主要工作是协调汽车技术法规，对我国汽车产业和国际贸易的发展有非常重要的作用。

从 20 世纪 80 年代初开始，随着经济全球化的到来，为打破各国之间汽车技术法规各不相同这一贸易技术壁垒，原专门负责欧洲汽车技术法规（ECE 法规）的制修订和实施工作的联合国欧洲经济委员会车辆结构工作组（UN/ECE/WP29）积极推动车辆技术领域的专家之间的对话，并逐步承担起世界范围内协调和统一车辆技术法规的工作。1998 年 6 月 25

日，WP29 在日内瓦制定了《全球汽车技术法规协定书》（简称为《1998 年协定书》），它规定了世界各国在此法律框架下共同制修订全球统一的汽车技术法规的程序和规则，世界各国以此协定书为法律框架，共同制修订全球统一的汽车技术法规。协定书在法律地位上明确原 UN/ECE/WP29（联合国欧洲经济委员会车辆结构工作组）作为开展全球汽车技术法规协调和统一工作的国际组织，名称更改为"世界车辆法规协调论坛"（World Forum for Harmonization of vehicle regulations），仍然简称为 WP29，开始按照《1998 年协定书》中规定的程序规则制定全球统一的汽车技术法规，同时 WP29 继续制修订 ECE 法规。

WP29 针对不同的协定书成立了不同的管理委员会作为 WP29 的领导层。在技术方面下设了 6 个工作组：灯光及光信号工作组（GRE）；制动及底盘工作组（GRRF）；被动安全性工作组（GRSP）；一般安全性工作组（GRSG）；污染与能源工作组（GRPE）；噪声工作组（GRB）。

这些组分别负责汽车安全、节能环保、防盗等领域的全球统一汽车技术法规和欧洲经济委员会（ECE）的汽车技术法规的制修订工作。WP29 以会议形式开展工作。

我国从 1996 年起参加 WP29 工作组的会议，2000 年正式成为《1998 年协定书》的缔约国。2003 年国家经贸委发文组建了中国 WP29 专家工作组，简称为 C-WP29，设立了与 WP29 对应的 6 个专业工作组。WP29 发布了三个与电动汽车有关的法规，内容包括：

① ECE R100 关于就结构、功能安全性和氢排放的特殊要求方面批准蓄电池电动车辆的统一规定。

② ECE R83 汽车污染物排放的规定（2003 年修订版中有混合动力电动汽车排放试验规程）。

③ ECE R101 汽车经济性和电动汽车续驶里程的测量方法（2003 年修订版）。

经过 WP29 各缔约国近几年的努力，氢燃料电池汽车全球技术法规（HFCV-GTR）的编制工作已取得阶段性成果，法规的安全部分草案已经完成，内容包括整车安全要求和试验方法以及储氢系统的安全要求和试验方法。

随着世界经济全球化的发展和国际贸易、科技交流的不断扩大，采用国际协调、统一的法规标准，或者说标准的国际化，已成为各国标准化工作的发展趋势。这不仅有利于消除各国贸易的非关税壁垒，为政府行政管理部门制定更加合理、高效的法规，同时也促进了产品的合理开发和技术进步。国际上汽车主要生产国采用的是型式认证办法，即政府对汽车安全、节能、环保等项进行管理，其他方面由企业负责。我国必将全面实施国际通行的产品型式认证制度，并会尽快制订型式认证条例。虽然我国目前不具备立即实行型式认证的条件，现在采用的是《公告》管理的办法，但是其中 43 项强制性标准就是参照欧洲的 ECE 汽车技术法规体系确定的。我国汽车技术法规与国际全面接轨的范围将进一步扩大，因此对于 WP29 的工作必须予以足够的重视。

14.2.5 美国汽车工程师学会

20 世纪初，美国和世界其他国家存在有很多汽车制造企业，出于专利保护、共性技术问题以及制定工程标准的需要，于 1905 年成立了美国汽车工程师学会（Society of Automotive Engineers，SAE），至今该学会已经有一百多年的历史。后来，又扩大吸收非公路车辆以及飞行器行业的工程师们加入该学会，从而使该学会变成了一个代表所有类型的机动性专业的组织，研究对象是汽车及工程车、飞机、发动机、材料及制造等，多年来，该组织中的工程师们在"机动性工业"的发展中起到关键的作用。SAE 已拥有 97 个国家的成员。在标准制定方面，现在通过 7000 多名委员会成员的自发的工作，SAE 制定的技术标准和相关文件的保有量已超过 8300 件，每年还要新增或修订几百个标准类文件，SAE 标准是世界上比较有影响力的工业标准。

在美国国家标准学会（ANSI）的支持和领导下，SAE协会代表美国汽车工业界积极参加国际标准化组织（ISO）道路车辆技术委员会（TC22）的工作。在ISO/TC22中的22个分技术委员会中，有4个分技术委员会的秘书处设在SAE，此外，SAE还承担了ISO/TC22各分技术委员会中17个工作组的秘书处工作。

对于各类电动车辆，从1990年起SAE已发布了近40项技术标准，内容包括各类电动车辆的术语和安全技术要求，整车动力性、经济性和排放、电磁场强度等的试验、测量方法，电池和电池组的各种试验规程，对电动车辆用的高压电缆、线束与元器件、连接件的技术要求和试验方法，各种充电系统的技术要求等。

2001年成立了"SAE燃料电池标准委员会"，目前有六个工作组在工作，他们分别负责排放和能耗、接口、性能、安全、可回收、术语这些方面的标准制定工作，已经发布了燃料电池汽车术语、车辆安全性推荐规程、燃料消耗量和续驶里程测量规程以及对氢燃料的质量要求、氢燃料电池系统的性能试验和回收、氢燃料加注连接装置等方面的十多个标准。

14.2.6 美国电动运输协会标准

美国电动运输协会标准（ETA）是美国一家包括道路、航运等方面电动运输的民间组织，该组织编制了一些执行SAE电动汽车标准的具体规程、试验和评估方法，可供参考。

14.2.7 日本工业标准调查会（JISC）

日本工业标准调查会（JISC）成立于1946年2月，其前身是1921年4月成立的日本工业品规格统一调查会（JESC）。1949年7月1日，日本颁布实施《工业标准化法》，授权日本工业标准调查会作为全国性的标准化管理机构，组织制订和审议日本工业标准（JIS标准），调查并审议JIS标准指定产品和技术项目。JISC隶属于通商产业省工业技术院，经JISC组织制定和审议后的JIS标准，由通商产业省主管大臣代表国家批准公布。JIS标准是日本以立法的形式明确规定、以政府为主来制定的最重要、最有权威性的国家级标准，范围涉及各个工业领域，内容包括产品标准、方法标准、基础标准等。
2000年以来，日本工业标准调查会（JISC）发布了十几项电动车辆方面的标准，内容包括电动车辆术语、整车的安全规范以及各种试验规程、蓄电池和充电设备的技术要求及试验方法等。

14.2.8 日本电动车辆协会

1971~1976年间，日本通产省向政府提出发展电动车辆的建议，因此创建了日本电动车辆协会（JEVA），专门负责电动汽车标准化的研究与标准的制定。该协会是由汽车、蓄电池、充电器、电机及控制器的制造厂商和其他相关组织组成。协会下设3个分委员会：整车分委会；基础设施分委会；蓄电池分委会。

在标准制定过程中，对因缺少必要的技术信息而暂不适宜作为标准的项目则先将其确定为指导性技术文件——技术导则（加TG来表示）。这些指导性技术文件待以后条件成熟时再修订为标准。

JEVA特别注意与国际标准化组织（ISO）、国际电工委员会（IEC）和美国汽车工程师学会（SAE）标准的协调问题，有的标准就是按它们的标准草案修订而成的。各分委会的专家也经常参与ISO/TC22/SC21、IEC/TC69和SAE的活动。

从20世纪80年代至今，日本电动车辆协会（JEVS）先后发布了有关电动车辆的六十多个标准，从电动车辆相关各方面的术语、整车的各类试验方法与要求，到各种电池、电机等关键零部件和充电系统的技术要求与试验测试方法，分门别类都制定了标准或技术导则，形成了比较完整的电动车辆标准法规体系。

迄今为止所能收集到的国外不同机构制定的电动汽车相关标准列入附录2中。

附　　录

附录1　我国已经发布的电动汽车和电动摩托车相关标准

序号	分类	标准编号	标准名称
1	纯电动汽车	GB/T 4094.2—2005	电动汽车操纵件、指示器及信号装置的标志
2		GB/T 19596—2004	电动汽车术语
3		GB/T 19836—2005	电动汽车用仪表
4		GB/T 18384.1—2015	电动汽车 安全要求 第1部分：车载储能装置
5		GB/T 18384.2—2015	电动汽车 安全要求 第2部分：功能安全和故障防护
6		GB/T 18384.3—2015	电动汽车 安全要求 第3部分：人员触电防护
7		GB/T 18385—2005	电动汽车 动力性能 试验方法
8		GB/T 18386—2005	电动汽车 能量消耗率和续驶里程 试验方法
9		GB/T 18387—2008	电动车辆的电磁场发射强度的限值和测量方法,宽带,9kHz～30MHz
10		GB/T 18388—2005	电动汽车 定型试验规程
11		GB/T 24552—2009	电动汽车风窗玻璃除霜除雾系统的性能要求及试验方法
12		GB/T 28382—2012	纯电动乘用车技术条件
13		QC/T 838—2010	超级电容电动城市客车
14		QC/T 839—2010	超级电容电动客车供电系统
15		JT/T 1011—2015	纯电动汽车日常检查方法
16		JT/T 1026—2016	纯电动城市客车通用技术条件
17	混合动力电动汽车	GB/T 19750—2005	混合动力电动汽车 定型试验规程
18		GB/T 19751—2005	混合动力电动汽车安全要求
19		GB/T 19752—2005	混合动力电动汽车 动力性能 试验方法
20		GB/T 19753—2005	轻型混合动力电动汽车 能量消耗量 试验方法
21		GB/T 19754—2005	重型混合动力电动汽车 能量消耗量 试验方法
22		GB/T 19755—2005	轻型混合动力电动汽车 污染物排放 测量方法
23		QC/T 837—2010	混合动力汽车类型及定义
24		QC/T 894—2011	重型混合动力电动汽车 污染物排放 车载测量方法
25		JT/T 1025—2016	混合动力城市客车技术条件
26		JT/T 1029—2016	混合动力电动汽车维护技术规范
27	燃料电池汽车	GB/T 24548—2009	燃料电池汽车 术语
28		GB/T 24549—2009	燃料电池汽车安全要求
29		GB/T 24549—2009	乘用车用燃料电池发电系统测试方法
30		GB/T 24554—2009	燃料电池发动机性能试验方法
31		QC/T 816—2009	加氢车技术条件
32		GB/T 26991—2011	燃料电池汽车最高车速试验方法
33		GB/T 26990—2011	车载氢系统技术条件
34		GB/T 26779—2011	燃料电池汽车加氢口
35		GB/T 29123—2012	示范运行氢燃料电池电动汽车技术规范
36		GB/T 29124—2012	氢燃料电池电动汽车示范运行配套设施规范
37		GB/T 29126—2012	燃料电池电动汽车 车载氢系统 试验方法
38		GB/T 30838—2014	汽车用压缩氢气加气机
39		GB/T 30839—2014	移动式加氢设施安全技术规范

续表

序号	分类	标准编号	标准名称
40	电动摩托车	GB 24155—2009	电动摩托车和电动轻便摩托车安全要求
41		GB/T 24158—2009	电动摩托车和电动轻便摩托车通用技术条件
42		GB/T 24157—2009	电动摩托车和电动轻便摩托车能量消耗率和续驶里程试验方法
43		GB/T 24156—2009	电动摩托车和电动轻便摩托车 动力性能试验方法
44		QC/T 791—2007	电动摩托车和电动轻便摩托车定型试验规程
45		QC/T 792—2007	电动摩托车和电动轻便摩托车用电机及控制器技术条件
46	充电系统	GB/T 18487.1—2015	电动车辆传导充电系统 第1部分:通用要求
47		GB/T 18487.2—2001	电动车辆传导充电系统 电动车辆与交流/直流电源的连接要求
48		GB/T 18487.3—2001	电动车辆传导充电系统 电动车辆交流/直流充电机(站)
49		GB/T 20234.1—2015	电动汽车传导充电 充电连接装置 第1部分:通用要求
50		GB/T 20234.2—2015	电动汽车传导充电 充电连接装置 第2部分:交流充电接口
51		GB/T 20234.3—2015	电动汽车传导充电 充电连接装置 第3部分:直流充电接口
52		GB/T 27930—2015	电动汽车非车载传导式充电机与电池管理系统之间的通信协议
53		GB/T 28569—2012	电动汽车交流充电桩电能计量
54		GB/T 29316—2012	电动汽车充换电设施电能质量技术要求
55		GB/T 29317—2012	电动汽车充换电设施术语
56		GB/T 29318—2012	电动汽车非车载充电机电能计量
57		GB/T 31525—2015	图形标志 电动汽车充换电设施标志
58		GB/T 29781—2013	电动汽车充电站通用技术要求
59		QC/T 841—2010	电动汽车传导式充电接口
60		QC/T 842—2010	电动汽车电池管理系统与非车载充电机之间的通信协议
61		QC/T 895—2011	电动汽车车载充电机技术条件
62	储能装置	GB/T 32620.1—2016	电动道路车辆用铅酸蓄电池 第1部分技术条件
63		GB/T 18332.2—2001	电动道路车辆用金属氢化物镍蓄电池
64		GB/T 30835—2014	锂离子电池用炭复合磷酸铁锂正极材料
65		GB/T 30836—2014	锂离子电池用钛酸锂及其炭复合负极材料
66		GB/Z 18333.2—2015	电动汽车用锌空气电池
67		QC/T 741—2014	车用超级电容器
68		QC/T 742—2006	电动汽车用铅酸蓄电池
69		QC/T 743—2006	电动汽车用锂离子蓄电池
70		QC/T 744—2006	电动汽车用金属氢化物镍蓄电池
71		QC/T 840—2010	电动汽车用动力蓄电池结构形式及尺寸
72		QC/T 897—2011	电动汽车电池管理系统技术条件
73		QC/T 1023—2015	电动汽车用动力蓄电池系统通用要求
74	其他部件	QC/T 1022—2015	纯电动乘用车用减速器总成技术条件
75		GB/T 18488.1—2015	电动汽车用驱动电机系统 第1部分:技术条件
76		GB/T 18488.2—2015	电动汽车用驱动电机系统 第2部分:试验方法
77		GB/T 24347—2009	电动汽车DC/DC变换器
78		GB/T 20834—2014	发电电动机基本技术条件
79		QC/T 893—2011	电动汽车驱动电机及其控制系统的故障分类及判断
80		QC/T 896—2011	电动汽车驱动电机系统接口

附录2 国外电动汽车相关标准

国际标准化组织(ISO)标准(ISO/TR为技术报告,ISO/TS为技术规范)
① ISO 6469-1—2009 电动车 安全技术规范 第1部分:车载电能储存装置
② ISO 6469-2—2009 电动车 安全技术规范 第2部分:功能安全性措施及失效防护

③ ISO 6469-3—2009 电动车　安全技术规范　第 3 部分：人员电气伤害防护
④ ISO 8713—2005 电动车辆　词汇
⑤ ISO 8714—2002 电动车辆　能源消耗参考值和续驶里程　乘用车和轻型商用车辆试验程序
⑥ ISO 8715—2001 电动车辆　道路操纵特性
⑦ ISO/TR 11954—2008 燃料电池道路车辆　最高车速检测方法
⑧ ISO/TR 11955—2008 混合动力电动道路车辆　充电均衡检测方法指南
⑨ ISO 12405-1—2011 电动车辆　锂离子电池包和系统试验规范　第 1 部分：强动力应用
⑩ ISO 23273-1—2006 燃料电池道路车辆　安全技术条件　第 1 部分：汽车功能安全性
⑪ ISO 23273-2—2006 燃料电池道路车辆　安全技术条件　第 2 部分：对以压缩氢为燃料的车辆氢伤害的防护
⑫ ISO 23273-3—2006 燃料电池道路车辆　安全技术条件　第 3 部分：人员电气伤害防护
⑬ ISO 23274—2007 混合动力电动车　排放污染物和燃料消耗量的测量　非外部充电式车辆
⑭ ISO 23828—2008 燃料电池道路车辆　能源消耗量检测　压缩氢燃料汽车
⑮ ISO 13984—1999 液氢加注接口
⑯ ISO 13985—2006 液态氢　地面车辆燃料箱
⑰ ISO 14687—1999 氢燃料　产品规范（有 2 勘误表）
⑱ ISO 14687-1—1999 氢燃料　产品规范　第 1 部分：不包括道路车辆用质子交换膜（PEM）燃料电池的所有应用
⑲ ISO/TS 14687-2—2008 氢燃料　产品规范　第 2 部分：道路车辆用质子交换膜（PEM）燃料电池的应用
⑳ ISO/TS 15869—2009 气态氢和混合氢　地面车辆燃料箱
㉑ ISO/RT 15916—2004 氢系统安全基础问题
㉒ ISO 17268—2006 压缩氢气路面车辆加注连接装置
㉓ ISO/TS 20100—2008 氢燃料站
㉔ ISO 22734-1—2008 用水电解处理的氢发生器　第 1 部分：工业和商业设施

国际电工委员会（IEC）标准（IEC/TR 为技术报告，IEC/TS 为技术规范）
① IEC/TR 60783—1984 电动汽车线束及连接器
② IEC/TR 60784—1984 电动汽车检测设备
③ IEC/TR 60785—1985 电动汽车旋转电机
④ IEC/TR 60786—1984 电动汽车控制器
⑤ IEC 60718—1997 为电动道路车辆提供能量的电气装置
⑥ IEC 61851-1—2010 电动道路车辆传导充电系统　第 1 部分：一般要求
⑦ IEC 61851-21—2001 电动道路车辆传导充电系统　第 21 部分：电动车辆与直流、交流电源传导连接的要求
⑧ IEC 61851-22—2001 电动道路车辆传导充电系统　第 22 部分：道路车辆交流充电站
⑨ IEC 61982-1—2006 电动道路车辆动力电池　第 1 部分：试验参数
⑩ IEC 61982-2—2006 电动道路车辆动力电池　第 2 部分：动态放电性能试验和耐久性试验
⑪ IEC 61982-3—2006 电动道路车辆动力电池　第 3 部分：性能和寿命试验

⑫ IEC 62196-1—2004 电动车辆传导充电 第1部分：250A交流电和400A直流电以下的电动车辆充电 插头、插座、车辆耦合器和引入线

⑬ IEC/TS 62282-1—2005 燃料电池技术 第1部分：术语

⑭ IEC 62282-2—2007 燃料电池技术 第2部分：燃料电池模块

⑮ IEC 62282-5-1—2007 燃料电池技术 第5-1部分：移动式燃料电池装置安全

⑯ IEC/TS 62282-7-1—2010 燃料电池技术 第7-1部分：单体聚合物电解质燃料电池的试验方法

⑰ IEC 62576—2009 混合动力电动汽车用双层电容器 试验方法和电气特性

欧洲标准化技术委员会（CEN）标准

① EN 1821-1—1996 电动道路车辆 道路操纵特性测量方法 第1部分：纯电动汽车

② EN 1821-2—1999 电动道路车辆 道路操纵特性测量方法 第2部分：热电混合动力汽车

③ EN 1986-1—1997 电动道路车辆 能量特性测量 第1部分：纯电动汽车

④ EN 1986-2—2003 电动道路车辆 能量特性测量 第2部分：热电混合动力汽车

⑤ EN 1987-1—1997 电动道路车辆 特殊安全要求 第1部分：车载储能装置

⑥ EN 1987-2—1997 电动道路车辆 特殊安全要求 第2部分：功能安全和故障防护

⑦ EN 1987-3—1998 电动道路车辆 特殊安全要求 第3部分：使用者触电防护

⑧ EN 12736-2001 电动道路车辆利用车载充电器进行充电时的噪声声压级的确定

⑨ EN 13444-1—2001 电动道路车辆 混合动力汽车排放的测量 第1部分：热电混合动力汽车

⑩ EN 13447—2001 电动道路车辆 术语

⑪ EN 61851-1—2001 电动车辆感应充电系统

⑫ EN 61851-21—2002 电动车辆传导充电系统 第21部分：电动车辆与直流、交流电源传导连接的要求

⑬ EN 61851-22—2001 电动车辆传导充电系统 第22部分：电动车辆交流充电站

⑭ EN 61982-1—2006 电动道路车辆动力电池 第1部分：试验参数

⑮ EN 61982-2—2002 电动道路车辆动力电池 第2部分：动态放电试验和动态耐久试验

⑯ EN 61982-3—2001 电动道路车辆动力电池 第3部分：性能和寿命试验

⑰ EN 62196-1—2003 电动车辆传导充电 第1部分：250A交流电和400A直流电以下的电动车辆充电 插头、插座、车辆耦合器和引入线

⑱ EN 62576—2010 混合动力电动汽车用双层电容器 试验方法和电气特性

联合国世界车辆法规协调论坛（UN/WP29）标准

① ECE R83：2003 关于就污染物的排放方面批准汽车的统一规定（修订版）

② ECE R100：2002 关于纯电动汽车的结构和功能安全及氢气排放的统一规定（修订版）

③ ECE R101：2003 关于就CO_2排放和油耗的测量方面批准装用内燃机的乘用车和就电耗量和续驶里程的测量方面批准装用电传动系的M_1和N_1类车辆的统一规定（修订版）

美国汽车工程师学会（SAE）标准

① SAE J551-5—2004 电动车宽带（9kHz～30MHz）磁场和电场强度的性能等级和测量方法

② SAE J1494—2001 蓄电池电缆

③ SAE J1495—2005 蓄电池阻燃通风系统试验方法

④ SAE J1634—1993 电动车辆能量消耗与续驶里程试验规程
⑤ SAE J1654—2004 高压初级电缆
⑥ SAE J1673—1996 汽车高压电线总成设计
⑦ SAE J1711—2010 混合电动汽车燃料经济性和排放污染物检测规程
⑧ SAE J1715—2008 电动汽车术语
⑨ SAE J1718—1997 电动乘用车和轻型载货车在电池充电过程中氢气排放检测
⑩ SAE J1723—1995 过充电试验标准
⑪ SAE J1742—2005 车载高压电线连接试验方法和一般性能要求
⑫ SAE J1766—2005 电动车辆和混合电动车辆用电池系统碰撞完整性试验规程
⑬ SAE J1772—2001 电动汽车传导充电系统连接
⑭ SAE J1773—2009 电动汽车电感耦合充电
⑮ SAE J1797—2008 电动汽车电池模块包装推荐规程
⑯ SAE J1798—2008 电动汽车电池模块性能级别推荐规程
⑰ SAE J2288—2008 电动汽车电池模块寿命周期试验
⑱ SAE J2293-1—2008 电动汽车能量转换系统 第1部分：功能要求及系统构造
⑲ SAE J2288-2—2008 电动汽车能量转换系统 第2部分：通信要求及网络结构
⑳ SAE J2344—1998 电动汽车安全指南
㉑ SAE J2380—1998 电动汽车电池振动试验
㉒ SAE J2464—2009 电动和混合动力车辆可充电储能系统的安全和滥用试验
㉓ SAE J2572—2008 使用压缩氢气的燃料电池车辆和燃料电池混合动力车辆燃料消耗量和续驶里程的推荐测量规程
㉔ SAE J2574—2002 燃料电池汽车术语
㉕ SAE J2578—2009 一般燃料电池车辆安全性推荐规程
㉖ SAE J2579—2009 燃料电池和其他氢燃料车辆的燃料系统的技术信息报告
㉗ SAE J2594—2003 可回收质子交换膜燃料电池系统设计规程
㉘ SAE J2600—2002 压缩氢气车辆燃料加注连接装置
㉙ SAE J2615—2005 汽车用燃料电池系统性能试验
㉚ SAE J2616—2005 汽车燃料电池的燃料处理系统性能试验规程
㉛ SAE J2617—2007 汽车用燃料电池堆试验推荐规程
㉜ SAE J2711—2002 混合动力和传统重型车辆排放和燃料经济性测试推荐规程
㉝ SAE J2719—2008 燃料电池汽车制定的 H_2 质量指南的信息报告
㉞ SAE J2758—2007 混合动力车用可充注能量储存系统可用最高能量的确定
㉟ SAE J2719—2006 燃料电池及其他混合动力汽车压力术语
㊱ SAE J2799—2007 70MPa压缩氢道路车辆燃料加注连接装置和选装车辆对（加气）站的通信装置
㊲ SAE J2836—2010 插电式混合动力电动车与公用电网之间的通信的使用案例
㊳ SAE J2841—2010 用旅行调查数据定义插电式混合动力电动车的效用（适用性）因素
㊴ SAE J2847/1—2010 插电式电动车与公用电网之间的通信
㊵ SAE J2929—2011 电动和混合动力车辆动力电池系统安全标准 锂电池

美国电动运输协会（ETA）标准（美国电动汽车、混合动力电动汽车技术要求）
① ETA-HAC002：2001 试验控制
② ETA-HAC006：2001 整车检验

③ ETA-HTP002：2001 混合动力汽车加速、爬坡性能和减速试验规程
④ ETA-HTP003：2001 混合动力电动汽车能量消耗率和续驶里程试验规程
⑤ ETA-HTP004：2001 电动汽车等速续驶里程试验
⑥ ETA-HTP005：2001 混合动力电动汽车粗糙路面试验
⑦ ETA-HTP006：2001 制动试验
⑧ ETA-HTP008：2001 电池充电
⑨ ETA-HTP009：2001 混合动力电动汽车产生的磁场（EMF）和电磁辐射（EMI）的测量和评估
⑩ ETA-HTP012：2001 电动汽车车载电池能源管理系统（BEMS）评估

日本工业标准调查会（JIS）标准
① JIS D0112—2000 电动车辆相关的术语汇编（车辆）
② JIS D0113—2000 电动车辆相关的术语汇编（电机及控制装置）
③ JIS D0114—2000 电动车辆相关的术语汇编（电池）
④ JIS D0115—2000 电动车辆相关的术语汇编（充电器）
⑤ JIS D1301—2001 电动车辆续驶里程和能耗测量方法
⑥ JIS D1302—2004 电动车辆　电动摩托　最大动力试验方法
⑦ JIS D1303—2004 电动车辆　蓄电池　充电效率试验方法
⑧ JIS D1304—2004 电动车辆　充电设备效率试验方法
⑨ JIS D1401—2009 混合动力电动车用双层电容器的电气特性试验方法
⑩ JIS D5303-1—2004 铅酸牵引蓄电池　第1部分：一般要求和试验方法
⑪ JIS D5303-2—2004 铅酸牵引蓄电池　第2部分：电池尺寸和电池电极端子与极性标记
⑫ JIS D5305-1—2007 电动道路车辆　安全规范　第1部分：牵引用蓄电池
⑬ JIS D5305-2—2007 电动道路车辆　安全规范　第2部分：功能性安全措施和失效的防护
⑭ JIS D5305-3—2007 电动道路车辆　安全规范　第3部分：人员电危害的防护

日本电动车辆协会（JEVA）标准
① JEVS Z 101：1987 电动汽车道路试验方法通则
② JEVS Z 102：1987 电动汽车最高车速试验方法
③ JEVS Z 103：1987 电动汽车续驶里程试验方法
④ JEVS Z 104：1987 电动汽车爬坡试验方法
⑤ JEVS Z 105：1988 电动汽车行驶能量消耗率试验方法
⑥ JEVS Z 106：1988 电动汽车能量消耗率试验方法
⑦ JEVS Z 107：1988 电动汽车电机及其控制器综合试验方法
⑧ JEVS Z 108：1994 电动车辆　续驶里程和能量消耗率试验方法
⑨ JEVS Z 109：1995 电动车辆　加速性能试验方法
⑩ JEVS Z 110：1995 电动车辆　最大巡航车速试验方法
⑪ JEVS Z 111：1995 电动车辆　标准能量消耗率试验方法
⑫ JEVS Z 112：1996 电动车辆　爬坡能力试验方法
⑬ JEVS Z 701：1994 电动车辆　电动机及控制器联合驱动测量
⑭ JEVS Z 804：1998 电动汽车操纵件、指示器及信号装置的识别标志
⑮ JEVS Z 805：1998 电动汽车术语（车辆）
⑯ JEVS Z 806：1998 电动汽车术语（电机及控制装置）

⑰ JEVS Z 807：1998 电动汽车术语（电池）
⑱ JEVS Z 808：1998 电动汽车术语（充电器）
⑲ JEVS Z 901：1995 电动车辆 技术参数标准格式（主要技术参数表）
⑳ JEVS C 601：2000 电动汽车充电器用插入连接器
㉑ JEVS D 001：2006 电动车辆用阀控式铅酸蓄电池的尺寸和结构
㉒ JEVS D 002：1999 电动车辆用镍金属混合密封蓄电池尺寸和构造
㉓ JEVS D 701：2006 电动车辆用铅酸蓄电池的容量试验方法
㉔ JEVS D 702：2006 电动车辆用铅酸蓄电池的能量密度试验方法
㉕ JEVS D 703：2006 电动车辆用铅酸蓄电池的功率密度试验方法
㉖ JEVS D 704：2006 电动车辆用阀控式铅酸蓄电池循环试验方法
㉗ JEVS D 705：1999 电动汽车用密闭镍氢电池的容量试验方法
㉘ JEVS D 706：1999 电动汽车用密闭镍氢电池的能量密度试验方法
㉙ JEVS D 707：1999 电动汽车用密闭型氢电池的功率密度及峰值功率试验方法
㉚ JEVS D 708：1999 电动汽车用密闭镍氢电池的寿命试验方法
㉛ JEVS D 709：1999 电动汽车用密闭镍氢电池的动态放电容量试验方法
㉜ JEVS D 710：2002 电动汽车用电池的充电效率试验方法
㉝ JEVS D 711：2003 混合动力电动汽车用密闭镍氢电池容量试验方法
㉞ JEVS D 712：2003 混合动力电动汽车用密闭镍氢电池的能量密度试验方法
㉟ JEVS D 713：2003 混合动力电动汽车用密闭镍氢电池的（功率）输出密度及（功率）输入密度试验方法
㊱ JEVS D 714：2003 混合动力电动汽车用密闭镍氢电池直流内阻计算规程
㊲ JEVS D 715：2003 混合动力电动汽车用密闭镍氢电池容量保持特性测试规程
㊳ JEVS D 716：2003 混合动力电动汽车用密闭镍氢电池循环寿命测试规程
㊴ JEVS D 717：2006 电动汽车用阀控式铅酸蓄电池的动态放电容量试验规程
㊵ JEVS D 718：2006 电动汽车用阀控式铅酸蓄电池容量保存特性测试规程
㊶ JEVS D 901：1985 动力蓄电池铭牌
㊷ JEVS D 902：1985 动力蓄电池的警告标志
㊸ JEVS E 701：1994 电动汽车用电机及其控制器联合功率测量
㊹ JEVS E 702：1994 电动车辆 等效于车载状况的电机功率测量方法
㊺ JEVS E 901：1985 电动汽车用电机及其控制器铭牌
㊻ JEVS G 101：1993 电动车辆 适用于经济充电站快速充电系统的充电器
㊼ JEVS G 102：1993 电动车辆 适用于经济充电站快速充电系统的铅酸电池
㊽ JEVS G 103：1993 电动车辆 适用于经济充电站快速充电系统的充电站台
㊾ JEVS G 104：1993 电动车辆 适用于经济充电站快速充电系统的通信协议
㊿ JEVS G 105：1993 电动车辆 适用于经济充电站快速充电系统的连接器
(51) JEVS G 106：2000 电动汽车用感应充电系统：一般要求
(52) JEVS G 107：2000 电动汽车用感应式充电系统：手动连接器
(53) JEVS G 108：2001 电动汽车用感应式充电系统：软件接口
(54) JEVS G 109：2001 电动汽车用感应式充电系统：通用要求
(55) JEVS G 901：1985 动力蓄电池充电器铭牌
(56) JEVS TG D001：1999 电动汽车用阀控式铅酸蓄电池的安全标识相关导则
(57) JEVS TG G101：2000 电动汽车的 200V 充电系统
(58) JEVS TG G102：2001 电动汽车充电设备的安装

㉙ JEVS TG Z001：1999 电动汽车用充电操作标识的相关导则
㉠ JEVS TG Z002：1999 电动汽车用高电压部件标识的相关导则
㉑ JEVS TG Z002：2002 电动汽车高压线束颜色
㉒ JEVS TG Z101：1999 电动汽车电量测量方法

参 考 文 献

[1] http：//www.hydrogenus.com/Hydrogen-cs.asp. Developing Hydrogen Codes and standards. D.
[2] http：//www.lhoon.com/Nornen/art4.html. Standardisation bodies active in the field of Electric Vehicles.
[3] http：//faculty.washington.edu/cooperjs/Education/SAEEVstd.htm. SAE ELECTRIC VEHICLE STANDARDS》.
[4] http：//www.autotradecouncil.org/unece.html. United Nations Economic Commission for Europe（ECE）Working Party 29（WP/29）.
[5] http：//www.motorwindow.com/law/law-page.asp? id=479&pdid=28&pageye=1.
[6] http：//www.chinaev.org/，中国电动汽车网.
[7] 汽车标准化期刊.
[8] 国外电动车辆标准.